IPA-IAO

Forschung und Praxis

Band T 16

Berichte aus dem
Fraunhofer-Institut für Produktionstechnik
und Automatisierung (IPA), Stuttgart,
Fraunhofer-Institut für Arbeitswirtschaft
und Organisation (IAO), Stuttgart, und
Institut für Industrielle Fertigung und
Fabrikbetrieb der Universität Stuttgart

Herausgeber: H. J. Warnecke und H.-J. Bullinger

Expertensysteme in Produktion und Engineering

IAO-Forum
25. April 1990 in Stuttgart

Herausgegeben von Prof. Dr.-Ing. H.-J. Bullinger

Springer-Verlag Berlin Heidelberg GmbH 1990

Dr.-Ing. Dr.h.c. Dr.-Ing. E.h. H.J. Warnecke
o. Professor an der Universität Stuttgart
Fraunhofer-Institut für Produktionstechnik und Automatisierung (IPA), Stuttgart

Dr.-Ing. habil. H.-J. Bullinger
o. Professor an der Universität Stuttgart
Fraunhofer-Institut für Arbeitswirtschaft und Organisation (IAO), Stuttgart

ISBN 978-3-540-52425-0 ISBN 978-3-662-07156-4 (eBook)
DOI 10.1007/978-3-662-07156-4

Ursprünglich erschienen bei Springer-Verlag Berlin Heidelberg New York 1990

Gesamtherstellung: Copydruck GmbH, Heimsheim
2362/3020–543210

Vorwort

Betrachtet man das ansteigende Interesse an einer neuen Technologie als Indikator für ihre Position am Markt, so zeichen sich insbesondere Entwicklungen auf dem Gebiet der Expertensysteme durch einen stürmischen Zuwachs aus. Leider hat jedoch der Know-how Transfer von Forschungslabors in die praktische industrielle Anwendung den Erfordernissen dieses Wachstums nicht in ausreichendem Maße standhalten können. Nur allzuoft endeten wenig ausgereifte, vorschnelle Entwicklungen als Insellösungen in einem Unternehmen im Abseits.

Daß es auch anders geht, hat das letztjährige IAO-Forum "Expertensysteme in Produktion und Engineering" gezeigt. Anwendungsnahe Projekte mit realistischen Zielsetzungen können durchaus zum erfolgreichen Einsatz gebracht werden, wenn einige Randbedingungen berücksichtigt werden, die daher auch den Schwerpunkt des diesjährigen Forums bilden.

Die zentrale, übergreifende Thematik dieses Forums, das als konsequente Fortsetzung der letzten Veranstaltung zu sehen ist, liegt dieses Mal in einer integrierten Betrachtungsweise von Expertensystemen. Nur unter Berücksichtigung von akzeptierten Standards, nur unter Einbindung von Datenbanksystemen und Netzwerktechnologien und nur auf der Basis von marktgängigen Hardwareplattformen können Entwicklungen von wissensbasierten Systemen zu einem erfolgreichen Ende geführt werden.

Im Forum berichten Anwender über ihre Erfahrungen bei der Wahl des geeigneten Anwendungsprojekts und der passenden Shell ebenso wie über die Durchführung des Projekts und den Einsatzstand ihres Systems. Vorträge aus den Bereichen Qualitätssicherung, Produktionsplanung und -steuerung, Konstruktion und Vertrieb geben einen guten Einblick in praktische Einsatzbereiche von Expertensystemen.

Ein besonderer Dank geht an alle Mitarbeiter unseres Instituts, die an der Vorbereitung und Organisation des diesjährigen Forums beteiligt waren, an alle wissenschaftlichen Hilfskräfte, die ihnen dabei geholfen haben und an die Mitarbeiter des Vereins zur Förderung produktionstechnischer Forschung e.V., die uns wie immer mit ihrer Erfahrung und ihrem tatkräftigen Engagement zur Seite gestanden sind. Mein persönlicher Dank richtet sich an Frau Tatjana Sump und Frau Petra Ziegler-Heere, ohne deren redaktionelle Arbeit dieser Tagungsband nicht zustandegekommen wäre und an Frau Cornelia Meixner für die, oft mühevolle, Erstellung von Zeichnungen und Bildern.

Stuttgart, 25. April 1990 Prof. H.-J. Bullinger

Inhaltsverzeichnis

Teil 6: Ausblick

Teil 1

Einführung

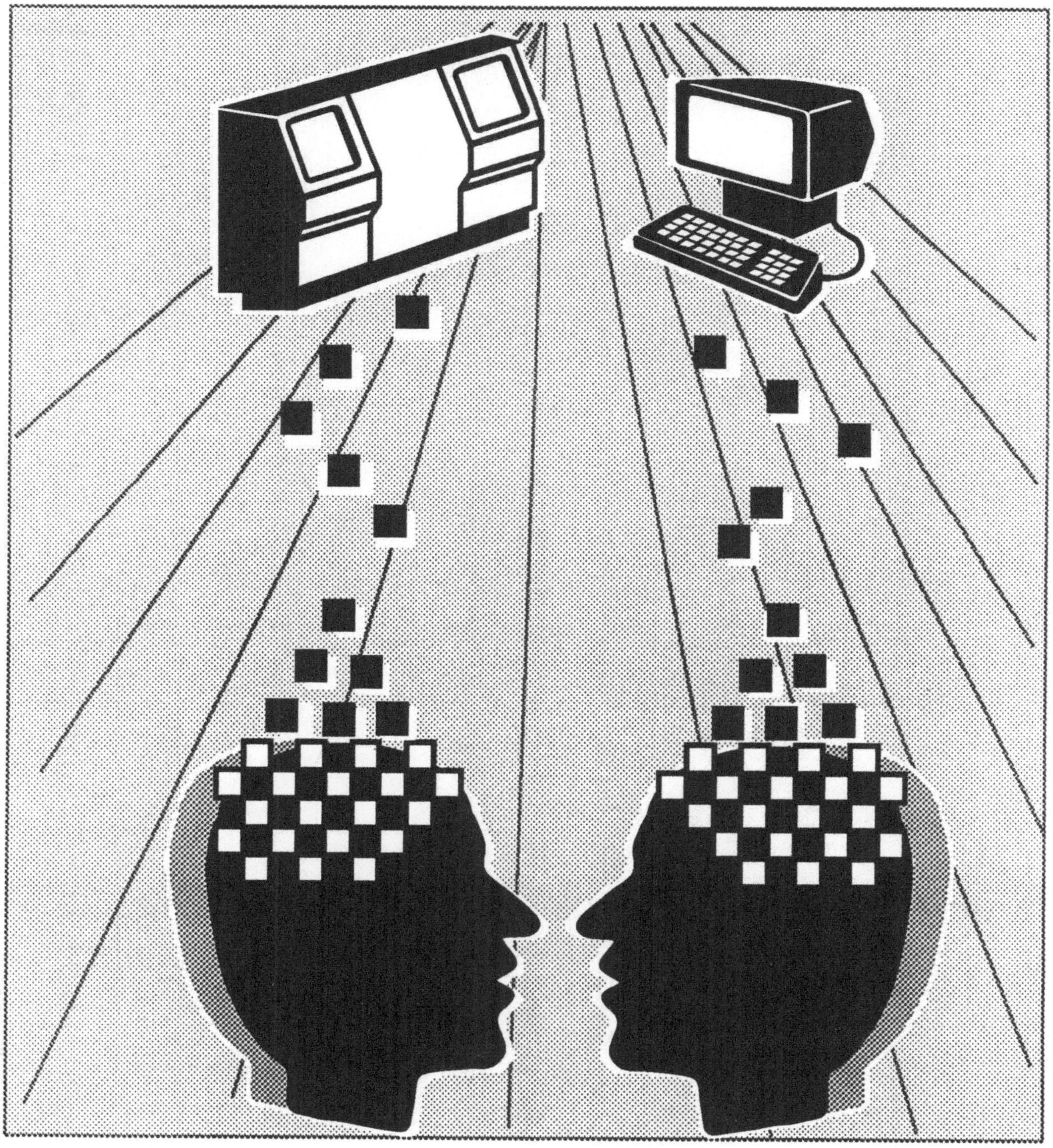

Teil 1

Einführung

1 Einleitung

Die heutigen Informations- und Kommunikationstechniken sind nicht nur eine neue Technologie, sondern sie werden durch ihre rasante Entwicklung selbst zur treibenden Kraft für Innovationen. Ihr Stellenwert als Instrument zur Erringung von Wettbewerbsvorteilen, vor allem auf dem Sektor Ergänzungsprodukte und Dienstleistungen, nimmt weiter zu. Die Ausweitung der Anwendungsgebiete basieren zum einen auf verbesserten Möglichkeiten der Rechner-Rechner Kommunikation, der Verbindung von Telekommunikation und Computer (Stichwort: ISDN) und der zunehmenden Verfügbarkeit leistungsfähiger integrierter Software mit leichter Benutzbarkeit und Unterstützung für ganze Arbeitsabläufe [Diebold,1989].

Expertensysteme sind ein Ergebnis aus dem Bereich der Künstlichen Intelligenz Forschung und stellen einen wesentlichen Baustein der Informationstechnologie eines Unternehmens in der Zukunft dar.

Trotz aller Hoffnungsschimmer zeigt aber eine Untersuchung von Mertens [Mertens, 1990], daß ein sehr hoher Prozentsatz der Prototypen nicht zu in der Praxis routinehaft verwendeten Systeme weiterentwickelt worden ist.

Dieser Beitrag hat zum Ziel, aufzuzeigen, daß die Technologie "Expertensysteme" nur dann erfolgreich sein kann, wenn sie im Rahmen eines ganzheitlichen Denkens in der Informationstechnologie eingesetzt wird. In diesem Rahmen erfolgt in Kapitel 2 eine Analyse der Schwächen der Expertensysteme und eine Untersuchung der begangenen Fehler in erfolglosen Projekten. Im Kapitel 3 wird aufgezeigt, wie Expertensysteme in das Konzept einer ganzheitlichen Betrachtungsweise der Informations- und Kommunikationstechnologie integriert werden können. Die einzelnen Punkte, die bei der Integration von Expertensystemen in bestehende Systeme beachtet werden müssen, werden in Kapitel 4 erläutert. Das folgende Kapitel 5 führt an, wie mit einer an das konventionelle Software-Engineering angelehnten Methodik zur Entwicklung von Expertensystemen erfolgreiche Expertensystemprojekte durchgeführt werden können. Anregungen und Beispiel aus der rechnerunterstützten Konstruktion und dem Computer-unterstützten Unterricht zeigen in Kapitel 6Wege auf, wo wissensbasierte Systeme eine sinnvolle Ergänzung der vorhandenen Möglichkeiten bieten.

Das abschließende Kapitel gibt einen Ausblick über die Entwicklungspfade bei Expertensystemen.

2 Schwächen der Expertensystem-Technologie

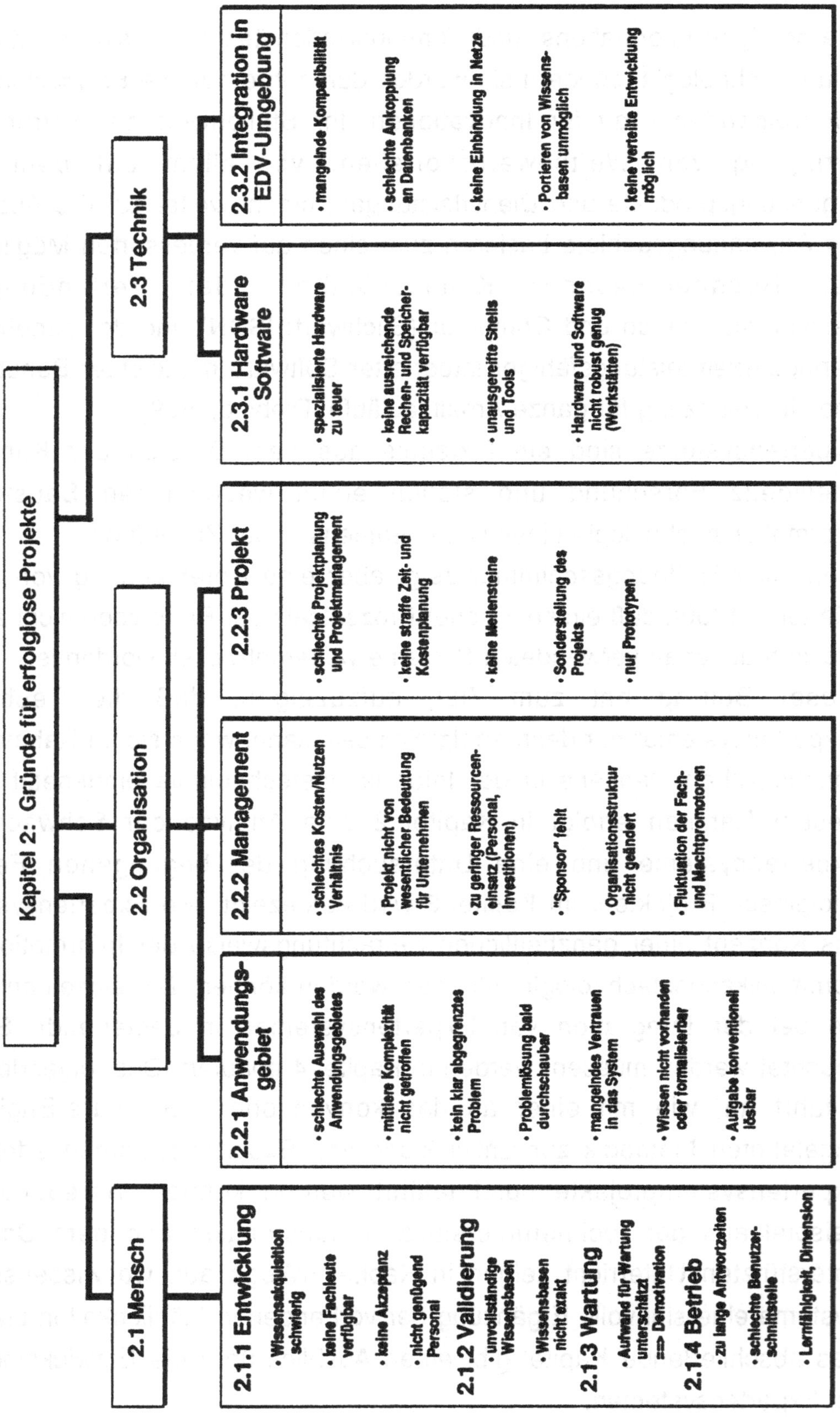

Bild 1: Gründe für erfolglose Projekte

Expertensysteme können in den verschiedenartigsten Anwendungsbereichen erstaunliche Leistungen vollbringen. Dennoch haften den meisten Expertensystemen noch einige Mängel an, die einerseits beim Bau und andererseits beim Betrieb zutage treten. Die wichtigsten und schwerwiegendsten Schwachpunkte werden nachfolgend kurz erläutert [Barth, 1989; Gaudigs, 1990]
Eine Untersuchung gescheiterter Projekte ergibt, daß sich 3 Hauptfaktoren herauskristallisieren: Der Mensch und das Expertensystem, die Organisation eines Unternehmens und die eingesetzte Technik (Bild 1). Innerhalb des Teilgebietes "Organisation" lassen sich die drei Schwerpunkte "Management", "Projekt" und "Anwendungsgebiet" identifizieren. Bei dem Teilgebiet "Technik" ist eine Gliederung in die beiden Punkte "Hardware/Software" und "Integration in die EDV Umgebung" sinnvoll.

2.1 Mensch

Der Mensch stellt den wichtigsten Faktor bei der Entwicklung von Expertensystemen dar. In den einzelnen Projektphasen "Entwicklung eines Expertensystems", "Validierung", "Wartung" und "Anwendung" ergeben sich folgende Schwierigkeiten zwischen den beteiligten Mitarbeitern bzw. den Betroffenen und der Technologie der Expertensysteme.

2.1.1 Entwicklung

Die größte Schwierigkeit beim Bau eines Expertensystems liegt in der Beschaffung des für die beabsichtigte Anwendung maßgebenden Wissens. Hierin liegt der sogenannte "Flaschenhals" der Wissensverarbeitung. Selbst wenn sich ein menschlicher Experte bereitwillig für die Mitwirkung beim Bau eines Expertensystems zur Verfügung gestellt hat, ist es im allgemeinen alles andere als einfach, das von ihm bei der Lösung von Problemen verwendete Wissen zu erfassen und in einer für die maschinelle Verarbeitung geeigneten Form darzustellen. Im Idealfall genügt eine Wissensbasis drei Anforderungen:

- Sie ist vollständig, d.h. enthält hinreichend viel Wissen, um zu allen Problemstellungen des betreffenden Anwendungsbereiches eine Lösung herleiten zu können.

- Sie ist konsistent, enthält also keine widersprüchlichen Wissenselemente, die einen Inferenzmechanismus blockieren könnten.

• Sie ist korrekt, d.h. enthält keine Angaben, die zu falschen Problemlösungen führen könnten.

Diese Anforderungen liegen in der Praxis nie vor, schon deshalb nicht, weil kaum ein menschlicher Experte diese Eigenschaften für sich in Anspruch nehmen kann. Das Problem der Erstellung einer Wissensbasis für ein Expertensystem läßt sich wohl am besten dadurch lösen, daß sie der Bereichsexperte selber ohne allzu intensive Einschaltung eines Knowledge Engineers zusammensetzt. Im allgemeinen benötigt er dazu allerdings gut handhabbare und mächtige Werkzeuge, die ihn als Computerlaien bei dieser Arbeit unterstützen. Diese Werkzeuge sind jedoch nicht in ausreichendem Maße vorhanden.
Häufig ist aber auch kein Fachmann verfügbar, weil er für andere Aufgaben benötigt wird. Damit kommt jedoch auch der Projektplan ins Stocken oder man verzichtet auf relevantes Wissen.

In manchen Projekten kam es aber auch zu Schwierigkeiten, weil die Mitarbeiter aus Angst um ihren Arbeitsplatz ihr Wissen nicht oder nur unvollständig bereit gestellt haben.

2.1.2 Validierung, Qualitätssicherung

Test- und Qualitätssicherungsverfahren der konventionellen Softwareentwicklung lassen sich bei Expertensystemen nicht anwenden. Die Hersteller können kein befriedigendes Testverfahren anbieten, um den Anwendern eine Qualitätssicherung garantieren zu können. Der einzig gangbare Weg besteht zur Zeit noch in der Anwendung des Expertensystems auf realistische Fälle und dem Vergleich mit dem Expertenverhalten bei der Lösung des gleichen Falles. Dieses zeitaufwendige Verfahren liefert aber keine fundierten Angaben über die Qualität und Sicherheit eines Expertensystems.

2.1.3. Wartung

Der Wartungsaufwand des Expertensystems ist zu hoch. Das Expertensystem überzeugt in seiner ersten Version und wird folglich in die Praxis übernommen. Mit der Zeit stellt sich jedoch heraus, daß wegen Veränderungen des Anwendungsfeldes (z.B. Gesetzesnovellierungen) ein Anpassungsaufwand erforderlich ist, der das ganze Expertensystem unwirtschaftlich macht. Typisch für derartige Entwicklungen sind Systeme, die eine kurze Zeit in der Praxis eingesetzt, dann aber wieder stillgelegt werden. Der Personaleinsatz, der für die Wartung eines Expertensystems pro Jahr erforderlich ist, wird auf durchschnittlich ein Drittel des Potentials, das für Entwicklungsarbeiten benötigt wird, geschätzt [Mertens, 1990].

2.1.4. Betrieb des Expertensystems

Allgemeinwissen

Die wohl größte Herausforderung bei der Erstellung wissensbasierter Systeme überhaupt ist die Erfassung des Alltagswissens, auf welches jeder Experte bei der Lösung selbst sehr spezieller Problemstellungen zurückgreifen kann. Man ist derzeit trotz intensiver Forschungen noch meilenweit von befriedigenden Ansätzen oder gar praktisch mit gutem Erfolg einsetzbaren Methoden entfernt. Es gibt auch noch keine Einigkeit darüber, wie diese Problematik überhaupt angegangen werden sollte. Schwierigkeiten in der Erfassung von Alltagswissen bestehen in mehrfacher Hinsicht. Zum einen ist es schlecht strukturierbar und kaum einzelnen Kategorien von Problemstellungen zuordenbar. Weiterhin besitzt Alltagswissen einen riesigen Umfang, der denjenigen von problemspezifischem Wissen im allgemeinen beträchtlich übersteigt. Schließlich ist Allgemeinwissen oft vage und von Ausnahmeregelungen durchsetzt. Alle diese Aspekte machen es einer formalen Darstellung mittels gängiger Wissensrepräsentationssprachen schwer zugänglich.

Lernfähigkeit

Lernen heißt, sein Verhalten im Verlaufe der Zeit so anpassen zu können, daß dies zur Verbesserung von Fähigkeiten bei der Lösung von Problemen führt. Menschliche Experten müssen lernfähig sein, heutigen Expertensystemen kann dies nur in sehr eingeschränkter Form nachgesagt werden. Es gibt verschiedenartige Möglichkeiten des Lernens, etwa

- die Speicherung von Resulaten
- das Lernen aus Beispielen
- die Erkennung von Analogien
- das kombinatorische Erkunden von Möglichkeiten.

Maschinelles Lernen bei wissensbasierten Expertensystemen erfordert die dynamische Änderung von Wissensbasen oder der darauf operierenden Inferenzmechanismen. In jedem Fall läuft es letztlich auf die Selbstmodifikation des Systems hinaus. Diese Eigenschaft ist bei herkömmlichen Softwaresystemen strengstens verpönt, sie stellt einen wesentlichen Unterschied zwischen diesen und wissensverarbeitenden Systemen dar.

Benutzerfreundlichkeit

Die vielgepriesene Erklärungskomponente hat bei den bisherigen Ausführungen eine kaum ausreichende Qualität erreicht. In der Praxis sind die Benutzerschnittstellen noch zu wenig an DV-unerfahrene Benutzer angepaßt, d.h. Expertensysteme lassen in ihrer Benutzerfreundlichkeit noch zu wünschen übrig.

Dimension

Die Güte eines Expertensystems hängt von der Qualität seiner Wissensbasis ab. Sind dort Lücken oder Ungereimtheiten, kann auch das Ergebnis nur mangelhaft sein. Schwierigkeiten haben Expertensysteme bei der Bearbeitung von Problemen, die eine zeitliche und/oder räumliche Dimension haben. Beispielsweise bereiten betriebliche Planungsprobleme, mit einer Vielzeit von Zuständen zu unterschiedlichen Zeitpunkten, noch ungeheure Schwierigkeiten.

Kompetenz

Expertensysteme werden menschliche Experten nicht ersetzen können, da diese Systeme nur in begrenzten, problemorientierten Wissensgebieten einsetzbar sind. An den Grenzen ihres Wissensgebietes sinkt ihre Kompetenz abrupt auf Null, während die menschlichen Experten langsam in das Alltagswissen abgleiten. Menschen können Beziehungen herstellen, bereichsübergreifend denken, kreativ und innovativ sein und ihren "gesunden Menschenverstand" einsetzen.

Laufzeitaufwand

Der Laufzeitaufwand ist bei Expertensystemen meist länger als bei konventionellen Systemen, weil bei konventionellen Systemen der Programmablauf durch den Entwickler bestimmt ist. Dagegen "sucht" der Inferenzmechanismus des Expertensystems selbst den Programmablauf und geht dabei systematisch sein "Regelwerk" durch.

2.2 Organisation

2.2.1 Anwendungsgebiet

Die Aufgabenfelder müssen eng umgrenzte und deutlich abgrenzbare Themen mittlerer Komplexität sein. Scheitert ein Projekt durch die falsche Wahl eines Anwendungsgebietes, so erwies sich entweder die Komplexität als so hoch bzw. die Grenze des Aufgabengebiets als so unscharf, daß eine hinreichende Abbildung in der Wissensbasis nicht möglich war oder die Aufgabe war so einfach, daß Menschen die Problemlösung rasch finden, wohingegen das Expertensystem zu lange (oder langweilige!) Dialoge führt bzw. zu hohe Antwortzeiten benötigt [Mertens, 1990].

Problemlösung bald durchschaubar

Die Problemlösung des Expertensystems war der menschlichen nur eine Zeitlang überlegen. Charakteristisch sind Expertensysteme, deren Wissensbasis unter Verwendung von Fachkenntnissen und Erfahrungen ganz unterschiedlicher Wissenslieferanten zusammengestellt wurde. Der einzelne Benutzer konsultierte das Expertensystem anfänglich, weil er auf diese Weise das von Kollegen stammende Wissen hinzuerwarb. Nach einiger Zeit war dieser Lernprozeß jedoch beendet und der Benutzer wußte nun von vornherein, was das Expertensystem in einer bestimmten Datenkonstellation empfehlen wird und verzichtete folglich auf die Beratung [Mertens, 1990].

Wissen nicht vorhanden oder formalisierbar

Es müssen ausreichend schriftliche Unterlagen und Fachliteratur vorhanden sein. Expertensysteme sollten nicht dort eingesetzt werden, wo das Aufgabengebiet zu komplex ist und ein fließender Übergang zwischen spezifischem, eingrenzbarem Fachwissen und schlecht beschreibbarem Allgemeinwissen herrscht. Wird das Gebiet noch nicht ausreichend vom Menschen verstanden, so ist von der Beschreibung dieses Problems in einem Expertensystem abzusehen. Ebenfalls nicht geeignet für Expertensysteme sind Problemfelder, wo menschliche Kreativität und Vorstellungsvermögen gefordert sind, wie zum Beispiel in der frühen Phase des Konstruktionsprozesses [Kurz, 1989] .

Aufgabe konventionell lösbar

Ist ein exaktes Verfahren zur Berechnung bekannt, so sollte das Programm mittels konventioneller Ansätze gelöst werden. Häufig werden vorhandene Programmsysteme nicht in vollem Umfang ausgenutzt. Zum Beispiel bieten einige Produktionsplanungs- und Steuerungssysteme Zusatzfunktionen zum Konfigurieren von Maschinen mit Variantenstücklisten, die wohl weniger mächtig sind als Expertensysteme, dafür aber unter geringem Aufwand große Wirkung erzielen können.

2.2.2 Management

Fehlschläge

Trotz der vielen Vorschußlorbeeren ist der Sprung zu einer ausgereiften und in der Praxis anerkannten Technologie noch nicht ganz gelungen. Abschreckend für die Führung eines Unternehmens ist die erhebliche Diskrepanz zwischen der Flut von Prototypen und den wenig praktisch eingesetzten "running systems".

Oder anders formuliert: "Der Quotient aus der Zahl der laufenden Systeme und der Prototypen ist klein" [Mertens, 1990].

Zu geringer Ressourceneinsatz (Personal, Investition)

Hat sich das Management zur Entwicklung eines Expertensystems entschlossen, so müssen die notwendigen Mittel zur Verfügung gestellt werden. Wird zum Beispiel bei der Anschaffung leistungsfähiger Entwicklungsrechner (Speicherplatz, großer Bildschirm, schnelle Prozessoren) gespart, verlieren die beteiligten Mitarbeiter schnell an Motivation, weil die Antwortzeiten zu lang sind oder die Wissensbasis auf dem kleine Bildschirm nicht überblickt werden kann.

"Sponsor" fehlt

Expertensystemprojekte brauchen einen Sponsor aus der Führungsebene, der vor, während und nach dem Projekt hinter dem Vorhaben steht und sich auch sich darum kümmert, wenn die nicht vermeidbaren Ernüchterungsphasen auftauchen. Wenn diese Fach- und Machtpromotoren das Unternehmen verlassen oder in andere Aufgabengebiete versetzt, so ist das Projekt gefährdet [Mertens, 1990], .

Sonderstellung des Projekts
Das Projekt darf keine Sonderstellung in einem Unternehmen haben. Die gesamte Arbeit muß in den organisatorischen Gesamtrahmen eines Unternehmens eingebettet sein. Insbesonders darf kein elitäre "KI Stabsabteilung" als Insel losgelöst von der gesamten konventionellen Organisations- bzw. Datenverarbeitungsabteilung das Projekt durchführen. Die Aufgabe, die mit dem Expertensystem gelöst werden soll, muß eine wesentliche Bedeutung für das Unternehmen haben. Ist das nicht der Fall, so wird dem Vorhaben nicht die notwendige Aufmerksamkeit geschenkt. Die Konsequenz ist, daß alle anderen Aufgaben Priorität vor den Arbeiten am Expertensystem haben. Dies führt unwiderbringlich zu erfolglosen Projekten.

Neue Gesetzgebung
Es wird als zu riskant empfunden, den Empfehlungen des Expertensystems zu vertrauen. Beispielsweise können Diagnosesysteme, die Hersteller von Investitionsgütern zusammen mit ihren Produkten ausliefern [Mertens, 1990], Probleme in Verbindung mit der Produzentenhaftung aufwerfen.

2.2.3. Projekt

Kein straffer Zeit- und Kostenplan, schlechtes Projektmanagement
Wissensbasierte Systeme sind Softwareprojekte. In weit größerem Maße als bei konventioneller Software muß hier darauf geachtet werden, daß Zeit- und Kostenpläne eingehalten werden. Diese Pläne sind deshalb wichtig, weil effektive Projektkontrollmechanismen für Expertensystemprojekte noch nicht vorhanden sind und weil die Technik des Rapid Prototyping dazu verleitet, die Prinzipien des Projektmanagements nicht einzuhalten. Zudem existieren noch sehr wenig Erfahrungen in der Abwicklung von Expertensystemprojekten, weil die Technik noch sehr jung ist und die Aufgaben vielfach von fachfremden oder externen Kräften durchgeführt wurde.

Prototypen
Bisherige Entwicklungen auf dem Gebiet der Expertensysteme fanden fast ausschließlich abseits der Praxis statt. Es handelt sich um sogenannte Prototypen, die eine Expertensituation in abstrakter Form abbilden und durch ein Expertensystem unterstützen. Die Übertragung in Betriebstypen und ihre erfolgreiche Implementierung in der Praxis stellt noch eine nicht zu unter-

schätzende Problemdimension dar.
Es gab und gibt viele Versuchsmodelle, bei denen die Überführung in die Praxis von vornherein nicht beabsichtigt war. In vielen Unternehmen wurden nach Bekanntwerden der Expertensystem-Methodik erste Prototypen ganz betont mit der Zielsetzung geschaffen, daran zu lernen, erste Erfahrungen zu gewinnen, nichts zu versäumen u.ä. Als Kooperationspartner boten sich vielfach Universitätsinstitute bzw. Diplomanden an, da so der Aufwand für die ersten Experimente eng begrenzt werden konnte [Mertens, 1990].

2.3 Technik

2.3.1. Hardware/Software

Spezialisierte Hardware zu teuer
Gerade bei den ersten Prototypen hat man in Hardware- und Softwareumgebungen gearbeitet, die die Entwicklungsarbeiten erleichterten, jedoch die Übernahme in den Praxisbetrieb erschwerten. Typisch sind teure LISP-Maschinen, auf denen zum Beispiel Konfigurationssysteme entwickelt wurden, ohne zu bedenken, daß man später nicht an jeden Arbeitsplatz ein solches Gerät neben das vorhandene Terminal (z.B. unter einem IBM-Betriebssystem) stellen würde. So ergaben sich nicht nur Schnittstellen-, sondern auch Wirtschaftlichkeitsprobleme. Diese anfänglichen Fehler sind gegenwärtig in der betrieblichen Praxis erkannt und werden im allgemeinen nicht wiederholt [Mertens, 1990].

Keine ausreichende Rechner- bzw. Speicherkapazität
Durch den hohen Speicherbedarf der Expertensysteme, der mit wachsender Wissensbasis weiter zunimmt, stoßen vor allem auf Personal-Computer laufende Systeme schnell an ihre Grenzen. Diese machen sich nicht nur durch längere Antwortzeiten bemerkbar, sondern können auch zu Fehlfunktionen des Systems führen. Um große Regelmengen oder Wissensbasen verwalten zu können, wäre der Anschluß an Datenbanken notwendig. Allerdings besteht bei der Verknüpfung mit konventionellen Anwendungssystemen noch ein großes Defizit.

Unausgereifte Shells und Tools
Mit den Shells sind bisweilen die typischen "Kinderkrankheiten" zu wenig reifer Software verbunden, z.B. häufiger Releasewechsel, inkompetente Auskunftsperson, unvollständige bzw. nicht auf dem Stand der Software befindliche Dokumentationen u.ä. Hiervon wurden macht- und Fachpromotoren abgeschreckt, so daß sie entschieden, den Start ihrer Expertensystem-Aktivitäten zu verschieben [Mertens, 1990].

2.3.2 Integration in EDV Umgebung

Expertensysteme wurden und werden häufig auf Hardware- und Softwareumgebungen erstellt, die nicht zur informationstechnischen Infrastruktur des Betriebes passen.
Dabei treten folgende Faktoren am häufigsten auf:

Mangelnde Kompatibilität
Häufig werden Expertensysteme auf sogenannten Entwicklungsrechnern, wie zum Beispiel LISP Workstations entwickelt. Diese Rechner sind teuer und lassen sich nur unter großem Aufwand mit vorhandenen Rechnern verbinden.

Schlechte Ankopplung an Datenbanken
Der Ankopplung an Datenbanken wurde bisher zu wenig Aufmerksamkeit geschenkt. Oft wurden Daten, die schon in auf einer Datenbank verfügbar waren, noch einmal als Fakten oder Objekte in ein Expertensystem eingegeben. Diese Arbeiten mußten dann manuell geschehen, was bei großen Datenmengen rasch zur Demotivation führte.

Keine Einbindung in die Kommunikationsstrukturen
Bei bestimmten Anwendungen, wie zum Beispiel Diagnosesystemen, wurde versäumt, Daten und Signale über bereits vorhandene Netze in das Expertensystem zu übertragen.

Portieren von Wissensbasen unmöglich
Wissensbasen, die mit Hilfe einer Entwicklungsumgebung auf einem Rechner wie zum Beispiel einem MS-DOS Rechner erstellt worden sind, lassen sich meist nur mit großen Umstellungen auf andere Hardwareplattformen wie einer UNIX Workstation übertragen. Das bedeutet, daß Unternehmen bei

Umstellungen in der Hardware- oder Betriebssystemstruktur bereits erstellte Wissensbasen nicht wieder verwenden können.

Keine verteilte Entwicklung möglich

Bei großen Softwareprojekten ist eine Arbeitsteilung unter den Mitarbeitern und damit eine verteilte Entwicklung von Wissensbasen notwendig. Bei den meisten Expertensystementwicklungsumgebungen ist das bis heute nicht möglich. Die Effektivität in der Erstellung von Wissensbasen war deshalb oft sehr gering, weil sich nur ein Mitarbeiter damit beschäftigen konnte.

3 Ganzheitliches Denken in der Informationstechnologie

Erst in den letzten Jahren haben Organisationen begonnen, integrierte Informationstechnologien anzustreben. Manche Autoren behaupten, daß nur etwa fünf Prozent aller Möglichkeiten einer Anwendung von integrierten Informationstechnologien wahrgenommen werden. Wichtig für Unternehmungen ist es, den Kommunikationsfluß zu beschleunigen, den Papierfluß zu verringern und Produktivitätssteigerungen in der gesamten Organisation zu erzielen [Wigand, 1988]. Die in vielen Fertigungsunternehmen anzutreffende monofunktionale Ausrichtung auf fertigungstechnische Zieltechnologien (CIM) muß mit den Potentialen der Büroautomation zu einem Gesamtkonzept verbunden werden, weil eine isolierte, zweigleisige Technologieplanung zwei Welten schafft, die nur schwer integrierbar sind. Computer Integrated Business (CIB) ist ein strategischer Ansatz zum integrierten Rechnereinsatz für die gesamte Leistungserstellung und Auftragsabwicklung eines Unternehmens [Bullinger, 1990].

Durch eine aus den Wettbewerbsstrategien abgeleitete integrierte Technologieplanung der Informationssysteme im Büro und in der Fertigung können Effekte erzielt werden, die eine ganzheitliche Betrachtung von Markt, Produkt- und Fertigungstechnologien erforderlich machen. Unternehmensindividuelle CIB-Konzepte erfordern Aktivitäten auf den folgenden Ebenen:

Prozeßintegration

Unter der Perspektive der Prozeßintegration sollte die Wertschöpfungskette einer Unternehmung darauf untersucht werden, welche Aktivitäten am stärksten die Produktionskosten beeinflussen. Dies ergibt dann die kritischen Elemente einer Wertschöpfungskette, die gezielt und vorrangig durch Informations- und Kommunikationstechnologien unterstützt werden sollen. Die Angebotserstellung auf der Basis eines wissensbasierten unternehmensweiten Informationssystems, das sowohl Konstruktion und Kalkulation auf der organisatorischen Seite als auch CAD-System und PPS auf der technischen Seite integriert, kann beispielsweise zu einer wesentlichen Beschleunigung und qualitativen Verbesserung des Angebotswesens führen.

Dieses bedingt eine tiefgreifende Veränderung der Organisation gegenüber den übrigen Integrationsstufen. Die Zusammenführung von Unternehmensfunktionen und der Übergang von arbeitsteilig organisierten Arbeitsvorgängen zu prozeßorientierten Abläufen erfordern technologisch orientierte Verfahrensketten auf der Basis bereichsübergreifender Daten- und Wissensbasen.

Funktionsintegration

Ohne strukturelle Änderungen können Unternehmungen in der Regel nicht effektiv mit Datenbeständen umgehen. Wichtig dabei ist, daß auch die Organisation der integrierten Umgebung angepaßt wird. Das bedingt auch eine Qualifizierung der beteiligten Mitarbeiter. Die Integration muß bereichsübergreifend erfolgen, um auch andere Funktionsbereiche in den Integrationsprozeß mit einzubeziehen. Expertensysteme können dabei unterstützend eingesetzt werden, um zum Beispiel eine Problemlösung anhand von Zeichnungen, Berechnungen, Diagrammen oder Tabellen auszuarbeiten, kurzfristige Fragen abzuklären oder Vorgänge zu verfolgen.

Datenintegration

Ein Computer Integrated Business kann ohne eine Datenintegration kaum realisiert werden. Datenintegration bedeutet, daß alle Daten vom System A nach System B übertragen werden können, ohne daß die Papierschnittstelle benutzt wird. Alle betrieblichen Stellen sollen nach dieser Integrationsphilosophie alle möglichen Daten richtig, aktuell und vollständig zur Verfügung gestellt bekommen. So können zum Beispiel durch die wissensbasierte Nutzung einer Konstruktions-Datenbank die Auswirkungen einer Datenintegration auf den Produktentwicklungszyklus verdeutlicht werden. Durch eine neugestaltete Datenbank können Entwicklungsprozesse parallelisiert, Veränderungen aus den Entwicklungsbereichen schneller rückgekoppelt und in die Produktspezifikation eingebracht sowie produktionsvorbereitende Aufgaben früher angestoßen werden [Bullinger, Wasserloos, 1990].

Kommunikationsintegration:

Die Planung der Kommunikationsintegration ist aus den betrieblichen Anforderungen abzuleiten. Bei der Kommunikationsintegration spielt eine entscheidende Rolle, daß mit dem Aufkommen immer leistungsfähigerer Hardware Rechner mit eigener Peripherie dezentral installiert werden. Dadurch ergibt sich auch zunehmend die Notwendigkeit, auf Daten anderer

Computer zuzugreifen. Die Integration der verschiedenen Computerwelten ist in der Entwicklung weit vorangeschritten, läßt aber in der betrieblichen Praxis noch viele Wünsche offen. Die angestrebten Standardisierungen werden diese Bemühungen einen entscheidenden Schritt voranbringen.

Daß die Integrationswirklichkeit erst am Anfang ihrer Verbreitung in den Unternehmen steht , hängt sicherlich damit zusammen, daß die "Integrationsansprüche" der Anwender von Informations- und Kommunikationstechnik nur in Teilbereichen von den Informationstechnikanbietern befriedigt werden können [Bullinger, CW Focus 5].

Expertensysteme erfordern in besonderem Maße die Berücksichtigung von Integrationsaktivitäten. Eine Vielzahl von Projekten ist gescheitert, weil eine oder mehrere entscheidende Faktoren unberücksichtigt blieben.

Ganzheitliches Denken in der Expertensystemtechnologie im Rahmen des CIB Konzeptes bedeutet, daß das magische Dreieck "Mensch", "Organisation" und "Technik" berücksichtigt wird (Bild 2).

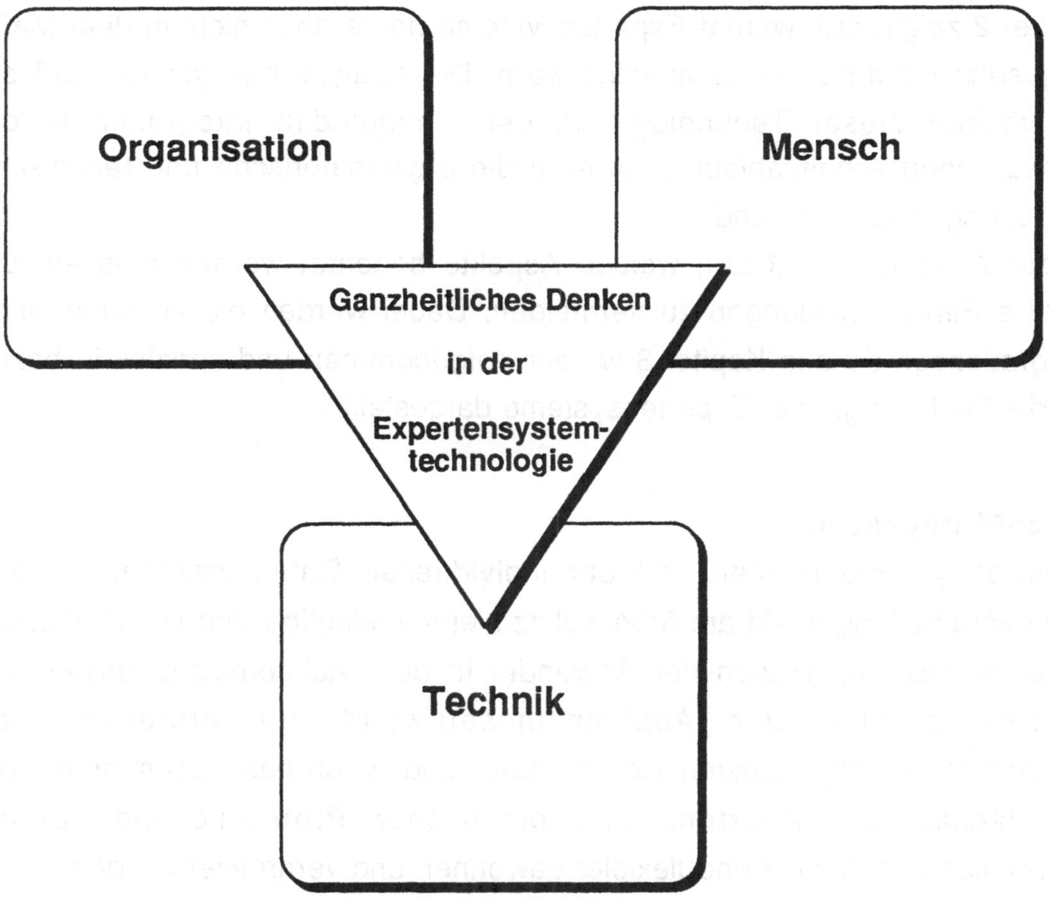

Bild 2: Ganzheitliches Denken in der Expertensystemtechnologie

4 Integrationsaspekte bei Expertensystemen

Der Begriff "Integration" wird wohl häufig erwähnt, interessant ist es aber doch welche Bedeutung er besitzt. "Integration" kommt aus dem Lateinischen und bedeutet nach Duden [Bullinger, Büroforum, 1990]:
- "Wiederherstellung eines Ganzen aus Differenziertem"
- "Vervollständigung, Ergänzung"
- "Veränderung des Zustandes zerstreuter, nicht wahrnehmbarer Teile, in einem konzentrierten, wahrnehmbaren Teil unter Abnahme der inneren Bewegung der Teile".

Integration in der Planung und Gestaltung des Computer Integrated Business ist zwar eng mit dem Einsatz integrierter Informations- und Kommunikationstechniken verbunden, jedoch eben kein rein technisches Problem. Im Gegenteil: Gerade die Bereiche Organisation, Arbeitsplatzgestaltung und vor allem die Mitarbeiter selbst sind von zentraler Bedeutung für die Gestaltung und deshalb auch bei scheinbar "reinen" Technikeinführungs- oder Technikprojekten unbedingt mit zu beachten.

Kapitel 2 zeigte auf, warum Expertensysteme heute noch nicht in dem Maße eingesetzt werden, wie es möglich wäre. Die Analyse hat gezeigt, daß die Schwächen dieser Technologie in der mangelnden Integration in die menschlichen Arbeitsabläufe, sowie in die organisatorische und technische Umgebung begründet sind.

Dieser Abschnitt zeigt auf, welche Aspekte beachtet werden müssen, um weitere Fehlentwicklungen zu vermeiden. Dabei werden die verschiedenen Integrationsgrade aus Kapitel 3 wieder aufgenommen und speziell in bezug auf die Technologie der Expertensysteme dargestellt.

Prozeßintegration

Expertensysteme können Teil der individuellen Datenverarbeitung sein. Datenverarbeitung direkt am Arbeitsplatz bietet eindeutige Vorteile: Kreativität, Initiative und Fachwissen der Anwender in der Fachabteilung lassen sich intensiv nutzen, der Abstimmungsaufwand zur professionellen Systementwicklung reduziert sich merklich und durch das Zusammenführen von fachlicher Kompetenz und praktischer Problemlösung können Informationen schneller und flexibler gewonnen und verarbeitet werden.

Soll der Einsatz von Expertensystemen zweckmäßig und erfolgreich sein, dann muß ihre zielgerichtete Einführung vor allem vier Bedingungen

genügen:
- Die Nutzung der Expertensysteme dient den tatsächlichen Unternehmensbedürfnissen, das heißt Expertensysteme werden nur im Rahmen einer strikten Zielorientierung entwickelt.
- Expertensysteme bilden einen integralen Bestandteil der langfristig angelegten und an der Unternehmensstrategie ausgerichteten Informationsinfrastruktur.
- die Investitionen für Expertensystemprojekte werden auf einen effizienten und effektiven Einsatz der Mittel hin gesteuert.
- Der Einsatz von Expertensystemen macht nur Sinn, wenn die zugrunde liegenden Informationssysteme in Ordnung sind. Das heißt die Basisarchitekturen wie Anwendungsarchitektur, Datenarchitektur, technologische und organisatorische Architektur müssen sauber geplant und strukturiert sein.

Expertensysteme sollen nur dort angewandt werden, wo ihre Charakteristika Stärken zeigen. Sie lassen sich hauptsächlich auf der operativen (zum Beispiel Qualitätssicherung oder Vertrieb) und weniger auf der Planungs- oder Strategieebene einsetzen. Die Datenarchitektur muß sicherstellen, daß Expertensysteme existierende Datenbestände verwenden können. Stellt sich heraus, daß sich die bestehenden Datenstrukturen für diesen Zweck nicht eignen, ist eine Reorgansisation der Daten erforderlich.

Bei der technologischen Architektur müssen Kompatibilitätsfragen geregelt werden. Die für Expertensysteme eingesetzten Rechner müssen mit der bestehenden Datenverarbeitung kommunizieren können.

Bei der organisatorischen Architektur muß darauf geachtet werden, daß bei der Auswahl und Durchführung von Expertensystemprojekten eine Harmonisierung mit bereits bestehenden Strukturen erzielt wird. Diese Steuerung muß unternehmensweit vollzogen werden und nicht nur für die betroffene Abteilung.

Bei allen Gemeinsamkeiten zwischen Expertensystemen und individueller Datenverarbeitung darf jedoch nicht übersehen werden, daß Expertensysteme in der Regel bereichsübergreifend arbeiten. Deshalb muß zusätzlich zu den oben genannten Punkten die klassische Organisations- und Projektarbeit bei der Erstellung von Expertensystemen im Vordergrund stehen [Zillessen,1989].

Expertensysteme als fortgeschrittene Informationssysteme verlangen nach ihrer Einführung häufig eine Änderung der Aufbau- bzw. Ablauforganisation.
Als Beispiel sei der technische Vertrieb von anspruchsvollen Produkten wie

zum Beispiel Sondermaschinen genannt. Ohne die Unterstützung eines Expertensystems übergibt der Außendienst dem Vertrieb die Anforderungen des Kunden. Diese Spezifikation wird dann von der Konstruktion in eine Fertigungsstückliste umgesetzt. MIt dieser Stückliste kann die Maschine gefertigt werden (Bild 3).

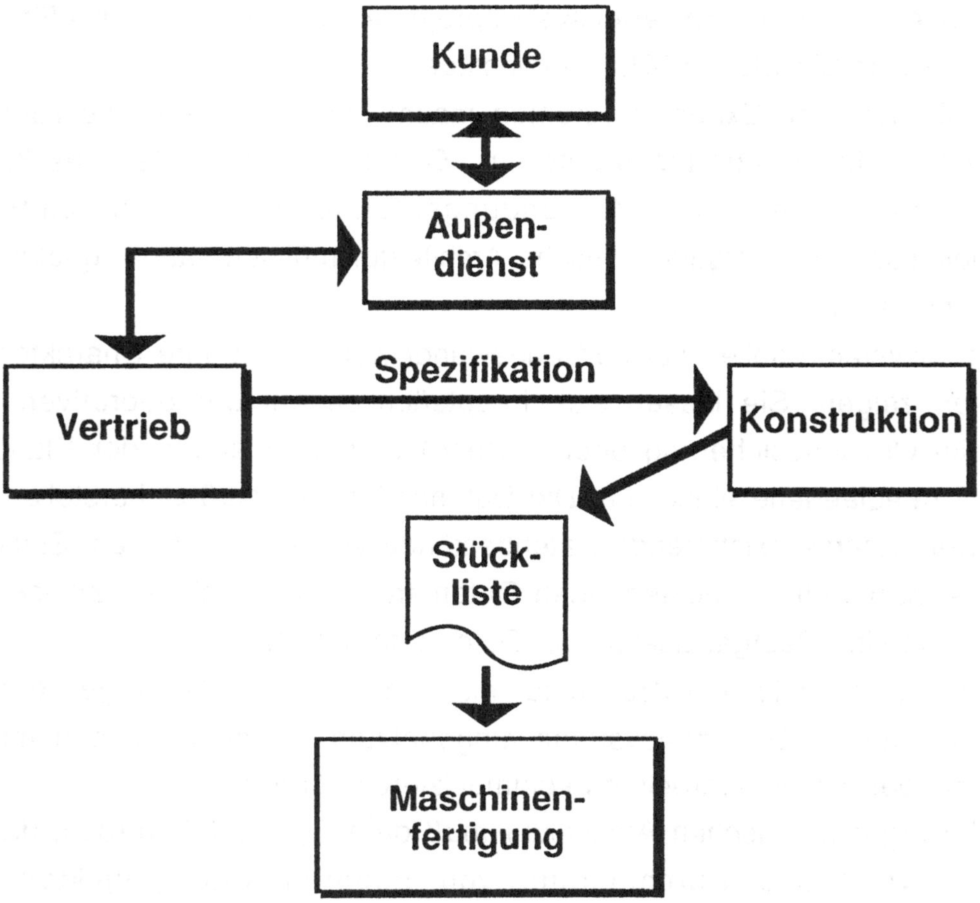

Bild 3: Vertrieb und Fertigung anspruchsvoller Produkte ohne Expertensystem

Das Unternehmen entschließt sich dann, im Außendienst ein Beratungsexpertensystem zur besseren Kundenbetreuung und im Vertrieb ein Expertensystem zur Konfiguration und Angebotserstellung einzuführen. Mit Hilfe von Standardbausteinen kann der Vertrieb in den meisten Fällen ohne Unterstützung der Konstruktionsabteilung die Fertigungsstückliste erzeugen. Nur bei Sonderwünschen des Kunden wird die Konstruktion eingeschaltet, um zum Beispiel Zusatzkomponenten zu bestimmen. Der Außendienst kann das Expertensystem zum einen als "intelligente" Checkliste und zum anderen zur Vorkalkulation für den Kunden benutzen (Bild 4).

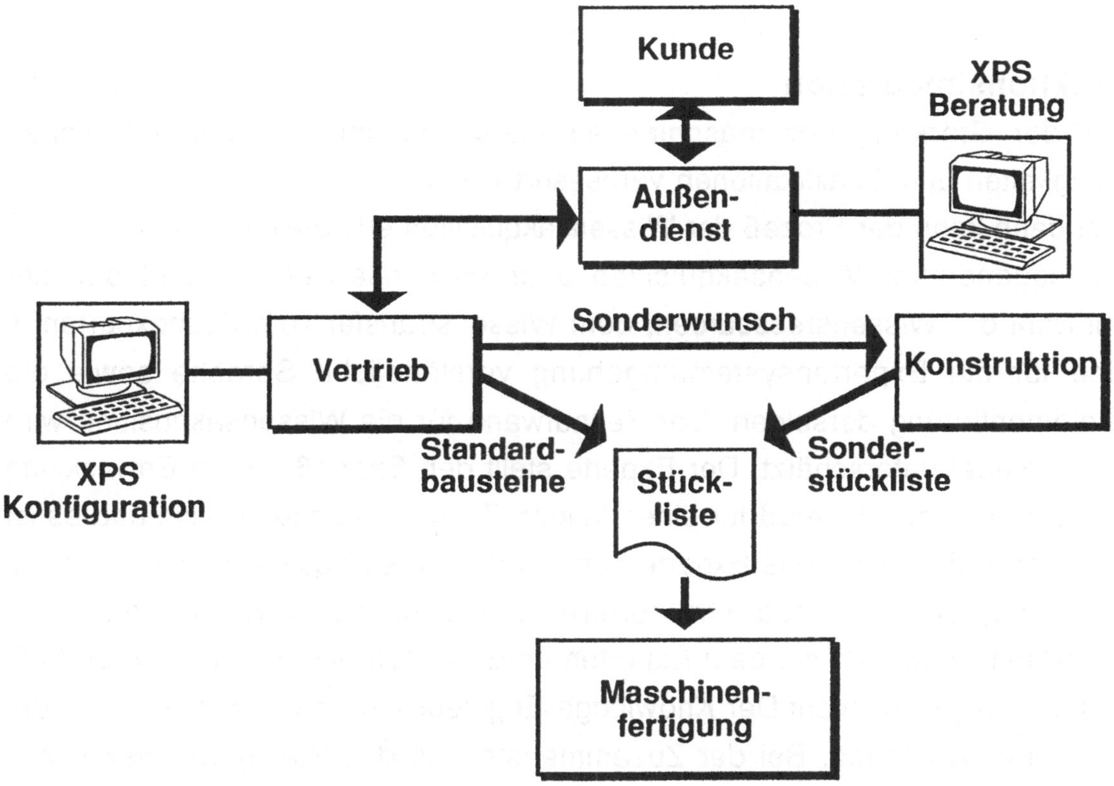

Bild 4: Vertrieb und Fertigung anspruchsvoller Produkte mit Expertensystemen

Die bestehende Organisationsstruktur muß jetzt dieser Entwicklung angepaßt werden. Dazu gehört, daß Verantwortliche für die Wartung der Wissensbasen bestimmt werden, Sicherheitsbestimmungen gegen unbefugte Benutzung der Wissensbasen durch Fremde vorhanden sind oder daß die Weiterleitung der Daten aus dem Außendienst in den Vertrieb geregelt ist.
Der Vertrieb wird mit zusätzlicher technischer Kompetenz aufgewertet und die Konstruktion muß eventuell bestimmte Mitarbeiter an den Vertrieb abgeben.

Die Arbeiten zur Erstellung eines Expertensystems beschränken sich nicht auf den Aufbau einer Wissensbasis. Bei einem Konfigurationssystem zur Bestimmung einer Maschinenstückliste aufgrund der Spezifikation des Kunden ist es notwendig, Teilestämme auf redundante Teile zu durchforsten, Baugruppen zu bilden oder fehlende Stücklisten zu erzeugen. Das sind Arbeiten, die vor oder während des Aufbaus einer Wissensbasis durchgeführt werden müssen. In gleichem Maße ist der Aufbau von Datenbanken zur Statistik bei Diagnoseaufgaben oder Versuchsdatenbanken zu erwähnen.

Funktionsintegration

Vor der Stärkung der maschinellen Intelligenz müssen die natürlichen Fähigkeiten und Qualifikationen verbessert werden.

Erst dann kann der Prozeß der Wissensakquisition erfolgreich verlaufen.

Die sogenannte Wissensakquisition oder Wissenserwerb besteht aus der Auswahl der Wissensressourcen, dem Wissenstransfer vom Fachexperten in eine für die Expertensystemumgebung verständliche Sprache sowie die Implementierung derselben. Der Zeitaufwand für die Wissensakqusition wird in der Regel unterschätzt. Der Experte stellt den Engpaß für die Entwicklung des Systems dar. Er muß für einen langen Zeitraum verfügbar sein und es ist eine hohe Motivation des Experten erforderlich. Als Akquisitionsverfahren hat sich hauptsächlich das strukturierte Interview bewährt, bei dem der Knowledge Engineer mit dem Experten im Gespräch das Fachwissen und die Lösungswege bespricht.Der Knowledge-Engineer muß dabei die Sprache der Fachleute verstehen. Bei der Zusammenstellung des Konfigurationswissens einer Maschine sollte der Knowledge Engineer ein Maschinenbauingenieur sein.

Für den Aufbau einer Wissensbasis werden in der Regel die besten Fachleute eines Betriebes benötigt. Gleichzeitig ist aber die Zeit genau dieser Experten sehr knapp. Werden diese Fachleute während des Aufbaus der Wissensbasis und auch später bei der Wartung nicht in ausreichendem Maße von anderen Aufgaben freigestellt, so läßt sich kein funktionsfähiges Expertensystem aufbauen. Falls notwendig, muß zusätzlich Personal geschult werden, um die im Expertensystemprojekt benötigten Mitarbeiter zu unterstützen.

Es gibt 4 Möglichkeiten des Wissenserwerbs (Bild 5).Die heutige gängigste Methode des Wissenserwerbs ist Methode 1 mit Hilfe eines Knowledge Engineers. Anzustreben für die Zukunft ist, daß der Fachexperte ohne Knowledge Engineer sein Wissen eingeben kann, um Informationsverluste und Verfälschungen zu vermeiden.

In der Praxis treten viele Daten auf ,die mit Hilfe von sogenannten Induktionsprogrammen zu Entscheidungbäumen umgesetzt werden können.

Sowohl für die Methode 2 als auch 3 gibt es heute schon Software-Werkzeuge, um diese Formen des Wissenserwerbes zu ermöglichen. Zukunftsvision und noch nicht vorhanden für die Praxis ist Form des automatischen Lernens aus Text, Beispielen, Tips oder gemachten Fehlern.

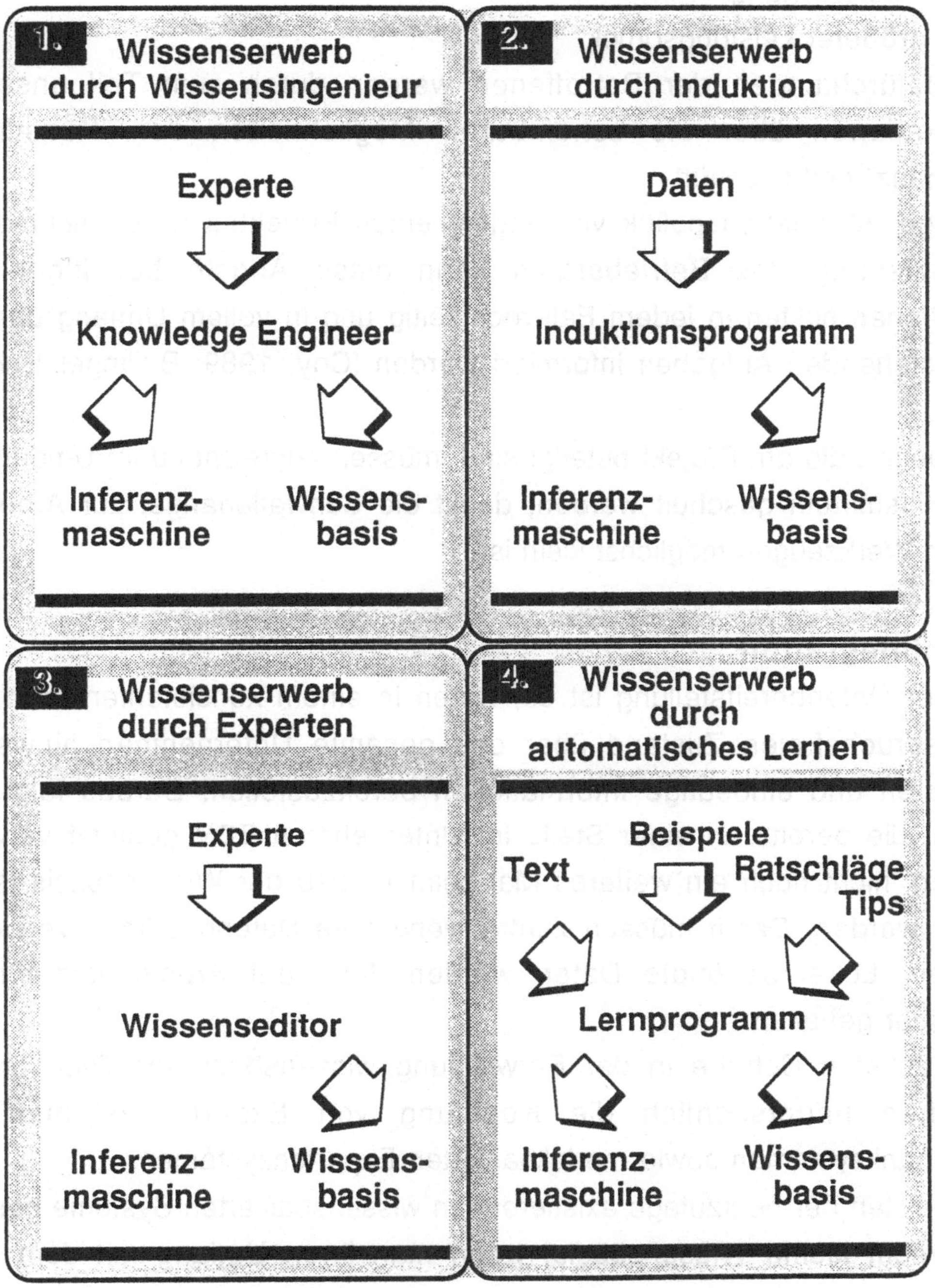

Bild 5: Möglichkeiten des Wissenserwerbs

Die Angst um den Arbeitsplatz und damit der Verlust der materiellen und sozialen Basis ist stets bei der Einführung neuer Techniken vorhanden. Potentielle Wissenslieferanten und Anwender behindern die Entwicklung eines Expertensystems aus mehreren Gründen:

- Rationalisierung
- Dequalifikation
- Überwachung
- größerer Leistungsdruck.

Die Befürchtungen der Betroffenen werden durch zum Teil unseriöse Publikationen über die scheinbaren Möglichkeiten der "Künstlichen Intelligenz" erst geschürt.
Richtige Informationspolitik vor Beginn eines Projektes unter rechtzeitiger Einbeziehung des Betriebsrates kann diese Ängste beseitigen. Die Betroffenen sollten in jedem Fall rechtzeitig und in vollem Umfang über die bevorstehenden Aufgaben informiert werden [Coy, 1989; Bullinger Enquete 1990].
Mitarbeiter, die am Projekt beteilgt sind, müssen ausreichend im Umgang mit den Hilfsmitteln geschult werden, damit die Schwellenangst zur Arbeit mit diesen Werkzeugen möglichst klein ist.

Datenintegration

Ziel der Datenbereitstellung ist es, Daten in einem konsistenten, das heißt widerspruchsfreien Zustand über das gesamte Unternehmen hinweg zu verwalten und eindeutige Informationen bereitzustellen. Daraus folgt, daß Daten, die bereits an einer Stelle im Unternehmen EDV gestützt verwaltet werden, nicht noch ein weiteres Mal beim Aufbau der Wissensbasis isoliert erfaßt werden. Damit müssen zentral verwaltete Datenbestände verwendet werden. Lokal benötigte Daten werden dann auf Arbeitsplatzrechnern verfügbar gehalten.
Die nächsten Schritte in der Entwicklung wissensbasierter Technologien betreffen hauptsächlich die Kopplung von Expertensystemen und Datenbanksystemen sowie modellbasierten Expertensystemen.
Die meisten der heutzutage existierenden wissensbasierten Systeme besitzen eine recht kleine Wissensbasis, wenn man ihren Umfang mit dem eines typischen Datenbanksystems vergleicht.
Mit der wachsenden Anwendungskomplexität wissensbasierter Systeme ergibt sich zwangsläufig die Erstellung von Wissensbasen einer Größe, für welche ausgefeilte Organisationstechniken notwendig sind. Solche Techniken sind für Datenbankanwendungen schon bekannt und in vielen Anwendungen erprobt. Neben der geschickten Organisation von großen Wissensbeständen können weitere Aspekte angeführt werden:

- Inferenzmethoden heutiger Expertensysteme gehen im allgemeinen davon aus, daß Wissen in direkt zugänglicher Form im Hauptspeicher eines Computers bereitliegt. Datenbanksysteme können jedoch mittels ausgefeilter Pufferungsmethoden rasch auf Datensätze, die in einem Hintergrundspeicher gelagert sind, zugreifen[Barth, 1989].

- Expertensysteme sind heute in der Regel noch nicht mehrbenutzerfähig. Falls mehrere Benutzer daran arbeiten können, so erhält jeder Benutzer eine Kopie der Wissensbasis. Dadurch wird erschwert, daß mehrere Benutzer am selben Problem arbeiten. Datenbanksysteme verfügen aber bereits über ausgeklügelte Mechanismen, daß mehrere Benutzer gleichzeitig an einer Datenbank arbeiten können, ohne sich gegenseitig zu behindern oder Daten redundant zu halten bzw. zu löschen.

- Heutige Expertensysteme treffen fast keine Vorkehrungen gegen fehlerhafte Abbrüche des laufenden Betriebs [Barth, 1989]. Im allgemeinen gehen bis dahin sämtliche erzielten Schlußfolgerungen und Zwischenresultate verloren. Falls das System über die Fähigkeit zu dynamischen Änderungen der Wissensbasis verfügt, so können die bis zum Systemabbruch vorgenommenen Modifikationen nicht mehr rückgängig gemacht werden. Für Datenbanksysteme wurden Transaktionskonzepte entwickelt, deren Übertragung auf Expertensysteme noch nicht statt gefunden hat.

- Ein für die moderne Datenbanktechnologie zentraler Aspekt ist die Unabhängigkeit zwischen der Benutzersicht von Daten und deren interner Strukturierung und Speicherung. Die mit einem Expertensystem durchzuführenden Konsultationen sind im allgemeinen nicht in dem bei Datenbanksystemen zu beobachtenden Grade unabhängig von den inneren Strukturen ihrer Wissensbasen [Barth, 1989].

Der wesentliche Unterschied zwischen Expertensystemen und Datenbanksystemen ist, daß Expertensysteme aktive Informationen verarbeiten können, während die Daten in Datenbanksystemen passiven Charakter haben. Expertensysteme können mit ihrem eingegebenen Wissen neues Wissen erzeugen, während bei Datenbanken der Benutzer über eine Datenmanipulationssprache wie SQL selbst für die Erzeugung neuer Daten sorgen muß.

Kommunikationsintegration
Die generelle Notwendigkeit des Datenaustauschs zwischen Computersystemen ist unbestritten. Eine Verbesserung bisheriger Ansätze zeigt sich auch bei der Kommunikationsfähigkeit von wissensbasierten Komponenten und -systemen über genormte Schnittstellen zu anderen Programmiersprachen und Betriebssystemen sowie Protokollen. Expertensysteme der heutigen Generation sind noch zu wenig portabel.

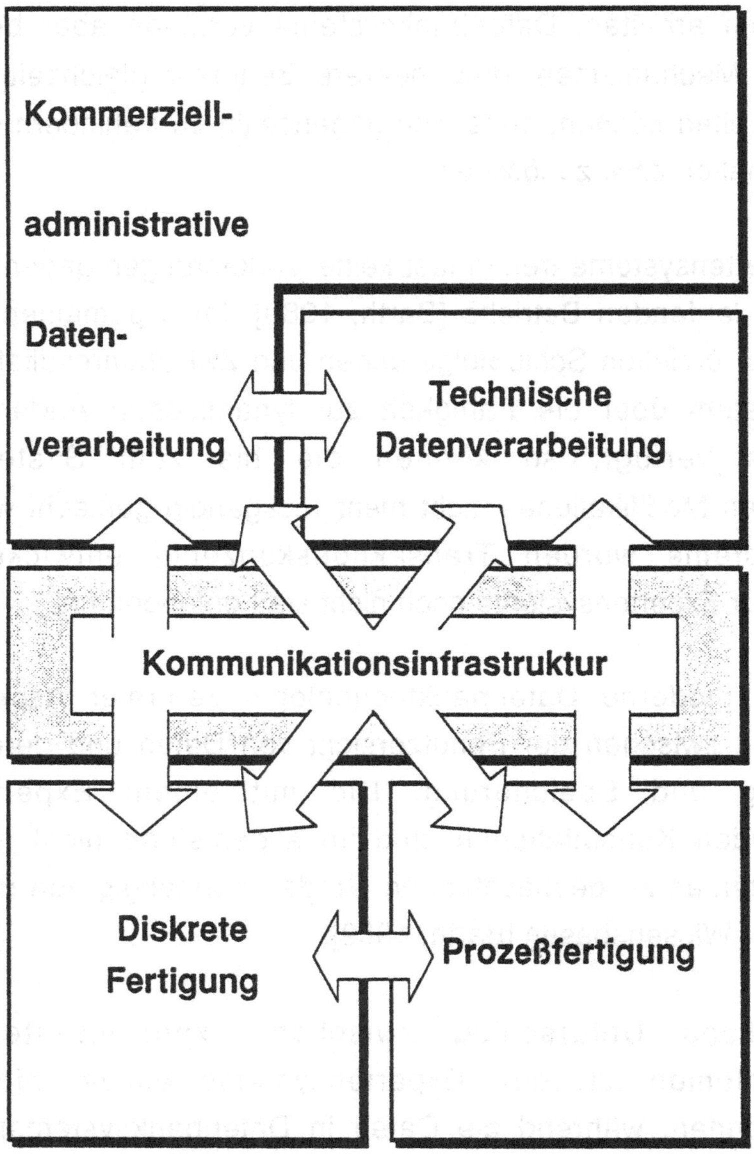

Bild 6: Integrativer Lösungsansatz für die Kommunikation

In letzter Zeit gibt es jedoch auch Expertensysteme, die es erlauben über Protokolle wie das LU 6.2 Protokoll von IBM zu kommunizieren. Damit lassen sich sowohl externe Datenbankzugriffe als auch Zugriffe auf externe Wissensbasen durchführen.

Kommunikationsstrukturen beschränken sich aber nicht auf den Zugriff auf Datenbanken oder externe Wissensbasen.

Für Anwendungszwecke wie Diagnose oder in Planungsaufgaben ist es wesentlich, daß die Expertensysteme am Fertigungsleitrechner oder an den Werkstattnetzen angekoppelt werden. Bild 6 [Suppan, 1989] drückt aus, welche Verbindungen bestehen müssen.

Integrationsbeispiel

Bild 7 zeigt ein Beispiel für die verschiedenen Integrationsgrade anhand eines Konstruktionsarbeitsplatzes. In der 1. Stufe werden die EDV technisch unverbundenen Systeme einem Mitarbeiter zugewiesen und damit organisatorisch eingebunden. Dabei kann es kann sich zum Beispiel um ein Expertensystem zur Auswahl von Welle-Nabe Verbindungen handeln und um ein CAD System. In der 2. Stufe sind die beiden Systeme über ein Netzwerk verbunden, so daß Dateien zwischen den beiden Systemen ausgetauscht werden können (zum Beispiel im einfachsten Fall die Maße für Welle und Nabe).

Auf der 3. Stufe haben die beiden Systeme eine gemeinsame Datenbasis zur Verfügung, auf die beide Systeme zum Beispiel mit der standardisierten Abfragesprache SQL zugreifen können. Ein weiterer Schritt ist direkte Kommunikation zwischen dem Expertensystemprogramm und dem Anwendungsprogramm. Damit ist die 4. Stufe erreicht. Nach außen treten die Programme aber noch als getrennte Module auf, das heißt der Anwender wählt zwischen dem Expertensystem und dem Anwendungsprogramm.

In der letzten Ausbaustufe handelt es sich nur um ein Anwendungsprogramm mit einer bestimten Funktionalität, ohne daß nach außen ersichtlich wird, wie das Programm intern aufgebaut ist.

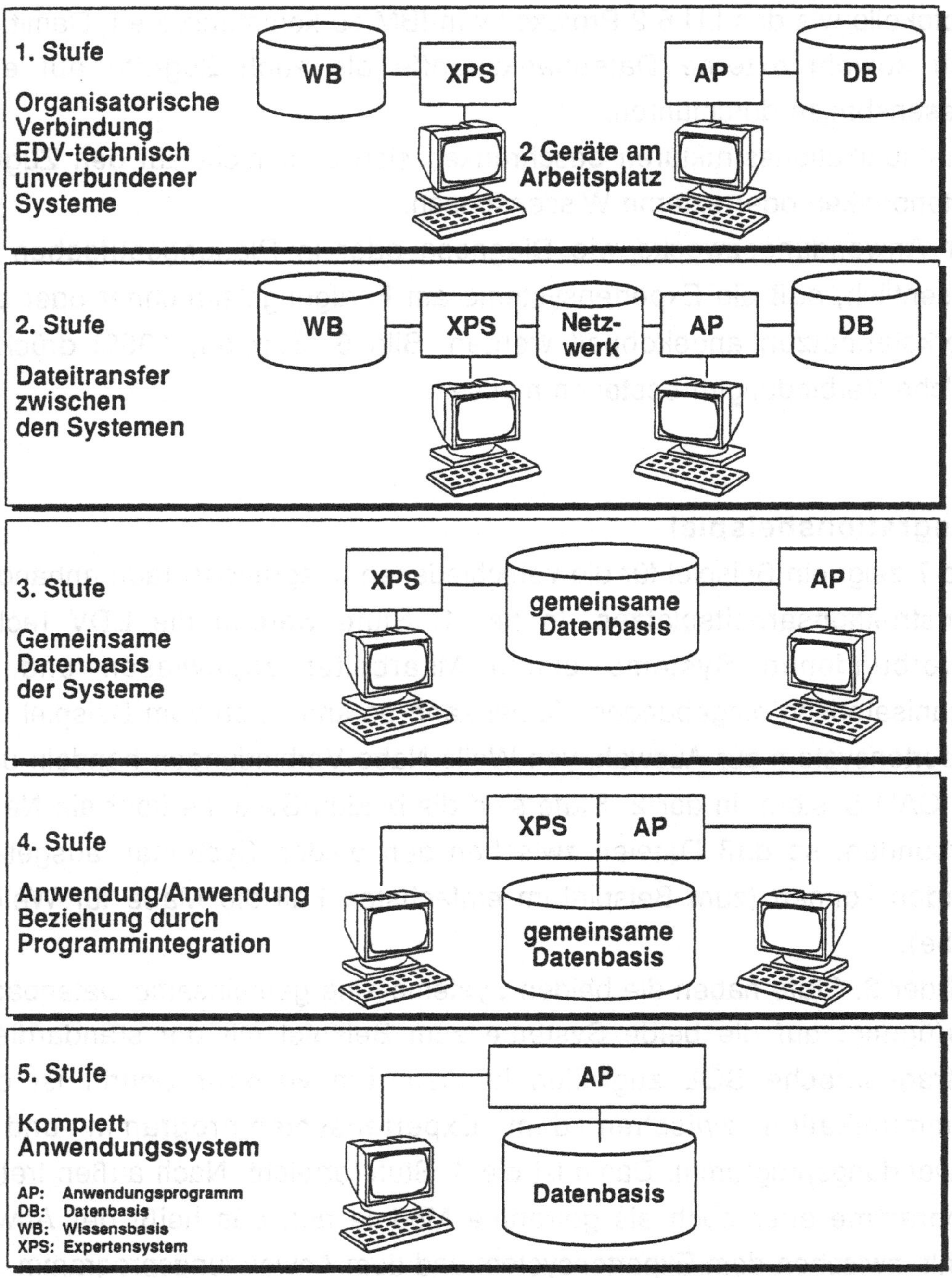

Bild 7: Integrationsgrade bei Expertensystemen

5 Entwicklungsmethodik für Expertensysteme

Nachdem in Kapitel 3 und 4 die gesamtheitlichen Aspekte der Expertensystemtechnik sowie ihre Integrationspotentiale betrachtet wurden, folgt nun die Erläuterung einer Entwicklungsmethodik von Expertensystemen.

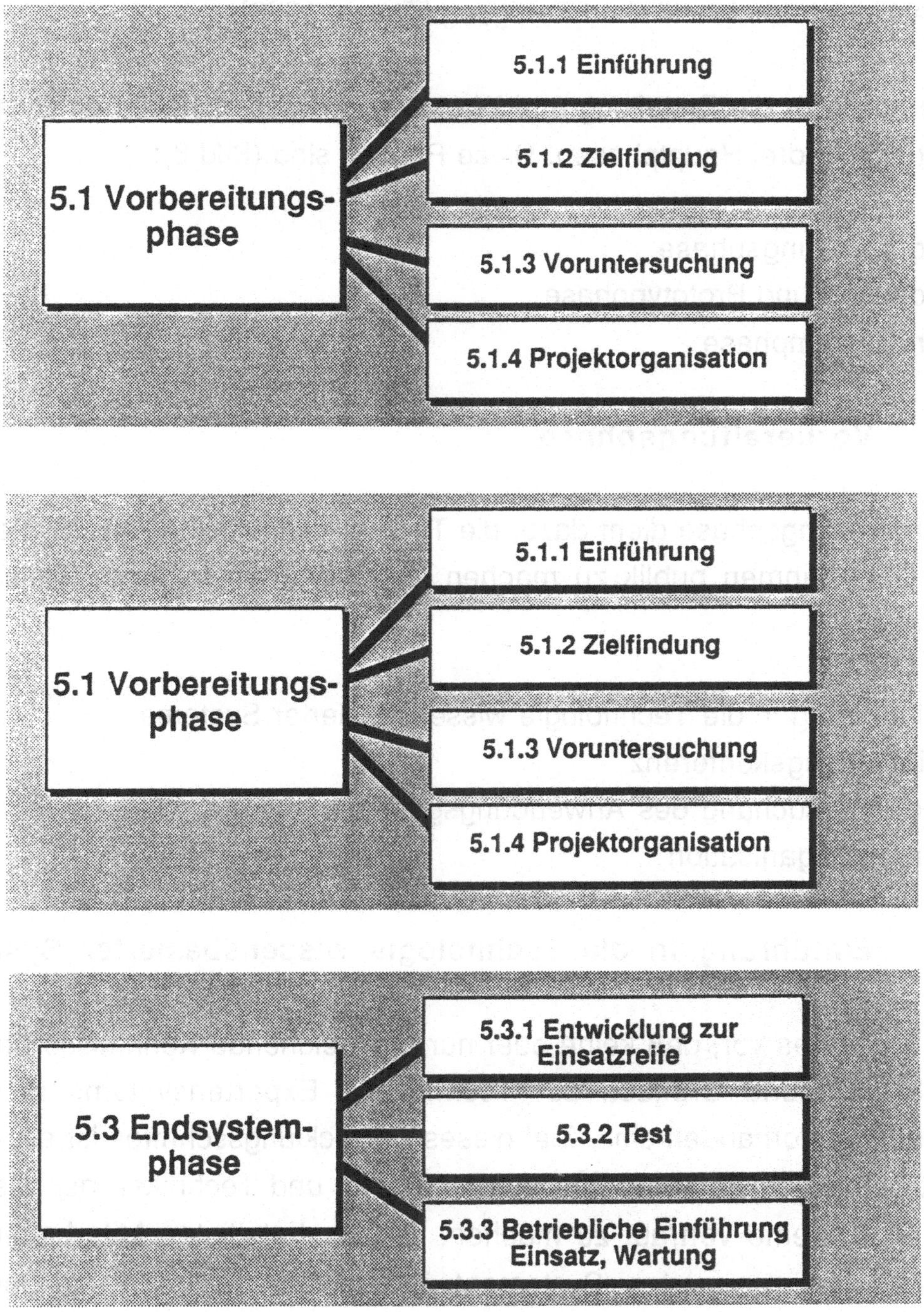

Bild 8: Methodik zur Entwicklung von Expertensystemen

Die Entwicklung von Expertensystemen wird heute noch in großem Maße mit empirischen Methoden durchgeführt und wird nicht durch allgemeingültige Methodologien unterstützt. Expertensystemprojekte werden nicht nach Kriterien wie Verfügbarkeit, Zuverlässigkeit, Arbeitsteilung, genaue Kostenabschätzung und Qualitätssicherheit, die im industriellen Herstellungsprozeß in der Regel angewandt werden, entwickelt, sondern eher in der Art einer handwerklichen Fertigung [Tasso, 1989].

Die Methodik für die Erstellung und Wartung von wissensbasierten Systemen gliedert sich in drei Hauptphasen. Diese Phasen sind (Bild 8):

- Vorbereitungsphase
- Konzept- und Prototypphase
- Endsystemphase

5.1 Vorbereitungsphase

Die Vorbereitungsphase dient dazu, die Thematik wissensbasierte Systeme in einem Unternehmen publik zu machen. Dazu werden folgende Teilschritte durchgeführt:

- Einführung in die Technologie wissensbasierter Systeme
- Zielfindungskonferenz
- Voruntersuchung des Anwendungsgebietes
- Projektorganisation

5.1.1 Einführung in die Technologie wissensbasierter Systeme

Häufig kommt es vor, daß keine oder nur unzureichende Kenntnisse über die Möglichkeiten und Grenzen der Technologie Expertensysteme in einem Unternehmen vorhanden sind. Ziel dieses Entwicklungsschrittes ist es, die im Projekt beteiligten Personen mit den Methoden und Techniken der wissensbasierten Systeme vertraut zu machen. Zu den beteiligten Mitarbeitern gehören Fachgebietsexperten, Systementwickler, Führungskräfte und Benutzer des Systems. Die Einführung hat in der Regel Workshop-artigen Charakter und zeigt anhand von Beispielen die Möglichkeiten dieser Technologie auf.

5.1.2 Zielfindungskonferenz

In einem Unternehmen gibt es in der Regel eine ganze Reihe von Problemen, die mit wissensbasierten Methoden besser lösbar sind. Die Zielfindungskonferenz dient dazu, eine Rangliste von möglichen Projekten zu erstellen, die mit Hilfe der wissensbasierten Systeme gelöst werden sollen. Wesentlich ist es, sich auf ein Projekt zu beschränken, mit dem dann begonnen werden soll.

5.1.3 Voruntersuchung des Anwendungsgebietes

Bei der Zielfindungskonferenz wurde eine Aufgabe gefunden, die mit der Expertensystemunterstützung bearbeitet werden soll. In der Regel werden jedoch nur bestimmte Teilkomponenten einer Aufgabe direkt mit Expertensystemen zu lösen sein. Wichtig ist es deshalb, Teilaufgaben des Gesamtprojektes zu identifizieren, die mit wissensbasierter Unterstützung gemacht werden können. Dazu soll das Problemgebiet bezüglich Domäne, Einsatzweise und Identifizierung der Experten eingegrenzt werden. Als Ergebnis ergibt sich eine genauere Vorstellung der Art und des Umfanges der Aufgabe sowie eine Einschätzung des Anteiles an wissensbasierter Technologie. Zugleich läßt sich eine grobe Kostenabschätzung vornehmen.

5.1.4 Projektorganisation

Wurde im Unternehmen beschlossen, die Aufgabe mit einem Expertensystem zu lösen, so muß das Gesamtprojekt organisiert werden. Dazu muß ein Projektteam gebildet werden, das aus Projektleiter, Fachgebietsexperten sowie Systementwicklern und Benutzern besteht. In der Systementwicklung werden sowohl die sogenannten Knowledge Engineers als auch Fachleute für die konventionelle Datenverarbeitung benötigt. Um das Risiko eines Expertensystemprojektes besser einschätzen zu können, soll eine genaue Projektbeschreibung mit der Bestimmung von Meilensteinen sowie der Festlegung von Review- bzw. Berichtszeitpunkten gemacht werden. Mit der Bildung eines Projektteams ist auch die Personalplanung und Personalzuordnung verbunden. Dabei muß beachtet werden, daß Fachexperten für den Wissensakquisitionsprozeß in genügendem Maße freigestellt werden. Von Bedeutung ist auch die Planung der sachlichen Hilfsmittel wie Hardware, Software und sonstiger Infrastruktur wie z.B. der Räumlichkeiten. Nicht zuletzt müssen die für das Projekt notwendigen Finanzmittel beschafft werden.

Ergebnis der Vorbereitungsphase ist, daß ein Projekt ausgewählt wurde und für dieses Projekt auch die Erstellung eines groben Anforderungskataloges sowie der Projektorganisation durchgeführt wurde. Ein detaillierteres Konzept und ein Prototyp wird in der Phase 2 erstellt.

5.2 Konzept- und Prototypphase

Die Konzept- und Prototypphase gliedert sich in die 4 Hauptpunkte

- Problemanalyse
- Systemplanung
- Umsetzung des Systementwurfs in die Expertensystemumgebung
- Validierung des Entwurfs

Ziel dieser Phase 2 ist es, ein detailliertes Pflichtenheft zu erstellen, eine exakte Systemplanung durchzuführen sowie ein Teilbereich des Gesamtprojektes in ein lauffähiges Expertensystem zu überführen.

5.2.1 Problemanalyse

In der Vorbereitungsphase wurde ein grober Anforderungskatalog mit der Festlegung der Systemziele und den Hauptanforderungen an das System definiert. Ziel dieser Problemanalyse ist es nun, diese groben Anforderungen genauer aufzugliedern und ein detailliertes Pflichtenheft zu erstellen. Dazu ist zunächst der Ist-Zustand der bereichsspezifischen Aufbau- und Ablauforganisation z.B. mit einer Informationsflußanalyse aufzunehmen. Im Fachgespräch mit Benutzern und Experten sollen Lösungsideen und Lösungsvorschläge zur Projektrealisierung fixiert werden. In diesem Rahmen lernt der Knowledge Engineer die Expertendomäne kennen. Dies geschieht auch durch zusätzliches Studium von Fachliteratur. Die Teilphase der Problemanalyse dient dazu, daß die am Projekt beteiligten Mitarbeiter ein gutes Problemverständnis haben. Der Problemanalyse schließt sich die Systemplanung an.

5.2.2 Systemplanung

Bei der Systemplanung wird soweit wie möglich auf die Erfahrungen, die im konventionellen Software-Engineering gemacht worden sind, zurückgegriffen. Darüber hinaus werden allerdings spezifische Anforderungen, die durch die wissensbasierte Technologie hinzukommen, berücksichtigt. Die Systemplanung gliedert sich in

- Anforderungsanalyse
- Systementwurf
- Kosten-/Nutzenbetrachtung
- Strategiewahl

5.2.2.1 Anforderungsanalyse

Ziel der Anforderungsanalyse ist es, einerseits ein logisches Modell, d.h. eine anwendungsorientierte Sicht der Aufgabe sowie andererseits einen datentechnischen Grobentwurf zu erstellen. Dazu wird untersucht, welche Schnittstellen zum Benutzer oder zu Datenbanken notwendig sind, welche Systemumgebung für die Entwicklungs- und Laufzeitkomponente zu verwenden ist und wer das System entwickeln, warten und bedienen soll. Speziell die Systemhandhabung ist eine sehr entscheidende Frage, weil viele Mitarbeiter beim Erstellungsprozeß beteiligt sein können, wie z.B. Software-Engineer, Knowledge Engineer, Systembetreuer, Fachbereichsexperte oder Systembediener.

Das logische Modell, das aus der Anforderungsanalyse gewonnen wird, führt zum datentechnischen Grobentwurf, wo festgelegt wird, wie die Struktur der Wissensbasis aussieht, welche Inferenzstrategien verwendet werden, ob Erklärungsmöglichkeiten für abgeleitete Ergebnisse notwendig sind und welche Benutzungsoberfläche vorhanden sein muß. Zusätzlich wird festgelegt, welche Hard- und Software als Systembasis zu verwenden ist.

5.2.2.2 Systementwurf

Beim Systementwurf gelten die klassischen Prinzipien des Software-Engineering. Diese Prinzipien lassen sich bei der Entwicklung von wissensbasierten Systemen durch verbesserte Softwareumgebungen einfacher realisieren. Die wesentlichsten Prinzipien sind Abstraktion, Geheimnisprinzip, Strukturierung und Modularisierung, Standardisierung und Wiederverwendung. Die Abstraktion, d.h. das Loslösen von hardware- oder programmierspezifischen Eigenheiten, läßt sich durch objektorientierte Entwurfsprinzipien mit Klassen sowie Vererbung realisieren. Im gleichen Zug erreicht man eine

Lokalisierung von Entscheidungen sowie fest definierte Schnittstellen, die zur Strukturierung des Gesamtsystems beitragen. Damit werden wesentliche Eigenschaften auf bestimmte Objekte beschränkt.

5.2.2.3 Kosten-/Nutzenbetrachtung

Die größte Schwierigkeit bei Expertensystemprojekten ist die Nutzenbetrachtung. Zum einen sind Expertensystemprojekte relativ teuer, gleichzeitig läßt sich jedoch die Amortisationszeitdauer nicht genau abschätzen. Der Nutzen eines Expertensystemprojektes läßt sich in qualitativen und quantitativen Nutzen unterscheiden. Quantitativer Nutzen ist z.B. wenn die Bearbeitungszeit für die Diagnose eines Gerätes geringer ist als vorher. Qualitativer Nutzen z.B. bedeutet, daß Know-how über die Erstellung eines Expertensystems im ganzen Unternehmen gesammelt und zentralisiert wird. Im Gegensatz zu den Nutzen lassen sich die Kosten des Projektes gut abschätzen. In der Regel fallen bei derartigen Projekten firmeninterne und firmenexterne Kosten an. Externe Kosten betreffen Berater oder Softwarehäuser für Betreuung bzw. Schulung im Projekt. Interne Kosten betreffen Personalkosten und die Aufwendungen für die Infrastruktur an Hardware und Software, die für das Projekt notwendig ist.

5.2.2.4 Strategiewahl

Bei der Entwicklung von Expertensystemen kann auf eine der folgenden Strategien zurückgegriffen werden.

a. Das gesamte wissensbasierte System wird aufbauend auf einer Programmiersprache, wie z.B. LISP, PROLOG oder C, komplett im eigenen Hause entwickelt. Dieser Weg wird eingeschlagen, wenn das Unternehmen über alle benötigten Ressourcen verfügt oder Geheimhaltungsgründe sie dazu zwingen [Forrer, 1989].

b. Eine Entwicklungsumgebung für ein Expertensystem (eine sogenannte Shell oder ein Tool) werden von einem Softwarehaus gekauft und mit diesem Unterstützungswerkzeug wird dann das wissensbasierte System aufgebaut. Bei dieser Strategie entfällt wohl die Programmierung der Umgebung, gleichzeitig muß aber eine relativ allgemein gehaltene Shell auf die spezifischen Unternehmensbedürfnisse angepaßt werden.

c. Fremdentwicklung mit einer Shell
Hier wird ein externes Unternehmen beauftragt, mit Hilfe einer gekauften Shell das wissensbasierte System aufzubauen. Die Schwierigkeit bei dieser Art des Vorgehens ist, daß die Mitarbeiter im eigenen Unternehmen nicht genug mit in die Projektarbeit eingebunden werden.

d. Kauf eines fertigen Expertensystems, d.h. Auswahl und geringfügige Adaption eines am Markt verfügbaren Expertensystems.
Diese Variante ist heute nur in den seltensten Fällen möglich, weil Expertensysteme eine unternehmensspezifische Individualentwicklung sind. Denkbar ist jedoch, daß bestimmte Arten von Systemen, wie z.B. Diagnosesysteme, in der Zukunft auch unter diesem Aspekt vertrieben werden können [Fähnrich, Sandner, 1990, in diesem Band].

Die Auswahl der geeigneten Hard- und Softwarewerkzeuge findet anhand von Marktspiegeln und Marktanalysen statt [Hoff, 1990]. Am IAO wird momentan ein Programm erstellt, das die Auswahl von Expertensystemwerkzeugen mit Hilfe der Nutzwertanalyse durchführt. Die heute gängigsten Strategien bei der Entwicklung von Expertensystemen sind die Eigenentwicklungen und die Entwicklung des Systems mit Hilfe einer Shell, sowohl firmenintern als auch mit Unterstützung von außen.

Bewährt hat sich, daß ein externer Partner bei der Vorbereitungs- sowie bei der Konzept- und Prototypphase Unterstützung leistet, die dann bei der Endsystemphase sowie der Wartung laufend abnehmen kann, um dem Unternehmen den Aufbau von internem Know-how im Umgang mit Expertensystemen zu ermöglichen.

5.2.3 Umsetzung des Systementwurfs in die gewählte Expertensystementwicklungsumgebung

Nach der Strategiewahl und der Auswahl einer Entwicklungsumgebung kann der Entwurf in mehreren Zyklen in ein Prototypexpertensystem übergeführt werden. Die Erstellung des Prototyps erfordert in der Regel einen relativ hohen Ressourceneinsatz und dauert oft länger als erwartet.

5.2.4 Validierung des Entwurfes

Der Prototyp wird in Zusammenarbeit zwischen dem Experten und dem Wissensingenieur getestet. Dies geschieht hauptsächlich anhand von Fallbeispielen. Das System muß sich so verhalten, wie es der Experte erwartet.

5.3 Endsystemphase

Nach dem Abschluß der Arbeiten an dem Prototypen beginnt die Entwicklung des einsatzfähigen Systems.

5.3.1 Entwicklung zur Einsatzreife

Dafür muß das in der Regel isolierte Prototypsystem in ein ablauffähiges System umgesetzt werden, das auch die Anbindung und Entwicklung weiterer Softwarekomponenten enthält sowie unter Umständen auch Ankopplung an Datenbanken, Netzwerken o.ä. Zusätzlich kann die Erstellung eines kompletten Laufzeitsystems notwendig sein. Die Wissensbasis muß erweitert werden. Zusätzlich müssen die Benutzeroberflächen von Entwickler und Benutzerschnittstelle, die häufig beim Prototypen nicht optimal sind, verbessert werden. Eine weitere wesentliche Aufgabe ist es, die Erklärungskomponente des Expertensystems aufzubauen.

Bei der Abschätzung des Zeitbedarfs stellt sich die Frage, ob die prototypisch entwickelte Software in irgendeiner Form wiederverwendet werden kann. Diese Entscheidung muß für jedes Projekt neu getroffen werden. Es lassen sich zwei Varianten unterscheiden:

- Reimplementierung des Prototypen
- Weiterentwicklung des Prototypen zum Einsatzsystem

5.3.2 Test

Im Test soll die Funktionalität des Expertensystems anhand der Systemanforderungen getestet werden. Beteiligt am Test sind Fachexperten aus dem Anwendungsgebiet, Knowledge Engineers und die künftigen Anwender des Expertensystems. Der Test des Systems soll in drei Stufen erfolgen:

- definierte Testfälle
- erster Praxiseinsatz zur Aufdeckung von unerwünschten Nebeneffekten und Fehlern, um weitere Verbesserungen anzuregen
- Abnahmetest

Die Testschwerpunkte betreffen folgende Kriterien:

a. Schnittstellen zur Überprüfung von Kriterien wie Datensicherheit, Datenaktualität und Datenqualität

b. Systemumgebung
Bei der Systemumgebung ist es wichtig, daß die Verarbeitungsgeschwindigkeit angemessen ist, daß sich das System erweitern läßt und daß eine Kompatibilität zwischen einer Entwicklungs- und der Laufzeitversion vorhanden ist.

c. Systemhandhabung
Das System sollte sich sowohl auf Entwickler- als auch auf Benutzerseite durch hohe Zuverlässigkeit, gute Handhabung und gute Erklärungsfähigkeit auszeichnen.

d. Wissensdarstellung, Wissensverarbeitung
Die Wissensdarstellung und Wissensverarbeitung sollte sowohl vom Fachexperten als auch vom Benutzer durchschaubar sein.

5.3.3 Betriebliche Einführung, Konsolidierung, Einsatz und Wartung

Nach dem Abnahmetest kann das System beim Anwender eingeführt werden. Im Gegensatz zu konventionellen Softwaresystemen wird allerdings selbst beim Einsatz eine häufigere Modifizierung und Erweiterung der Wissensbasis notwendig sein, um neues Wissen in das System zu integrieren. D.h. der Systembediener muß in stärkerem Maße betreut werden. Wird das System an mehreren Stellen eingesetzt, so muß dafür Sorge getragen werden, daß nur die aktuellen Systemversionen im Betrieb sind.

5.4 Beteiligte Mitarbeiter und Abteilungen

Bild 9 zeigt die im Laufe der Entwicklungsmethodik am Projekt beteiligten Mitarbeiter und Bereiche. Von besonderer Bedeutung ist, daß alle Bereiche an der Einführung in die Technologie der Expertensysteme teilnehmen sollten, um richtig informiert zu sein. Auch bei der Einführung des Systems in der betrieblichen Praxis müssen alle, auch nur am Rande berührten, Mittarbeiter das Ergebnis des Projekts kritisch begutachten.

		Geschäfts-leitung	Organisation Datenverar-beitung	Stäbe Planungs-stellen	Fachabteilung Fachexperten	Knowledge Engineers	System-programmierer	Benutzer, Anwender
Vorbereitungs-phase	Einführung	■	■	■	■	■	■	■
	Zielfindung	■	■	■	■	■	□	■
	Voruntersuchung	□	■	■	■	■	□	■
	Projektorganisation	■	■	■	■	■	□	□
Konzept- und Prototypphase	Problemanalyse	□	■	■	■	■	■	■
	Systemplanung	□	■	■	■	■	■	□
	Entwurfserstellung	□	□	□	■	■	■	□
	Validierung des Entwurfs	□	□	□	■	■	■	■
Endsystem-phase	Entwicklung zur Einsatzreife	□	□	□	■	■	■	□
	Test	■	□	□	■	■	■	□
	Einführung, Einsatz, Wartung	■	■	■	■	■	■	■

■ beteiligt

□ nicht beteiligt

Bild 9: Beteiligte Abteilungen bei Expertensystemprojekten

Die Fachexperten und die Knowledge Engineers müssen dem gesamten Projektverlauf beiwohnen, um sicherzustellen, daß das Ergebnis eine genaue Abbildung des Fachwissens vom Experten darstellt.

Wesentlich ist, daß der spätere Benutzer des Expertensystems schon in den frühen Phasen (Voruntersuchung und Problemanalyse) sein Wissen und seine Wünsche mit einbringen kann.

5.5 Unterstützung der Entwicklungsmethodik durch Werkzeuge

Die in 5.1 bis 5.3 beschriebene Entwicklungsmethodik wird in mehrerlei Hinsicht durch Werkzeuge unterstützt.
Eine Übersicht zeigt Bild 10. In diesem Schaubild wird der Begriff "Expertensystem" zu dem Begriff "Softwaresystem" erweitert, weil im Zuge der Integration wissensbasierter Komponenten der prozentuale Anteil dieser Technik zurückgeht.
Bei der Vorbereitungsphase und zum Beginn der Konzept- und Prototypphase wird im Unternehmen ein Datenmodell erstellt, das hauptsächlich relationalen und/oder hierarchischen Charakter hat.
Die Analyse wird zur Zeit manuell mit Methoden aus dem Software-Engineering durch Methoden wie Jackson-Diagramme oder Hierarchy-Input-Output (HIPO) Diagramme unterstützt. Am Fraunhofer-Institut für Arbeistwirtschaft und Organisation wird überlegt, ob man für diese frühen Phasen auch CASE- Werkzeuge einsetzen kann.
Bei der Erstellung von Prototypen bzw. Endsystemen kommen Expertensystemumgebungen, konventionelle Programmiersprachen und Generatoren wie zum Beispiel Werkzeuge zur Benutzeroberflächengestaltung zum Einsatz. Test und Wartung des Softwaresystems werden heute nur in geringem Maße unterstützt und müssen manuell durchgeführt werden.
Für die Zukunft stellt sich die Entwicklung eines Softwaresystems in den frühen Phasen und bei der Test- und Wartungsphase verbessert dar (Bild 11).

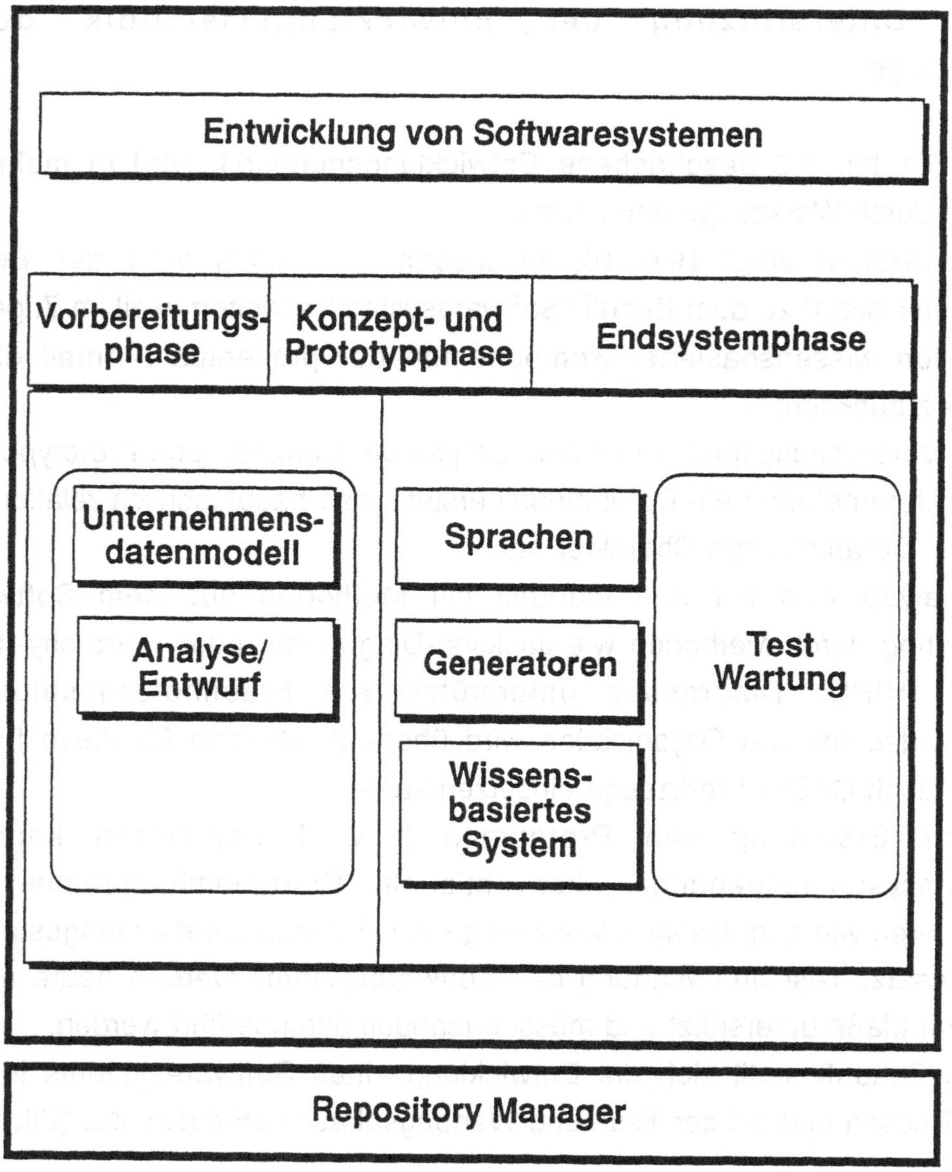

Bild 10: Software Entwicklung heute

Die Wissensakquisition wird durch Werkzeuge vereinfacht werden. Zusätzlich ergibt sich die Möglichkeit, Software wissensbasiert zu testen. Damit läßt sich durchgängig mit Werkzeugunterstützung Software entwickeln.

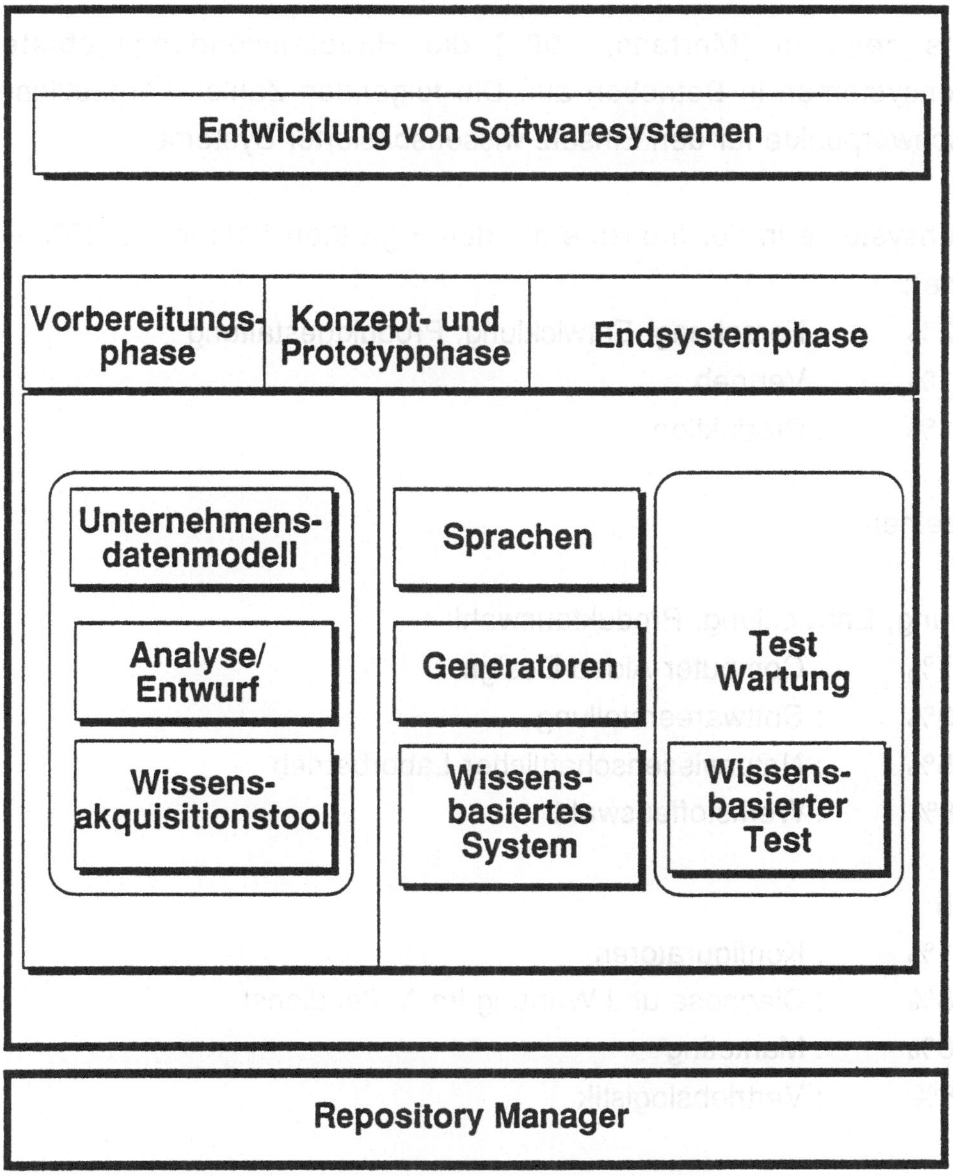

Bild 11: Softwareentwicklung morgen

6. Anwendungspotentiale von Expertensystemen in Produktion und Engineering

Mertens zeigt in [Mertens, 1990] die Hauptanwendungsgebiete von Expertensystemen in Betrieben auf. Die folgenden Zahlen verdeutlichen die Hauptschwerpunkte für den Einsatz wissensbasierter Systeme:

Expertensysteme in der Industrie mit den 3 größten Sektoren (100% = 1688 Systeme):

22%	: Forschung, Entwicklung, Produktgestaltung
21%	: Vertrieb
31%	: Produktion

im einzelnen:

Forschung, Entwicklung, Produktauswahl:

57%	: Computer Aided Design
20%	: Softwareerstellung
15%	: Naturwissenschaftlicher Laborbetrieb
8%	: Werkstoffauswahl

Vertrieb:

41%	: Konfiguratoren
38%	: Diagnose und Wartung im Außendienst
16%	: Marketing
5%	: Vertriebslogistik

Produktion:

39%	: Diagnose in der Produktion
18%	: Fertigungs-/Prozeßleittechnik
12%	: Arbeitsplanerstellung
12%	: PPS-Zeitwirtschaft/Kapazitätsterminierung/Umdisposition
8%	: PPS Materialwirtschaft/Grobplanung
8%	: Betriebsmittel-/Fabrik-Layout-Planung
3%	: PPS-Schwachstellenanalyse

Hauptaufgaben von Expertensystemen werden zur Zeit in den Funktionsbereichen Computer Aided Design, Konfiguration sowie Diagnose im weitesten Sinne (Diagnose im Außendienst, Wartung, Diagnose in der

Produktion, Prozeßleittechnik) gesehen.
In diesem Kapitel werden zwei Einsatzbereiche für den Einsatz von Expertensystemen vorgestellt: Konstruktion sowie Schulung, Training und Ausbildung. In beiden Gebieten liegen Schwachstellen konventioneller Systeme vor. Der Abschnitt versucht einen Eindruck zugeben, welche Aufgaben mit Expertensystemen unterstützt bzw. besser gelöst werden können.

6.1 Wissensbasierte Konstruktionssysteme [Hoff, 1990]

Die in der Konstruktion mit Hilfe von CAD-Systemen erzeugten Daten bestehen im wesentlichen aus Geometriebeschreibungen. Technologische Informationen oder Anforderungen an Fertigungs- und Montageverfahren können nur schwer mit Hilfe der Datentechnik gespeichert oder gezielt abgerufen werden. Die Erfahrungen der Arbeitsplanung und Produktion stehen dem Konstrukteur häufig nur auf informellem Weg zur Verfügung, eine systematische Rückkopplung in die Konstruktion ist meist nicht gegeben. Ebensowenig werden Erfahrungen der Anwender für neue Konstruktionsaufgaben systematisch ausgenutzt, da die notwendigen Informationstechniken nicht eingeführt sind.
Diese CAD-Systeme zeichnen sich noch durch folgende Nachteile aus:

- Benutzerferne - mathematische- Benutzeroberfläche (Beispiel boolean´sche Operationen bei Körpermodellierung)
- benutzerferne Flächenmodellierung, schwache Körpermodellierung
- mathematische Datenstruktur, aber kein Produktmodell
- keine Stücklistenstruktur
- keine Konstruktionselemente, keine Unterstützung von Konstruktionsregeln und -logiken
- Fertigungselemente und Methoden sind nur im Ansatz vorhanden
- es fehlen Lehrmöglichkeiten

Der Funktionsumfang ist für eine große Zahl der Anwendungen zu umfangreich. Andererseits vermissen viele Anwender Funktionen, die ihre individuellen Bedürfnisse abdecken. Der Anpassungsaufwand ist bei der Komplexität heutiger CAD-Systeme zu aufwendig. Wünschenswert ist daher ein Systemaufbau, der eine klare Struktur mit definierten Schnittstellen anbietet, so daß Erweiterungen und Anpassungen auch auf Anwenderseite möglich sind.

Wissensbasierte Systeme in der Konstruktion können zu Konstruktionen führen, die anwendungsgerechter und fertigungsgerechter sind. In die Wissensbasis eines derartigen Systems können Konstruktions- und Fertigungsregeln, wie z.B. zur Modellierung von Guß, -Schmiede,- und Spritzgußteilen oder zur Montage komplexer Baugruppen mit einbezogen werden. Damit lassen sich Produktentwürfe optimieren und Varianten vereinfacht erzeugen. Von großer Bedeutung ist auch die Integration der technischen Dokumentation und Schnittstellen zu Projektverfolgungs-, Fertigungs- und Bürosystemen.

Es zeichnen sich hauptsächlich folgende Einsatzgebiete für Expertensysteme ab:

1) Projektierung:
-Projektierung von Großanlagen, wie z.B. von Schiffsgetrieben als Anwendung von wissensbasierten Systemen in einer frühen Phase der Konstruktionsmethodik

2) Konstruktionsberatung
-Werkstoffauswahl von Faserverbundwerkstoffen mit Kopplung zu einer Datenbank
-Bestimmung von Lösungsprinzipien, zum Beispiel bei Frage, ob eine Guß- oder eine Schweißkonstruktion verwendet werden soll.
- Produktfindung, Verringerung von Varianten
-Konstruktionsberatung wie zum Beispiel eine Expertensystem Beratung bei Metall-Kunststoff-Klebung.

3) Einbeziehen von Randbedingungen der Fertigung und der Wirtschaftlichkeit
- Kopplung der Wissensbereiche Dimensionierung, Fertigung und Wirtschaftlichkeit zum Beispiel bei Konstruktion von Spritzgußwerkzeugen.
- Fertigungsgerechte Konstruktion
- Einbeziehung von Randbedingungen der Fertigung (Stichwort "Fertigungsgerechte Konstruktion")
- Entwicklungscontrolling
- Konstruktions- Änderungsmanagement

Es läßt sich sagen, daß die rechnergestützte Konstruktion und Entwicklung sich in der Zukunft auf drei Bausteine stützen wird. Als Grundlage dienen Basisfunktionalitäten, die denen der heute modernen CAD-Systeme entsprechen. Dazu gehören z.B. die Solid Modeling Systeme. Hinzu kommen jedoch auch noch anwendungsbezogene Bausteine wie z.B. die wissensbasierte Konstruktion von Spritzgußteilen. Als dritten, aber sehr wesentlichen Baustein lassen sich personenbezogene Module identifizieren. Diese Bausteine erlauben unter anderem auch die Protokollierung des individuellen Konstruktionsablaufes und die Einstellung des elektronischen Arbeitsplatzes passend zu den Bedürfnissen des Konstrukteurs.

6.2 Intelligente Trainingssysteme

Intelligente Trainingssysteme [Sandner, 1990] werden als die zur Zeit am weitesten entwickelte Form des computerunterstützten Lernens betrachtet. Im Gegensatz zu traditioneller Lernsoftware bieten sie ein großes Maß an Flexibilität, Individualisierung und Adaptivität an die jeweiligen Lernvoraussetzungen eines Trainingsteilnehmers.
Im Rahmen eines betrieblichen Trainingskonzepts können intelligente Lernsysteme sowohl zur Unterstützung des Lernenden als auch in verstärktem Ausmaß als Werkzeug für den Korrektor und Autor des Trainingsmaterials sinnvoll eingesetzt werden. In diesem Zusammenhang spricht man von intelligenten tutoriellen Systemen (ITS).
Wie diese intelligenten Trainingssysteme in softwaretechnischer Hinsicht aufgebaut sein müssen zeigt Bild 12

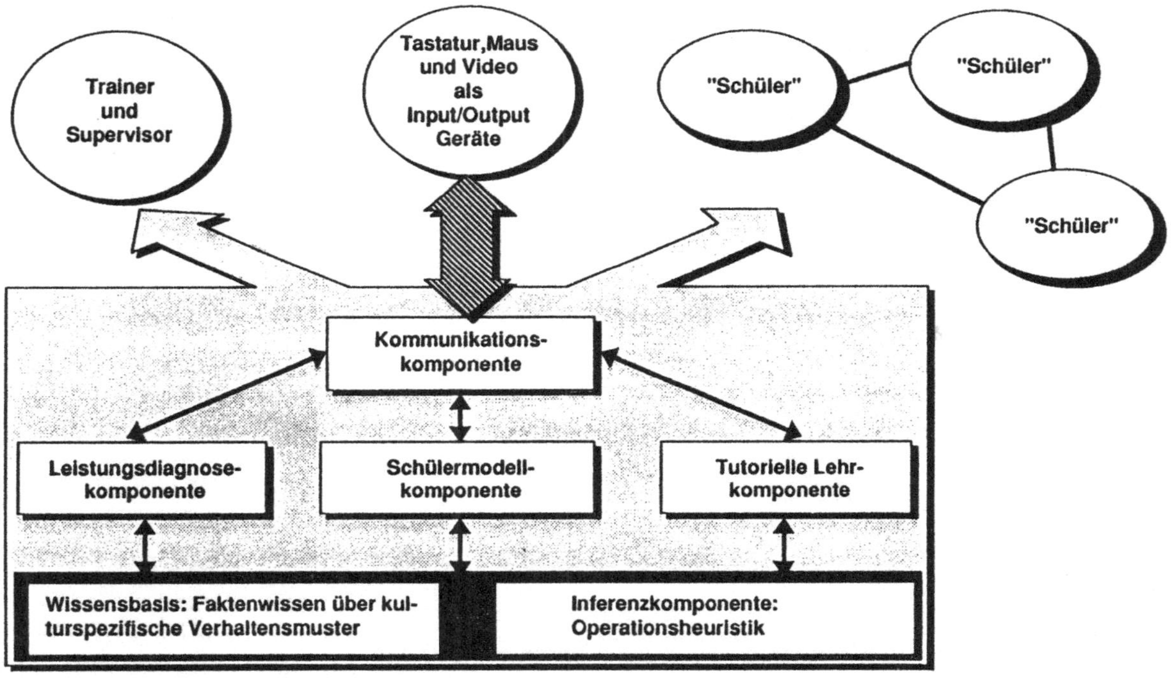

Bild 12: Komponenten des ITS

Intelligente Trainingssysteme zeichnen sich durch eine Software-Architektur aus, die es ihnen ermöglicht, einen flexiblen und adaptiven Dialog mit dem Lernenden zu führen. Der Wissenserwerb vollzieht sich dabei gemäß der individuellen Vorkenntnisse und Lernfortschritte in speziellen Wissensdomänen. Ein einfaches Beispiel ist ein System zur Ausbildung an computergesteuerten Werkzeugmaschinen, das in der Lage ist, zwischen Lehrlingen ohne Vorkenntnisse, auszubildenden Facharbeitern, die auf rechnerintegrierte Fertigung umgeschult werden und Spezialisten in einem Auffrischungskurs selbständig zu unterscheiden und diese Einteilung entsprechend der Ausbildungsfortschritte dynamisch zu revidieren.

Intelligente Trainingssysteme zeichnen sich durch folgende Punkte aus:

Anpassung des Schwierigkeitsgrades an den Benutzer
Automatische Selbstmodifikation des eingeschlagenen "Lernpfades"
Überschaubare Einteilung des Lerninhaltes
Angemessenes Instruktionstempo
Verfügbarkeit alternativer Präsentationsmedien
Kontinuierliche Lernerfolgskontrolle

Die Architektur intelligenter Trainingssysteme orientiert sich am Grundaufbau wissensbasierter Systeme.
Das System enthält Wissen über:
- Lehrstoff bzw. Trainingsinhalt
- Wissen über den Trainingsteilnehmer und dessen Lernverhalten
- Wissen über didaktische Methoden und Trainingsstrategien, über Vermittlungsarten und alternative Präsentationsmedien
- Wissen über die Kommunikation mit dem Benutzer. (Präsentationsmethoden, Multimedia Einsatz)

Für den innerbetrieblichen Einsatz von intelligenten Trainingssystemen ist eine weitgehende Integration in die vorhandene DV-Umgebung eines Unternehmens notwendig. Der erste Schritt ist die Ausnutzung vorhandener Vernetzungskonzepte nicht nur zu technischen und kommerziellern Zwecken, sondern auch zum Aufbau eines betriebsinternen Trainingsnetzwerks. Dadurch können bestimmte Trainingseinheiten ohne Umweg über eine künstlich geschaffene Lehrsituation direkt am Arbeitsplatz an dort vorhandenen Terminals durchgearbeitet werden.

Die Grobkonzeption der Netzwerkarchitektur zeigt Bild 12. Über einen Gateway-Server besteht die Möglichkeit, Anschluß an Fernnetze (z.B. Datex-P oder ISDN) aufzubauen, um auf diese Weise mit anderen lokalen Trainingsnetzwerken zu kommunizieren. In der hier vorgeschlagenen Möglichkeit werden die einzelnen lokalen Netzwerke (LAN) unter TCP/IP-Protokoll über Datex-P untereinander verbunden. (siehe Bild 13)

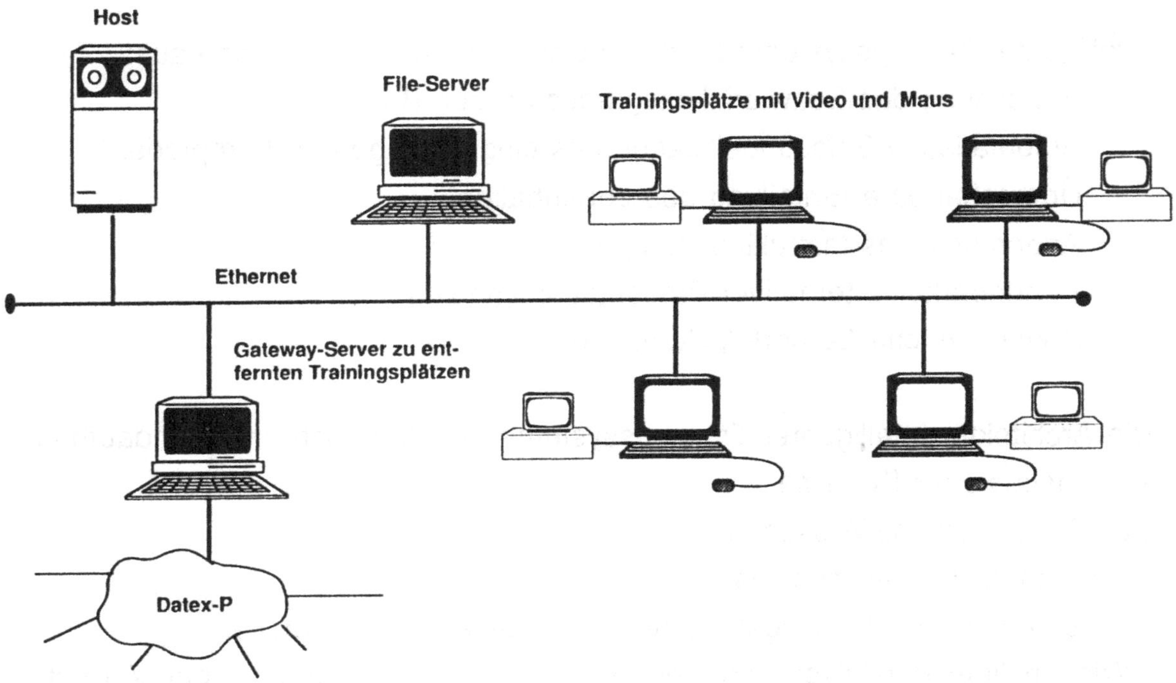

Bild 13: Architektur innerbetrieblicher Trainingsnetzwerke

Erste Systeme im beschriebenen Umfang haben bereits den Weg in die Praxis gefunden.
Als mögliche Einsatzfelder für intelligente Trainingssysteme werden sich dabei herauskristallisieren:

- Erlernen und Einüben von Sprachen
- Führungskräftetraining (Verhalten gegenüber Mitarbeitern, Verhalten in Gruppen)
- Rhetorikschulung und Kommunikationstraining
- Ausbildung von Mitarbeitern an neuen Technologien (CNC-

Maschinen, rechnerintegrierte Fertigung)
Einsatz als tutorielle Lehrprogramme und aktive Hilfesysteme für neue Software-Produkte
Aus- und Weiterbildung in naturwissenschaftlichen Berufen (Medizin, Physik, Chemie)
Schulung von Personal in sicherheitsrelevanten Einrichtungen (Kernkraftwerke, Flugzeugcockpit etc.)

Auf der CeBIT Messe 1990 wurden Systeme, die unter den Begriffen Computer-Unterstützter-Unterricht (CUU), Computer-Unterstützte-Ausbildung (CUA), Computer-Based-Training (CBT) oder Intelligente Trainingssysteme (ITS) firmieren, ausgestellt, u.a. zur Basisausbildung des fliegenden Personals des Airbus A 320, zur Ausbildung an Systemen zur Speicherprogrammierbaren Steuerung, Ausbildungsprogramme für CNC und CAD Systeme [Lernfeld Betrieb, 1990]
Betrachtet man den gesamten Markt der wissensbasierten Systeme, so wird intelligenten Lehrsystemen in den kommenden Jahren eine verstärkte Bedeutung zukommen. Der Einsatz geeigneter Software-Werkzeuge für derartige Systeme wurde durch bestehende Expertensystem-Shells vorbereitet, leistungsfähigere und preiswertere Tools werden den Markt nachhaltig beleben.

7 Zusammenfassung, Ausblick

Die Technologie wissensbasierter Systeme hat sich durchgesetzt, nicht wie ursprünglich propagiert als Ersatz, sondern als Ergänzung der DV Anwendungsentwicklung. Deutlich wird der Trend zur Integration der wissensbasierten Systeme in bestehende Anwendungen mit Zugriff auf Datenbanken.
Im Softwarebereich geht die Tendenz weiter in Richtung anwendungsspezifische Shells. Sie enthalten Problemlösungsstrategien für eine bestimmte Klasse von Problemstellungen, besitzen dort eine große Mächtigkeit und sind wesentlich einfacher zu handhaben und zu erlernen als die allgemein verwendbaren Tools oder auch die entsprechenden KI Sprachen.

Konzepte für die weitere Entwicklung von Expertensystemen wie etwa
- Lernfähigkeit
- komfortable Wissenseditoren, die der Fachmann versteht
- verbesserte Wissensverwaltung wie nicht-monotones Schließen oder intelligentes Rücksetzen
- Modellierung anwendungsspezifischer Vorgänge
- Kopplung von Datenbank- und Expertensystemen

sind Gegenstand laufender Forschungsvorhaben. Man hat dazu bereits eine Reihe von Lösungsansätzen erdacht und ihre Machtbarkeit in Prototypen für vereinfachte Problemstellungen erprobt. Die dabei gewonnenen Erkenntnisse werden innerhalb der nächsten fünf Jahre ihren Eingang in kommerzielle Anwendungssysteme gefunden hat [Barth, 1989].
Wissensbasierte Systeme sind derzeit monolithische Gebilde, bestehend aus einer Wissensbasis und einer darauf zugeschnittenen Inferenzmaschine. Wie bei anderen Systemen auch, werden sich Expertensysteme mit steigender Komplexität in Richtung verteilter Systeme weiterentwickeln. Dadurch entsteht die zusätzliche Problematik der Koordination und Synchronisation der Einzelkomponenten. Blackboard-Architekturen und objektorientierte Systeme können als erster Schritt auf dem Weg zu verteilten Expertensystemen oder Netzen von Expertensystemen verstanden werden. Eine viel weitgehendere Vision deutet in Richtung aktiv kooperierender Verbunde von Expertensysteme. Wie ein Team von menschlichen Experten wird sich dann ein solcher Verbund selbstständig an die Arbeit machen [Barth, 1989].

Das Erstellen von Expertensystemen wird sich zu einer eigenen Ingenieurdisziplin entwickeln, in der Systeme für den praktischen Einsatz gebaut werden. Die technische Entwicklung wird zu Systemen führen, die auf relativ eng begrenzten Anwendungsgebieten wirtschaftlich erfolgreich sind. Leistungsfähige Systeme für beschränkte Aufgaben werden zum Einsatz kommen und mittelfristig in den meisten Berufen als Partner akzeptiert werden [Siekmann]: Beispielsweise werden Chemiker oder Physiker in der Forschung ein Expertensystem zur Aufnahme und Abfrage von Daten während eines Experiments ebenso nutzen wie der Planungsingenieur oder Manager, der eine Marktstrategie entwickelt.
In der KI Forschung werden die Kombination verschiedener Expertensysteme und deren Wissensaustausch, die verbesserte Modellierung und Repräsenentation von Sachverhalten oder Geräten und nicht zuletzt die Analyse komplexer Argumentationsketten im Vordergrund stehen. Eine wichtige Voraussetzung für den weiteren Einsatz wird die Entwicklung geeigneter Repräsentation von zeitlichen und räumlichen Gegebenheiten sein (das sogenannte Deep Modeling). Desweiteren werden Wissenserwerb und Lernen im Vordergrund des Interesses stehen.
Langfristig werden Computerprogramme - die dann möglicherweise gar nicht mehr Expertensysteme heißen - zum festen Bestandteil unseren Berufslebens werden und als integraler Bestandteil technischer Produkte aufgefaßt werden: Eine komplexe Maschine wird sich über ein fest eingebautes Expertensystem selbst kontrollieren, einstellen und die Kommunikation mit übergeordneten, die Produktion lenkenden Programmen (oder Menschen) übernehmen. Bei einem Fehler wird es diesen melden und genaue Reparaturanweisungen geben.
Die jeweils besten Expertensysteme eines Gebietes werden über Generationen weitergereicht und weiter verbessert und ein wichtiger Bestandteil des geistigen Reichtums einer Nation werden, der geschützt werden muß. Aus Bibliotheken können dann Wissensbanken werden, wo Wissen auf CD-ROMs ausgeliehen werden kann.
Ähnliches gilt für die meisten anderen Berufszweige, in denen der Computer zum festen Partner in der Berufsausübung wird. Die Möglichkeit, unsicheres Wissen und Erfahrungswissen mit dem Computer zu speichern und aktiv zu nutzen, wird Folgen in allen Bereichen haben, die keine formale (mathematische) Modellbildung zulassen.

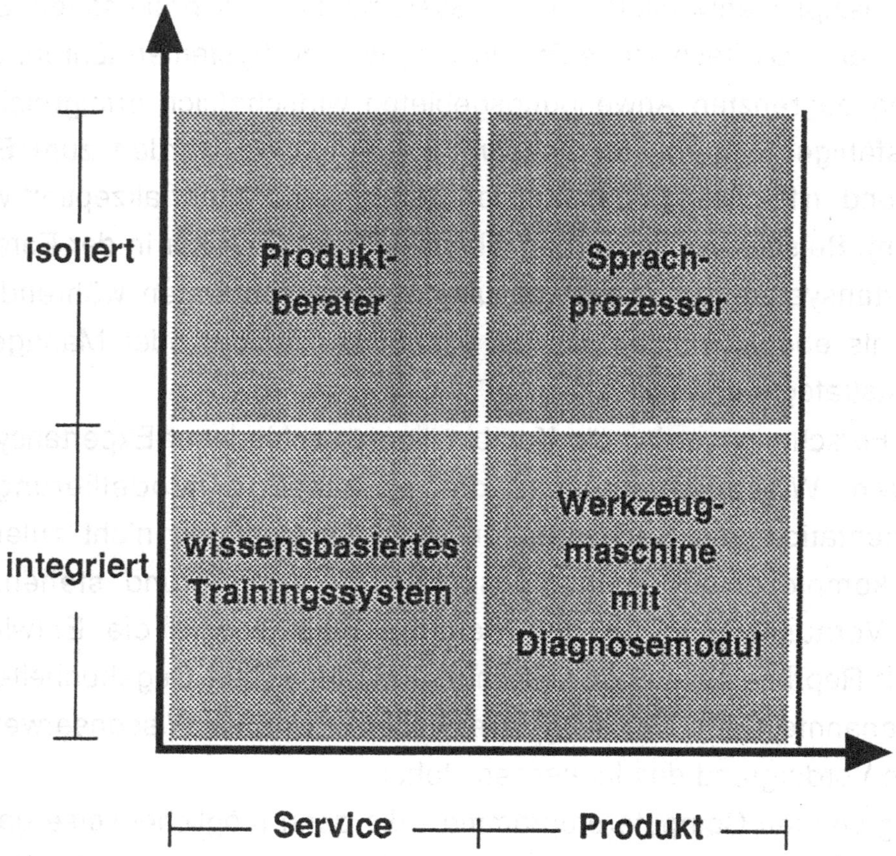

Bild 14: Produktmatrix für "intelligente" Produkte und Dienstleistungen

Sehr langfristig wird sich unsere Vorstellung eines technischen Gerätes wandeln: Jedes Gerät wird je nach eigener Komplexität und je nach seinem Preis mit einer gewissen Eigenintelligenz ausgestattet sein, die es ihm gestattet, sich selbst zu kontrollieren, Reparaturanweisungen geben und, mehr oder weniger begrenzt, mit dem Menschen natürlich-sprachlich zu kommunizieren [Siekmann, 1989]. Bild 14 zeigt eine mögliche Produktmatrix [Eliot, 1989] für derartige Systeme, abhängig davon ob es sich um ein Produkt oder um eine Dienstleistung, um eine isolierte Sicht oder um ein integriertes System handelt.

8. Literatur

[Barth, 1989] Barth, G.;"Entwicklungstendenzen von Expertensystemen"; HMD Berichte 147/1989; Forkel Verlag; Wiesbaden, Dotzheim; 1989.

[Beck, 1989] Beck, A.;"Perspektiven zur Mensch-Maschine-Funktionsteilung"; Beitrag zum Workshop "Soziale und arbeitspsychologische Aspekte der Software-Entwicklung", GI Fachtagung "Software-Entwicklung", Marburg, Juni 1989

[Beerel, 1988] Beerel, A.;"Expert Systems: Strategic Implications and Applications";Ellis Horwood Limited, John Wiley & Sons; New York Chichester Brisbane Toronto; 1988.

[Bullinger, 1990] Bullinger, H.-J.;"Computer-Integrated Business: Der Integrationsgedanke setzt sich in der Praxis durch"; Online Tagungsband Congress III (IDSN); ed. Meier; Online GmbH Verlag; Velbert; 1990.

[Bullinger, Büroforum, 1989] Bullinger, H.-J.;"Integrationsmanagement - Managementaufgabe für eine produktive Unternehmenszukunft"; in Integrationsmanagement (Herausgeber Bullinger); Büroforum 1989; FBO Verlag; Baden-Baden; 1989.

[Bullinger, Enquete, 1990] Bullinger, H.-J. et al.;"Abschätzung möglicher Anwendungen und Auswirkungen von Expertensystemen in der Produktionsbetrieben"; C.H. Beck; München; 1990 (im Druck).

[Bullinger, Wasserloos, 1990] Bullinger, H.-J.; Wasserloos, G.;"Produktentwicklung braucht ein Just-in-Time-Management"; Office Management Januar/Februar 1990; FBO Verlag; Baden-Baden; 1990.

[Coy, 1989] Coy, W., Bonsiepen, L.;"Erfahrung und Berechnung - Kritik der Expertensystemtechnik"; Informatik Fachberichte 229; Herausgeber W. Brauer; Springer Verlag; Berlin Heidelberg New York; 1989.

[Diebold, 1989] o.V.; "Wandel im Maschinenbau"; Studie Fa. Diebold; Frankfurt; 1989.

[Eliot, AI 12/89] Eliot, B.L.;"Mass market Applications: They are here"; AI Expert, The Magazine of Artificial Intelligence in Practice; San Francisco; December 1989

[Fähnrich, Sandner, 1990] Fähnrich, K.P., Sandner, R.;"Expertensysteme in den *neunziger* Jahren - Perspektiven, Trends und Ausblicke"; IAO-IPA Berichte;"Expertensysteme in Produktion und Engineering"; Springer Verlag; Berlin Heidelberg New York; 1990.

[Forrer, 1989] Forrer, A.;"Implemtierungsstrategien für Expertensysteme"; zfo Zeitschrift für Organisation; Heft 1/1989; FBO Verlag; Baden-Baden;1989.

[Gaudigs] Gaudigs,K.-P.;"Marketing von Expertensystem-Technologie", Diplomarbeit, Universität Stuttgart, Inst. für industrielle Fertigung und Fabrikbetrieb, 1990.

[Hemberger, 1988] Hemberger, A.;"Innovationspotentiale in der rechnerintegrierten Produktion durch wissensbasierte Systeme"; Hanser Verlag München Wien; 1988..

[Hoff, 1990] Hoff, H., Zinn, H.-J., Kurz, E.;"Expertensysteme auf dem Prüfstand"; TÜV Rheinland Verlag; Köln; 1990.

[Kurz, 1989] Kurz, E., Thines, M., Huthmann, A.;"Der Einsatz von Expertensystemen in der Produktion"; in "Expertensysteme im Einsatz"; Krems (Herausgeber); Oldenbourg Verlag; München Wien; 1989.

[Lernfeld Betrieb, 1989] Sonderbeiträge zum Thema "Computer Based Training", Zeitschrift "Lernfeld Betrieb"; Heft 21; Januar/Februar 1990; PZ Pädagogische Zentrale Seetze; 1990..

[Mertens, 1990] Mertens, P., Borkowski, V., Geis, W.;"Betriebliche Expertensystem-Anwendungen", Springer Verlag; Berlin Heidelberg New York; 1990 (im Druck).

[o.V.] o.V.;"Euro - KI - Führer 1990"; Oldenbourg Verlag 1990; Beilage zur Zeitschrift KI des Oldenbourg Verlags.

[Picot, 1990] Picot, A.:"Der Produktionsfaktor Information in der Unternehmensführung"; Information Management 1/90; IDG Communications; München; 1990.

[Rauberger, 1989] Rauberger, S.;"Computer Aided Selling stärkt den Außendienst"; online 9/1989; online ADI Nachrichten Rudolf Müller Verlag; Köln; 1989.

[Sandner, 1990] Sandner, R..;"Intelligente Trainingssysteme: Software für innerbetriebliche Schulungsmaßnahmen"; erscheint in "Electronic Teaching"; Veröffentlichung Berlitz GmbH; Frankfurt; 1990 (im Druck).

[Siekmann, 1989] Siekmann,J.-H.;"Künstliche Intelligenz: Von den Anfängen in die Zukunft";HMD THeorie und Praxis der Wirtschaftsinformatik, Heft 150, November 1989, 26 Jg., Forkel Verlag

[Suppan, 1990] Suppan, J.;"An der Schwelle zur Fehlentscheidung - Netzwerke als Voraussetzung zu CIM"; Technische Rundschau 5/90; Hallwag Verlag Bern; 1990.

[Tasso] Guida, G.; Tasso, C.;"Building Expert Systems: From Life Cycle to Development Methodology"; in "Topics in Expert System Design - Methodologies and Tools"; ed. Guida, Tasso; North Holland; 1989.

[Wigand, 1988] Wigand, R.;"Fünf Grundsätze für die erfolgreiche Einführung des Information-Managements"; in Information Management 2/88.

[Zillessen, 1989] Zillessen, W.;"Die zehn Erfolgsfaktoren der individuellen Datenverarbeitung"; HARVARDmanager 2/1989; Springer Verlag; Hamburg; 1989.

9. Liste der Abbildungen

Expertensysteme in Produktion und Engineering Eine anwendungsbezogene Einführung

Dipl.-Psych. Roland Sandner
Dipl.-Ing. Eberhard Kurz
Fraunhofer-Institut für
Arbeitswirtschaft und Organisation
Stuttgart

Inhaltsverzeichnis

1. Wesen und Aufbau von Expertensystemen

Nur wenige Bereiche der Informatik haben in der letzten Zeit so hohe Erwartungen geweckt und gleichzeitig für soviel Enttäuschungen gesorgt wie Expertensysteme. Dabei handelt es sich um Softwaresysteme, mit deren Hilfe das fachliche Spezialwissen und die Problemlösungsfähigkeit von qualifizierten Fachleuten, sogenannten Experten, auf einem bestimmten Anwendungsgebiet nachgebildet werden soll. Forschungsarbeiten auf dem Gebiet der Expertensysteme entstammen der "Künstlichen Intelligenz" (KI), einer interdisziplinären Forschungsrichtung, die sich damit befaßt, bisher nur dem Menschen zugängliche kognitive Fähigkeiten wie Planen komplexer Handlungen, Verstehen von Sprache oder schlußfolgerndes Denken formalen Untersuchungsmethoden zugänglich zu machen, um sie damit einer ingenieurmäßigen Verwendung zu öffnen. Dadurch werden die wissenschaftlichen Ergebnisse der KI zu einer wichtigen technologischen Basis für den verstärkten Einsatz von Rechnern und Softwaresystemen in allen gesellschaftlichen Bereichen.

Expertensysteme sollen Aufgaben erfüllen, die bisher menschlichen Spezialisten vorbehalten waren. Eines der ersten lauffähigen Systeme war MYCIN [Shortliffe, 1976], ein Expertensystem zur medizinischen Diagnose für bakteriologische Krankheiten, das darüber hinaus in der Lage ist, in einer eingeschränkt natürlichsprachlichen Weise dem Arzt Therapievorschläge zu unterbreiten. Eine weitere Pionierarbeit stellt DENDRAL dar [Buchanan & Feigenbaum, 1978], ein System, das unter Zuhilfenahme der Massenspektralanalyse Rückschlüsse auf die chemische Struktur der untersuchten Moleküle zieht.

Anwendungsschwerpunkte heutiger Expertensysteme liegen meist in Bereichen, in denen menschliche Experten nicht in ausreichender Zahl verfügbar sind, das Wissen einiger weniger Spezialisten einer größeren Anzahl zur Verfügung gestellt werden soll oder Spezialkenntnisse unabhängig von einer bestimmten Person langfristig konserviert werden sollen [vgl. Kurbel, 1989]. In funktionaler Hinsicht werden Expertensysteme im Produktionsbereich derzeit hauptsächlich zur Diagnose und Überwachung komplexer Maschinen, Anlagen oder Prozesse eingesetzt, zur Planung und Vorbereitung von Arbeitsprozessen oder zur Auslegung und Konfigurierung von Produkten. Der vorliegende Tagungsband gibt einen guten Überblick über die aktuellen Einsatzmöglichkeiten von Expertensystemen in der Industrie.

In nahezu allen Publikationen der einschlägigen Fachpresse wird im Zusammenhang mit Expertensystemen immer die Unterscheidung zur konventionellen Programmierung betont. Worin besteht dieser Unterschied, was kennzeichnet Expertensysteme gegenüber herkömmlichen Lösungen aus? Das Ziel eines Expertensystems, die effiziente Lösung von Problemen, ist weder neu noch steht es im Gegensatz zu den Zielsetzungen konventioneller Software-Entwicklungen. Komplexere und damit strukturell andersartige Aufgabenstellungen haben allerdings eine neuartige Anwendungsarchitektur hervorgebracht, die in diesem Artikel detaillierter beschrieben werden soll. Wir beschränken uns allerdings auf die "klassischen" Themen der Wissenrepräsentation und der verschiedenen Inferenzstrategien und erheben keinen Anspruch auf eine vollständige Beschreibung der Expertensystemtechnologie. Für vertiefende Studien sei der Leser auf die bekannte Fachliteratur verwiesen [z.B. Puppe, 1988]

Herkömmliche konventionelle Softwarelösungen beschränken sich im allgemeinen auf die Bearbeitung von Problemen und Aufgaben, denen rein faktische Informationen zugrundeliegen. Der Weg zu einer optimalen Lösung ist dabei eindeutig in Algorithmen formulierbar, so daß er relativ leicht in einer höheren Programmiersprache (z.B. PASCAL, COBOL oder C) in Form eines "hart codierten" Programms abgebildet werden kann. Expertensysteme benötigen nicht nur detaillierte faktische Einzelkenntnisse über das zu bearbeitende Aufgabengebiet, sondern auch Wissen über Methoden und Strategien, wie das vorhandene Faktenwissen zur Problemlösung verwendet werden soll. Gerade dieses Problemlösungswissen verschließt sich in vielen Fällen der algorithmischen Darstellung, da es oft nicht klar definiert vorliegt, sondern auf Erfahrungen, "gesundem Menschenverstand", Gewohnheiten oder Vorlieben menschlicher Experten basiert. Dieses heuristische Wissen bildet neben dem faktischen den wichtigsten Bestandteil eines Expertensystems.

Da im Gegensatz zu konventionellen Programmen, bei denen Anwendungswissen gleichermaßen in den Daten und im Programmcode vorliegt, bei Expertensystemen der mögliche Lösungsweg nicht von vorneherein klar definiert ist, basiert deren Architektur auf einer strikten Trennung zwischen dem in einer Wissensbasis gespeicherten Expertenwissen (in Form von Fakten und Regeln) und der Auswertung dieses Wissens durch eine sogenannte Inferenzmaschine. Diese Inferenzkomponente enthält für die Aufgabenstellung geeignetes allgemeinverwendbares Schlußfolgerungswissen, das vom faktischen Expertenwissen unabhängig ist.

Nehmen wir als Beispiel die Konfiguration einer Maschine [vgl. Staiger & Kurz, in diesem Band]. Die faktische Wissensbasis enthält sowohl das Wissen über die physikalische und funktionale Struktur der Maschine als auch Wissen über deren sinnvolle Konfigurationsmöglichkeiten. Ein Anwender, z.B. ein Ingenieur in der Arbeitsvorbereitung, benutzt die Inferenzmaschine, die in der Lage ist, faktisches Wissen nach bestimmten logischen Gesetzmäßigkeiten neu zu kombinieren, um sich für einen speziellen Kundenauftrag die angemessene Maschinenkonfiguration vorschlagen zu lassen. Kurz gesagt ist die Inferenzmaschine der Teil des Expertensystems, der aus einer Menge verfügbarer, aber nicht in allen Fällen geeigneter Lösungen individuelle Problemlösungen generiert.

Im allgemeinen besteht ein Expertensystem aus fünf wichtigen Komponenten, die in Bild 1 dargestellt werden. Die Wissensbasis enthält in codierter Form die in einem bestimmten Anwendungsfeld benötigten Wissensbestandteile. Auf dieser Wissensbasis operiert die Inferenzkomponente, um bei einer konkreten Problemstellung die passenden Wissenselemente auszuwählen und zu einer nachvollziehbaren Schlußfolgerungskette zu verbinden. Da die Inferenzkomponente ihre Aufgaben nicht alleine lösen kann - sie benötigt ja spezifische Informationen über das Problem -, wird sie während der Lösung von der Kommunikationskomponente mit Informationen versorgt. In den meisten Fällen geschieht dies in einem geeigneten Dialog mit dem Benutzer, jedoch sind in einigen Systemen bereits Kommunikationsmöglichkeiten mit technischen Systemen realisiert, mit Sensoren oder Aktoren einer Maschine etwa [vgl. Kurz, 1989], oder mit einem anderen Software-System, in vielen Fällen eine Datenbank. Die von der Inferenzkomponente aufgebaute Schlußfolgerungskette wird von der Erklärungskomponente für den Benutzer aufbereitet und mit Begründungen für gefundene Lösungen versehen. Die Wissenserwerbskomponente schließlich dient zur Unterstützung des Entwicklers bei der Formalisierung, Eingabe und Veränderung von Wissensbausteinen.

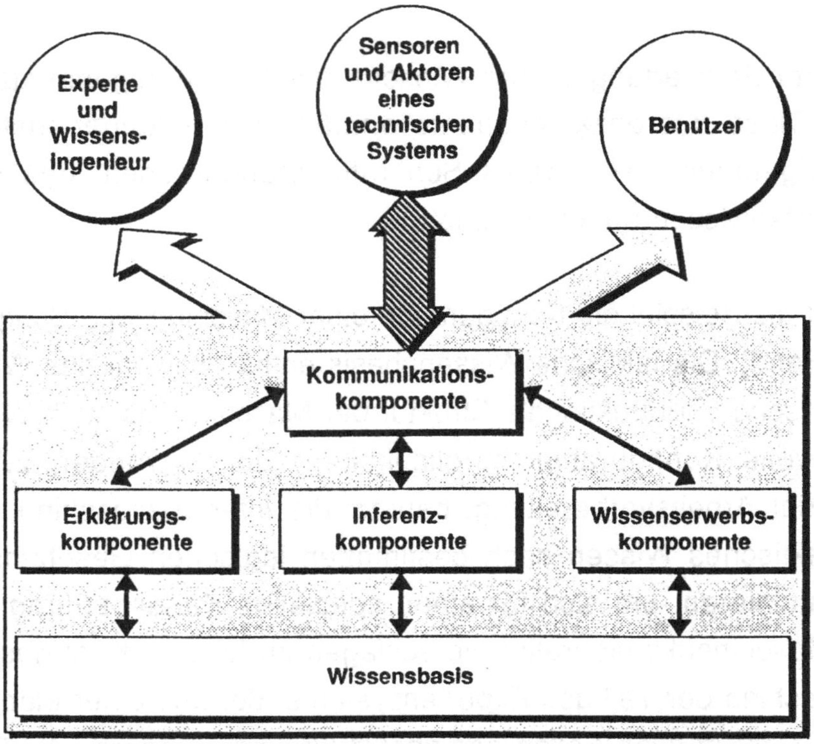

Bild 1: Architektur von Expertensystemen

Die Grundlagen dieser hier grob beschriebenen Architektur sollen in den folgenden Kapiteln näher ausgearbeitet werden.

2. Repräsentation von Wissen: Die Wissensbasis

Jede Form von faktischem, bereichsspezifischen Wissen wird in der sogenannten Wissensbasis (engl. knowledge base), dem Fundament jedes Expertensystems, abgelegt. Um für den Rechner in geeigneter Form verfügbar zu sein, muß dieses Fachwissen zunächst modelliert werden, bevor es vom Entwickler des Systems programmiert werden kann. Die Modellierung bereichsspezifischen Wissens wird als Wissenrepräsentation bezeichnet.

2.1. Wissensarten und ihre Darstellung

Zur Lösung seiner Probleme und Aufgabenstellung ist ein Fachexperte auf verschiedene Arten von Wissen angewiesen, die er im Verlauf einer Problemlösung in geeigneter Weise miteinander kombinieren muß (Bild 2).

Nehmen wir als Beispiel einen Servicetechniker, der als Experte für die Diagnose von CNC-Werkzeugmaschinen angesehen wird. Um im auftretenden Fehlerfall Symptome und Fehlermeldungen der Maschine richtig interpretieren und einen zur Fehlerbehebung angemessenen, effizienten Weg einschlagen zu können, muß der Techniker zunächst einmal wissen, wie die zu diagnostizierende Maschine aufgebaut ist. Ihm muß ihre physikalische Struktur bekannt sein, er muß eine Ahnung haben, wie einzelne Bauteile funktional verbunden sind etc. Weiterhin weiß er, welche Fehler bei dem vorliegenden Maschinentyp auftreten können, welche Ursachen einer bestimmten Fehlermeldung der SPS-Steuerung zugrundeliegen können. Dieses Wissen über reine Sachverhalte wird als **deklaratives Wissen** bezeichnet.

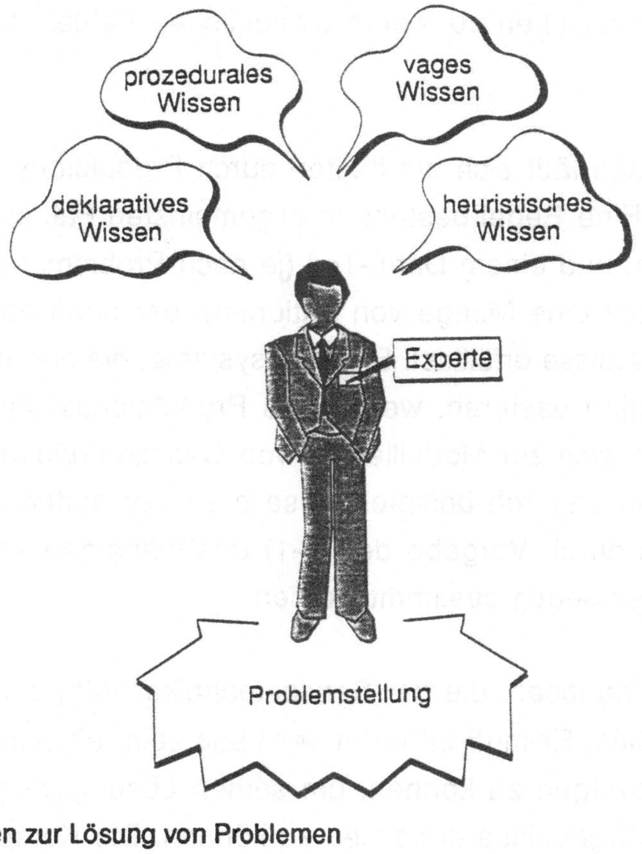

Bild 2: Wissensarten zur Lösung von Problemen

Die KI-Forschung zur Wissensrepräsentation hat für jede Wissensart geeignete Formalismen zur Darstellung entwickelt. Deklaratives Wissen wird in der Regel durch die formalen Gesetze der Aussagen- und Prädikatenlogik oder durch sogenannte Objekt-Attribut-Wert-Tripel (O-A-W-Tripel) repräsentiert. In der Prädikatenlogik wird Wissen dargestellt durch eine Menge logischer Formeln, d.h. durch Aussagen über Objekte, die durch definierte logische Operatoren (z.B. AND, OR) verknüpfbar sind. Ein O-A-W-Tripel besteht aus einem Objekt, das über ein Attribut, z.B. eine Eigenschaft, mit einem Wert verbunden wird.

Unser Servicetechniker wäre jedoch niemals in der Lage, einen bestimmten Maschinenfehler zu diagnostizieren, würde er nicht über Wissen verfügen, wie er seine Sachverhalte anwenden und zu sinnvollen Ergebnissen verknüpfen kann. Dieses **prozedurale Wissen** erlaubt es ihm auch, neue, vorher unbekannte Schlußfolgerungen zu generieren und somit neues Sachverhaltswissen zu konstruieren. So muß er beispielsweise Wissen über kausale Fehler-Symptom-Zusammenhänge haben, er muß wissen, welche neuen Zustände durch seine Aktionen und Eingriffe an der Maschine entstehen und wie verschiedene Fehleranzeichen zu einem einheitlichen Fehlerbild zu gruppieren sind.

Prozedurales Wissen läßt sich am besten durch Produktionsregeln und Constraints abbilden. Eine Regel besteht im allgemeinsten Fall aus einem Wenn-Teil, der Prämisse, und einem Dann-Teil (je nach Problemstrukturierung eine Hypothese und/oder eine Menge von Aktionen), der dann abgeleitet werden kann, wenn die Prämisse erfüllt ist. Expertensysteme, die nur auf dieser Art der Wissenrepräsentation basieren, werden als Produktionssysteme bezeichnet. Constraints eignen sich zur Modellierung von Gesetzmäßigkeiten mathematischer Art. So kann dadurch beispielsweise bei einer mathematischen Funktion n-ten Grades durch Vorgabe der (n-1) unabhängigen Variablen die abhängige Variable eindeutig bestimmt werden.

Nicht alle Fehlerdiagnosen, die der Servicetechniker trifft, sind eindeutig entscheidbar oder gültig. Er muß daher in der Lage sein, einzelne Beurteilungen gegeneinander abwägen zu können, um seinen Lösungsweg der Angemessenheit einzelner Ergebnisse anpassen zu können. Die Komplexität heutiger, zu diagnostizierender Systeme erfordert auch Informationen darüber, wie sicher eine getroffene Entscheidung oder ein eingeschlagener Lösungsweg zum Ziel führen. Die Klasse des **vagen Wissens** enthält Beurteilungen von Sachverhalten, bei denen nicht eindeutig klar ist, ob sie zutreffen oder nicht.

Vages oder unsicheres Wissen wird durch Sicherheitsfaktoren oder Wahrscheinlichkeiten in der Wissensbasis abgebildet. Ein derartiger Faktor gibt Auskunft darüber, wie glaub- bzw. unglaubwürdig ein bestimmter Sachverhalt ist. Ein besonderer Ansatz zur Modellierung unscharfen Wissens ist die sogenannte fuzzy logic. Statt, wie in der klassischen mathematischen Logik, über einen definierten Schwellenwert "harte" Entscheidungen zu treffen (z.B. 0 oder 1, WAHR oder FALSCH), wird in der fuzzy logic jedes Objekt mit einem diskreten Zugehörigkeitswert zwischen 0 und 1 versehen, um anzugeben, zu welchem Grad ein Objekt Element einer Klasse ist (z.B. zu welchem Grad eine Aussage "Der Relaiskontakt xyz ist beschädigt" Element der Entscheidungsklasse "Fehler gefunden" ist). Die Zugehörigkeitswerte können ebenso als Wahrheitswerte in einer mehrwertigen Logik interpretiert werden.

Servicetechniker treffen ihre Entscheidungen und Diagnosen nicht nur auf der Basis nachvollziehbarer Regeln, sondern handeln oft intuitiv aus ihrer Erfahrung heraus, um die Komplexität einer Problemstellung zu reduzieren. Ein Beispiel für derartiges Vorgehen ist die Abschätzung der Fehlerhäufigkeit und des Prüfaufwands eines Bauteils. Relativ unabhängig von einem nachvollziehbaren Diagnosepfad können dabei im Fehlerfall zunächst einmal Mengen der Teile näher in Betracht gezogen werden, die relativ häufig ausfallen und gleichzeitig leicht zu überprüfen sind. Derartiges **heuristisches Wissen**, das die Fehlersuche beschleunigen kann, aber nicht immer zum Ziel führt, bildet oft das Hauptkriterium dafür, einen Experten von einem qualifizierten Laien zu unterscheiden. Allgemeine Repräsentationsformalismen dafür sind derzeit nicht verfügbar, so daß für diesen Bereich des Wissens auf individuelle Programmierlösungen zurückgegriffen werden muß.

2.2. Regelbasierte Wissensrepräsentation

Die Repräsentation von prozeduralem Wissen in Form von Regeln ist bei Expertensystemen die am weitesten verbreitete Wissensrepräsentation. Durch die Aufteilung des gesamten Wissens in viele kleine "Wissensteile", die Regeln, wird die Wissensbasis leicht veränderbar [Puppe, 1988].

Ein regelbasiertes System besteht aus einer Datenbasis - sie enthält die gültigen, fachgebietsrelevanten Fakten -, den Regeln zur Abarbeitung bestehender und Herleitung neuer Fakten sowie dem Regelinterpreter zur Steuerung des Abarbeitungs- und Herleitungsprozesses.

Eine Regel besteht aus einer Vorbedingung (Prämisse) und einer Aktion (Konklusion), wobei die Vorbedingung aus einer oder mehreren Aussagen besteht, die einen bestimmten Sachverhalt beschreiben, bei dem die Aktion(en) ausgeführt werden soll(en). Bild 3 zeigt zwei Regelbeispiele, in denen verschiedene Typen von Konklusionen aufgeführt sind:

- Hypothesen oder Deduktionen sind Konklusionen, mit denen der Wahrheitsgehalt einer Feststellung hergeleitet wird (Bild 3 (a))
- Aktionen oder Handlungen, mit denen ein Zustand herbeigeführt oder geändert wird (Bild 3 (b))

```
(a) WENN   Sicherungsautomat 1234-a ausgeloest
     und      Meldung von Motorschutzschalter vorhanden
     und      Hauptantrieb aus
     DANN     Kurzschluß Spule -> Ventil Y-567

(b) WENN   Kurzschluß Spule -> Ventil Y-567
     DANN     Ventil Y-567 austauschen
```

Bild 3: Regelbasierte Wissensrepräsentation

Für die Abarbeitung von Regeln durch den Regelinterpreter gibt es zwei prinzipielle Mechanismen, die in Kapitel 3.2. und 3.3. näher beschrieben werden: Die Vorwärtsverkettung (forward reasoning) und die Rückwärtsverkettung (backward reasoning).

Beim anweisungsbasierten, konventionellen Programmierstil werden primitive Operationen in einer Reihenfolge sequentiell abgearbeitet, die der Programmierer vorher fest vorgegeben hat. Bei einer regelbasierten Wissenrepräsentation dagegen wird vom Experten nur festgelegt, was in einer bestimmten Situation unter spezifischen Bedingungen zu tun ist, während über die Reihenfolge, wie die Regeln zur Problemlösung verwendet werden vom Regelinterpreter zur Laufzeit entschieden wird (Bild 4).

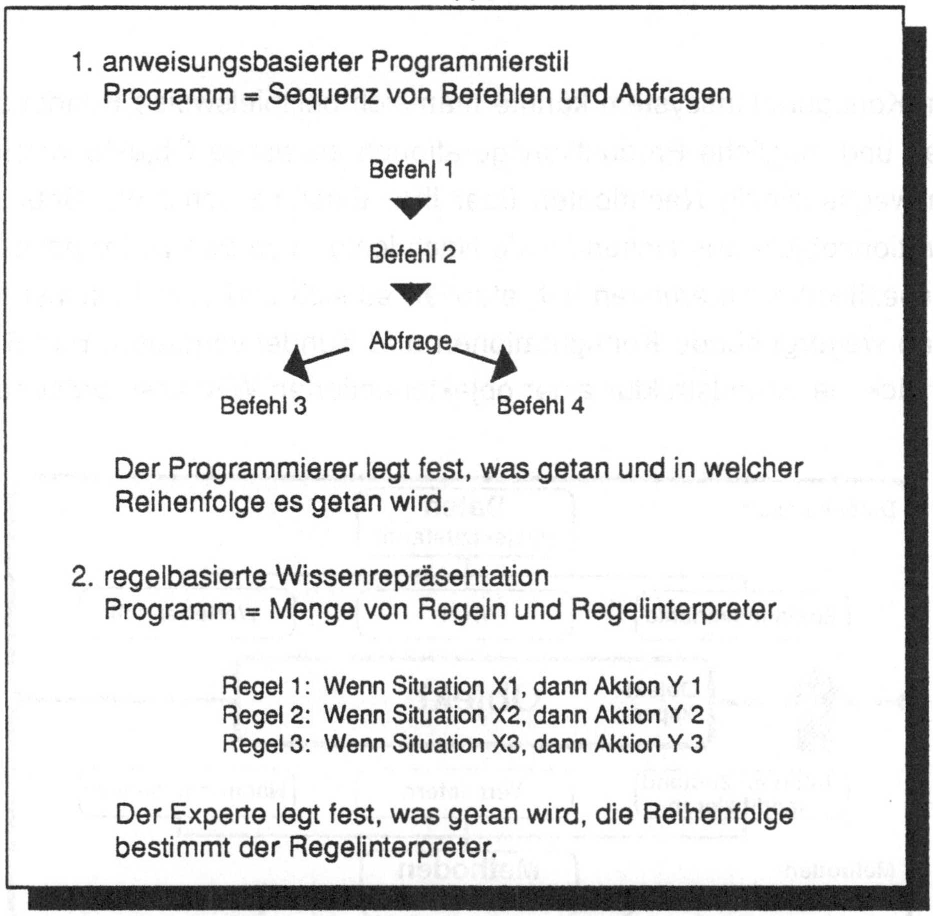

Bild 4: Unterschiede zwischen anweisungs- und regelbasiertem Programmieren

Der Kontrollfluß regelbasierter Systeme wird dadurch sehr flexibel und an individuelle Situationen anpaßbar, gleichzeitig aber sehr unübersichtlich. Dies macht insbesondere umfangreiche Regelsysteme schwer wartbar, so daß bei vielen Expertensystemen eine weitere Form der Wissensrepräsentation zum Einsatz kommt, bei der ein Großteil des Wissens weniger in Regeln, sondern in Objekten abgelegt ist.

2.3. Objektorientierte Wissenrepräsentation

Jedes Fachgebiet hat eine eigene Fachsprache, mit deren Hilfe alle wichtigen Fakten und Relationen des Anwendungsfeldes eindeutig benannt werden können. Diese Begriffe und ihre Beziehungen zueinander werden bei der Wissensakquisition gesammelt und formalisiert. Es liegt daher nahe, diese Fakten, welche Objekte und Zustände des Problems darstellen, als aktive Teile der Wissensbasis aufzufassen, die Nachrichten empfangen und an andere Objekte verschicken können.

In einem Konfigurationssystem könnte man sich beispielsweise Kundenspezifikationen und mögliche Produktkonfigurationen als aktive Objekte vorstellen, die sich wechselseitig Nachrichten über ihre Existenz schicken. Sobald ein Konfigurationsobjekt ausreichend viele Nachrichten von den zu ihr passenden Kundenspezifikationen erhalten hat, etabliert es sich und schickt selbst Nachrichten an weitergehende Konfigurationen und Kundenvorgaben. Bild 5 zeigt im Überblick die Grundstruktur einer objektorientierten Wissensrepräsentation.

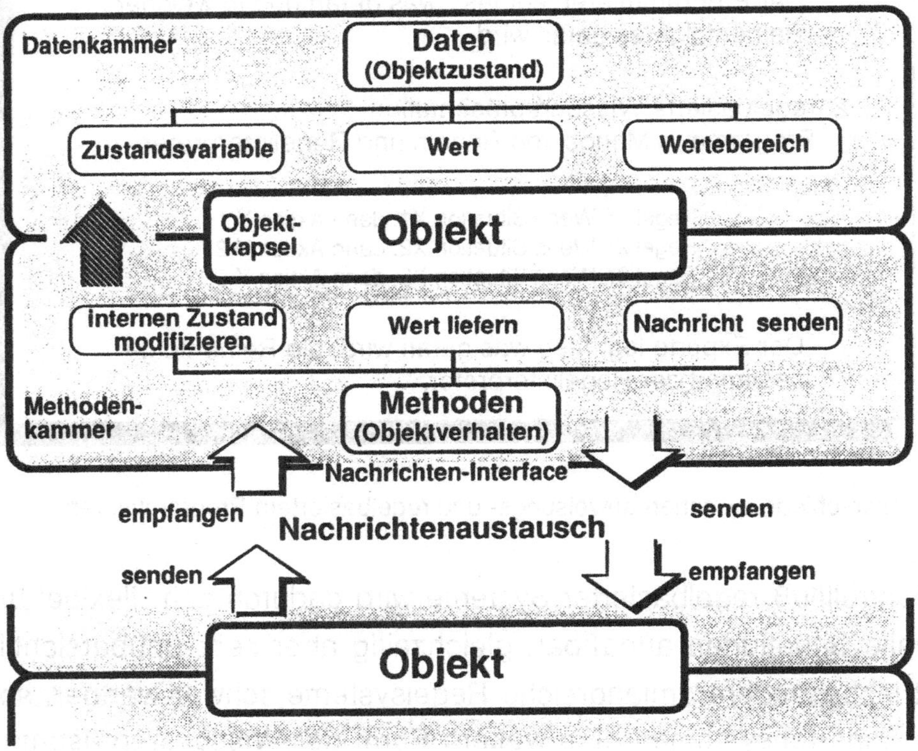

Bild 5: Grundaufbau von Objekten

Während die Datenbasis bei Regelsystemen in relativ unstrukturierter Weise vorliegt, stellen Objekte eine Methodik dar, die es erlaubt, große Faktenmengen besser zu strukturieren, ökonomisch abzuspeichern und mit Grundwissen über ihre Verwendung auszustatten. Objektorientierte Wissenrepräsentation bietet damit eine wichtige Strukturierungshilfe, wie man sie bei der konventionellen Programmierung etwa mit dem Datentyp "Record" kennt (z.B. in PASCAL), bei LISP in Form von Propertylisten oder bei Datenbanken in Form von Relationen. Objekte liefern eine strukturierte Darstellung von Fakten durch Zusammenfassung aller Eigenschaften in einer Datenstruktur (Bild 6).

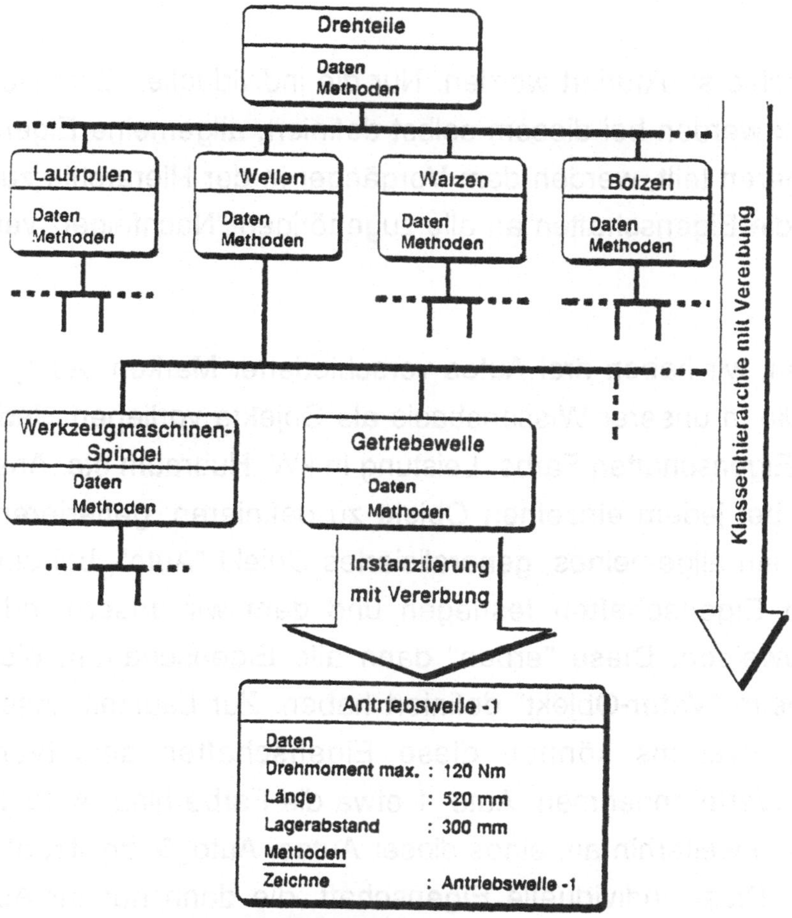

Bild 6: Objektorientierte Wissenrepräsentation

Viele Publikationen zum Thema Expertensysteme unterscheiden explizit zwischen objektorientierter Wissensrepräsentation und Frames. Wir halten diese Unterscheidung für künstlich und höchstens für akademische Fachdiskussionen geeignet und betrachten daher frame- und objektbasierte Repräsentationen als funktional äquivalent[1]. Die Grundidee dieser Repräsentationsform sind Vererbungshierarchien, zugeordnete Prozeduren und Erwartungswerte (Defaults), die im folgenden kurz erläutert werden sollen.

Jedes Objekt besteht aus einem Objektnamen, aus Leerstellen (slots), die mit bestimmten Werten gefüllt werden können, sowie aus den entsprechenden Werten (values). Durch die Slots eines Objekts werden dessen Eigenschaften der realen Welt in der Wissensbasis in einer formalisierten Weise abgebildet. Auf diese Eigenschaften beziehen sich die sogenannten Vererbungsmechanismen, die in erster Linie der ökonomischen und effizienten Datenhaltung dienen. Statt für jedes einzelne Objekt dessen Eigenschaften explizit zu definieren und dadurch bei Objekten mit einer Menge gleicher Eigenschaften eine speicherbelastende Mehrfachdatenhaltung zu erzeugen, können Objekte

[1]Diese Äquivalenz bezieht sich in der vorliegenden anwendungsbezogenen Einführung auf semantische Gesichtspunkte. Auf bestehende syntaktische Unterschiede soll hier nicht eingegangen werden.

in einer Hierarchie strukturiert werden. Nur die individuellen Eigenschaften eines Objektes x werden bei diesem selbst definiert, allgemeine Eigenschaften, die es mit anderen teilt, werden dem Vorgänger in der Hierarchie zugeordnet, von dem aus die Eigenschaften an alle zugehörigen "Nachfolger" vererbt werden.

Nehmen wir an, wir haben drei Autos verschiedener Marken, Auto_1, Auto_2 und Auto_3, die in unserer Wissensbasis als Objekte vorliegen. Jedes dieser Autos hat die Eigenschaften Farbe, Leistung in kW, Hubraum etc. Anstatt diese als Slots nun bei jedem einzelnen Objekt zu definieren, generieren wir eine Stufe darüber ein allgemeines, generalisiertes Objekt "Auto", bei dem wir alle gemeinsamen Eigenschaften festlegen und dem wir unsere individuellen Fahrzeuge zuweisen. Diese "erben" dann alle Eigenschaften, die wir eine Stufe höher beim "Vater-Objekt" definiert haben. Zur Laufzeit unseres Automobil-Expertensystems können diese Eigenschaften selbstverständlich verschiedene Werte annehmen, Auto_1 etwa die Farbe blau, Auto_2 rot usw. Nehmen wir nun weiterhin an, eines dieser Autos, Auto_3, besitzt als einziges einen Spoiler. Diese individuelle Eigenschaft, die dann nur für Auto_3 gilt, werden wir lokal bei diesem Objekt definieren.

Bei der Abfrage von Eigenschaften eines Objekts durch die Inferenzmaschine wird der benötigte Wert zunächst in dem Objekt selbst gesucht, dann in seinem Vorgänger in der Hierarchie usw. Zur Abbildung komplexer Systeme und zur Steigerung der Flexibilität werden in objektorientierten Systemen oftmals auch Vererbungsheterarchien (multiple inheritance) [Puppe, 1988] verwendet, bei denen ein Objekt die Eigenschaften mehrerer Vorgänger erbt, und in denen eine selektive Vererbungsunterdrückung möglich ist.

Um Sachverhalte und Relationen der realen Welt abzubilden, sind reine Definitionen von Eigenschaften meist nicht ausreichend. Man will Objekte mit Aktionen verknüpfen können, die in Abhängigkeit von Werteänderungen ausgeführt werden. Man spricht dabei von zugeordneten Prozeduren, die an eine Eigenschaft eines Objekts gebunden werden und bei einem Lese- oder Schreibzugriff auf dessen Wert ausgeführt werden. In unserem Autobeispiel könnte man zum Beispiel an die Eigenschaft "Alter" eine Prozedur, also ein kleines Programm, binden, das automatisch den Wiederverkaufswert des Fahrzeugs berechnet, wenn sich der Wert ändert.

Bei objektorientierten Programmiersprachen wie SMALLTALK oder C++ besteht ein Programm aus einer Menge von Objekten, die sich gegenseitig Nachrichten zuschicken (message passing) und durch Ausführen von Methoden beantworten (method passing). Im Gegensatz zu zugeordneten Prozeduren werden Methoden nicht durch Werteänderungen aktiviert, sondern durch Nachrichten von anderen Objekten.

In vielen Fällen empfiehlt es sich, Vorannahmen oder Vorkenntnisse der realen Welt bei der Entwicklung des Expertensystems mitzuberücksichtigen. Oft haben wir explizite Erwartungen darüber, welche Werte ein Objekt in der Regel annehmen kann. Bei der objektorientierten Wissensrepräsentation spricht man dabei von Erwartungswerten oder Defaults. Das sind Vorbelegungen von Werten, die aber nicht in allen Fällen stimmen müssen, so daß sie zur Laufzeit durch abweichende Informationen überschrieben werden können. Nehmen wir an, unsere Auto-Objekte haben eine Eigenschaft "Umweltverträglichkeit". Ausgehend von der aktuellen Produktpalette erlauben wir uns die Annahme, daß die meisten neuzugelassenen Kfz einen Katalysator haben. Diese Annahme generalisieren wir zu der Aussage "Alle Autos haben einen Kat" und belegen unsere Eigenschaft "Umweltverträglichkeit" mit dem Default-Wert "ja". Zur Laufzeit beurteilen wir jedoch einen 2 CV und müssen deshalb unseren Erwartungswert aufgrund aktueller Informationen mit "nein" überschreiben.

2.4. Semantische Netze

Man kann objektorientierte Wissensrepräsentationen auch in einer graphischen Darstellung als Netz betrachten, bei dem die Objekte den Knoten und ihre Eigenschaftsrelationen (Slots) den Kanten entsprechen. Die Kanten werden entsprechend ihrer unterschiedlichen Bedeutung mit Namen versehen, die den Bedeutungsgehalt einer Relation wiedergeben. Diese Art der graphischen Darstellung von Objektrepräsentationen wird als semantisches Netz bezeichnet. Sie werden in der Praxis bei weitem nicht so häufig verwendet wie Regeln oder Frames und sollen deshalb hier nur kurz charakterisiert werden.

Hauptkennzeichen semantischer, oft auch als assoziativ bezeichneter Netze ist die Möglichkeit, das Wissen durch strukturierte Einheiten - analog den Objekten - und durch gerichtete Relationen zwischen den Einheiten in besonders übersichtlicher grafischer Form darzustellen. Ein derartiger Graph enthält Knoten und Kanten, wobei die Knoten in der grafischen Darstellung eines semantischen Netzes des Wissenselementen entsprechen und die Kanten den Beziehungen zwischen diesen Elementen. Bild 7 zeigt ein semantisches Netz für die Logistik am Beispiel der Auswahl von Transportwegen.

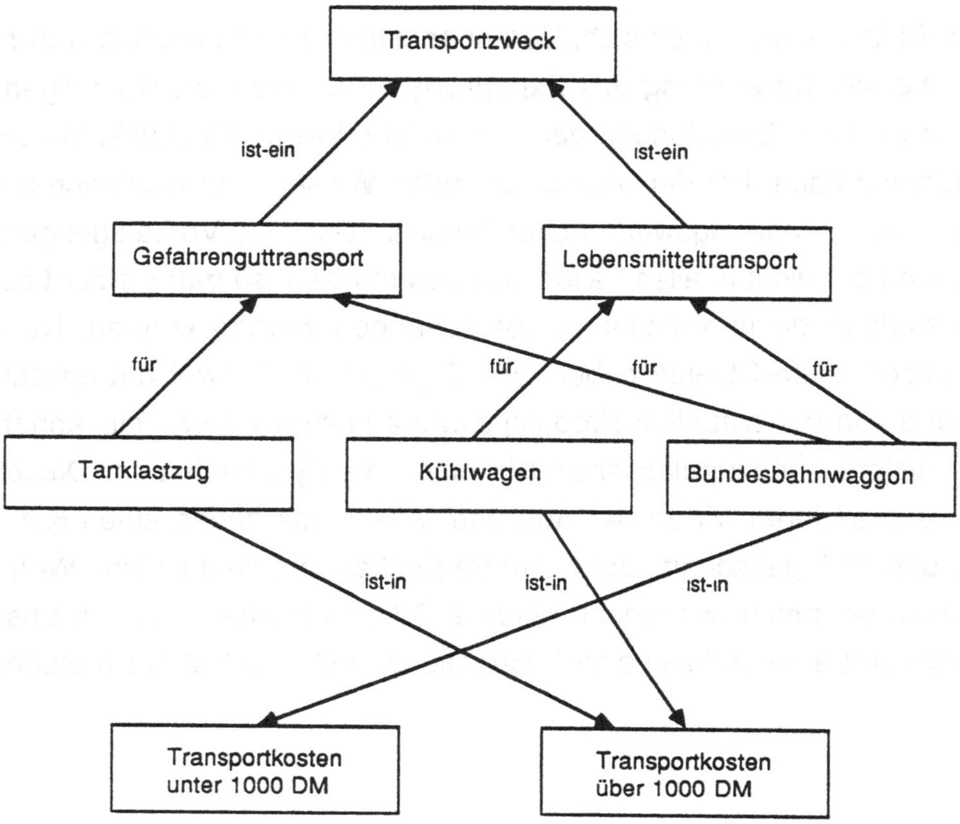

Bild 7: Semantisches Netz zu Transportplanung

2.5. Alternative Repräsentationsformen

Die meisten leistungsfähigen Expertensysteme benutzen entweder eine oder mehrere der oben beschriebenen Repräsentationsmechanismen für das zugrundeliegende Anwendungswissen. Wird das Wissen in kombinierter Form abgelegt, z.B. in Form von Regeln und Objekten, wobei der Entwickler entsprechend seiner Präferenz und der Problemstruktur zwischen den alternativen Repräsentationen wählen kann, spricht man von einem hybriden System.

Neben den beschriebenen Formalismen kennt die KI noch eine Menge weiterer Repräsentationen, die hier allerdings nur knapp erwähnt werden sollen, weil entweder ihre Mächtigkeit für komplexe Expertensystemanwendungen nicht ausreicht oder weil sie in der Praxis zu selten verwendet werden.

Eine Repräsentationsform, die sich insbesondere für kleinere Systeme zu Zwecken des automatischen Beweisens eignet ist die Aussagen- und Prädikatenlogik, auf der die Entwicklung von Kalkülen basiert, mit deren Hilfe Objekte oder Zustände der realen Welt beschrieben werden können, um daraus mit allgemein gültigen Ableitungsregeln neue Aussagen über Objekte oder Zustände abzuleiten. Interessierte seien auf das einschlägige Werk von [Puppe, 1988] verwiesen.

3. Schlußfolgern und Problemlösen: Die Inferenzkomponente

Ein menschlicher Fachexperte verfügt nicht über Spezialwissen aus seinem Fachgebiet, sondern auch über Problemlösungsstrategien und Schlußfolgerungstechniken, die es ihm erlauben, seine detaillierten Kenntnisse zum Auffinden richtiger Lösungen in geeigneter Weise zu kombinieren. Der Teil eines Expertensystems, der in der Lage ist, Informationen zu verknüpfen, um zu einer Schlußfolgerung zu gelangen wird als Inferenzkomponente (Inferenzmaschine, inference engine) bezeichnet. Sie interpretiert das Expertenwissen, um ein vom Benutzer des Expertensystems spezifiziertes Problem zu lösen.

3.1. Methoden der Problemlösung

Was muß man tun, um ein Problem zu lösen? In diesem Abschnitt untersuchen wir Strategien, die von menschlichen Experten zur Lösung ihrer Probleme eingesetzt werden, um anschließend formale Mechanismen der KI zu beschreiben, die der Abbildung von Problemlösungsverhalten in einem Expertensystem dienen.

Es gibt zwei Klassen von Problemen. Ein wohldefiniertes Problem hat ein klar abgestecktes Ziel und wohldefinierte Attribute. Der Weg zur Lösung ist in aller Regel vorgegeben, so daß man an jedem Punkt eindeutig entscheiden kann, ob der aktuell eingeschlagene Suchpfad angemessen ist. Beispiele für derartige Problemstellungen sind vielfältig:

- Wie kann ich aus den Spezifikationen des Kunden x eine geeignete Maschine konfigurieren?
- Wo liegt der Fehler in der Werkzeugmaschine, wenn die Steuerung "Hauptantrieb Störung" meldet?
- Auf welcher Fertigungsstrasse muß ich einen dringenden Auftrag planen, wenn die Kapazität nahezu ausgelastet ist?

Viel häufiger trifft man jedoch im Alltag auf unvollständig definierte Probleme wie z.B.

- Steigern Sie den Jahresumsatz um 25%.
- Versuchen Sie, das Getriebe wieder in Gang zu bekommen.
- Lassen Sie sich eine gute Marketingstrategie für unser neues Produkt einfallen.

Expertensysteme sind aufgrund ihrer heutigen Architektur und ihren Möglichkeiten nicht in der Lage, solche unvollständig definierten Probleme auch nur annähernd befriedigend zu lösen. Wir werden uns deshalb auf die wohldefinierten Probleme konzentrieren, um die Prozesse zu verdeutlichen, die menschliche Fachspezialisten bei der Lösung einer Aufgabe anwenden. Wir beschränken uns weiterhin auf Strategien, die in Expertensystemen relativ leicht abgebildet werden können oder die sich bei bestehenden Systemen im konkreten Einsat bewährt haben.

Viele Probleme, z.B. die Planung von Produktionsprozessen oder die Erstellung von Produktkonfigurationen, eignen sich besonders gut für eine **vorwärts gerichtete Suche**. Man sucht dabei in den vorhandenen Informationen und Daten zunächst nach einem Ansatzpunkt, um dann zu entscheiden, ob er einen Fortschritt auf dem Weg zur Lösung bringt. Ist das der Fall, geht man von dem Punkt aus weiter, an dem man vorher stehenblieb. Wichtig dabei ist, daß die Suche mit einfachen und klaren Schritten vom Anfang bis zum Ende fortschreitet, um mit Erfolg angewendet werden zu können. Für die Problemstellung bedeutet das: Der Experte muß über eine überschaubare Menge von Ausgangsinformationen verfügen, von der aus in entscheidbarer Weise alternative Wege eingeschlagen werden können. Diese Art der Problemlösung wird oft auch als datengesteuertes Schlußfolgern oder Bottom-up-Strategie bezeichnet. Für die Inferenzmaschine eines Expertensystems kennt die KI dabei den Mechanismus der Vorwärtsverkettung von Regeln.

Eine zweite Möglichkeit, Probleme zu lösen, ist die **rückwärts gerichtete Suche**. Man geht dabei von der gewünschten Lösung oder dem angestrebten Ziel aus und fragt sich, welche Schritte notwendig sind, um dahin zu führen. Vom Endziel ausgehend werden sukzessive die vorangehenden Schritte bestimmt, bis man schließlich am Ausgangspunkt des Problems angelangt ist. Rückwärtsgerichtetes Suchen, oft bezeichnet als zielgerichtetes oder hypothesengesteuertes Schlußfolgern oder Top-down-Strategie ist sehr hilfreich in allen Fällen, bei denen man sich eine Ausgangshypothese über das zu lösende Problem bilden kann, so z.B. bei der Fehlerdiagnose, oder in Fällen, bei der sich die Problemlösung leicht visualisieren läßt, etwa bei der Festsetzung der Fahrstrecke für einen Gefahrenguttransport. Der Mechanismus, der bei Expertensystemen diese Strategie abbildet, wird als Rückwärtsverkettung bezeichnet.

Im Fall des rückwärts gerichteten Arbeitens verläuft der Fortschritt in kleinen Abschnitten. Es wird ein Zwischenziel definiert und ein Versuch zur Lösung des entsprechenden Problemabschnitts unternommen. Die leistungsfähigste Strategie, die im Fall der Zwischenzielbildung zum Einsatz kommt, ist eine Kombination von vorwärts und rückwärtsgerichteter Suche zur sogenannten **Mittel-Ziel-Analyse** (means-end-analysis). Dabei wird das gewünschte Zwischenziel - entstanden durch Rückwärtssuche- mit den aktuell vorliegenden Daten, d.h. dem Wissenszustand, der die Basis für Vorwärtssuche bildet, verglichen, um im Falle einer Differenz einen Operator (Mittel) anzuwenden, diese zu verringern. Eines der Hauptprobleme für einen Nicht-Experten besteht darin, einen Operator zu finden, der in einer bestimmten vorliegenden Situation adäquat funktioniert.

Experten verfügen in aller Regel über zwei Möglichkeiten der Anwendung von Operatoren, oder besser gesagt, über zwei Arten von Plänen zur Lösung von Problemen: Algorithmen und Heuristiken. Ein **algorithmischer Operator** ist eine Prozedur oder ein Satz von Regeln, bei deren korrekter Anwendung sich automatisch die richtige Lösung ergibt. Eine Funktion zur Ermittlung einer realen Maschinenauslastung ist ein derartiger algorithmischer Operator. Diese Art von Operatoren wird bei Expertensystemen meist in Form von externen Programmen oder Prozeduren eingebunden.

Heuristische Operatoren lassen sich mit einer Faustregel vergleichen. Sie sind Anleitungen oder Entwürfe für Lösungsversuche, die verhältnismäßig einfach zu handhaben sind und auf ihrer Effektivität bei der Lösung bereits bekannter Probleme fußen. Im Gegensatz zu Algorithmen bürgen Methoden der Heuristik nicht für ihren Erfolg. Die Aussage eines Servicetechnikers "Bei Hauptantriebsstörungen schauen wir immer zuerst im Schaltschrank nach" ist vielleicht einer der allgemeinsten heuristischen Operatoren bei der Fehlerdiagnose. In der KI kennt man für Heuristiken keine standardisierten Abbildungsformalismen, sie müssen im individuellen Einzelfall durch geeignete Regeln oder interne Funktionen umschrieben werden.

3.2. Datengesteuertes Schlußfolgern: Vorwärtsverkettung

Bei der Vorwärtsverkettung (forward chaining oder forward reasoning) wird ausgehend von einer vorliegenden Datenmenge ein bestimmter Lösungsweg eingeschlagen. Die Regeln, deren Prämissen sich mit den vorliegenden Fakten in Einklang bringen lassen, werden ausgeführt. Man spricht auch davon, daß eine Regel "feuert". Sind mehrere Regeln feuerbar, entscheidet der spezifische Inferenzmechanismus, welche Regel zuerst zur Ausführung kommt. Durch das Feuern einer Regel werden die im Konklusionsteil festgeschriebenen Aktionen ausgeführt und damit die faktische Datenbasis geändert. Dieser Prozeß wird solange wiederholt, bis keine Regel mehr anwendbar ist, d.h. im günstigsten Fall, bis eine Lösung gefunden wurde (siehe Bild 8 oben rechts).

Ein vorwärtsverkettender Regelinterpreter bestimmt in einer Vorauswahl zunächst die Menge aller ausführbaren Regeln. Ist die Anzahl der Elemente dieser Regel größer als 1, bezeichnet man das Ergebnis dieser Vorselektion als Konfliktmenge. Die nächste Aufgabe des Interpreters besteht somit darin, mit Hilfe einer geeigneten Konfliktlösungsstrategie eine einzige, quasi "optimale" Regel aus dieser Menge auszuwählen.

Die wichtigsten Konfliklösungsstrategien, die sich selbstverständlich auch kombinieren lassen, sind [nach Puppe, 1988]:

• Auswahl nach Reihenfolge

Bei dieser Strategie feuert entweder die erste anwendbare Regel, die gefunden werden konnte (Trivialstrategie) oder die aktuellste Regel, d.h. diejenige, deren Vorbedingungen sich auf mögliche neue Einträge in der Datenbasis bezieht.

• Auswahl nach syntaktischer Regelstruktur

Hier feuert z.B. die Regel, deren Vorbedingung die einer anderen Regel und zusätzlich noch weitere Aussagen enthält oder die Regel, die von allen die meisten Aussagen enthält.

• Auswahl mittels Zusatzwissen

Bei dieser Auswahl feuert die Regel mit der höchsten Priorität. Dazu kann jeder Regel entweder ein statischer Zahlenwert zugeordnet werden, oder es erfolgt eine dynamische Prioritätenberechnung zur Laufzeit, etwa durch interne Heuristikfunktionen [vgl. Kurz, 1989]. Es lassen sich auch zusätzliche Regeln, sogenannte Metaregeln definieren, die den Auswahlprozeß steuern.

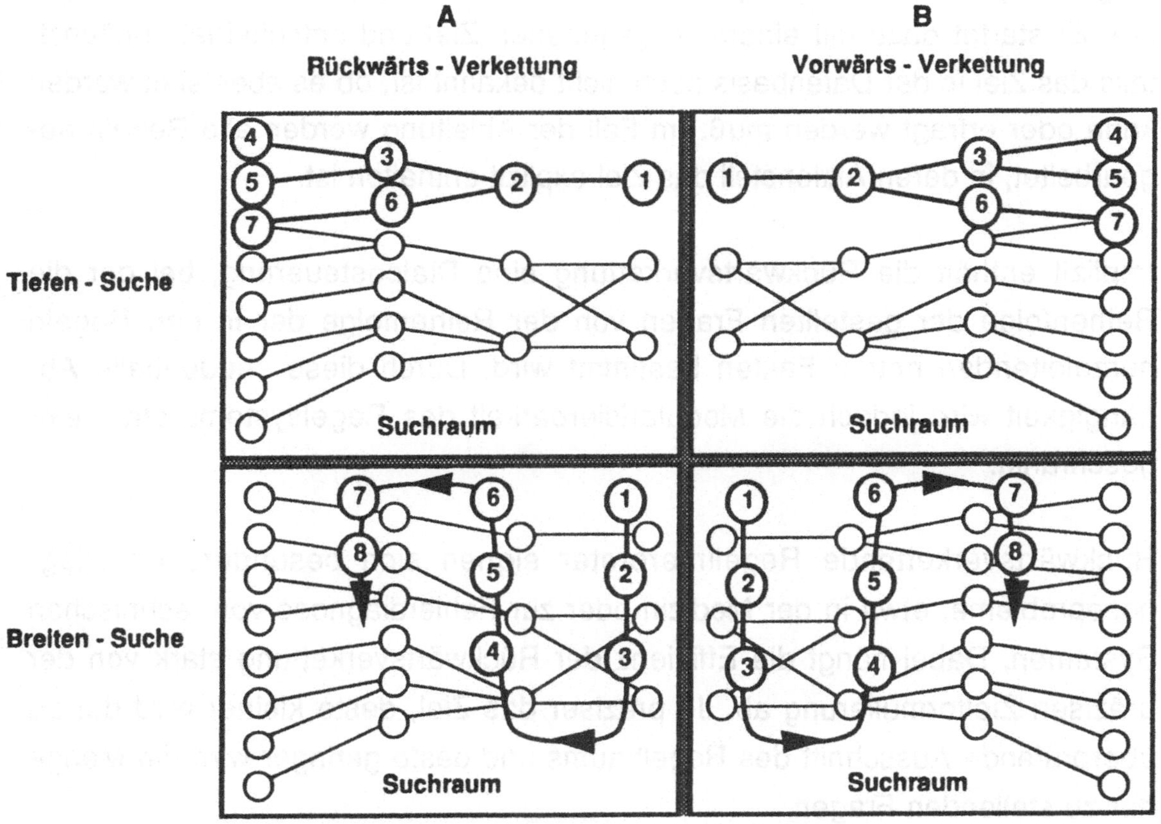

Bild 8: Vorwärts-und Rückwärtsverkettung mit Tiefen- und Breitensuche

Die Abarbeitung von Regel durch einen vorwärtsverkettenden Regelinterpretierer eignet sich besonders für beratende Expertensysteme (z.B. Unterstützung der Anlageberatung, Bonitätsprüfung bei Kreditvergabe, Vertriebsunterstützung des Außendienstes) und bei Planungssystemen (Arbeitsplanung, Produktionsplanung, Logistik).

3.3. Zielgesteuertes Schlußfolgern: Rückwärtsverkettung

Die Rückwärtsverkettung (backward chaining oder backward reasoning) geht von einer Zielhypothese aus, um auf deren Ursachen zu schließen. Bei dieser am häufigsten verwendeten Methode der Regelabarbeitung werden die Regeln ausgeführt, die den vorgegebenen Zielzustand bestätigen oder zur Ableitung dieses Ziels beitragen (Bild 8).

Während man bei der Vorwärtsverkettung nur Schlußfolgerungen aus der vorgegebenen Datenbasis ziehen kann, eignet sich ein rückwärtsverkettender Regelinterpreter auch zum gezielten Ermitteln neuer, noch unbekannter Fakten. Er startet dazu mit einem vorgegebenen Ziel und entscheidet zunächst, falls das Ziel in der Datenbasis noch nicht bekannt ist, ob es abgeleitet werden kann oder erfragt werden muß. Im Fall der Ableitung werden alle Regeln abgearbeitet, in deren Aktionsteil das Ziel explizit enthalten ist.

Implizit enthält die Rückwärtsverkettung eine Dialogsteuerung, bei der die Reihenfolge der gestellten Fragen von der Reihenfolge der in den Regeln herzuleitenden neuen Fakten bestimmt wird. Durch diese sequentielle Abhängigkeit wird jedoch die Modularisierbarkeit des Regelsystems stark eingeschränkt.

Rückwärtsverkettende Regelinterpreter eignen sich besonders für Diagnoseprobleme, etwa in der Medizin oder zur Fehlerdiagnose von technischen Systemen. Dabei hängt die Effizienz der Rückwärtsverkettung stark von der präzisen Zielformulierung ab. Je präziser das Ziel, desto kleiner wird der zu überprüfende Ausschnitt des Regelbaums und desto geringer wird die Menge der zu stellenden Fragen.

3.4. Die Suche nach Lösungen: Strategien und Methoden

Sowohl bei der Vorwärts- als auch bei der Rückwärtsverkettung muß die Inferenzmaschine in der Lage sein, aus einer großen Regelmenge, dem Suchraum, eine geeignete kleinere und überschaubare Untermenge von anwendbaren Regeln auszuwählen, um den Suchraum im Regelbaum einzuschränken. Bei dieser Suche nach anwendbaren Regeln lassen sich prinzipiell zwei unterschiedliche Strategien ausmachen.

Die Tiefensuche (depth-first) ist ein Verfahren der sogenannten Graphensuche, bei der zunächst ein ganzer Zweig des Regelbaums bis zum Ende durchsucht wird, während bei der Breitensuche (breadth-first) zuerst sämtliche Regeln einer Entscheidungsebene auf ihre Anwendbarkeit hin untersucht werden (Bild 8). Aus Gründen der Benutzerakzeptanz verwenden die meisten bestehenden Systeme den Ansatz der Tiefensuche. Dabei werden dem Benutzer in fortlaufender, nachvollziehbarer Weise Fragen gestellt, die sich auf einen spezialisierten Sachverhalt beziehen. Bei der Breitensuche hingegen, wo sich Anfragen des Systems auf ein breiteres Spektrum beziehen, entsteht für den Benutzer leicht der Eindruck, daß das System umherirrt und nicht plausible, unmotivierte Fragen stellt.

Eine Menge weiterer Problemlösungsstrategien wie Beschränkungsverfahren, Generate-and-Test, Beschreiben und Vergleichen etc., sollen hier nur erwähnt werden. Spezifischere Informationen findet der interessierte Leser bei [Harmon & King, 1989].

Einige Expertensysteme, wie z.B. das am Fraunhofer-Institut IAO entwickelte Diagnosesystem IDS (Integriertes Diagnosesystem) verzichten zugunsten einer individuellen, problemangemessenen heuristischen Suchstrategie völlig auf die herkömmlichen Standardverfahren. Bei dieser Art der Suche werden anwendungsspezifische Zusatzinformationen, die der Fachexperte definiert, verwendet, um den Suchraum einzuschränken. Im Falle von IDS werden Informationen wie "Fehlerhäufigkeit eines Bauteils" und "Aufwand zur Überprüfung des Bauteils" zur internen Berechnung eines Heuristikwertes herangezogen, der dann die Basis für die Suchstrategie bildet.

4. Transparenz von Entscheidungen: Die Erklärungskomponente

Die von einem Expertensystem erarbeitete Lösung stellt keine absolut gültige Tatsache dar, sondern einen Vorschlag, der ebensogut falsch sein kann. Daher muß das System in der Lage sein, den von ihm eingeschlagenen Lösungsweg , der zu einem bestimmten Ergebnis geführt hat, jederzeit aufzuzeigen, damit der Benutzer das Ergebnis beurteilen und im Zweifelsfall auch korrigieren kann.

Zur Beantwortung von Fragen des Benutzers an das System, wie Ergebnisse bzw. Zwischenergebnisse zustande gekommen sind oder warum bestimmte Fragen an den Anwender gestellt wurden, enthält die Architektur eines Expertensystems eine sogenannte Erklärungskomponente. Durch sie soll der am Expertensystem arbeitende Mensch jederzeit Einblick in die internen Schlußfolgerungsprozesse erhalten, um die Entscheidungen des Systems verstehen und vor allen Dingen widerlegen zu können, wenn sie ihm als falsch erscheinen. Die Möglichkeit, einen Lösungsvorschlag des Systems ablehnen zu können, ist bei Expertensystemen, die nie völlig fehlerfrei arbeiten, eine besonders wichtige Anforderung. Diesen Ansprüchen muß eine gute Erkärungskomponente gerecht werden.

Benutzer von Expertensystemen verwenden in der Regel vier verschiedene Fragetypen, um Einblick in die Lösungsvorgänge des Systems zu erhalten:

- Fragen nach dem Dialogablauf (Bsp: WARUM wird jetzt die Frage nach dem Zustand des Sicherungsautomaten gestellt?)
- Fragen nach Erläuterungen und Kontexten (Bsp: WAS ist mit Relaiskontakt XCY321-9 genau gemeint?)
- Fragen nach dem Lösungsweg (WIE wurde die Diagnose "Kurzschluß an Spule->Ventil L-12" erreicht?)
- Fragen nach Alternativen (WARUM wurde die Hypothese "Relaiskontakt beschädigt" NICHT weiterverfolgt?)

Gerade die Frage nach Alternativen kann bei hochentwickelten Expertensystemen durch eine "Was-wäre-wenn"-Simulation verfeinert werden, indem verschiedene mögliche Lösungswege als Ergänzung zum ermittelten Ergebnis nocheinmal durchgespielt werden.

Eine gute Erklärung zeichnet sich dadurch aus, daß sie das Vorwissen des Benutzers berücksichtigt. Nichts ist langweiliger als eine breite Erläuterung von Sachverhalten, die einen nicht interessieren oder die man ohnehin schon kennt. Derzeitige Expertensysteme sind jedoch in ihren Darstellungsmöglichkeiten für Erklärungen noch sehr beschränkt. Meist wird die Schlußfolgerungskette graphisch als Ableitungsbaum wiedergegeben oder in einer quasi-natürlichsprachlichen Form, wobei dabei meist nur die Regeln, die gefeuert haben, dargestellt werden.

Die Unfähigkeit existierender Systeme, gute Erklärungen zu generieren, wirkt sich unterschiedlicher Weise aus. Viele Entwickler verzichten ganz auf den Anspruch, dem Endbenutzer eine Erklärungskomponente zu liefern, andere beschränken sich auf leicht programmierbare Ableitungsfunktionen aus dem Regelbaum, um dem Benutzer zumindest einfache WARUM und WIE-Komponenten zur Verfügung zu stellen.

5. Interaktionen mit dem Benutzer: Die Kommunikationskomponente

Der Erfolg eines Expertensystemprojekts, die Akzeptanz durch die Anwender und ein effizienter Einsatz zur Lösung von Problemen hängt nicht nur von einer exakten, gut strukturierten Wissensbasis und einem nachvollziehbaren Inferenzmechanismus ab, sondern nicht zuletzt von der Qualität der Benutzeroberfläche. Da für die Gestaltung der Dialogschnittstelle, der Kommunikationskomponente, prinzipiell keine anderen Richtlinien gelten wie sie von Software-Ergonomen für alle Programmentwicklungen erarbeitet wurden, soll in diesem Kapitel nur in grober Form auf allgemeine Anforderungen an Benutzerschnittstellen hingewiesen und deren Bedeutung für Expertensystemanwendungen konkretisiert werden. Detaillierte Informationen über Techniken und Werkzeuge zur Gestaltung von Benutzeroberflächen finden sich zum Beispiel bei [Oppermann et al., 1988; Fähnrich, 1987; Bullinger & Gunzenhäuser, 1986].

Die Hauptanforderungen an die Kommunikationskomponente eines Software-Systems lassen sich in drei Schlagworte fassen:

- hohe Dialoggeschwindigkeit
- geringe Einlernzeit
- hohe Fehlertoleranz

Welcher dieser drei Anforderungen im Einzelfall eine höhere Priorität zukommt, hängt von der Zielgruppe der Anwender ab, die im konkreten Einsatz mit dem System arbeiten. In den meisten Fällen, z.B. bei kommerziell verfügbarer Anwendersoftware, ist die Benutzergruppe relativ heterogen und dem Entwickler primär nicht bekannt, so daß dessen Kompromißlösungen für die verschiedenen Benutzergruppen verschieden ausfallen. Bei der Entwicklung von Expertensystemen kann dieses Problem dadurch minimiert werden, indem man das Schlagwort "Benutzerpartizipation" während der gesamten Systemprojektierung ernst nimmt und zielgruppenspezifische Schnittstellen konzipiert. Der Gesamtentwurf eines Expertensystems, das von seiner gesamten Architektur und Funktionalität als interaktives System entwickelt wird, darf niemals unabhängig von der benutzerfreundlichen Gestaltung der Kommunikationskomponente gesehen werden.

Je mächtiger ein System ist, d.h. je mehr unterschiedliche Interaktionsmöglichkeiten bestehen, desto schwieriger sind die Anforderungen an eine gute Dialogschnittstelle zu erfüllen. In der Regel findet man nur noch bei wenigen, unter Benutzungsgesichtspunkten schlecht konzipierten Expertensystemen die traditionelle zeilenorientierte Eingabe über die Tastatur. Auf den meisten Rechnern mit grafikfähigen Bildschirmen stehen dem Entwickler heute eine ganze Menge Hilfsmittel zur Verfügung, um attraktive und vor allem benutzbare Schnittstellen zu entwerfen:

- Windows: Darstellung verschiedenartiger Information in verschiedenen, beweglichen und verschiebbaren Fenstern
- Anschauliche Darstellung von Objekten durch Bilder (Icons) und Graphiken
- Eingabe über Maus oder andere Zeigeinstrumente (z.B. Lichtgriffel)
- Darstellung von Funktionen und Aktionen, die mit einem Objekt assoziiert sind, durch Menüs (dynamische Pop-up-Menüs oder statische Pull-down-Menüs)

- Informationsstrukturierung durch den Einsatz von Farbe (ohne allerdings der Versuchung zu erliegen, bunte "Micky-Maus-Oberflächen" zu entwickeln)

Mit diesen Werkzeugen lassen sich die unterschiedlichsten Dialogtypen realisieren, wobei die direkt-manipulative Interaktionsform für komplexe Expertensystemanwendungen, bei denen oftmals Textinformationen, Visualisierung von Prozessen und alternative Eingabemedien gleichzeitig realisiert werden müssen, am geeignetsten erscheint. Gerade für den Endanwender von Expertensystemen empfiehlt sich eine hybride Dialogform, d.h. eine Kombination von freier Eingabe und direkt-manipulativer Eingabe durch Auswählen. Diese Form hat den geringsten Schreibaufwand und stellt so gut wie keine Anforderungen an Syntaxkenntnisse, so daß sich der Expertensystemanwender voll auf die Problembearbeitung konzentrieren kann.

6. Einführungsstrategien für Expertensysteme im Betrieb

Die Existenz von leistungsfähigen Rechnern in vielen Bereichen der Industrie fördert den Einsatz von Expertensystemen, da ein großer Teil der Infrastruktur bereits vorhanden ist, und durch die Kopplung verschiedener Software-Komponenten ein überproportionaler Nutzeffekt zu erreichen ist. Allerdings sind es oft genug Kompatibilitätsprobleme verschiedener Hardware- und Softwaresysteme, die den konkreten Einsatz von Expertensystemen über eine reine Insellösung hinaus behindern. Der Artikel von [Bullinger, in diesem Band] gibt einen guten Einblick in die Probleme, an denen Expertensystemprojekte gescheitert sind. In diesem Kapitel soll daher lediglich schlaglichtartig auf vier Punkte hingewiesen werden, die unserer Ansicht nach als K.o.-Faktoren für einen erfolgreichen Einsatz von wissensbasierten Systemen in einem Produktionsbetrieb angesehen werden können.

Die häufigsten Einsatzfelder von Expertensystemen im technisch-industriellen Bereich sind derzeit Diagnose- und Konfigurationsaufgaben (siehe dazu Fähnrich & Sandner, in diesem Band]. Obwohl der industrielle Einsatz von wissensbasierten Systemen gerade in diesen Domänen vom Stand der Technik her in breitem Umfang möglich wäre, finden sich im bundesdeutschen. Raum nur wenige Systeme, über die erfolgreiche Anwendungsberichte vorliegen. Praktische Schwierigkeiten bei der Einführung von Expertensystemen dürfen daher nicht unterschätzt werden.

6.1. Integration

Eine der größten Schwierigkeiten, mit der Expertensystementwickler heute noch zu kämpfen haben, ist die Integration des Systems in die bestehende Hard- und Software-Umgebung eines Unternehmens. Dabei ist es gerade dieser Bereich, der den sinnvollen Einsatz von Expertensystemen so attraktiv macht und in zunehmendem Maß die Pflichtenhefte für Entwickler ausfüllt. Die Möglichkeit, Informationen über bestimmte Sachverhalte aus Datenbanken abrufen, CAD-Komponenten in Expertensystemanwendungen einbinden oder bewährte Berechnungsprogramme eines Betriebs für die Problemlösung nutzen zu können, erniedrigt nicht nur die Schwelle für den Einstieg in die neue Technologie, sondern rechtfertigt überhaupt erst den Einsatz von Expertensystemen als "integrative Problemlösungswerkzeuge".

Zur Integration in die konkrete Arbeitswelt gehört weiterhin die qualifizierte Schulung der Endanwender und vor allem die gezielte Einweisung der Fachexperten in die Systemumgebung, da sie diejenigen sein werden, die das System warten und aktualisieren müssen. Unserer Ansicht nach dürfen sich, soll ein Projekt erfolgreich sein, externe Entwickler des Systems nicht zu "technologischen Dealern" machen, die dem Anwender die Droge "Expertensystem" aufdrängen, um ihn damit langfristig von ihrem Know-how abhängig zu machen. Ein Expertensystemprojekt bezeichnen wir aus Anwendersicht dann als gelungen, wenn die betroffenen Mitarbeiter eines Unternehmens alle anfallenden Aufgaben, wie Erweiterung der Wissensbasis, Ausbau von Schnittstellen etc., selbständig und ohne fremde Hilfe durchführen können.

Ein dritter, nicht zu unterschätzender Integrationsaspekt ist die gut vorbereitete organisatorische Einbettung des Systems. Man darf sich bezüglich der Auswirkungen eines Expertensystems nicht der Illusion hingeben, daß durch dessen Einsatz nur ein weiterer, additiver Baustein in die bestehende DV- und Arbeitsorganisation eingefügt wird, ohne daß sich weiterhin Änderungen ergeben. Ein Fehlerdiagnosesystem zur Serviceunterstützung beispielsweise hat weitreichende Auswirkungen auf die gesamte Kundendienstorganisation, etwa dann, wenn Servicewissen dezentralisiert und zum Teil auf den Kunden ausgelagert wird. Ein Konfigurationssystem, das kundenspezifisch zum Entwurf und zur Auslegung von Produkten eingesetzt wird, hat nicht nur Einfluß auf die gesamte Vertriebsstruktur einer Firma, sondern auch auf Serviceleistungen, die mit den neuen, individuellen Produkten angeboten werden. Weitreichende Unterstützung durch die Unternehmensleitung sowie kontinuierliche, projektbegleitende Organisationsberatung sind unabdingbar, soll das System nicht unvorbereitet in bestehende Strukturen gepreßt werden.

6.2. Kommunikation

Gelungene Kommunikation und Interaktion mit dem Benutzer sind ein wichtiger Baustein, die Akzeptanz einer Expertensystemanwendung zu erhöhen. Welche Techniken und Methoden dem Entwickler dabei zur Verfügung stehen, und was im besonderen Rahmen der Expertensystemproblematik zu beachten ist, wurde weiter oben bereits ausgeführt. Kommunikation hat allerdings nocht weitreichendere Bedeutung für erfolgreiche Expertensystemprojekte. Langfristig werden sich Expertensysteme für ein Unternehmen unter Kosten/Nutzen-Gesichtspunkten nur dann lohnen, wenn die Kommunikation und der Datenaustausch des Systems mit anderen technische Systemen gewährleistet ist, oder wenn Expertensysteme in der Lage sind, unternehmensübergreifende Kommunikationsprozesse zu unterstützen.

Ein typisches Beispiel für notwendige Systemkommunikation ist ein Fehlerdiagnosesystem für technische Anlagen, wie z.B. IDS [vgl. Kurz, 1989] zur Werkzeugmaschinendiagnose oder IXMO [Puppe, 1985] zur Motorendiagnose. Eine direkte Anbindung des Expertensystems an die CNC- und SPS-Steuerung der Maschine zur Abfrage eines gespeicherten Prozeßabbilds (IDS) oder die Koppelung mit einem Prozeßrechner zur Meßwerterfassung (IXMO) ist eine unerläßliche Voraussetzung dafür, daß die zur Diagnose und Fehlerbehebung notwendigen Maschinendaten in schneller, den Diagnoseaufwand minimierender Art und Weise vom Expertensystem aufgenommen und verarbeitet werden können. Rationalisierung von Servicetätigkeiten und damit Kostenersparnis ist eine direkte Folge dieser gelungenen Kommunikation von wissensbasierten Systemen mit technischen Sensoren und Aktoren. Auch für den Bereich der Echtzeitüberwachung von Anlagen und Fertigungsstrassen oder für die Online-Diagnose technischer Systeme ist eine gut konzipierte Kommunikationsschnittstelle zur Erfassung aller wichtigen Parameter der kritische Erfolgsfaktor für den Einsatz von Expertensystemen.

Die aktuellen Entwicklungen auf dem gesamten Bereich der Kommunikationstechnologie, wie zunehmende Inhouse-Vernetzungen über LAN oder Fortschritte auf dem Bereich der Telekommunikation, dürfen auch an Expertensystemen nicht spurlos vorübergehen. Expertensysteme müssen netzwerkfähig sein, damit ähnlich wie beim Konzept der verteilten Datenbanken das Arbeiten mit verteilten Wissensbasen möglich wird. Für weitere Entwicklungsmöglichkeiten von Expertensystemen im Bereich der digitalen Fernnetze siehe [Fähnrich & Sandner, in diesem Band].

6.3. Kompatibilität

Kompatibilität im Zusammenhang mit industriellen Expertensystemanwendungen bedeutet in erster Linie die Portierbarkeit erstellter Systeme auf beliebige Plattformen. Obwohl auch diese Anforderung noch nicht in allen Teilen befriedigend gelöst wurde, gibt es gerade durch die verstärkte Verwendung von Expertensystemshells, d.h. Werkzeugen zur Entwicklung von Expertensystemen, Ansatzpunkte, auf relativ leichte Art und Weise Wissensbasen zwischen Rechnern mit verschiedenen Betriebssystemen und Architekturen auszutauschen. Ein Unternehmen, das sich für den Einsatz von Expertensystemen entscheidet, muß sich die Möglichkeit offen halten können, während der Einsatzdauer des Systems den Zielrechner zu wechseln, ohne große Änderungs- und Anpassungsarbeiten an einzelnen Systemkomponenten vornehmen zu müssen.

Während dies bei der Portierung von Wissensbasen und Inferenzmechanismen in vielen Fällen ohne großen Aufwand möglich ist, ergeben sich beim Wechsel auf andere Hardwareplattformen mit verschiedenen Fenstersystemen und Window-Managern meist erhebliche Schwierigkeiten. Dabei ist gerade eine konsistente, auf allen Systemen einsetzbare Benutzeroberfläche ein entscheidender Punkt für den erfolgreichen betrieblichen Einsatz von Expertensystemen. Herkömmliche, auf spezifische Zielrechner angepaßte Oberflächen, verwenden in aller Regel individuelle Beschreibungscodes für die zugrundeliegenden Fenstersysteme und Oberflächenwerkzeuge, haben eigene, inkompatible Mechanismen zur Speicherverwaltung und lassen sich daher nur schwer aufeinander anpassen.

Eine wesentliche Erleichterung stellen sogenannte Dialog-Management-Werkzeuge dar, die durch eine einheitliche Definition für Benutzeroberflächen die Probleme beim Wechsel auf andere Zielsysteme so gering wie möglich halten [vgl Sandner & Gräble, 1990].

6.4. Standards

In einer Zusammenfassung der bisherigen drei Punkte können die wichtigsten Anforderungen an Expertensysteme, die einen erfolgreichen betrieblichen Einsatz gewährleisten können, unter dem Oberbegriff "Standards" zusammengefaßt werden. Nur die konsequente Verwendung standardisierter Komponenten kann für konkrete Anwendungen individuelle Lösungen gewährleisten und die Möglichkeit garantieren, wesentliche Bausteine der Problemlösung (Betriebssystem, Programmierumgebung, Graphiksoftware, Datenbanksoftware, Kommunikationssoftware, Benutzerschnittstellen-Software) auf verschiedenen Hardwareplattformen (PC, Workstation, Minicomputer und Großrechner) zu verwenden [vgl. Fähnrich & Kärcher, 1990].

Hardwareunabhängigkeit zur Portabilität der Anwendungen zwischen verschiedenen Systemen unterschiedlicher Hersteller, Netzwerkfähigkeit zur Gewährleistung einer einheitlichen Arbeitsweise verschiedener Rechner, Ausbaufähigkeit des Expertensystems in heterogener Umgebung und eine große Spannbreite an integrierbaren Bausteinen werden heute und in Zukunft die entscheidenden Faktoren zur Beurteilung von Expertensystemeinsätzen sein.

6.5. Ein Phasenkonzept zur Einführung von Expertensystemen

Am Stuttgarter Fraunhofer-Institut für Arbeitswirtschaft und Organisation (IAO) wurde ein dreistufiges Phasenkonzept zur erfolgreichen Durchführung von Expertensystemprojekten entwickelt [vgl hierzu im Detail Bullinger, in diesem

Band; Kurz & Sandner, 1990], das auf den oben erwähnten Einsatzkriterien Integration, Kommunikation, Kompatibilität und Standards aufbaut und diese während der gesamten Projektphase explizit berücksichtigt.

Dieses Drei-Phasen-Konzept besteht aus einer ausführlichen Vorbereitungsphase, einer Konzept- und Prototypenphase sowie einer abschließenden Endsystemphase.

In der Vorbereitungsphase werden zunächst alle beteiligten Personen in die Technologie wissensbasierter Systeme eingeführt. Eine anschließende Zielfindungskonferenz mit Beteiligung des Managements dient der expliziten Projektdefinition, die dabei auch schriftlich fixiert wird. Die gesamte Projektorganisation in personeller, zeitlicher und finanzieller Hinsicht wird in dieser Phase festgeschrieben.

Eine detaillierte Problemanalyse bildet den ersten Teil der Konzept- und Prototypenphase mit dem Ergebnis der Systemplanung einschließlich Anforderungsanalyse und Systementwurf. Durch Umsetzung des Designmodells in geeignete Repräsentationsformen implementieren wir einen ersten Prototypen, der dann einen Praxistest und eine fundierte Kosten/Nutzen-Analyse durchläuft.

In der Endsystemphase schließlich wird die funktionale, prototypische Systemarchitektur zur Einsatzreife entwickelt. Die Schnittstellen zu integrierbaren Bestandteilen, die Einbettung in die Systemumgebung, die benutzerfreundliche Handhabung des Systems und die korrekte Verarbeitung des abgebildeten Wissens werden einem abschließenden, intensiven Test unterzogen. Während der gesamten Projektdauer wurde die betriebliche Einführung und der Einsatz des Systems sorgfältig vorbereitet und findet in dieser Phase seinen Abschluß.

Wir betrachten Expertensysteme als eine Technologie, die bei sorgfältiger Beachtung der beschriebenen Faktoren in Zukunft einen verstärkten Einsatz zur Lösung betrieblicher Anwendungsprobleme erfahren wird.

7. Literatur

[Buchanan & Feigenbaum, 1978] Buchanan, B.G.; Feigenbaum E.A.: Dendral and Metadendral: Its allication dimensions. J. Art. Intelligence 8, 1978

[Bullinger, in diesem Band] Bullinger, H.J.: Integrationspotentiale von Expertensystemen in der Produktion. IAO-IPA-Berichte Expertensysteme in Produktion und Engineering. Heidelberg Berlin New York, 1990

[Bullinger & Gunzenhäuser, 1986] Bullinger, H.J.; Gunzenhäuser, R.: Software-Ergonomie. Sindelfingen, 1986

[Fähnrich, 1987] Fähnrich, K.P.: Software-Ergonomie. München Wien, 1987

[Fähnrich & Kärcher, 1990] Fähnrich, K.P.; Kärcher, M.: Betriebssysteme - Wer macht das Rennen? Offene Systeme! Office Management, 1990 (in Druck)

[Fähnrich & Sandner, in diesem Band] Fähnrich, K.P.; Sandner, R.: Expertensysteme in den neunziger Jahren - Perspektiven, Trends, Ausblicke. IAO-IPA-Berichte Expertensysteme in Produktion und Engineering. Heidelberg Berlin New York, 1990

[Harmon & King, 1989] Harmon, P.; King, D.: Expertensysteme in der Praxis. München Wien, 1989

[Kurbel, 1989] Kurbel, K.: Entwicklung und Einsatz von Expertensystemen: eine anwendungsorientierte Einführung in wissensbasierte Systeme. Heidelberg Berlin New York, 1989

[Kurz, 1989] Kurz, E.: Fehlerdiagnose an Werkzeugmaschinen mit dem Expertensystem ID-EST. IAO-Forum Expertensysteme in Produktion und Engineering. Stuttgart, 1989

[Kurz & Sandner, 1990] Kurz, E.; Sandner, R.: Drei Schritte zur Lösung - eine Entwicklungsmethodik für Expertensysteme. Stuttgart, 1990 (in Druck) erhältlich bei: Dipl.-Ing. E. Kurz, Fraunhofer-Institut für Arbeitswirtschaft und Organisation, Nobelstr. 12, 7000 Stuttgart 80

[Oppermann et al., 1988] Oppermann, R. et al.: Evaluation von Dialogsystemen - Der software-ergonomische Leitfaden EVADIS. Berlin New York, 1988

[Puppe, 1985] Puppe, F.:Erfahrungen aus drei Anwendungsprojekten mit MED1. GI-Kongreß Wissensbasierte Systeme. Heidelberg Berlin New York, 1985

[Puppe, 1988] Puppe, F.: Einführung in Expertensysteme. Heidelberg Berlin New York, 1988

[Sandner & Gräble, 1990] Sandner, R.; Gräble, A.: Programmierung neuer Laufzeit-Umgebungen unter NEXPERT OBJECT. 4. Nexpert Object User Meeting. Mühlheim a.d. Ruhr, 1990

[Shortliffe, 1976] Shortliffe, E.H.: Computer Based Medical Concultations: MYCIN. Amsterdam, 1976

[Staiger & Kurz, in diesem Band] Staiger, G.; Kurz, E.: Konfiguration und Diagnose von dosiertechnischen Anlagen. IAO-IPA-Berichte Expertensysteme in Produktion und Engineering. Heidelberg Berlin New York, 1990

Teil 2

Diagnose, CAQ, Wartung, Instandhaltung

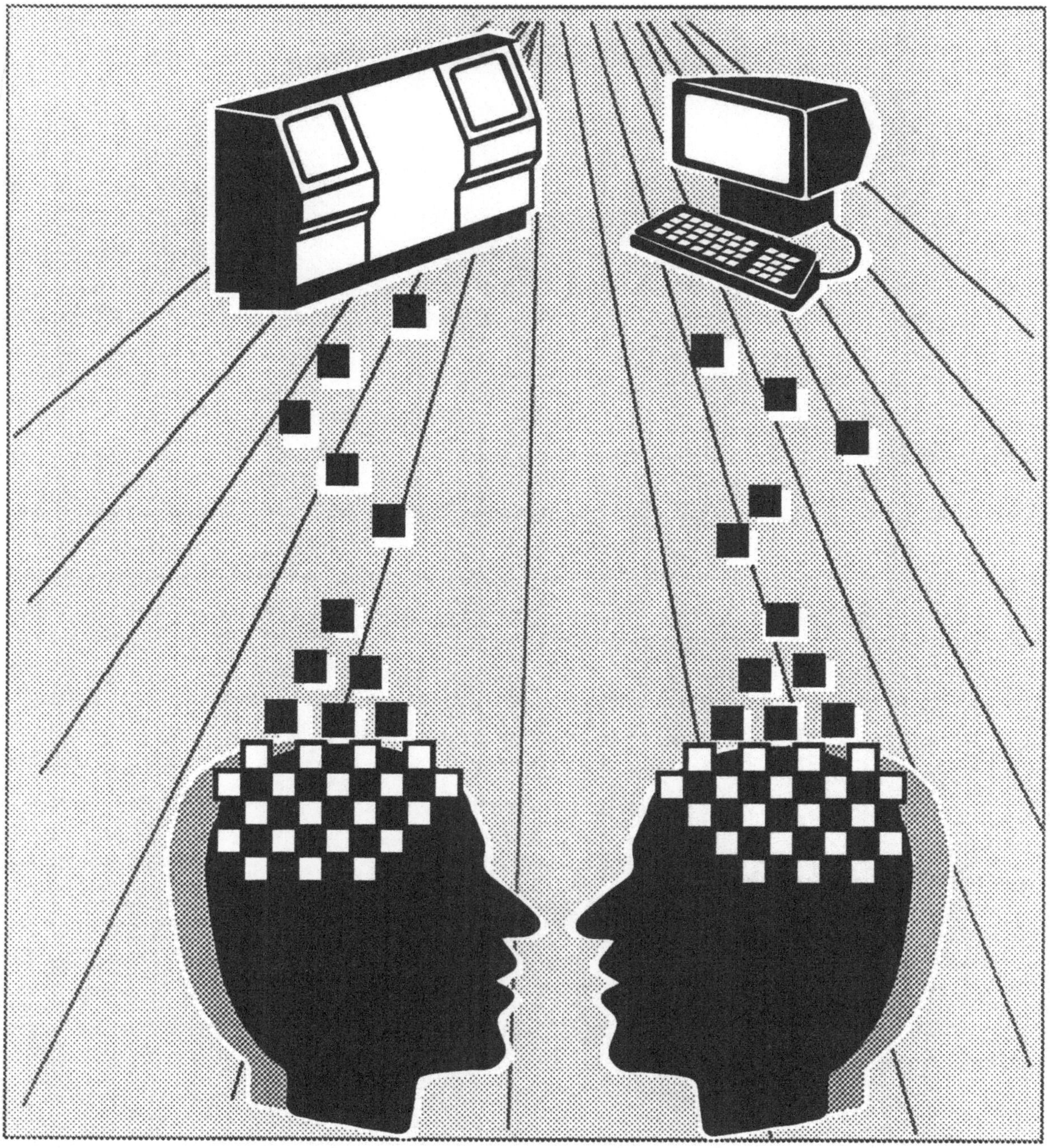

Expertensysteme und CAQ

Dr.-Ing. Hans-Joachim Held
Forschungsinstitut für anwendungsorientierte Wissensverarbeitung

Inhaltsverzeichnis

1. Ziele und Bedeutung der Qualitätssicherung und Instandhaltung

Das Ziel der computerintegrierten Fertigung (CIM) ist die Beschleunigung der Auftragsabwicklung vom Auftragseingang bis zur Auslieferung. Hierbei ist eine wesentliche Zielsetzung, die Verkürzung der Durchlaufzeit bei möglichst flexibler Fertigung. Zur Erreichung der Zielvorstellungen ist der vollständige Rechnereinsatz in allen an der Produktentstehung beteiligten Abteilungen notwendig. Die Rechnerunterstützung beginnt bei der Entwicklung und Konstruktion (CAD), erstreckt sich weiter auf die Fertigungsvorbereitung (CAP) und schließt die Produktionsplanung und -steuerung (PPS) sowie die Fertigstellung und Überwachung (CAM) mit ein.

Im Zusammenhang mit der rechnerintegrierten Produktion ist die Zielsetzung der Qualitätssicherung, den Informationskreis zwischen den einzelnen Abteilungen zu schließen (Bild 1). Kernpunkt der Überlegung ist dabei, daß die Qualitätssicherung alle während der Produktentstehung und alle während der Produktlebenszeit anfallenden Daten aufnehmen, analysieren und anderen Unternehmensbereichen zur Verfügung stellen soll. Durch die laufende Aufnahme und Analyse der Daten ist beabsichtigt, den Mitarbeitern qualitätsrelevante Informationen zur Verfügung zu stellen, die für die vorhandenen Schwachstellen des Produktes oder des Produktionsprozesses verantwortlich sind. Der Aufbau derartiger abteilungsüberschreitender Qualitätsregelkreise wird seit einiger Zeit diskutiert, jedoch existieren gewaltige Schwierigkeiten bei der Umsetzung /PfHe 85/.

Im Rahmen der CIM-Philosophie ist es die Aufgabe der Instandhaltung, die technische Zuverlässigkeit und Verfügbarkeit moderner Produktionseinrichtungen sicherzustellen. Die Zielvorstellungen der rechnerintegrierten Instandhaltung gehen von einer automatisierten Planung, Ausführung und Kontrolle der Instandhaltungsaktivitäten mit anderen Unternehmensbereichen aus (Bild 2). Die Realisierung derartiger interdependenter Informationsbeziehungen und -abhängigkeiten ist derzeit nur teilweise - vor allem in der Massenfertigung - verwirklicht. Gleichwohl ist die wirtschaftliche Bedeutung der rechnergestützten Instandhaltung vor dem Hintergrund des wachsenden Umweltbewußtseins und der stark verketteten und getakteten Produktionsanlagen unbestritten. Bereits heute werden erhebliche Anstrengungen unternommen, rechnergestützte Überwachungs-, Diagnose- und

Fehlerfrühwarnsysteme in eine Anlage zu integrieren, um ungeplante Stillstände zu vermeiden.

Die in den meisten Betrieben getrennten Abteilungen Qualitätssicherung und Instandhaltung weisen eine Reihe von Gemeinsamkeiten auf. Zwar stehen im Rahmen der Qualitätssicherung die gefertigten Produkte und im Rahmen der Instandhaltung die Maschinen im Vordergrund, doch ist leicht einzusehen, daß zwischen der Produktqualität und der Maschinenzuverlässigkeit eine Reihe von Abhängigkeiten existiert. Es ist ein bekannter Sachverhalt, daß bei schlechten Maschinen die Produktqualität durch einen erhöhten Prüfaufwand oder Nacharbeit teuer erkauft werden muß.

Seit Einführung der Qualitätssystemrichtlinie Q 101 im Frühjahr 1985 und den damit verbundenen Forderungen eines beherrschten Fertigungsprozesses sind die Ziele der Qualitätssicherung und Instandhaltung noch näher zusammengerückt. Die statistische Prozeßregelung (SPC-Statistical Process Control) basiert auf der Erkenntnis, daß eine massive Erhöhung der Fehlerverhütungskosten mittel- und langfristig eine Verringerung der Fehlerkosten zur Folge hat. Hierbei geht man von der Überlegung aus, daß die vermehrten Fehlerverhütungsmaßnahmen zunächst die Herstellkosten ansteigen lassen. Man erwartet aber, daß mit einem gewissen Zeitverzug die internen Qualitätskosten (Ausschuß) und vor allem die externen Qualitätskosten (Reklamation) abnehmen werden, so daß die gesamten Herstellkosten bei verbesserter Produktqualität sinken werden. Vor dem Hintergrund der statistischen Prozeßregelung sind verschiedene Automatisierungsstufen der beherrschten Fertigung denkbar, die in Bild 3 skizziert sind.

In der ersten Entwicklungsstufe findet eine stichprobenartige Überprüfung des Fertigungsprozesses statt, wobei der Grad der Prozeßbeherrschung in Form einer Qualitätsregelkarte mit den entsprechenden Kennwerten direkt auf einem Bildschirm angezeigt wird.

Auf der zweiten Automatisierungsstufe wird der Regelkreis zwischen Maschine und Prüfstand geschlossen. Die direkte automatische Korrekturdatenrückführung von der Prüfstation zur CNC-Steuerung ist erst in wenigen Fällen realisiert worden.

Parallel zu den Bemühungen, den Maschinenregelkreis zu automatisieren, können Bestrebungen festgestellt werden, die durch die Prüfeinrichtung aufgenommenen Daten an ein übergeordnetes Qualitätssicherungssystem weiterzuleiten und dort auszuwerten (3. Stufe).

Fertigungsbegleitende Qualitätsprüfungen sind sicherlich dann optimal gelöst, wenn die in der Prüfeinrichtung aufgenommenen Daten gleichzeitig zur Schwachstellenanalyse verwendet werden. Eine zweifelsohne hohe Automatisierungsstufe ist erreicht, wenn die anfallenden Daten, ergänzt durch Zustandsinformationen aus der CNC-Steuerung, zur Fehlerursachenbestimmung bei Maschinenausfall verwendet werden (4. Stufe).

In diesem Beitrag werden zunächst die Begriffe und die Charakteristika der Bereiche Qualiätssicherung und Instandhaltung erläutert. Auf dieser Basis werden Gemeinsamkeiten zwischen den Aufgaben der Qualitätssicherung und Instandhaltung aufgezeigt. Abschließend wird an einem realisierten Prototypen ein möglicher Ansatz zur Verfügbarkeitssteigerung einer Produktionseinheit bei gleichzeitiger Überwachung der Produktqualität vorgestellt.

2. Rechnergestützte Qualitätssicherung

In den letzten fünf Jahren hat sich die Rechnerunterstützung in der Qualitätssicherung enorm verändert. In den Anfängen der rechnergestützten Qualitätssicherung wurden vornehmlich fertigungsnahe Meß- und Prüfeinrichtungen aufgebaut. Bei einer Anfang 1988 durchgeführten Bestandsaufnahme derzeitig eingesetzter rechnergestützter CAQ-Bausteine wurde die Problematik eines fehlenden, übergeordneten Qualitätssicherungsleitrechners deutlich. Bei den in Bild 4 skizzierten Einsatzschwerpunkten rechnergestützter CAQ-Bausteine sind Massenfertigungen komplexer Produkte (z. B. Lichtmaschinen und Verbrennungsmotoren) analysiert worden. Typische rechnerunterstützte Lösungen sind vor allem im Wareneingang, bei der fertigungs- und der montagebegleitenden Prüfung sowie bei der Endprüfung zu finden.

Die steigende Leistungsfähigkeit heutiger Personalcomputersysteme bietet leichte Einstiegsmöglichkeiten für unterschiedlichste CAQ-Funktionen, angefangen von der Prüfplanerstellung über die statistische Prozeßregelung bis hin zur EDV-gestützten Auswertung der Meßergebnisse. Ein weiteres wichtiges Kriterium ist die Forderung einer relativ problemlosen Anbindung an Netzwerke (z. B. Ethernet oder Token Ring).

Von seiten der Hersteller wird heutzutage bereits eine Vielzahl von Netzwerken angeboten (Bild 5), die auf zunehmend standardisierten Datenaustauschverfahren (Bild 6) basieren. Damit sind die EDV-technischen Voraussetzungen gegeben, eine rechnergestützte Qualitätssicherung auf breiter Basis einzuführen.

In der Zukunft werden verstärkt PC-Netzwerke eingesetzt werden, die die klassischen Aufgaben der Qualitätssicherung, Prüfplanung, Prüfausführung und Prüfdatenverarbeitung auf unterschiedlichen Personalcomputern auf der Basis ausbaufähiger, lokaler Netze (LAN) und umfangreicher Datenbanken bewerkstelligen (Bild 7). Derartige Qualitätssicherungssysteme erstrecken sich nicht nur auf eine Abteilung oder Halle, sondern über alle technischen Bereiche des Unternehmens. Von großem Vorteil dürften an dieser Stelle modulare Qualitätssicherungssysteme sein, die zwar autark die einzelnen Funktionen abdecken, die aber bereits die notwendigen Schnittstellen zur Kommunikation aufweisen.

Eine recht treffende Definition für die integrierte Qualitätssicherung hat die Hottinger-Baldwin-Meßtechnik GmbH aufgestellt. Sie definiert CAQ in CIM als:

"Qualitätsorientiertes Zusammenwirken aller rechnergestützten Anwendungen mit dem Ziel, in den verschiedenen Phasen der Produktentstehung für die Qualitätsfähigkeit konform zu den Anforderungen der DIN ISO 9001 zu sorgen" /Lief 89/.

Diese Definition verdeutlicht den Querschnittcharakter der Qualitätssicherung. Sie muß auf alle die Produktentstehungsphasen betreffenden Bereiche einwirken, denn die Qualitätssicherung ist die Aufgabe aller Mitarbeiter und nicht nur die des Qualitätswesens. Die Planung dieser integrierten Qualitätssicherung basiert auf dem Qualitätssicherungs-Handbuch der Firma und der DIN ISO 9000-Reihe. In Bild 8 werden die die Produktphasen begleitenden CAQ-Elemente und die zusätzlichen phasenbezogenen CAQ-Funktionen deutlich.

Die wesentliche Stärke dieser Vorgehensweise liegt in der Unterstützung und Koordination der Aufgaben in den verschiedenen Phasen der Produktentstehung. Das System basiert auf der offenen Datenbank ADABAS. Alle CAQ-Elemente benutzen hierbei für ihre speziellen Aufgaben die notwendigen ADABAS-Dateien, wie z. B. Teilestamm oder aber Arbeitspläne.

3. Rechnergestützte Instandhaltung

Die Instandhaltung ist nach DIN 31051 definiert als die Summe aller Maßnahmen zur Feststellung, Erhaltung und Wiederherstellung des Anlagenzustandes. Die Instandhaltung gliedert sich weiter in die Inspektion, Wartung und Instandsetzung (Bild 9).

Die Aufgabe der Instandhaltung kann mit dem Ziel umschrieben werden, die Verfügbarkeit der Anlagen mit vertretbarem Aufwand zu erhöhen. Insbesondere setzt sich die Instandhaltung mit Verschleiß- und Abnutzungserscheinungen von Betriebsmitteln auseinander, die während der Betriebszeit zwangsläufig auftreten. Die Instandhaltung geht davon aus, daß jedes Bauteil oder jede Baugruppe eines Fertigungsmittels einen gewissen Abnutzungsvorrat beinhaltet, ehe es seine Funktion nicht mehr erfüllen kann. Unter Abnutzungsvorrat ist nach DIN 31051 "die Vorratsmenge an Funktionserfüllung unter festgelegten Bedingungen, die einer Betrachtungseinheit durch Herstellung innewohnt," zu verstehen (Bild 10).

Im Laufe der Zeit nimmt dieser Abnutzungsvorrat kontinuierlich ab, bis die Schadensgrenze erreicht ist und letztlich ein Ausfall des Fertigungsmittels zu verzeichnen ist. Durch Wartung kann die Verminderung des Abnutzungsvorrates verzögert werden. Im Rahmen der Inspektion wird der momentane Zustand des Abnutzungsvorrates festgestellt und beurteilt. Die Aufgabe der Instandsetzung ist nun die Wiederherstellung des ursprünglichen Soll-Zustandes.

In der Praxis unterscheidet man im wesentlichen drei Instandhaltungsstrategien (Bild 11):

* störungsabhängige Instandhaltung,
* zeitabhängige Instandhaltung und

* zustandsabhängige Instandhaltung.

Viel häufiger als gemeinhin angenommen, wird noch die störungsabhängige Instandhaltung eingesetzt. Bei dieser auch als Feuerwehraktion bekannten Strategie wird der Zeitpunkt des Ausfalls abgewartet, um danach entsprechende Instandhaltungsaktionen einzuleiten. Diese Strategie hat ihre Berechtigung in den Fällen, wo die schadensbedingten Instandsetzungskosten kleiner sind als die Summe der vorbeugenden Instandhaltungs- und Ausfallfolgekosten. Vielfach handelt es sich aber auch um Zufallsausfälle, die sich nicht vorher ankündigen.

Bei der zeitabhängigen Instandhaltung wird der Zustand des Betriebsmittels in fest vorgegebenen Zeitintervallen erfaßt. Daraus resultiert einerseits eine einfache Handhabung, aber andererseits auch die Gefahr, daß ein Bauteil zu früh ausgetauscht wird.

Die zustandsabhängige Instandhaltung ist nach dem heutigen Stand der Erkenntnis die effektivste Instandhaltungsstrategie. Durch die permanente, automatisierte Inspektion wird ein Austausch von Bauteilen erst unmittelbar vor dem Abnutzungsvorrat notwendig. Allerdings muß auch gesagt werden, daß heutzutage noch die geeignete Sensorik fehlt. Viele wichtige Einflußgrößen können noch nicht direkt gemessen werden. Neben den fehlenden Sensoren ist das unzureichende Wissen über das Ausfallverhalten von Maschinenteilen oder Betriebsmitteln ein weiteres Grundproblem. Die genaue Beschreibung des Abnutzungsvorrates ist selbst mit Hilfe langer Beobachtungsreihen und halbempirischer Aussagen über das Verhalten auf einen kleinen Teil von Verschleißteilen beschränkt. Auch die Ergebnisse von Lebensdaueruntersuchungen weisen eine so starke Streubreite auf, daß sie für den Einsatz innerhalb bisheriger Instandhaltungsmodelle nicht geeignet sind.

Die Möglichkeiten der zustandsabhängigen Instandhaltung sollen nachfolgend am Beispiel der Zustandsüberwachung von Wälzlagern erläutert werden. Für die Beurteilung des Laufzustandes eines Lagers wird der maximal zulässige Schwingungspegel ermittelt. In der VDI-Richtlinie 2056 bzw. der identischen ISO-Norm 2372 sind die zulässigen Schwingungspegel aufgeführt (Bild 12).

Durch die Beurteilungsstufen in der VDI-Richtlinie erhält man eine qualitative gut-schlecht-Aussage. Allerdings erfährt man noch nichts über die eigentliche Fehlerursache. Umfangreiche Forschungsarbeiten lassen mittlerweile eine Fehlerursachenanalyse an Maschinen mittels der Frequenzanalyse möglich erscheinen. Aufgrund einfacher Beziehungen, die im wesentlichen aus langwierigen empirischen Versuchen hervorgegangen sind, ist nun eine Zuordnung zwischen spektraler Komponente und Maschinenbauteil möglich (Bild 13).

Heutzutage liegt der Schwerpunkt der Instandhaltungsaktivitäten bei der störungsbedingten Instandhaltung (ca. 90 %). Präventive Maßnahmen nehmen nur einen Anteil von ca. 10 % ein, wobei die zustandsabhängige Instandhaltung ca. 2 % ausmacht (Bild 14). Diese Zahlen sind Schätzwerte, die aus Gesprächen mit vielen Spezialisten stammen. In den nächsten Jahren werden sich deutliche Veränderungen ergeben. Die größten Zuwachsraten sind im Bereich der zeitabhängigen Instandhaltung zu erwarten (insgesamt ca. 40 %). Aufgrund heutzutage noch bestehender technischer Schwierigkeiten und der hohen Kosten wird die zustandsabhängige Instandhaltung lediglich auf einen Prozentsatz von ca. 10 % anwachsen, während die störungsbedingte Instandhaltung auf einen Anteil von ca. 50 % zurückfallen wird.

Betrachtet man die Vielzahl der Informationsbeziehungen in einem Unternehmen, so ist die Instandhaltung besonders eng verzahnt mit der Arbeitsvorbereitung, der Fertigungssteuerung und der Produktion. Die zwischen diesen Produktionsbereichen zu fordernden Informationsbeziehungen und die ideale Realisierung der Aufgabenverteilung sind in Bild 15 skizziert. Die Wechsel-beziehungen zwischen den Abteilungen Arbeitsvorbereitung, Fertigungssteuerung und Produktion umfassen nicht nur die Planung und Ausführung der Instandhaltungsmaßnahmen (vorbeugende Instand-haltung), sondern schließen insbesondere die Rückführung der erfaßten und ausgewerteten Informationen mit ein.

In der Arbeitsvorbereitung sind in Analogie zu der Arbeitsplanung entsprechende Instandhaltungspläne bereitzustellen, die wie ganz normale Arbeitsgänge von der Arbeitssteuerung in die operative Ebene eingespeist werden. Gerade im Rahmen der vorbeugenden Instandhaltung können Wartungs-, Inspektions- oder vorbeugende Instandsetzungsarbeiten in unproduktiven Stillstandszeiten der Maschine durchgeführt werden. Die Maschinenbediener sind anzuleiten, daß sie eine möglichst genaue Fehlerdokumentation der Maschine führen. Aufgabe der Instandhaltung ist es nun, entsprechende Fehlerstatistiken zu erstellen und daraus Schwachstellen abzuleiten. Nach erfolgter Auswertung ist es wünschenswert, den informationstechnischen Regelkreis zu schließen, d.h. die festgestellten Schwachstellen innerhalb des Produktionsprozesses, auch der Arbeitsvorbereitung und der Arbeitssteuerung unmittelbar zur Verfügung zu stellen.

Die vorwärts gerichtete Verkettung von der Arbeitsvorbereitung über die Arbeitssteuerung bis hin zur Instandhaltung ist Gegenstand verschiedener Forschungstätigkeiten. Am FAW wird derzeit im Rahmen des Projekts "Wissensbasierte Werkstattsteuerung" ebenfalls an der Integration von Instandhaltungsaufträgen in die Arbeitssteuerung gearbeitet /Held 90/.

4. Maschinennahe Verfügbarkeitssteigerung

Von seiten der Anwender werden verstärkt Diagnose- und Überwachungssysteme gefordert, die in oder unmittelbar an der Maschine aufgestellt werden. Die Idealvorstellung der Anwender geht von einem geschlossenen Regelkreis zwischen den Fertigungseinheiten und den Diagnoseeinrichtungen aus, so daß beim Auftreten einer Störung die entsprechende Korrektur in der Maschine selbst eingeleitet werden kann. Eine weit in die Zukunft gerichtete Vorstellung der Anwender sieht eine Aufteilung der Gesamtproduktionsanlage in autonome, sich selbst überwachende Teilbereiche vor.

Zum Aufbau der dringend geforderten Diagnosesysteme müssen daher neue Wege beschritten werden. Eine Möglichkeit scheint in der konsequenten Anwendung wissensbasierter Methoden und Techniken zu liegen. In Bild 16 sind mögliche Informationsquellen, die aus einer Maschine herausgeführt werden können, exemplarisch skizziert. Eine wesentliche Informationsquelle stellt die NC-Steuerung dar. Aber auch aus externen Geräten, wie beispielsweise einem Maschinenüberwachungsystem, können geeignete Daten herausgefiltert werden. Von ausschlaggebender Bedeutung ist jedoch das menschliche Erfahrungswissen, das ebenfalls in das Diagnosesystem zu integrieren ist. Ziel der verschiedenen maschinenabhängigen und maschinenunabhängigen Daten ist der Aufbau eines komplexen Datenmodells, mit dessen Hilfe der Fehlerort und die Fehlerursache schnell und sicher bestimmt werden kann. Mit der genauen Bestimmung der Fehlerursache ist es meistenteils auch möglich, konkrete Instandhaltungsmaßnahmen einzuleiten.

Bei den Automatisierungs- und Rationalisierungsbemühungen geht die Qualitätssicherung im wesentlichen von dem Produkt aus. Es sind bereits Meßsteuerungen aufgebaut worden, bei denen in Abhängigkeit von den gemessenen Geometriedaten des gefertigten Produktes Informationen zu den Bearbeitungsmaschinen zurückfließen und die Bearbeitungsparameter einstellen. Es liegt nun nahe, diesen Informationskreislauf auch weiter auszunutzen im Hinblick auf eine Fehlerursachenanalyse. Sollten sich also während des Bearbeitungsprozesses die Geometriemaße verändern, dann ist es wünschenswert, daraus auf mögliche Fehlerursachen innerhalb des Produktionsmittels zu schließen /Held 88/.

Zur Verifikation dieser Idee ist die verkettete Fertigung einer Schraube gewählt worden (Bild 17). Die betrachtete Schraube wird auf einer komplexen Fertigungsmaschine in hoher Stückzahl produziert (160 Schrauben / Minute). Abgesehen von der Längenkontrolle des Rohmaterials nach dem Abtrennen vom Bund findet keine weitere produktbezogene Überwachung des Bearbeitungsprozesses statt. In der Praxis war immer wieder zu beobachten, daß ein erfahrener Maschinenbediener durchaus in der Lage ist, anhand der Fehlerausprägung an der Schraube auf eine Fehlerursache innerhalb der Maschine zu schließen. Um dieses fachspezifische Wissen zu objektivieren und auf breiter Basis einsetzen zu können, mußte Wissen über das Produkt und die Maschine in das Fehleranalysesystem integriert werden.

Ausgehend von einer hierarchischen Strukturierung der Bearbeitungsmaschine in Funktionseinheiten, Baugruppen und Unterbaugruppen mußte analysiert werden, welche Baugruppen für die Geometrie des Produktes verantwortlich waren. Es wurde ein hierarchischer Fehlerbaum entwickelt, der die Zusammenhänge zwischen den Funktionseinheiten und den Fehlerwirkungen am Produkt sowie den Fehlerursachen innerhalb der Maschine beschreibt (Bild 18).

Als besonders hilfreich hat sich der Einsatz einer Fehlerursachenmatrix erwiesen (Bild 19), wobei auf der Abzisse die Fehlerwirkung und auf der Ordinate die Fehlerursachen aufgetragen sind. Bereits bei einer flüchtigen Betrachtung zeigt sich deutlich, daß einzelne Maschinenteile die Geometrie der Schraube erheblich beeinflussen. Ferner ist zu erkennen, daß für die Geometrie eines bestimmten Merkmals meist mehrere Komponenten der Maschine verantwortlich sind. Darüber hinaus belegt der Ausschnitt der Beziehungen zwischen Fehlerwirkungen und Fehlerursachen (Bild 20) die Komplexität dieser Anwendung.

Für den Anwender gestaltet sich die Konsultation des wissensbasierten Systems in vier Schritten. In den ersten beiden Schritten kann der Anwender einen oder mehrere Fehler am Produkt genau bestimmen. Anschließend berechnet das System die wahrscheinlichste Fehlerursache, ehe es interaktiv mit dem Benutzer den möglichen Fehlerort weiter einkreist. Ist eine Fehlerursache zutreffend, dann kann eine entsprechende Reparaturanweisung, die aus dem Bedienerhandbuch der Maschine stammt, angezeigt werden (Bild 21). Sollten sich nach der ersten zutreffenden Fehlerursache die Fehlerausprägungen verändert haben, so bietet sich die Möglichkeit einer erneuten Befragung an.

Das Fehleranalysesystem besteht aus folgenden sechs Funktionsblöcken:

* der Wissenserwerbskomponente,
* der statischen Wissensbasis,
* der Konsultationskomponente,
* der Inferenzkomponente,
* der Wissensmanipulationskomponente und
* der dynamischen Wissensbasis.

Die Anordnung der Funktionsblöcke und die Interaktionen zwischen ihnen verdeutlicht die Architekturskizze (Bild 22).

Das Fehleranalysesystem weist zwei externe Schnittstellen auf: die eine zur Eingabe von Wissen und die andere zur Befragung des Systems. Beide Schnittstellen können vom Anwender bedient werden, d. h. ein Systemexperte oder Knowledge Engineer ist zur Handhabung des Systems nicht erforderlich. Der Benutzer selbst bedient sowohl

* die Wissenserwerbskomponente als auch
* die Konsultationskomponente.

Mit Hilfe der Wissenserwerbskomponente plaziert der Benutzer das Wissen in eine vorstrukturierte statische Wissensbasis. Die statische Wissenbasis enthält auf mehreren Ebenen die Beschreibungen der zu analysierenden Maschine und die Beschreibung des auf der Maschine gefertigten Produktes. In Abhängigkeit von den Ebenen des Fehlerbaumes (vgl. Bild 18) wurde für jede Ebene eine eigene Eingabemaske entwickelt. Dadurch reduziert sich die Wissenserhebung auf das Ausfüllen von Bildschirmmasken (Bild 23).

Die Funktion "Visualisieren" stellt eine graphische Variante der Informationsaufbereitung einer Wissensbasis dar (Bild 24). Hierbei sind jeweils drei Objektebenen, die identisch mit den hierarchischen Strukturierungsebenen sind, nebeneinander angeordnet.

Die gute Erklärfähigkeit einer Reparaturanweisung wird duch Bild 25 belegt, wo die Reparaturskizze des Ankuppmessers dargestellt ist.

Abschließend ist noch festzuhalten, daß der beschriebene Prototyp auf einer Apollo Domain-Workstation DN 3000 in der Programmiersprache Pascal entwickelt wurde.

5. Zusammenfassung

Die Bedeutung der Produktqualität als entscheidender Wettbewerbsfaktor wächst ständig. Die informationstechnische Infrastruktur scheint heute fähig zu sein, ein Verbundsystem einzelner CAx-Bausteine zu realisieren. Schwierig bleibt allerdings die Integration vorhandener Stand-alone-Systeme.

Die Qualitätssicherung ist bereits heute an allen Phasen des Produktentstehungszyklusses beteiligt. Das langfristige Ziel muß jedoch die Informationsverfügbarkeit an allen Orten zur richtigen Zeit sein. Hierfür sind die Voraussetzungen unterschiedlicher Netzwerke mit standardisierten Protokollen bereits erfüllt (z. B. Ethernet oder Token-Ring) oder werden in Kürze in vollem Funktionsumfang (z. B. MAP oder TOP) verfügbar sein.

Aufgrund der starken Automatisierung der Produktionsmittel rückt die Verfügbarkeit und Zuverlässigkeit der eingesetzten Maschinen und Anlagen zunehmend in den Blickpunkt des Interesses. Im Rahmen der unterschiedlichen Instandhaltungsstrategien müssen verstärkt Anstrengungen in Richtung auf eine vorbeugende Instandhaltung unternommen werden. Hierbei gilt es nicht nur die Aufbau- und die Ablauforganisation der Instandhaltung neu zu überdenken, sondern auch rechnergestützte Systeme zur effektiven Instandhaltung bereitzustellen. Im Sinne einer integrierten Instandhaltung sind die Instandhaltungsaufträge genau wie andere Arbeitsgänge zu planen und in dem festen Ablauf der Maschinenbelegung zu berücksichtigen.

Neben derartigen Verbesserungen der Informationsflüsse müssen gleichzeitig neue Wege beschritten werden, um geeignete Überwachungssysteme direkt an der Produktionsmaschine zu installieren. Aufgrund fehlender oder zu teurer Sensorlösungen wurde ein System vorgestellt, mit dem die Verfügbarkeit des Betriebsmittels gesteigert werden kann. Anhand des Beispiels der Fehlerursachenanalyse einer kaltumformenden Maschine zur Herstellung von Schrauben wurde die enge Beziehung zur Qualitätssicherung aufgezeigt. Es wäre wünschenswert, wenn diese Wechselwirkung in Zukunft verstärkt und die Aktivitäten dieser beiden Bereiche besser koordiniert werden könnten. Dies setzt jedoch ein Zusammenspiel der in der betrieblichen Praxis meistenteils autarken Abteilungen Qualitätssicherung und Instandhaltung voraus.

6. Literatur

/Fähn 88/ Fähnrich, K.-P.; Thines, M.; Groh, G.:
Einsatz von wissensbasierten Systemen in der Produktion.
Vortrag im Rahmen der Kommtech '88 vom 7. bis 10.06.1988 in Essen.

/Fisc 84/ Fischer, G.:
Künstliche Intelligenz - Zielsetzung für die Zukunft. Technische Rundschau, Nr. 43 (1984), S. 127-139.

/GrKl 89/ Gronau, N. und Klotz, M.:
Funktionale Anforderungen an eine rechnergestützte Instandhaltung.
CIM-Management Nr. 4 (1989), S. 70-76.

/HaRo 83/ Hayes-Roth, F.; Waterman, D.A. und Lenat, D.B. (Hrsg.):
Building Expert Systems. London et al.: Addison Wesley, 1983.

/Held 88/ Held, H.-J.:
Konzept und Realisierung eines wissensbasierten Fehleranalysesystems für kaltumformende Fertigungsverfahren. Düsseldorf: VDI-Verlag, 1988.

/Held 90/ Held, H.-J.; Lamatsch, A. und Plagwitz, J.: Ein Ansatz zur Fertigungsplanung und -kontrolle auf der Basis wissensbasierter Werkstattsteuerung. Angenommene Veröffentlichung in der Zeitschrift CIM-Management.

/Knau 87/ Knauer, P.:
Voraussetzungen zur Rationalisierung der betrieblichen Instandhaltung.
Manuskript der Firma Planring GmbH, Friedrichshafen.

/K+ni 84/ König, W.; Weck, M.; Eversheim, W. und Pfeifer, T.:
Automatisierte Fertigungs¸berwachung / Vortrag im Rahmen des Aachener Werkzeugmaschinenkolloquiums '84. Aachen: WZL, IPT, 1984.

/Lind 80/ Lindsay, R.K.; Buchanan, E.A. und Feigenbaum, E.A.:
Applications of Artificial Intelligence for Organic Chemistry: The Dendral Project.
New York: McGraw Hill,1980.

/Lief 89/ Liefland, R.:
QTIPS - Realisierung eines integrierten CAQ-Systems. CIM -Management Nr. 4 (1989), S. 31-34.

/PfHe 85/ Pfeifer, T. und Held, H.-J.:
Entwicklungstendenzen zur Automatisierung der Fertigungsmeßtechnik. Automatisierungstechnische Praxis, Nr. 8 (1985), S. 364-370.

/Pfei 88/ Pfeifer, T.; Held, H.-J.; Faupel, B.:
Aufbau einer Wissensbasis f¸r Fehlerdiagnosesysteme von Bearbeitungszentren. VDI-Z 130 Nr. 10 (1988), S. 94-98.

/Pupp 86/ Puppe, F.:
Expertensysteme. Informatik-Spektrum Nr. 1 (1986), S. 1-13.

/Raus 89/ Rauscher, K.:
Verfügbarkeit der Werkzeugmaschinen. Werkstattechnik 79 (1989), S. 329-332.

/Schn 85/ Schneider-Fresenius, W. u.a.:
Technische Fehlerfrühdiagnoseeinrichtungen / Hrsg. W. Schneider-Fresenius. München, Wien, Oldenburg, 1985.

/ScKü 88/ Schulte, W. und Küffner, G.:
Instandhaltungsmanagement der 90er Jahre - Praxisbewährte Methoden, Systeme und Konzepte. Frankfurter Allgemeine Zeitung GmbH, 1988.

/Tsch 85/ Tschulena, G. u. a.:
Bedarfsanalyse für technische Sensoren unter Berücksichtigung derzeit noch ungelöster Meßaufgaben im Maschinenbau. Forschungskuratorium Maschinenbau e. V. (FKM), Heft 124, 1985.

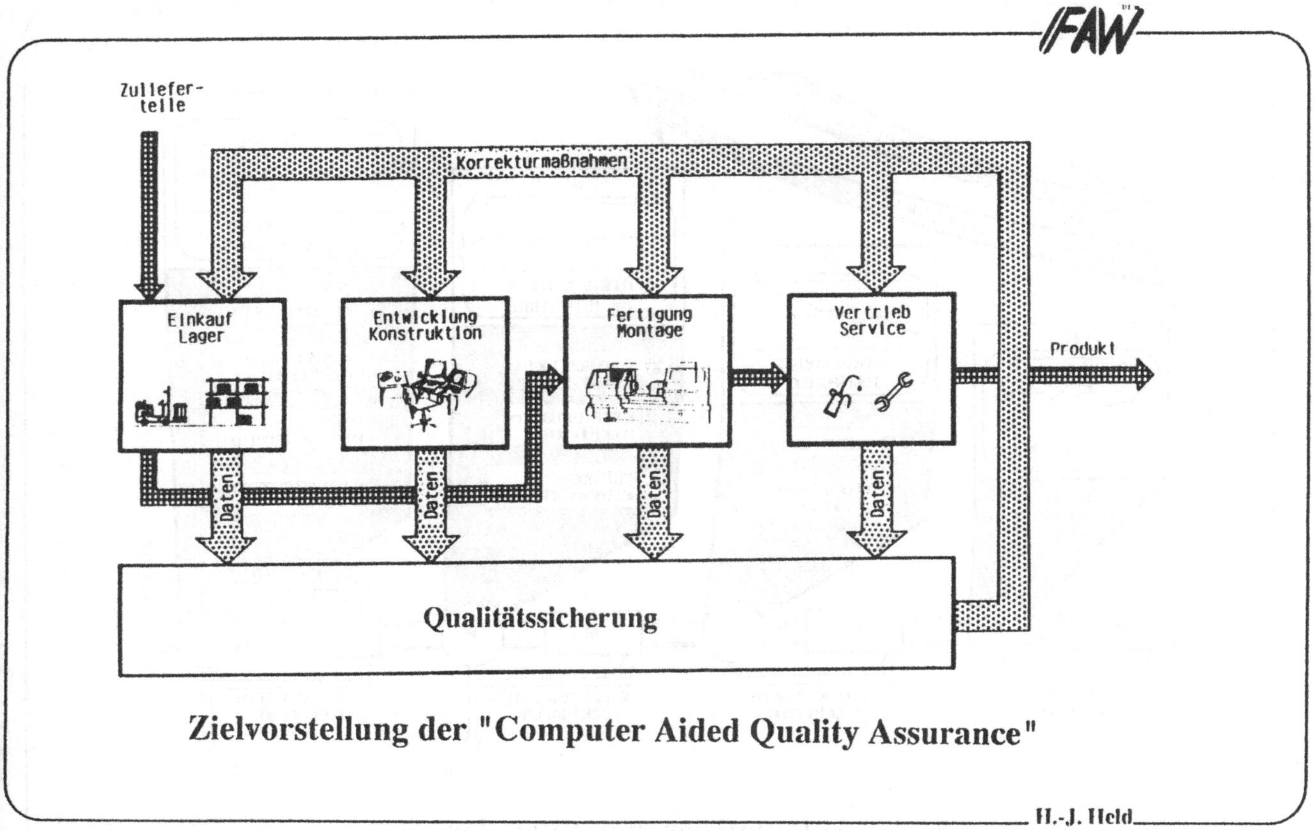
FAW
Zuliefer-
teile
Korrekturmaßnahmen
Einkauf
Lager
Entwicklung
Konstruktion
Fertigung
Montage
Vertrieb
Service
Produkt
Daten
Daten
Daten
Daten
Qualitätssicherung
Zielvorstellung der "Computer Aided Quality Assurance"
H.-J. Held

Bild 1

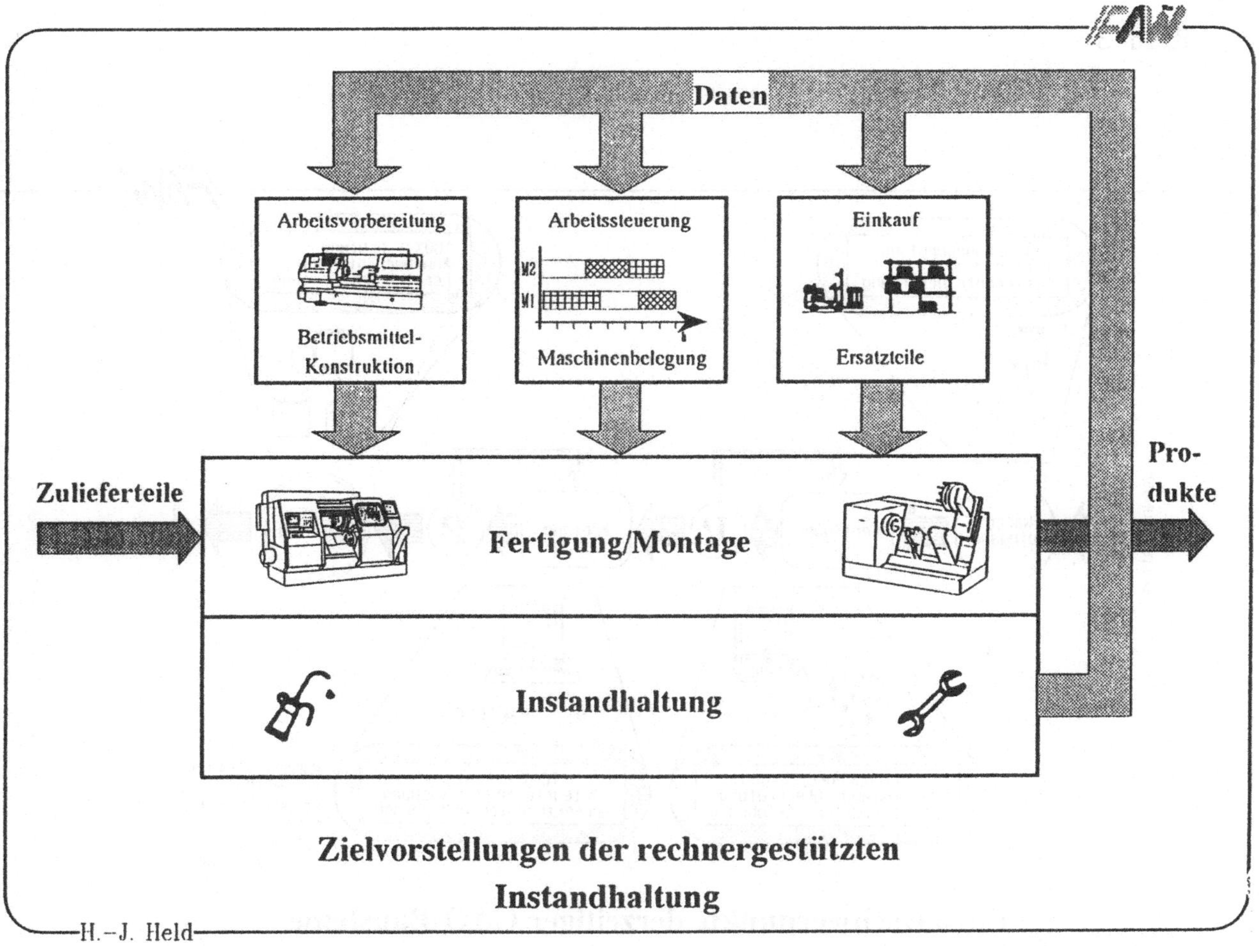
FAW
Daten
Arbeitsvorbereitung
Betriebsmittel-
Konstruktion
Arbeitssteuerung
M2
M1
Maschinenbelegung
Einkauf
Ersatzteile
Zulieferteile
Fertigung/Montage
Pro-
dukte
Instandhaltung
Zielvorstellungen der rechnergestützten
Instandhaltung
H.-J. Held

Bild 2

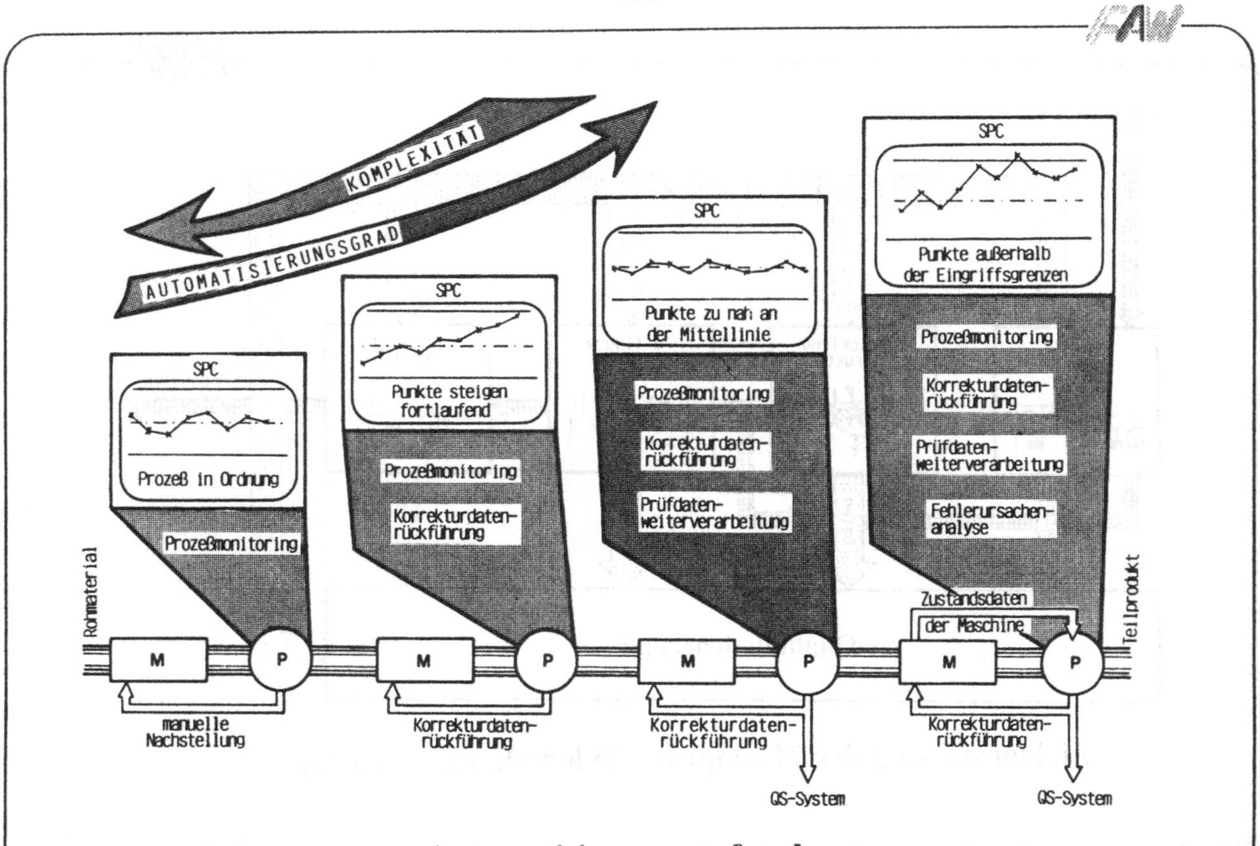

Automatisierungsstufen der beherrschten Fertigung

H.-J. Held

Bild 3

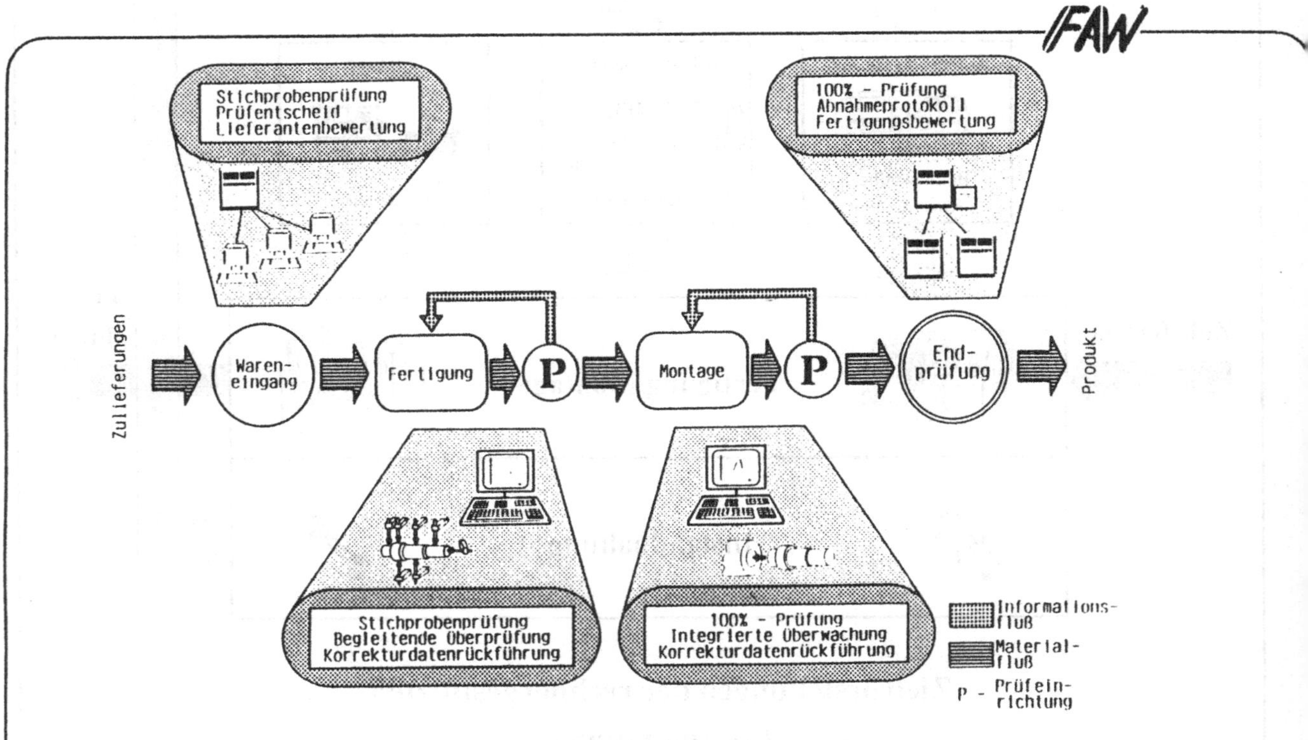

Einsatzschwerpunkte derzeitiger CAQ-Bausteine

H.-J. Held

Bild 4

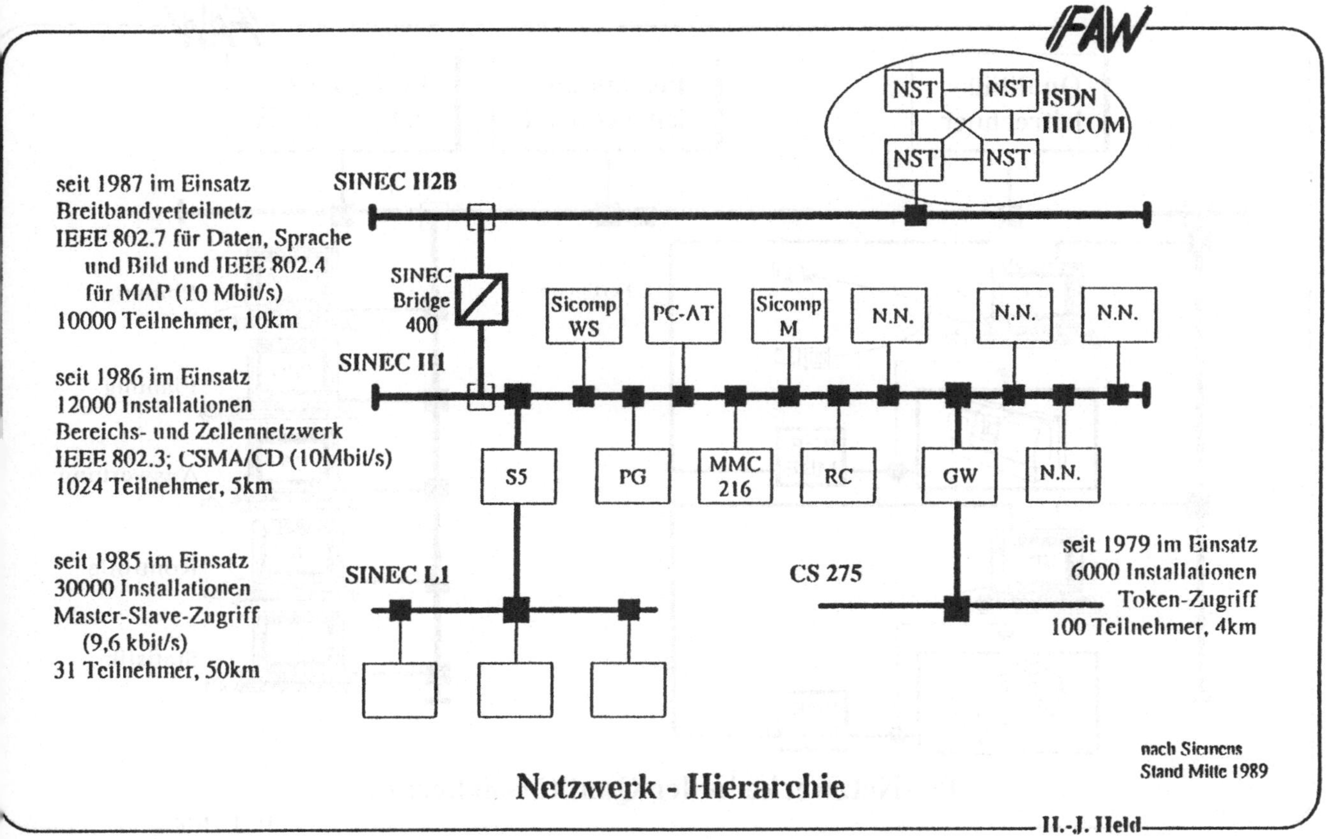
FAW
NST
NST
NST
NST
ISDN
HICOM
seit 1987 im Einsatz
Breitbandverteilnetz
IEEE 802.7 für Daten, Sprache und Bild und IEEE 802.4 für MAP (10 Mbit/s)
10000 Teilnehmer, 10km
SINEC H2B
SINEC Bridge 400
Sicomp WS
PC-AT
Sicomp M
N.N.
N.N.
N.N.
seit 1986 im Einsatz
12000 Installationen
Bereichs- und Zellennetzwerk
IEEE 802.3; CSMA/CD (10Mbit/s)
1024 Teilnehmer, 5km
SINEC H1
S5
PG
MMC 216
RC
GW
N.N.
seit 1985 im Einsatz
30000 Installationen
Master-Slave-Zugriff (9,6 kbit/s)
31 Teilnehmer, 50km
SINEC L1
CS 275
seit 1979 im Einsatz
6000 Installationen
Token-Zugriff
100 Teilnehmer, 4km
nach Siemens
Stand Mitte 1989
Netzwerk - Hierarchie
H.-J. Held

Bild 5

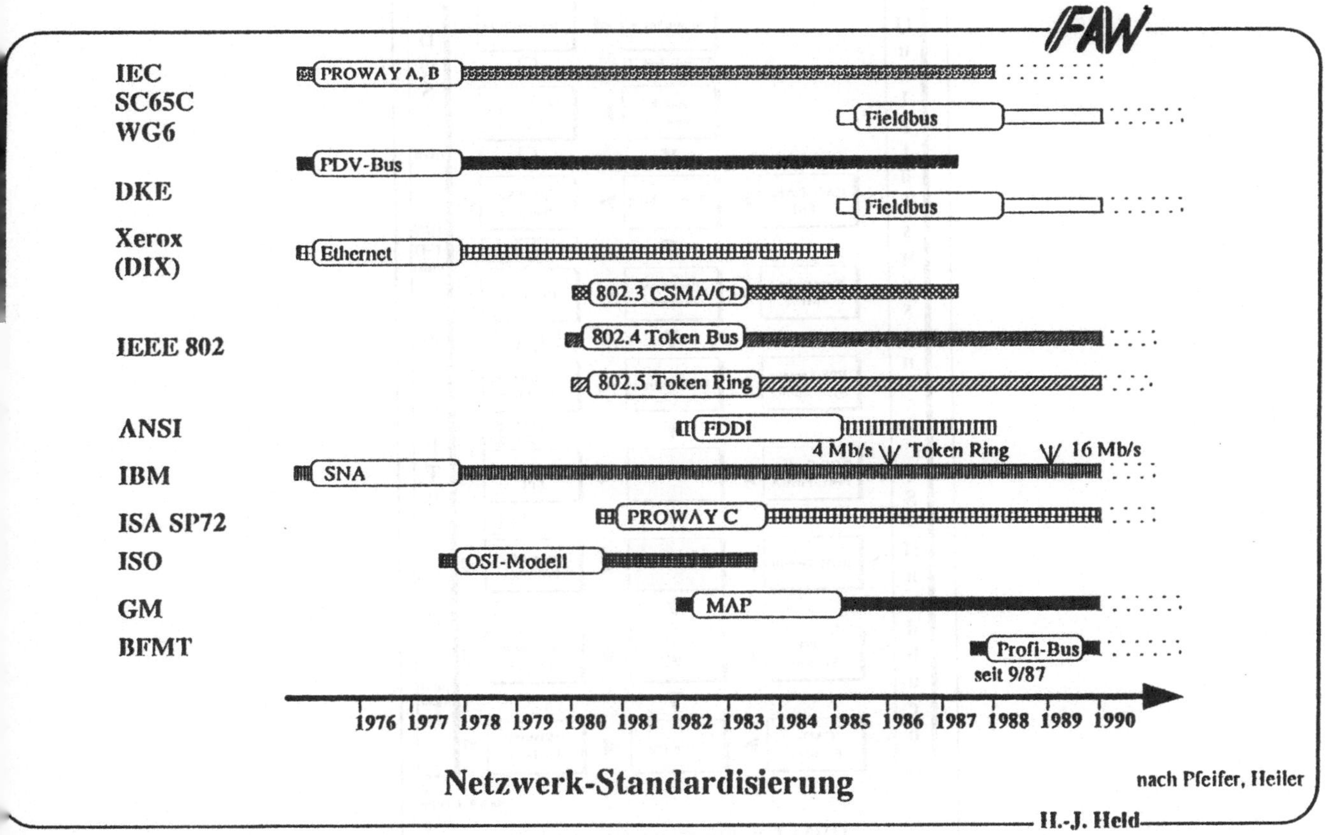
FAW
IEC SC65C WG6
PROWAY A, B
Fieldbus
PDV-Bus
DKE
Fieldbus
Xerox (DIX)
Ethernet
802.3 CSMA/CD
IEEE 802
802.4 Token Bus
802.5 Token Ring
ANSI
FDDI
4 Mb/s
Token Ring
16 Mb/s
IBM
SNA
ISA SP72
PROWAY C
ISO
OSI-Modell
GM
MAP
BFMT
Profi-Bus
seit 9/87
1976 1977 1978 1979 1980 1981 1982 1983 1984 1985 1986 1987 1988 1989 1990
Netzwerk-Standardisierung
nach Pfeifer, Heiler
H.-J. Held

Bild 6

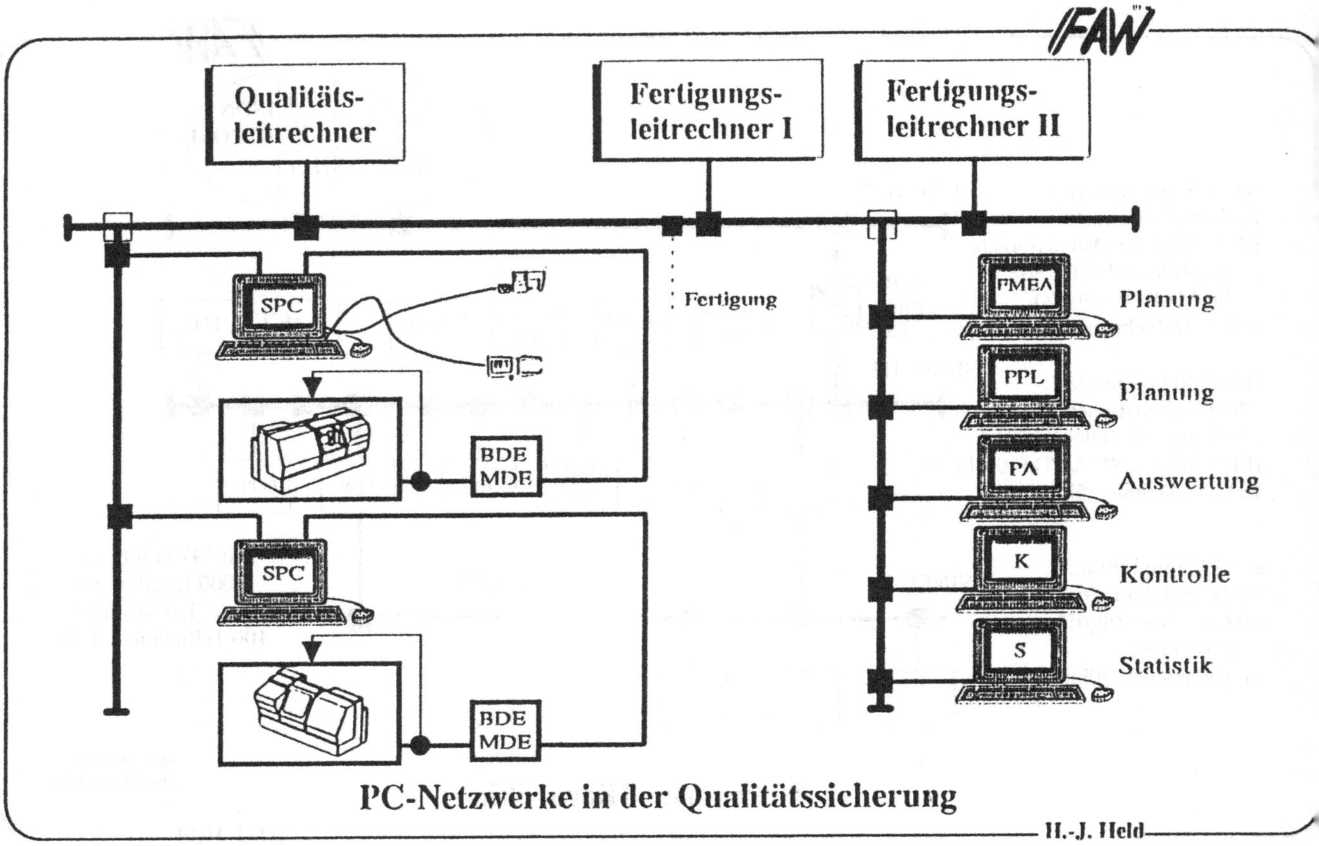
FAW
Qualitäts-leitrechner
Fertigungs-leitrechner I
Fertigungs-leitrechner II
SPC
Fertigung
BDE MDE
SPC
BDE MDE
FMEA
Planung
PPL
Planung
PA
Auswertung
K
Kontrolle
S
Statistik
PC-Netzwerke in der Qualitätssicherung
H.-J. Held

Bild 7

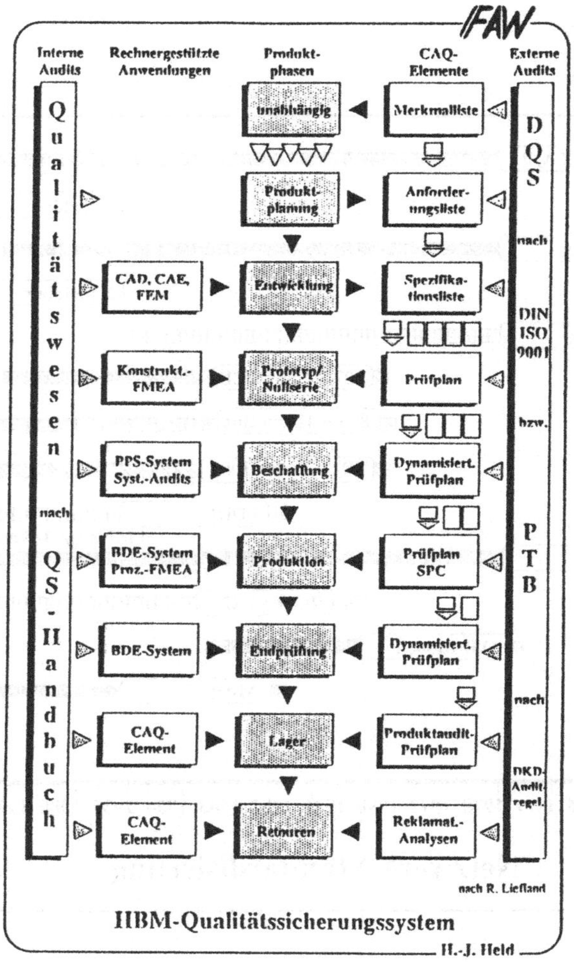
FAW
Interne Audits
Rechnergestützte Anwendungen
Produkt-phasen
CAQ-Elemente
Externe Audits
Qualitätswesen nach QS-Handbuch
unabhängig
Merkmalliste
Produkt-planung
Anforder-ungsliste
CAD, CAE, FEM
Entwicklung
Spezifika-tionsliste
Konstrukt.-FMEA
Prototyp/ Nullserie
Prüfplan
PPS-System Syst.-Audits
Beschaffung
Dynamisiert. Prüfplan
BDE-System Proz.-FMEA
Produktion
Prüfplan SPC
BDE-System
Endprüfung
Dynamisiert. Prüfplan
CAQ-Element
Lager
Produktaudit-Prüfplan
CAQ-Element
Retouren
Reklamat.-Analysen
DQS nach DIN ISO 9001 bzw. PTB nach DKD-Audit-regel.
nach R. Liefland
HBM-Qualitätssicherungssystem
H.-J. Held

Bild 8

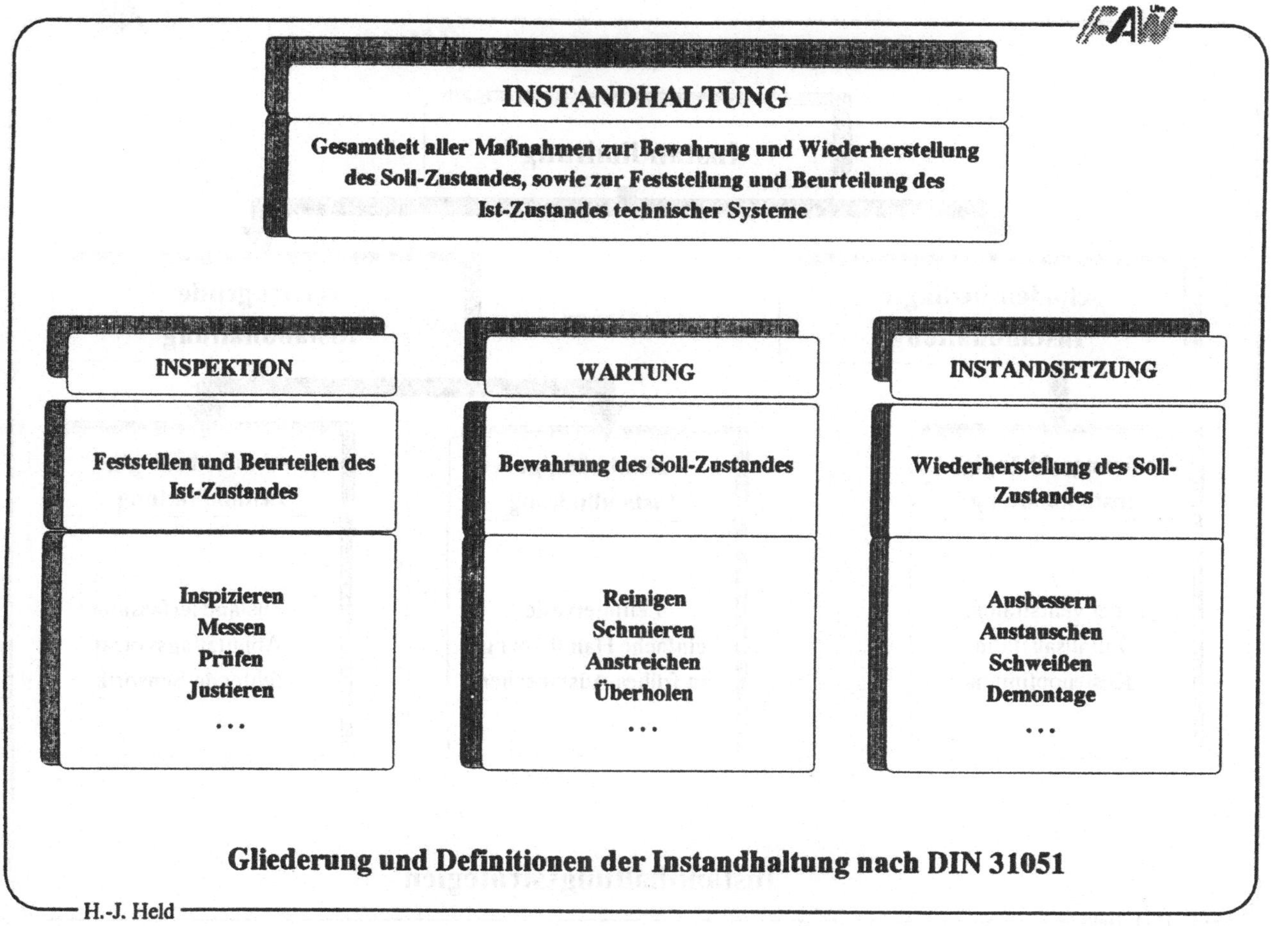

Bild 9

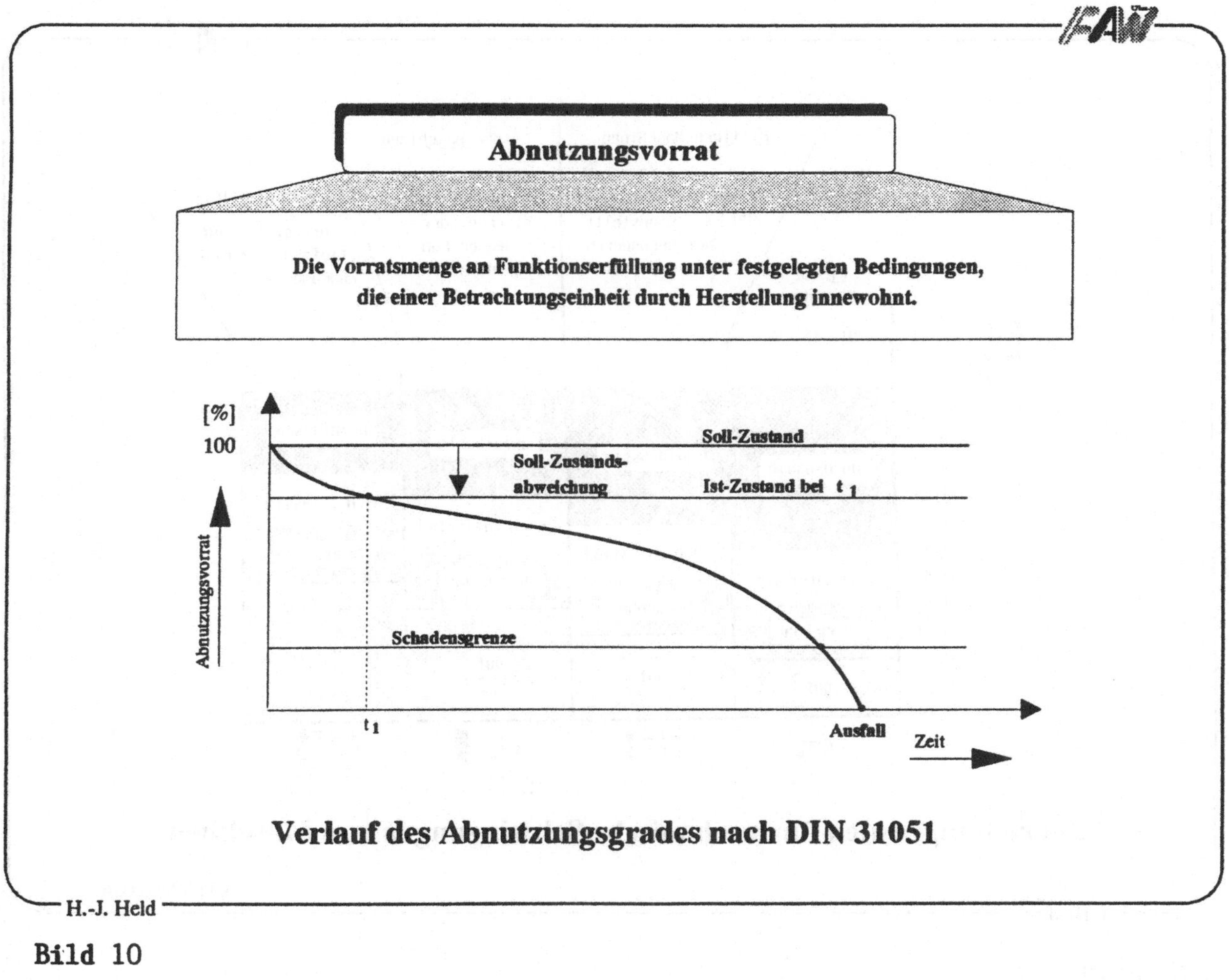

Bild 10

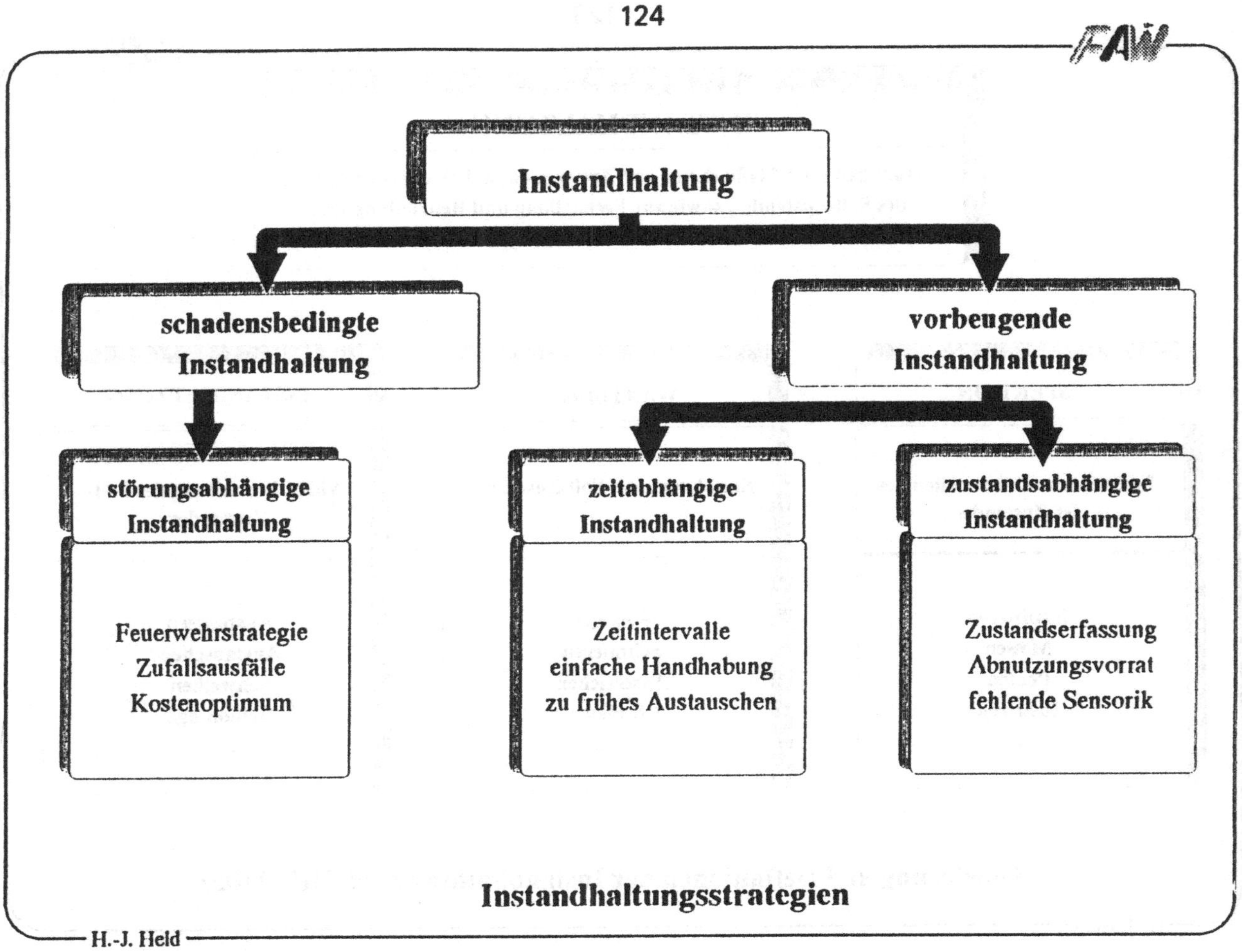

Bild 11

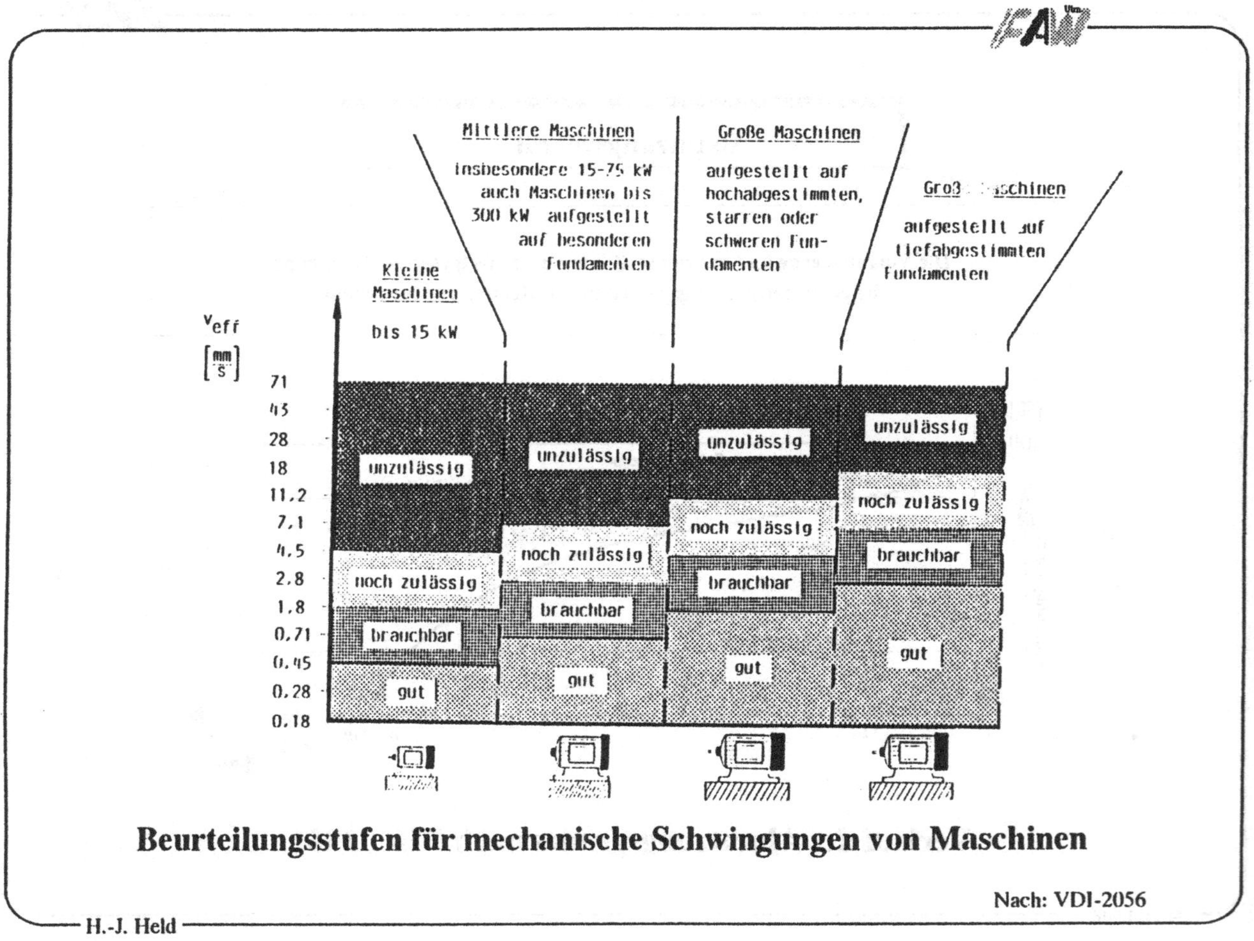

Bild 12

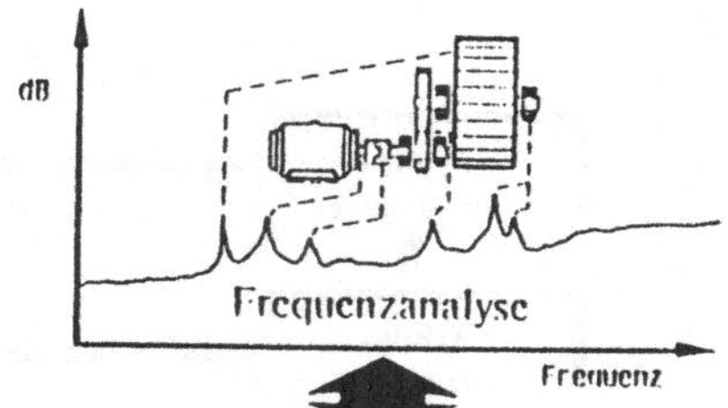

Fehlerdiagnose

Rotoren und Wellen		
Unwucht	Wellendrehzahl	häufige Ursache
Ausrichtfehler	Wellendrehzahl und Harmonische	häufige Ursache
Wälzlager		
Innenring	Stoßimpulse	Pulsfrequenz ist aus Lagergeometrie und Drehzahl berechenbar
Außenring	Stoßimpulse	
Wälzkörper	Stoßimpulse	
Gleitlager		
Öl-Whirl	0,42 - 0,48 Drehzahl	
Lagerspiel	Drehzahl u. Harmonische	
Hysterese Whirl	kritische Wellendrehzahl	
Zahnradgetriebe		
Zahnradverschleiß	Zahneingriffsfrequenz und Harmonische	Seitenbänder deuten auf Modulationen hin
--		
Magnetisch induzierte Schwingungen		
Asynchronmaschine	Poldurchgangsfrequenz (2x Netzfrequenz)	

Fehlerdiagnose mittels Frequenzanalyse

Nach: Brüel & Kjaer

H.-J. Held

Bild 13

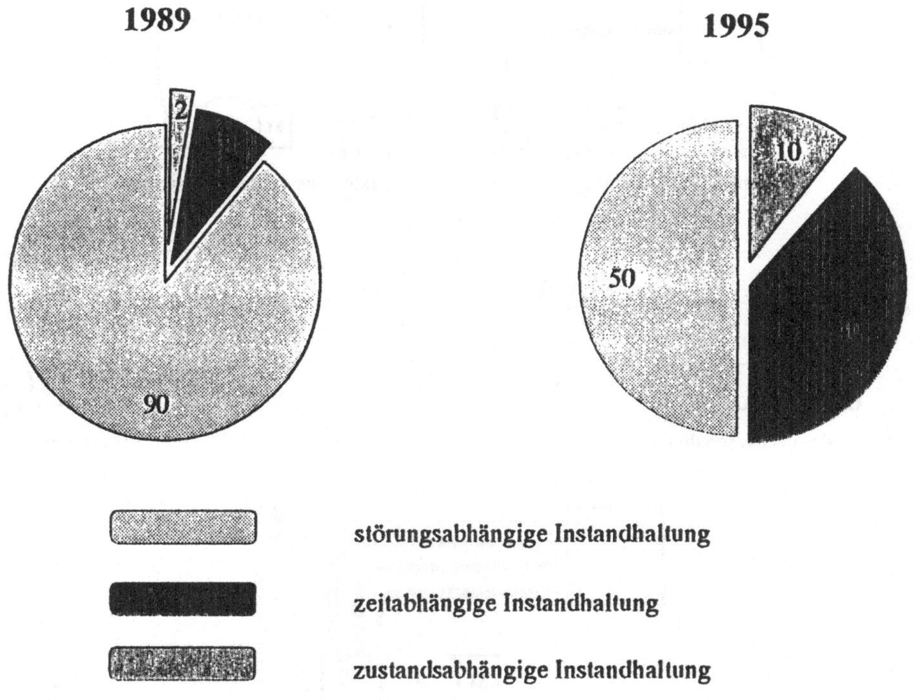

Veränderte Einsatzschwerpunkte der Instandhaltungsstrategien

H.-J. Held

Bild 14

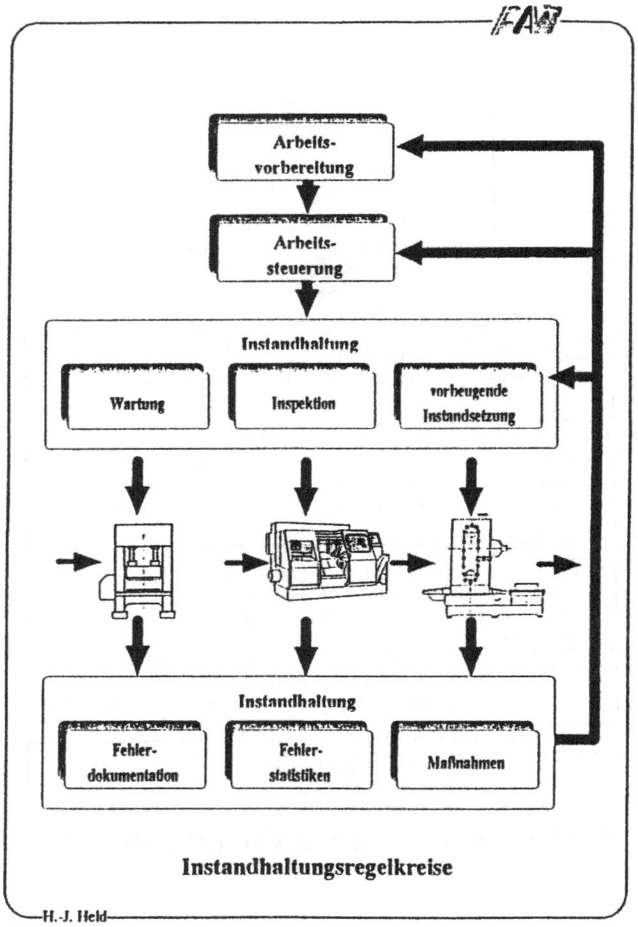

Bild 15

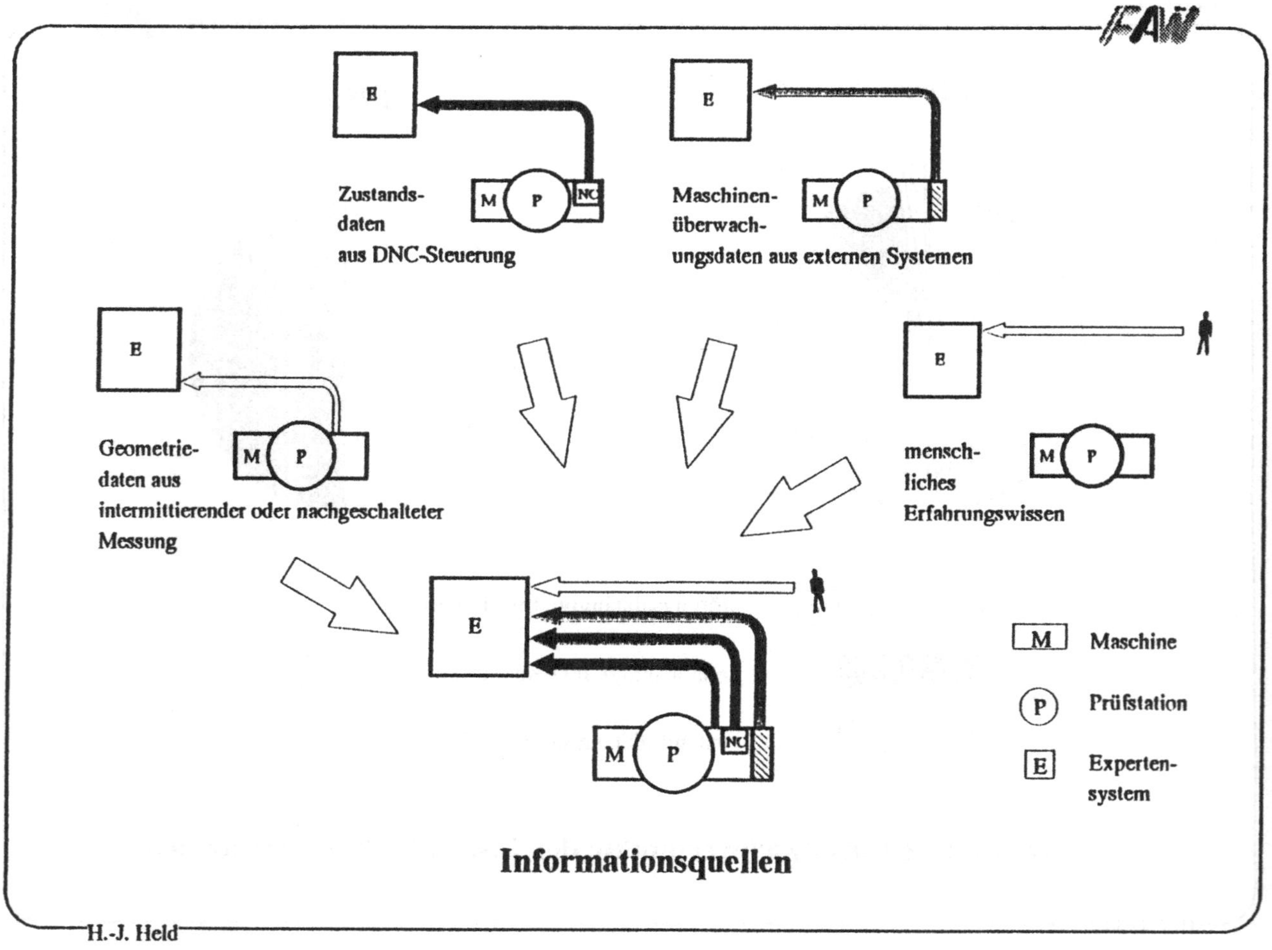

Bild 16

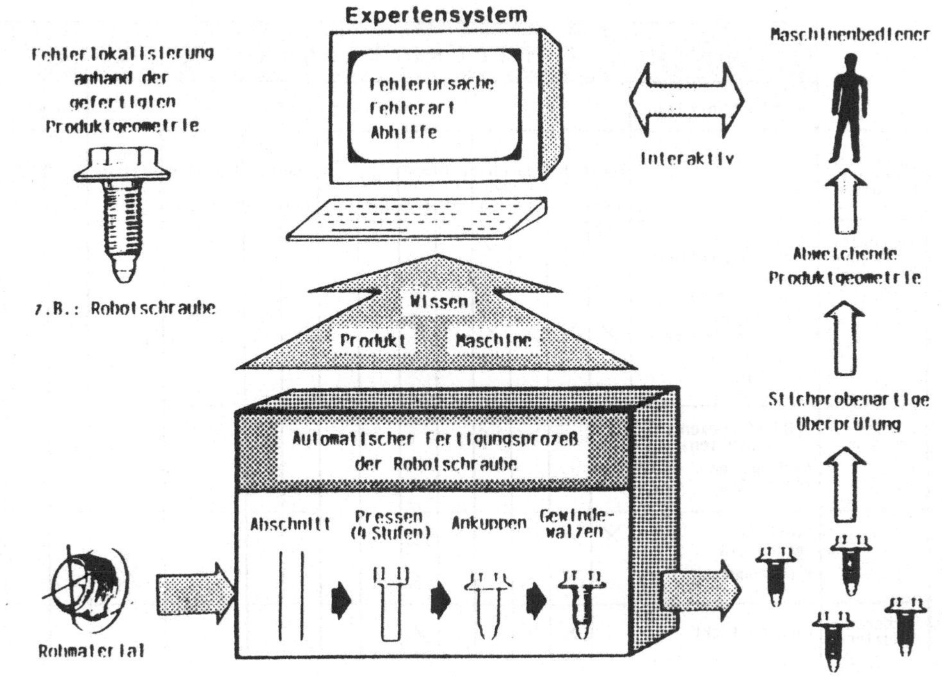

Fehlerursachen-Regelkreis auf der Basis der Produktqualität

H.-J. Held

Bild 17

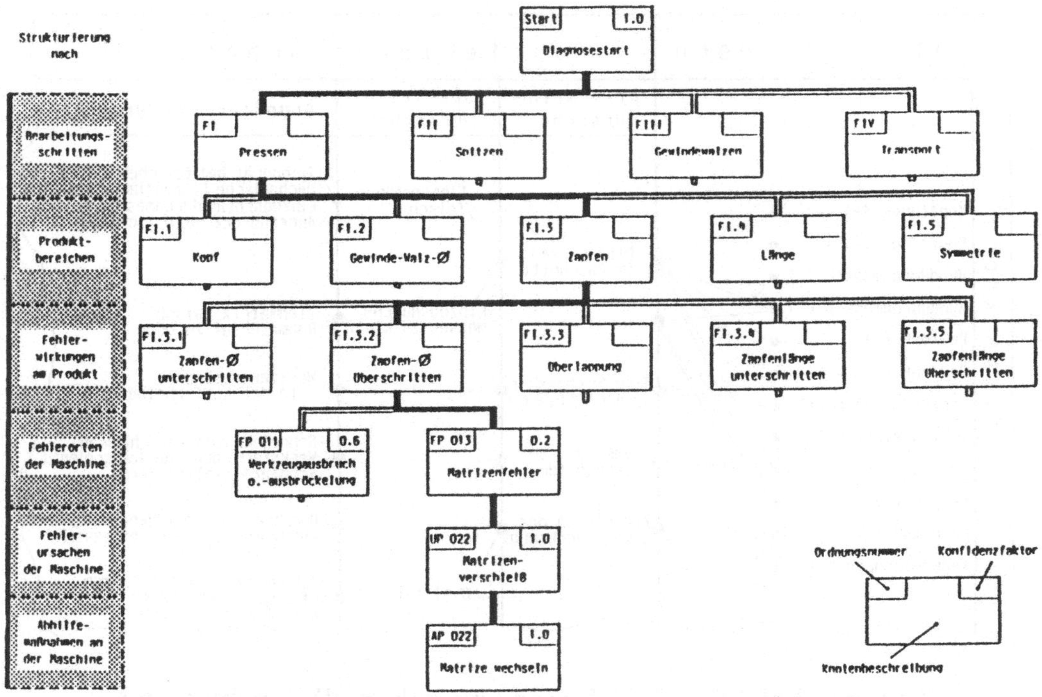

Fehlerbaum

Nach: WZL, TH Aachen

H.-J. Held

Bild 18

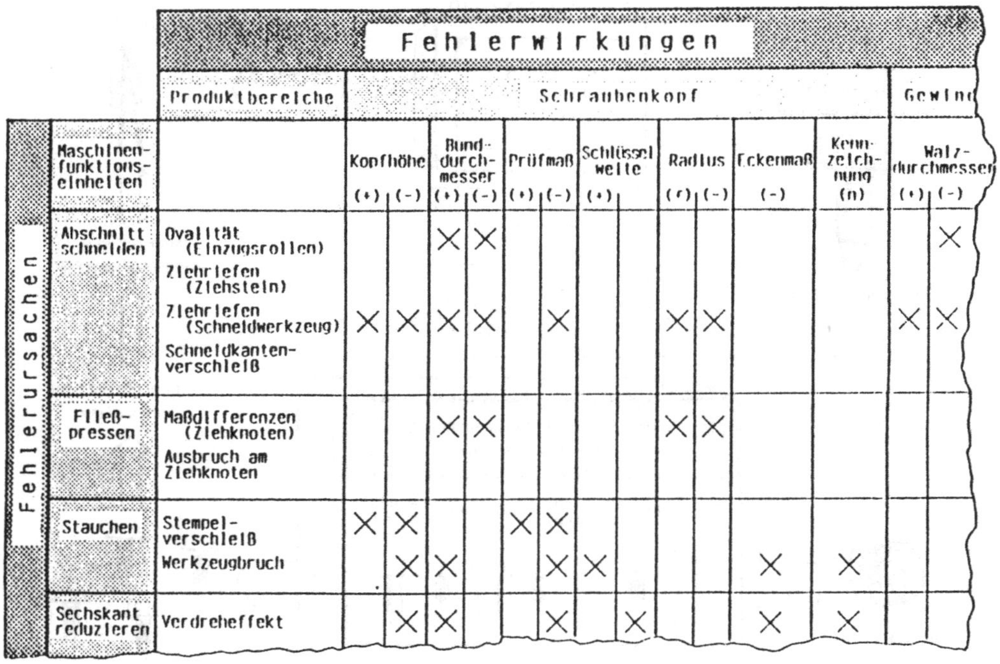

Fehler - Ursachen - Matrix

H.-J. Held

Bild 19

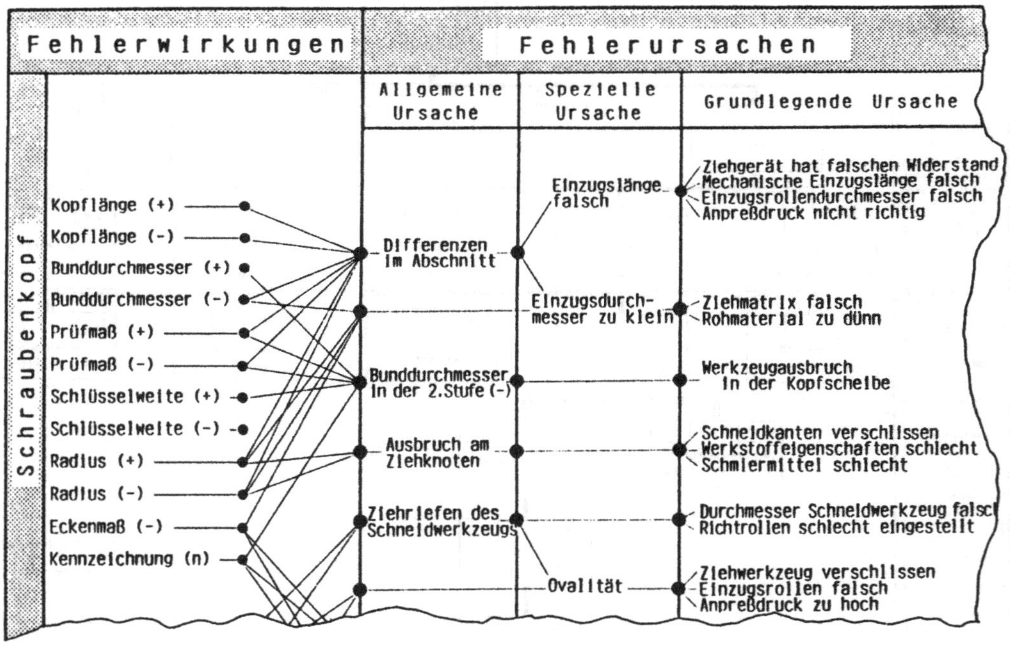

Teilausschnitt der Beziehungen zwischen allgemeiner und grundlegender Fehlerursache zur Diagnose der Schraubenproduktion

H.-J. Held

Bild 20

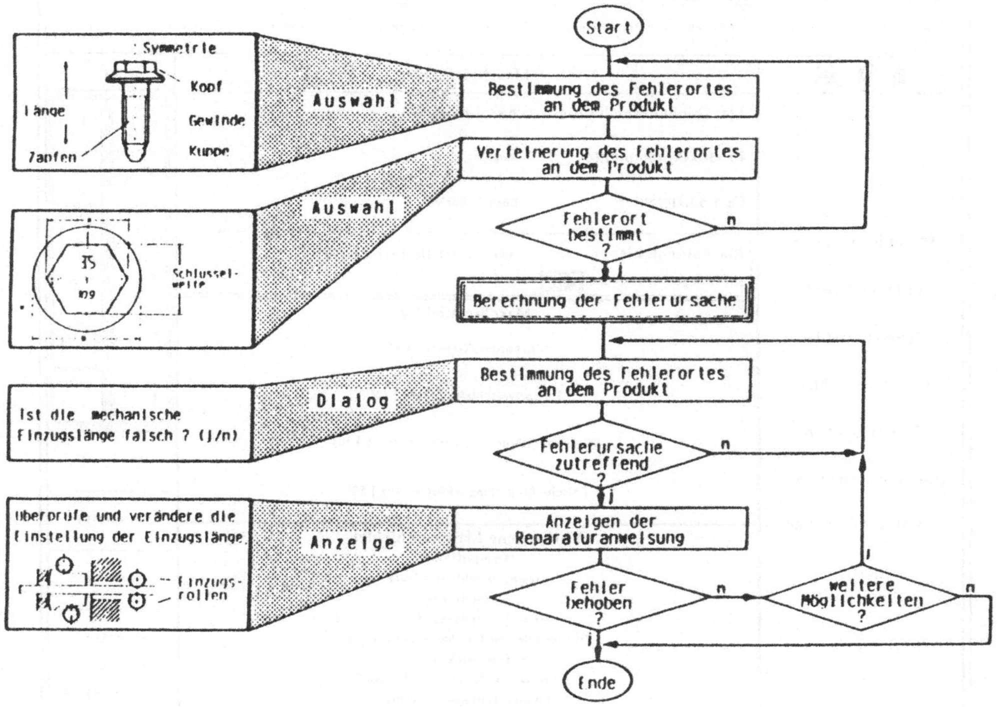

Ablaufverhalten des wissensbasierten Fehleranalysesystems

H.-J. Held

Bild 21

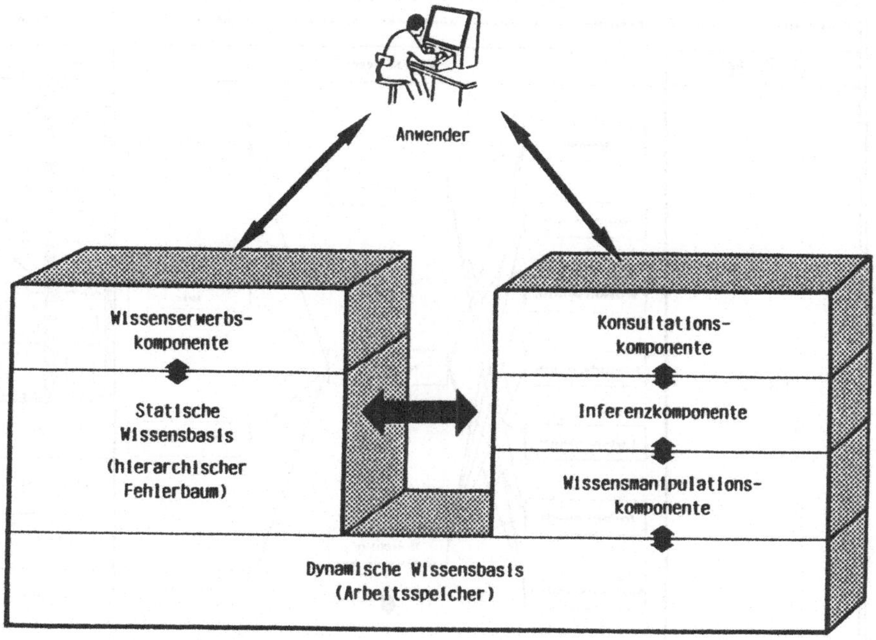

Architektur des Fehleranalysesystems

H.-J. Held

Bild 22

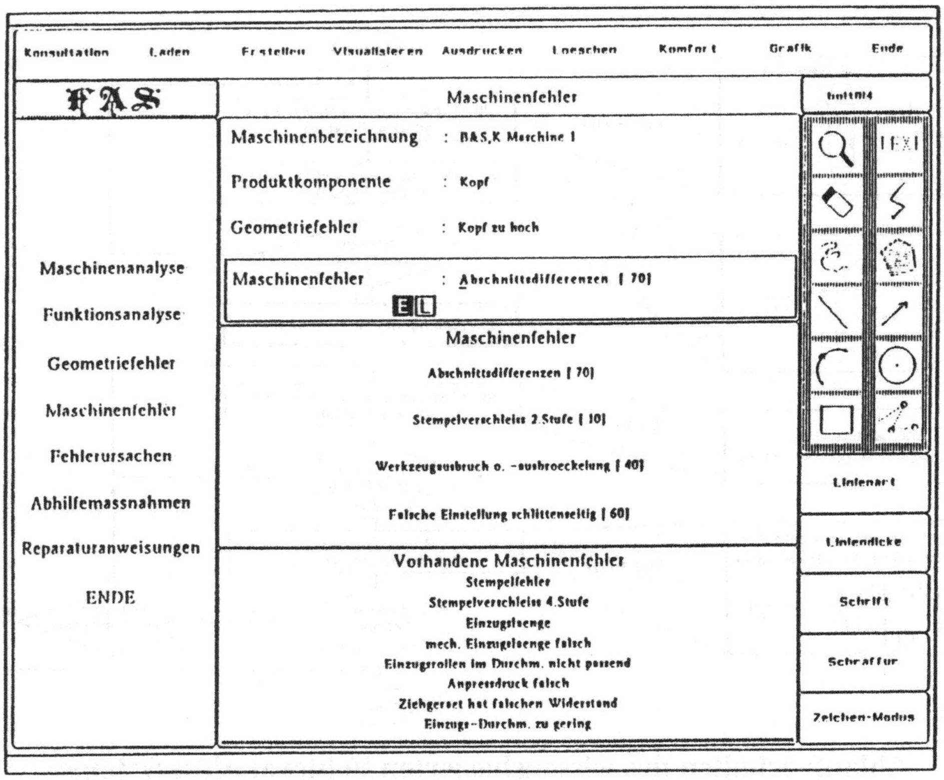

Eingabemaske

H.-J. Held

Bild 23

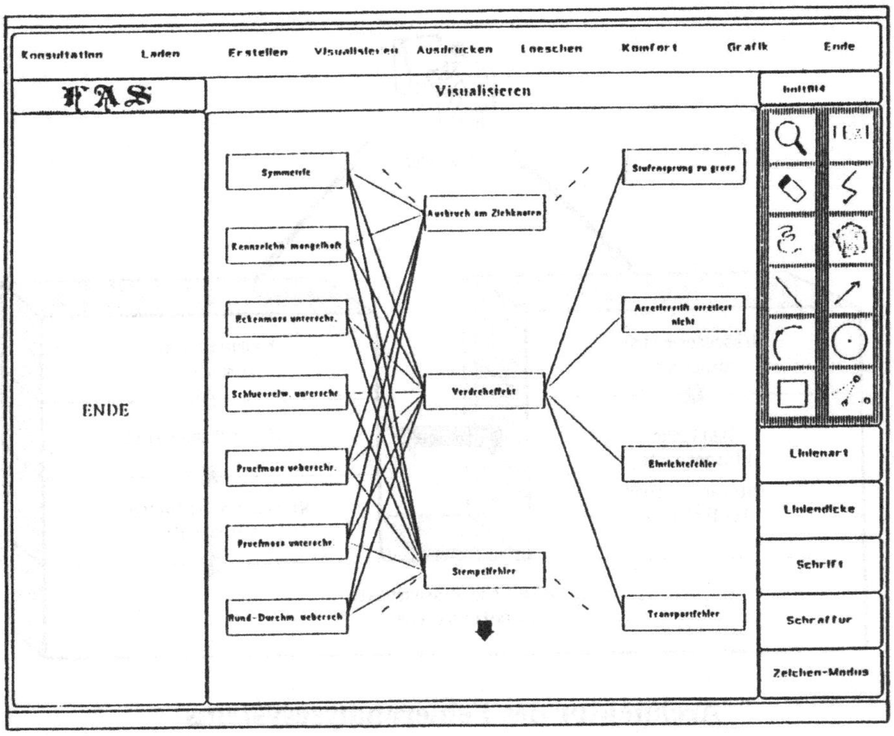

Basisfunktion "Visualisieren"

H.-J. Held

Bild 24

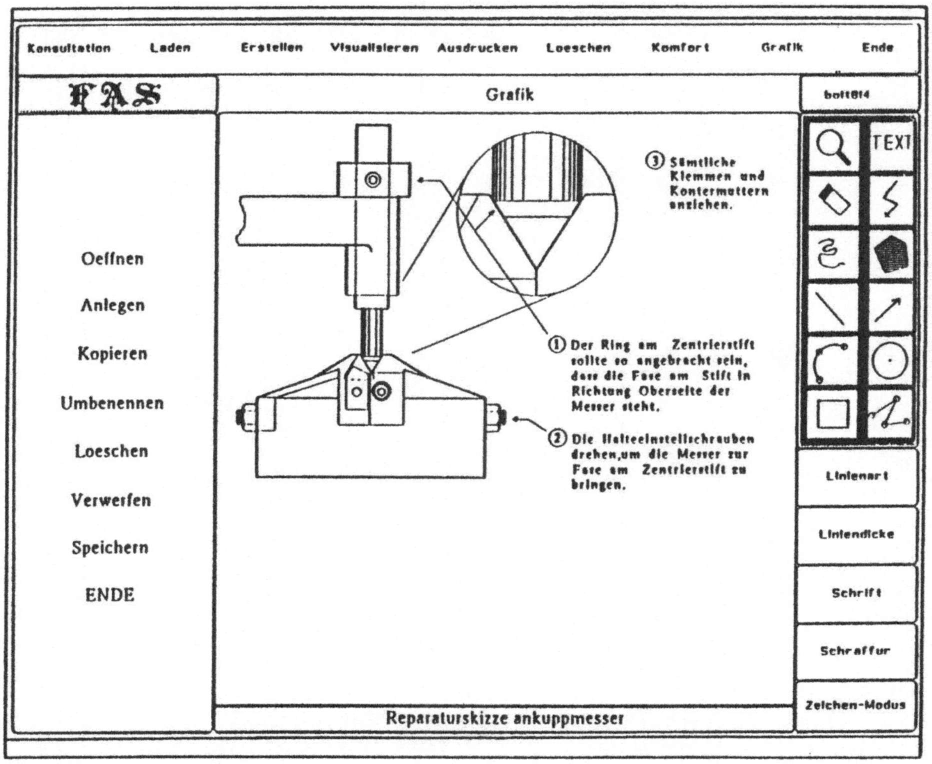

Reparaturanweisung

H.-J. Held

Bild 25

Flugzeugdiagnose mit Maintex

Expertensysteme in der Instandhaltung im Allgemeinen und Expertensysteme in der Flugzeugwartung im Speziellen

H. von Atzingen
Swissair AG

Inhaltsverzeichnis

0 Einleitung

Die Frage drängt sich auf, ob ein prinzipieller Unterschied in der Problemstellung besteht und ob die zwei Expertensystem-Anwendungsgebiete überhaupt miteinander verglichen werden dürfen.

Aufgrund persönlicher, langjähriger Erfahrung stelle ich fest, daß die Aufgabenstellung für beide Anwendungsgebiete praktisch deckungsgleich ist. Wohl sind bei einem Flugzeug mehrere, ja man kann sicher sagen sehr viele verschiedene mechanische und elektrische Systeme beteiligt. Die Schwierigkeit, eine Störungsursache zu lokalisieren liegt weniger in der Tiefe als in der großen Breite der Störungssuchbäume. Die Tiefe der Störungshypothesen wird durch die Aufteilung zwischen der Unterhaltsarbeit am Flugzeug (Modul-Wechsel) und der Arbeit in der Werkstatt (Modul-Unterhalt) aufgefangen. Die Problematik und die Aufteilung der Arbeiten ist in der allgemeinen Instandhaltung wie im Flugzeugwartungsbetrieb gleichgelagert.

Die Instandhaltungsaufgaben im Industrie- und im Flugzeugwartungs-Betrieb sind vielfältig. Gilt es da wie dort, zeit- und kostengerecht, und vor allem auch sicherheitskonform, gemäß den gültigen Vorschriften eine Maschine zu warten. Diese Aufgabe ist unter den folgenden, erschwerenden Bedingungen zu erfüllen:

- Unter Zeitdruck und aus Konkurrenzgründen kommen die Maschinen und Anlagen immer kurzfristiger, das heißt unausgereifter in den Einsatz. Dies ist gleichbedeutend mit technischen Unzulänglichkeiten, sprich Störungen, oder mit den berühmten "Kinderkrankheiten". Diese Störungen beziehen sich auf den mechanischen wie auf den elektrischen und informationsverarbeitenden Teil der Maschine. Nur zu gut sind die Software "Bugs" jedem Software-Anwender ein Begriff.

- Durch die normale Abnützung, die Alterung, die unvorhersehbaren äußeren negativen Einflüße und Verschleißerscheinungen, durch Modifikationen usw. ändert sich das Störungsbild laufend. Folglich sollten Anleitungen zur Störungsbehebung kontinuierlich angepaßt werden.

Die rechnergestützten, automatischen Störfallüberwachungs- und Speicher-Geräte, die sogenannten BITE (Built In Test Equipment) sind zweifelsfrei wartungstechnisch sehr wertvoll und in komplexen Anlagen nicht mehr wegzudenken. Sie sind aber aus folgenden Gründen ebenfalls nur begrenzt hilfreich:

- Weil die BITE-Auslegung nicht der tatsächlichen Fehlerwahrscheinlichkeit entspricht, respektive bei deren Implementierung das Wissen und die nötige Betriebserfahrung noch nicht vorhanden waren;

- weil die Anlage-Peripherie nicht, oder nicht vollständig, in der BITE-Auslegung berücksichtigt wird;

- weil die BITE-Analyse nicht dem Modifikationsstand der Anlage entspricht;

- weil sich praktisch kein Gerätehersteller verpflichtet fühlt, die für die Wartung einmal erstellte BITE-Routinen laufend dem sich verändernden Störungsbild und den neuen Wartungserkenntnissen anzupassen.

Einen letzten, sehr entscheidenden Einfluß auf das generelle Wartungsproblem hat schließlich die relativ große Personalfluktuation und der damit verbundene laufende Know-how Verlust.

1 Ein praedestiniertes Einsatzgebiet für ein Expertensystem!

Gemessen am publizistischen Wirbel ist die Anzahl der praktischen Anwendungen von Expertensystemen auf dem Gebiet der Instandhaltung sehr bescheiden. Man ist versucht zu sagen: "Der Berg hat da bis heute eine Maus geboren!"

Wo liegen die Gründe dafür?

- Einerseits stammen die Bedürfnisse nach Unterstützung in der Instandhaltung explizit von Mechaniker und Servicetechniker, welche am Störungsobjekt arbeiten. Diese Anforderungen der Basis sind von den Expertensystem-Shell Anbietern, im Gegensatz zu gewissen Ingenieur-Anforderungen, bis heute nicht oder noch nicht richtig erkannt worden.

- Andererseits fehlt auf der Stufe dieser portentiellen Anwender, den eigentlichen Domain-Experten, die nötige Bereitschaft, mit den Anbietern solcher Shells zusammenzuarbeiten und so von dem großen brachliegenden Potential der Expertensysteme Gebrauch zu machen. Hier steht ein menschliches Problem an, das nicht zu unterschätzen ist. Denn wer ist schon bereit, sein "persönliches" Wissen und seine Erfahrung, welches das eigentliche Prestige im Betrieb ausmacht, "grundlos", ohne anderweitige Anreize, preiszugeben? Diese sehr wichtige psychologische Frage zu diskutieren, würde den Rahmen dieses Vortrages sprengen.

2 Das Expertensystem als "Informations-System" in der Wartung!

Der praxisorientierte Unterhaltsbetrieb "wünscht" sich ein "Informations-System" das in der Lage ist, vordergründig, wenn nicht sogar ausschließlich, das schon bekannte Wissen abzubilden. Das heißt, die aus der Praxis und durch die Erfahrung bekannten Funktions-Störungen und die Anleitungen zu deren Behebung abzubilden, also Heuristiken zu speichern und logisch zu verknüpfen. Das Expertensystem beschränkt sich darauf, die vom Domain-Experten getroffenen Entscheide zu präsentieren.

- Die Präsentation dieses "Wissens" (Know-hows) muß auf eine sehr aussagekräftige und vor allem betriebskonforme Art und Weise erfolgen.

- Die erklärende Komponente, und ich meine da nicht vom Computer komponierte Texte, sondern die Information vom Experten über das WAS, WO, WIE, WARUM und die Tips und Tricks, ist ein wichtiger Teil des Expertensystems. Diese Hinweise haben für die spätere Akzeptanz einen sehr hohen Stellenwert. Im weiteren sind im Betrieb globale, nicht aussagekräftige Anweisungen wie zum Beispiel "CHECK" oder "REPAIR AS NECESSARY" usw. ein Stein des Anstosses und werden als nicht brauchbar abgelehnt.

- Das so aufbereitete, dokumentierte Wissen bezüglich bekannten, teils schwierigen und immer wiederkehrenden Störungen soll einer breiteren Schicht von Benützern zugänglich gemacht werden.

- Sehr wichtig ist, daß das Expertensystem, gemäß dem laufend erweiterten Stand des Betriebs-Know-hows, erweitert und ergänzt werden kann.

- Nicht sinnvoll ist in diesem Wartungs-Umfeld, solche Störungen mit sehr großem Aufwand hypothetisch, sprich modellhaft herzuleiten, respektive zu "erfinden". Solche Störungshypothesen werden im realen Einsatz der Maschine mit großer Wahrscheinlichkeit nie oder nicht in der präsentierten Form auftreten.

- Nur die tatsächlich mit Störungen betroffenen Anlagen und Systeme sollen abgebildet werden.

3 Die Instandhaltungs-Branche stellt spezifische Anforderungen an ein Expertensystem.

- Diese Anforderungen führen zwangsläufig weg von universell einsetzbaren Shells.

- Die Auswahl muß innerhalb der für den Unterhalt speziell konzipierten Expertensysteme und Methoden gesucht werden.

4 Expertenwissen und Erfahrung sind notwendige Voraussetzungen für den Aufbau eines Expertensystems.

Wenn Wissen und Erfahrung bezüglich eines Unterhaltsproblems vorhanden sind und ein oder mehrere motivierte Domain-Experten zur Verfügung stehen, so kann das Problem mit einem Expertensystem angegangen werden. Steht den Experten auch noch Zeit für die Aufarbeitung des Wissens zur Verfügung, so sollte das Unterfangen gelingen.

Es gibt keine Domain-Experten, die man als solche von einer Schule weg umgehend für diese Aufgabe anstellen kann. Domain-Experte wird man durch eine objektbezogene Ausbildung einer längeren praktischen Tätigkeit als sogenannter "Trouble-Shooter" vor Ort und am Objekt. So wird der angehende Domain-Experte mit dem Umfeld und der generellen Arbeitsmethode des Betriebes und mit den Objektstörungen konfrontiert und lernt die Probleme pragmatisch und betriebskonform zu lösen. Diese Tatsache macht echte Experten rar und teuer!

5 Die Wissensakquisition, ohne Wissensingenieur (Konstruktion)

- Es ist eine zentrale, äußerst wichtige Aufgabe der Instandhaltung, von dem vorhandenen, umfangreichen Wissen im Betrieb und vom vorhandenen Experten-Know-how voll Gebrauch zu machen.

- Dieses Know-how beantwortet die folgenden Fragen: Welche Störungen unter welchen Bedingungen, Symptomen und Häufigkeiten auftreten; mit welcher Störungs-Suchmethode die Störung zeiteffizient und wirtschaftlich auf den defekten Komponenten lokalisiert werden kann; auf welche Art und Weise und eventuell mit welchen technischen Feinheiten der defekte Teil ausgewechselt oder repariert werden sollte.

- Dieses deklarierte, ich nenne es realistische Wissen, muß je nachdem wie das Störungsbild sich mit der Zeit ändert, abgeändert oder ergänzt werden. Dieser Wissenserwerb muß spontan erfolgen, ansonsten das aktuelle, veränderte Störungsbild die Expertensystem-Information "überholen" und das Expertensystem somit nutzlos machen würde.

- Bei der Implementierung müssen die Arbeitsmethoden auf den Betrieb und die Ausformulierung der Test- und Arbeitsanweisungen auf die Umgangssprache abgestimmt sein.

- Diese Aufgabe kann nur gelöst werden, wenn der Domain-Experte sein Wissen selber in das Expertensystem eingeben und ausformulieren kann. Jede andere Lösung, z.B. über eine dritte Person, also über einen Wissensingenieur, ist zu langsam, zu friktionsreich und ist nicht zuletzt für den Domain-Experten auch "motivationstötend". Ziehen wir die laufende Pflege des Expertensystems, den Wissenserwerb noch in Betracht, so ist die Lösung mit einem Wissensingenieur schlicht unbrauchbar.

- Bei dieser Aufgabe, der Wissensakquisition und dem Wissenserwerb (up-daten), soll der Domain-Experte optimal von der Expertensystem-Shell unterstützt werden. Ein mächtiges Konstruktions-Programm-Modul soll den Experten durch den Aufbau der Wissensbasis führen und ihn von unnötigen, belastenden Strukturfragen und Lisp-Regeln usw. entlasten. Dagegen müssen Fenster und mausgesteuerte Oberflächen, Tabellen, Wahrheitstafeln Vorschläge und alternative Vorschläge unterbreiten. Mit der bestmöglichen Ausnützung der Bildoberflächenführung soll der Experte in der Lage sein, ohne wochenlange Schulung das System zu benützen, Wissen zu implementieren, zu komponieren und später auch dieses Expertensystem zu unterhalten.

- Während dieser Implementations-Arbeit muß der Experte jederzeit vom Konstruktions- auf das Konsultations-Modul umschalten können und so in die Lage versetzt werden, ausformulierte Anweisungen und Kontexte auf die Aussage- und Lauffähigkeit hin umgehend zu prüfen.

- Umfangreiche Arbeitsanweisungen und erklärender Text sollen implementiert und angebracht werden können.

- Im Wartungsumfeld sind Bilder, Skizzen und Zeichnungen als Hilfsmittel für die Störungslokalisation von großer Wichtigkeit. Dieses erklärende Bildmaterial sollte von einem Expertensystem dargestellt werden können. Für die vielfach schon vorhandenen Zeichnungen und Skizzen sollte eine Scannermethode zur Anwendung kommen. Die Praxis zeigt auch, daß das Erstellen solcher Bilder mit einem Grafik-Tool unrealistisch, d.h. zu aufwendig ist.

- Schließlich besteht die Forderung, daß das Expertensystem Datenbank- und Sensor-linkfähig sein sollte. Das Expertensystem muß generell externe Signale, Testwerte, Befehle oder Datenbankinformationen verarbeiten und darstellen können.

5.1 Die Wissenspräsentation (Konsultation)

- Das von einem Domain-Experten aufgearbeitete und implementierte Wissen zu präsentieren und einem großen Kreis von Benützern zur Verfügung zu stellen, ist die Aufgabe des Konsultations-Software-Moduls. Diese Aufgabe ist nicht zu unterschätzen, gilt es doch, dieses Wissen mehreren Endbenützern, mit ganz verschiedener Ausbildung und Qualifikation (vom Operator über den Mechaniker bis zum Spezialisten), zu vermitteln.

- Diese Aufgabe stellt Anforderungen, denen nur eine durchdachte, sehr übersichtlich eingeteilte, aussagekräftige und selbsterklärende Bildoberfläche gerecht wird. Nicht nur die Präsentation, sondern auch eine darin integrierte, einheitliche Bedienerführung (Tastenfeld-Führung) ist in diesem Anwendungsumfeld von großer Wichtigkeit. Generell müssen die Tasten-Kontroll-Funktionen auf ein Minimum beschränkt sein, Doppeltasten-Funktionen sind nicht akzeptabel.

- Die Quintessenz ist, daß für diese geforderte, ausgewogene Benützeroberfläche und die einheitliche Bedienerführung der Expertensystem-Shell-Hersteller eine adäquate Lösung anbieten muß. Diese Aufgabe ist zu wichtig, als daß sie dem Domain-Experten (Expertensystem-Novizen) zur Konfiguration überlassen werden kann. Nur eine frei wählbare "Window-Software-Paket"-Lösung anbieten, heißt die Wichtigkeit der Präsentationsaufgabe zu verkennen.

- Innerhalb einer Konsultation sollte ein Abbruch, ein Unterbruch und folgerichtig eine Wiederaufnahme der Konsultation jederzeit möglich sein.

- Es soll eine Möglichkeit vorhanden sein, den Störungspfadverlauf, die Fragen und die eingegebenen Antworten wieder zu konsultieren und die Konsultation nach freier Wahl an einem rückwärtigen Knotenpunkt, in eine vielleicht andere Pfadrichtung, wieder aufzunehmen.

- Eine Printerfunktion soll einen Konsultationspfad auf eine zu definierende Printer-Seitenzahl ausdrucken können. Diese Möglichkeit ist in der

Wartung dort sehr nützlich, wo das Expertensystem nicht direkt am Objekt steht oder da wo Arbeitsübergaben vorkommen.

- Der Benützer sollte an den Knoten (Verzweigungen) persönliche Kommentare anbringen können. Diese Kommentare erlauben es dem Experten, das Expertensystem nicht nur aus seiner, sondern auch aus der Sicht und der Erfahrung von Dritten zu ergänzen und zu verbessern.

- Das Konsultations-Programm-Modul sollte, im Hinblick auf die heute zur Verfügung stehende Hardware, MS-DOS lauffähig sein. Expertensysteme könnten so auf die neuen, leistungsfähigen Laptop-Modelle portiert werden. Wissen würde so sprichwörtlich portabel und wäre überall vor Ort einsetzbar.

6 Die Einführung eines Expertensystems im Betrieb

- Einmal mehr muß zuerst sichergestellt werden, daß Experten-Know-how nicht nur vage, sondern auch explizit vorhanden ist. Dieses Wissen muß geordnet und aufgearbeitet werden. Der Aufwand für diese Wissensaufbereitung ist erheblich viel größer als das gemeinhin angenommen werden könnte. Generell wird der Zeitaufwand für diese Aufgabe unterschätzt, denn auch gut geführte, mausgesteuerte Konstruktions-Bildoberflächen entbinden den Experten von dieser Kopfarbeit nicht. Anzufügen ist, daß der allgemeine Nutzen einer solchen Wissensaufbereitung sehr wertvoll ist, unabhängig davon, ob ein Expertensystem zum Tragen kommt oder nicht.

- Ein Expertensystem soll in Etappen eingeführt werden. Eine alles umfassende, wenn möglich noch vernetzte Lösung von Anfang an anzustreben ist aus verschiedenen Gründen nicht ratsam. Ein wichtiger Grund dagegen ist, daß der Umfang einer solchen Problemstellung das Unterfangen zu schwerfällig machen würde. Zu problemträchtige Projekte werden vom schnellebigen Wartungsumfeld überholt, sozusagen "ausgebremst".

6.1 Kurzfristiges Ziel

- Eine kleine Anwendung mit einer geeigneten, evaluierten Shell soll an einem realistischen Objekt ausprobiert werden. Die Problematik kann damit, gleich einer Sondierbohrung, in deren ganzen Tiefe möglichst schnell ausgelotet werden. Die Resultate aus diesem Versuch sollten für die weiteren Entscheide eine Plattform bilden.

6.2 Mittelfristiges Ziel

- Die vorgesehene Applikation soll modular und schrittweise bis zur vollen Größe aufgebaut werden. Bilder und Grafiken sollen zur Anwendung kommen. Diese Implementationen - auch schon Teilmengen davon - sind dem Betrieb zur Benützung zur Verfügung zu stellen. Das Echo von der Benützerseite sollte so die Leitschnur für die weitere Anwendungsstrategie bilden. Ist die Stoßrichtung der Anwendung abgesichert, können und sollen die externen Funktionen ausformuliert werden.

6.3 Langfristiges Ziel

- Die auf der Maschine oder die in das bestehende Informationsnetz integrierte Expertensystem-Lösung müßte eigentlich das erklärte Ziel sein und bleiben.

- Bezogen auf Maschinen, wie z.B. auf ein Bohrwerk, könnte ich mir das Expertensystem als integrierender Bestandteil der Steuerungs-Software vorstellen. Meldet sich eine Störung an, so kann das Expertensystem automatisch oder von Hand aufgeschaltet werden. Fehlermeldungs-Code und Sensordaten könnten sofort in der Expertensystem-Routine abgearbeitet werden. Auch könnten über Aktoren (Externe-Funktionen) BITE Tests ausgelöst und interpretiert werden. Alle weiteren Störungssymptome könnte das System über die Oberfläche vom Operator erfahren und auswerten.

- Sind Unterhalts-Datenbankinformationen auf einem Großrechner vorhanden, z.B. ist eine Anlage-Störungsvorgeschichte-Dokumentation, der

Ersatzteil-Magazinbestand oder sind die Arbeitsanleitungen schon auf einer solchen Datenbank abrufbar, so ist ein Datenbanklik in Betracht zu ziehen.

Bei Flugzeugsystem-Störungen sieht man in der Zukunft eine Möglichkeit, über einen Funk-Datenlik (ACARS-Link, Arinc Communication Addressing and Reporting System), eventuell über Satelliten, Fehlermeldungen, Fehler-Code und Parameters an die "Homebase" zu übermitteln. Ein Expertensystem am Boden könnte diese übermittelte Datenmenge verarbeiten und dem Endbenützer eine entsprechende Arbeits-Anleitung präsentieren.

Fehlerdiagnose bei Werkzeugmaschinen mit Hilfe von wissensbasierten Systemen

Dr. Christoph Horrix
Dipl.-Wirtsch. Ing. Olaf Mohr
Heckler & Koch GmbH
Technologiezentrum
Neckarstrasse 1
7238 Oberndorf/Neckar

Inhaltsverzeichnis

1. Einleitung: Ziele des Einsatzes von Expertensystemen

Expertensysteme sind Computerprogramme, die in der Lage sind, Problemstellungen mit der eines Experten vergleichbaren Leistung zu lösen. Die Hauptanwendungsgebiete für Expertensysteme liegen in der Unterstützung von Konfigurations und Diagnoseaufgaben.

Wissensbasierte Systeme, wie Expertensysteme auch genannt werden, können aus verschiedenen Gründen von Unternehmen eingesetzt werden.

1.) als pragmatische Lösung für ein spezielles Problem (wie z.B. die Sicherung des Erfahrungswissens eines Experten der Lokomotiven-Wartung, vor dessen Pansionierung bei der Fa. General Electric), oder

2.) als strategisches Instrument, wie der frühe Einstieg in eine neue Technologie, oder "Expertensystem" als Marketing-Argument.

Diese Gründe gelten auch für den Bereich des Werkzeugmaschinenbaus, daneben waren für die Fa. Heckler & Koch vor allem Gründe aus dem Service-Bereich ausschlaggebend für den Einstieg in diese Technologie.

Die Motivation zur Entwicklung von Expertensystemen zur Fehlerdiagnose resultiert aus zwei Beobachtungen:

a.) Die überwiegende Anzahl von Fehlern, die zu Maschinenstillständen führen und derentwegen Anwenderfragen vorliegen, beruhen auf relativ trivialen Fehlerursachen. D.h. diese Fehlerursachenießen sich von den Kunden selbst mit Hilfe einer geeigneten Anleitung finden und beheben.

b.) Das Wissen um den Zusammenhang von Fehlersymptomen und Fehlerursachen sowie geeignete Testprozeduren sind bei den Service-Technikern besonders auch für seltene Fälle zwar vorhanden, werden dann aber in der Regel kaum oder unausreichende dokumentiert, so daß bei Auftreten eines selteneren Fehlerfalles erst die Experten ermittelt werden müssen, die dieses Problem schon einmal behoben haben.

Durch diese beiden Beobachtungen sind auch schon die Zielgruppen für die Anwendung eines Diagnosesystems bei Werkzeugmaschinen determiniert. Zum einen sind dies die Service-Techniker selbst, vor allem bei telefonischer Beratung, die über dieses Expertensystem auch auf das Wissen ihrer Kollegen zugreifen können.

Der andere Anwenderkreis besteht aus den Kunden selbst, die durch eine schnellere Fehlerdiagnose und Behebung der Fehlerursachen die Maschinenstillstandszeiten stark verkürzen können. Darüber hinaus bringt die Unterstützung durch ein Diagnosesystem auch den Abbau von Näherungsängsten an neue Maschinen mit sich.

Üblicherweise laufen neu ausgelieferte Maschinen ein oder anderthalb Jahre sehr störungsfrei. Wenn dann nach dieser Zeit ein Fehler auftritt, so sind die Maßnahmen, die bei der Schulung vermittelt wurden, meistens nicht mehr präsent. In diesem Sinne erleichtert das Diagnosesystem auch einen Zugriff auf das Wissen, daß üblicherweise in Schulungen vermittelt wird.

Liegt ein Fehler vor, den ein Kunde nicht selbst beheben kann, so läßt sich das Expertensystem zur genaueren Eingrenzung des Fehlers verwenden, so daß die Informationen an den Service exakter sind und eventuelle Ersatzteile von vornhinein mit eingeplant werden können.

Die wenig exakte Beschreibung des Fehlerbildes durch den Kunden am Telefon, der häufig nicht der Bediener der Maschine ist, führt oft zu Fehleinschätzungen der Schwere der Fehlerursachen. Dies führt häufig dazu, daß der Kundendienst-Techniker mit falschen Vorstellungen von der Fehlerursache und auch, was schlimmer ist, mit falschen Ersatzteilen vor Ort erscheint.

Vom Einsatz der Expertensystem erwarten wir also:

a) Reduzierte Maschinenstillstandzeiten durch schnelles Finden und Beheben von Fehlern durch den Kunden

b) Bessere Diagnosemöglichkeiten durch besser dokumentiertes Wissen der Experten;

c) Verbesserte Vorbereitung des Kundendiensteinsatzes durch verbesserte Information;

d) Telefonische Erst-Beratung der Kunden auch durch Nicht-Techniker möglich;

e) Strategische Vorteile
- früher Einstieg in neue Technologie;
- Expertensysteme als Marketing-Argument.

2. Diagnose Expertensystem "WEMADIAS"

Das Diagnose-Expertensystem WEMADIAS (WErkzeug-MAschinen DIAgnose System), wurde für ein seit mehreren Jahren produziertes Zweiplatz-Bearbeitungszentrum entwickelt.

Folgende Grundanforderungen wurden an den Prototyp des Systems gestellt:

1) ModularerAufbau
2) Leichte Übertragbarkeit der Wissensbasen auf andere Maschinentypen
3) Einfacher Aufbau der Wissensbasen
4) Benutzerfreundlichkeit
5) Leichte Änderbarkeit der Wissensbasen
6) Anschlußmöglichkeit für Datenbanken und externe Programme

Nach der Festlegung der Anforderungen an das zu erstellende Expertensystem war eine geeignete Software für die Realisation auszuwählen.

2.1. Anforderungen an Werkzeuge zur Erstellung von Diagnose-Expertensystemen

Bis zu Beginn der Achziger Jahre wurden Expertensysteme im wesentlichen mit Hilfe der Programmiersprachen LISP (LISt Prozessing Language) und PROLOG (PROgramming LOGic) aufgebaut. /1/

Danach haben sich zunehmend sogenannte SHELLS (Entwicklungsumgebungen für Expertensysteme) durchgestzt.

Zur Zeit werden etwa 40 verschiedene Shells auf dem deutschen Markt angeboten. Die Preisspanne dieser Systeme liegt zwischen 400,- DM (VP-Expert) und 500.000,- DM (KBMS, AICorp, Bad Homburg). /2/

Für Heckler & Koch kamen nur Shells mit dem Betriebssystem MS-DOS in Frage, damit

1. die erstellten Diagnosesysteme von den Service-Technikern auf tragbaren Rechnern (Laptops) mitgeführt werden können und

2. auch die Kunden solche Systeme ohne spezielle Hardware betreiben können.

Nach einer ausführlichen Marktstudie, der Prüfung von Informationsmaterial und Demo-Versionen fast aller handelsüblicher PC-Shells hat sich Heckler & Koch für Nexpert Object entschieden.

Folgende Gründe waren hierfür maßgeblich:

1) Umfangreiche Möglichkeiten zur Darstellung von Wissen (neben Produktionsreglen auch hierarchische Objekt- und Klassensysteme);

2) Schnittstellen zu Datenbanken, Spreadsheets und zur Programmiersprache C;

3) Graphische Dartsellungsmöglichkeiten für das mplementierte Wissen;

4) Möglichkeit der Verwendung verschiedener Wissensquellen im Rahmen einer Diagnose (z.B. Primäre Datenübernahme aus der Maschinensteuerung, Sekundärdatenbeschaffung aus Datenbanken, und zuletzt Frage an den Benutzer).

Die oben genannten Gründe galten für die Anschaffung für Nexpert Object. Während des Aufbaus des Prototypen zeigte sich allerdings, daß nicht alle Funktionen von Nexpert Object so mächtig sind, wie sie propagiert wurden.

Bei der Verwendung als Diagnose-Shell wirkt sich die Offenheit der Shell nachteilig aus, denn spezielle für die Diagnose notwendige Features sind direkt in der Shell nicht realisiert.

Nach dem Aufbau des Prototyps ergeben sich die folgenden Anforderungen an eine Diagnose-Shell:

1) Effiziente Umsetzung der Fehlerbäume bzw. Fehlersuchbäume;

2) Variabel gestaltbare Benutzerschnittstelle;

3) Schnelles Laufzeitverhalten

4) Darstellung von Hilfe-Texten oder Graphen auf Tastendruck;

5) Einfache Rücksprünge zur vorhergenden Abfrage;

6) Datenbankschnittstelle (Lesen/Schreiben);

7) Externe Programme (z.B.: Datenübernahme aus Maschinensteuerung;

8) Diagnose-Statistik;

9) Einfache Wissensbasen -> leichte Änderbarkeit;

10) Suppport und Hotline.

11) Kostenfreie und Hardlockfreie Laufzeitversionen,

12) Hypertext und Hypergrafik für individuelle Benutzerführung;

13) Neben Regeln auch hierarchische Objekt-Klassen Beziehungen (Framesystem);

14) Beliebige Reihenfolge der Wissensquellen (Order of Sources);

15) Festlegung der Wertebereiche von Objekten in den Regeln -> direkte Plausiblitätskontrolle.

2.2. Beschreibung der zu diagnostizierenden Maschine

Die Werkzeugmaschine BA30 von Heckler & Koch ist ein vertikales Doppelplatz-Bearbeitungszentrum. Somit ist ein Arbeiten ihne Nebenzeiten möglich, d.h. während der Bearbeitung eines Werkstückes auf dem einem Arbeitstisch, kann auf dem anderen Tisch jeweils be- oder entladen werden. Bei Bedarf können aber auch große Werkstücke über beide Tische aufgespannt werden.

Bild 1: Bearbeitungszentrum BA 30-CNC

Diese Maschine wird zum Fräsen, Bohren und Gewindeschneiden verwendet. Zur Steuerung der Maschine kommt eine CNC-Steuerung der Fa. Heckler & Koch vom Typ 783/2 zum Einsatz.

Für die Anpassung an die Maschine wird eine speicherprogrammierte Steuerung (SPS), ebenfalls von Heckler & Koch, verwendet. Bei Auftreten eines Fehlers werden die Meldungen im Anzeigefeld als Fehlercode oder im Klartext ausgegeben. Diese Meldungen lassen sich in 5 Gruppen einteilen:

1) Bedienungsfehler beim Programmieren und Ein- und Ausgabe;
2) Programmierfehler beim Abarbeiten eines NC-Programmes;
3) Meldungen über Zustände der CNC;
4) Meldungen von der SPS;
5) Meldungen bei der Datenübertragung zum Bedienpult.

Wird von der Steuerung ein Fehler erkannt, führt dies zum Abbruch des Programmablaufs. Neben Fehlermeldungen, die von der Steuerungen angezeigt werden, sind auch Maschinenstillstände ohne Fehleranzeige zu berücksichtigen, sowie Bearbeitungsfehler.

Für die Erstellung des Expertensystems wurden zunächst die Fehleranzeigen aus der SPS, die maschinenspezifisch sind, herangezogen. Ebenfalls berücksichtigt wurden Maschinenstillstand ohne Fehlermeldung, eine Auswahl von Bearbeitungsfehlern und CNC-Meldungen.

2.3. Wissensakquisition

Die Fehlermeldungen der Maschinensteuerung dienten als Basis für die Erstellung von Fehlerbäumen bzw. Fehlersuchbäumen.

Der Wissenseerwerb und die Wissenstrukturierung stellen mit den schwierigsten Teil der Expertensystem-Entwicklung dar.

Die Vorbereitung der Wissenssitzungen wurde anhand von Maschinenhandbüchern, Stücklisten, Abnahmeprotokollen und Serviceberichten durchgeführt.

Die eigentliche Wissensakquisition wurden mit Fachexperten aus der Inbetriebnahme und Elektrokonstruktion in ca. dreistündigen Sitzungen durchgeführt.

Zur Strukturierung des Wissens wurde die Vo. hensweise bei der Fehlersuche durch die Experten in Fehlersuchbäumen aargestellt.

Ausgehend von einem Top-Ereignis (SPS-Fehlermeldung) wurden an den Knotenpunkten von zumeist binären Verzweigungen, Fragen formuliert, durch die der Benutzer entweder zu weiteren Abfragen, oder aber zu einer Fehlerursache auf einem End-Ast des Fehlersuchbaums angelangt.

Die Fehlerbaum-Methode wurde insbesondere wegen der leichten Übertragbarkeit der Fehlerbäume in die WENN-DANN Systematik der Produktionsregeln gewählt. /3/

2.4. Systemarchitektur

Das Diagnosesystem ist als modulares System konzipiert worden. Modularität wurde durch eine Aufspaltung des Systems für drei unterschiedliche Anwendungsfälle erreicht.

1) Maschinenstillstand mit Fehlermeldung;
2) Maschinenstillstand ohne Fehlermeldung;
3) Bearbeitungsfehler.

Die Struktur des Systems läßt sich am besten mit dem hierarchischem Aufbau der Wissensbasen beschreiben. Die Zusammenhänge der verschiedenen Teile des Systems werden hier besonders deutlich erkennbar (Bild 5).

Die Forderung nach Modularität und leichter Wartbarkeit des Diagnosesystems hat es erfordert viele kleine Wissensbasen anstatt einer sehr großen zu verwenden. Diese Wissensbasen haben eine hierarchische Gliederung.

Die oberste Wissensbasis (BA30) enthält die Benutzerinformation wie das Auswahlmenue für die Optionen: SPS-Meldungen, Maschinenstillstand ohne Fehlermeldung und Bearbeitungsfehler.

Auch die Wissensbasen auf der zweiten Hierarchieebene dienen hauptsächlich zur Auswahl weiterer benötigter Wissensbasen. In der Wissensbasis Fehlermeldung etwa sind alle Aufrufe zum Laden einzelner Fehlermeldungen enthalten. Das Fachwissen über jede Fehlermeldung ist in einer eigenen Wissensbasis abgelegt. In diesen Wissensbasen sind ausgehend von der Fehlermeldung alle möglichen Fehlerursachen enthalten.

Nur bei einzelnen Fehlermeldungen existiert noch eine vierte Hierarchieebene (wie bei Fehlermeldung 3669, 2001). Hier wurden zusätzlich noch zwei Subwissensbasen verwendet, die Fachwissen aus Handbüchern und Wartungsanleitungen über Zulieferteile (hier Stromrichter und Spindelmodule) enthalten. Diese beiden Wissensbasen wurden deshalb getrennt realisiert, damit sie auch bei der Entwicklung von Diagnosesystemen für andere Maschinentypen mit denselben Zulieferteilen verwendet werden können.

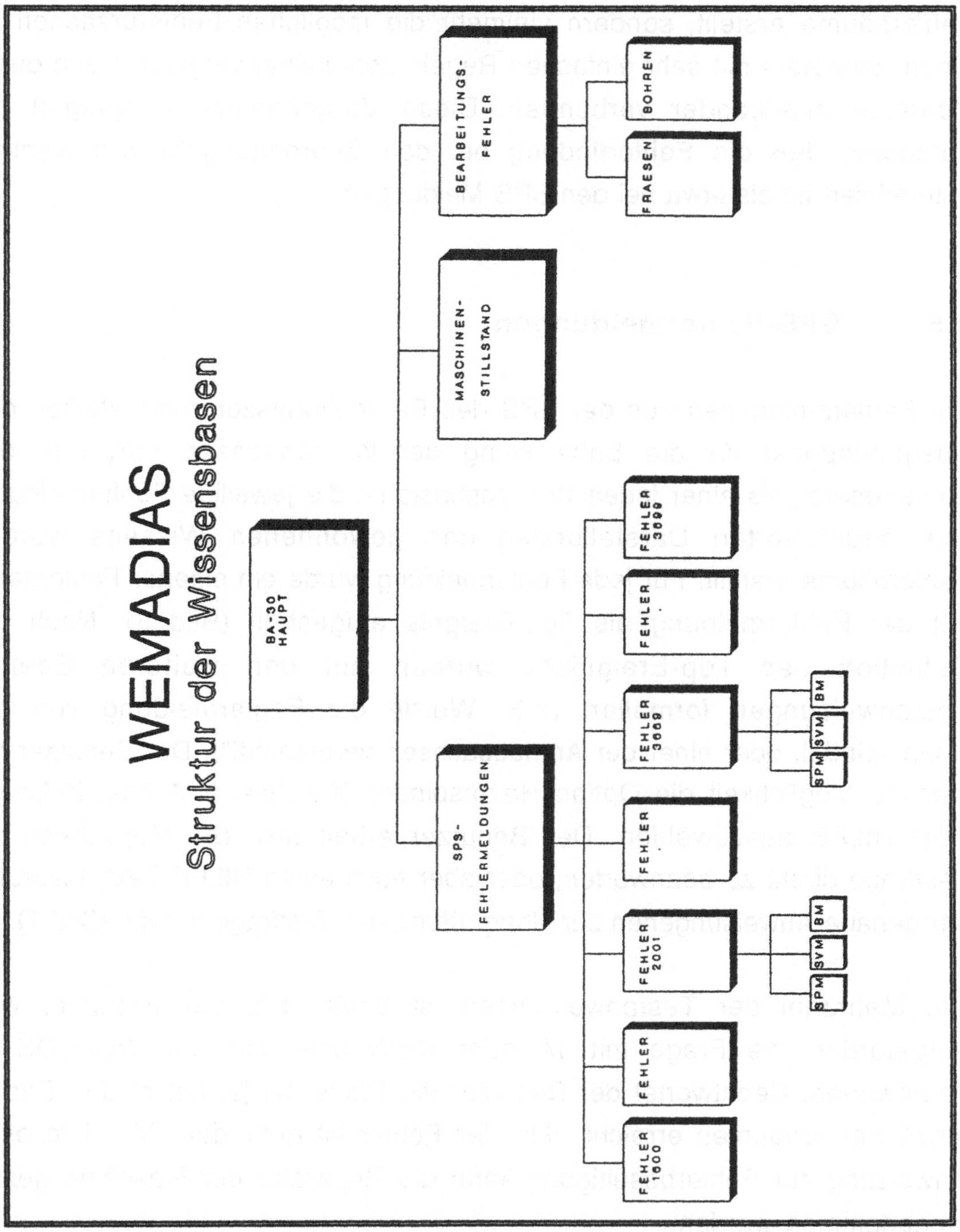

Bild 2: Struktur der Wissensbasen

Für die Wissensbasis "Bearbeitungsfehler" gibt es zwei Hierarchiestufen. Hier ist das Diagnosewissen ebenfalls auf der unteren Stufe abgelegt. Anders als bei den Wissensbasen für die SPS-Meldungen wurden hier keine Fehlerbäume erstellt, sondern vielmehr die möglichen Fehlerursachen zu einem Symptom mit sehr einfachen Regeln nebeneinandergestellt und durch Contexte miteinander verbunden. Diese Vorgehensweise spiegelt die Tatsache, daß die Fehlerfindung bei den Bearbeitungsfehlern weniger determiniert ist als etwa bei den SPS-Meldungen.

2.5. SPS-Fehlermeldungen

Die Fehlermeldungen aus der SPS des Bearbeitungszentrums stellten den Ausgangspunkt für die Entwicklung der Wissensbasen dar, d.h. das Eingangsereignis einer jeden Wissensbasis ist die jeweilige Fehlermeldung. Aus strukturierten Darstellungen des gewonnenen Wissens wurden Fehlerbäume erstellt. Für jede Fehlermeldung wurde ein eigener Fehlerbaum mit der Fehlermeldung als Top-Ereignis aufgestellt (Bild 6). Nach der Definition des Top-Ereignises wurden auf den weiteren Ebenen Testanweisungen formuliert (z.B. Wurde die Fehlermeldung von der Hauptspindel, oder einer der Antriebsachsen verursacht!"). Der Benutzer hat hier die Möglichkeit die Option Hauptspindel, X-Achse, Y-Achse, Z-Achse, oder HILFE auszuwählen. Der Benutzer erhält also die Möglichkeit die Testfrage direkt zu beanworten, oder aber noch einen HILFE-Text abzurufen der genaue Anweisungenen zur Überprüfung der Testfrage enthält (Bild 7).

Die Mehrzahl der Testanweisungen ist binär, d.h. der Benutzer wird aufgefordert die Frage mit JA oder NEIN bzw. OK und Nicht-OK zu beantworten. Beantwortet der Benutzer die Frage mit ja, hat er den Endast eines Fehlerbaumes erreicht, d.h. der Fehler ist gefunden. Mit Hilfe einer Anweisung zur Fehlerbeseitigung kann die Reparatur der Maschine gezielt vorgenommen werden.

Erfolgt keine Bestätigung der Hypothese wird die nächst tiefere Ebene des Fehlerbaumes erreicht. Nach Ausführung der neuen Testanweisung wird eine neue Hypothese zur Überprüfung angeboten. Auf diese Weise wurde ein recht einfacher Aufbau der Wissensbasis erzielt, da von der Wurzel des Fehlerbaumes ausgehend, nur binäre Verzweigungen vorliegen.

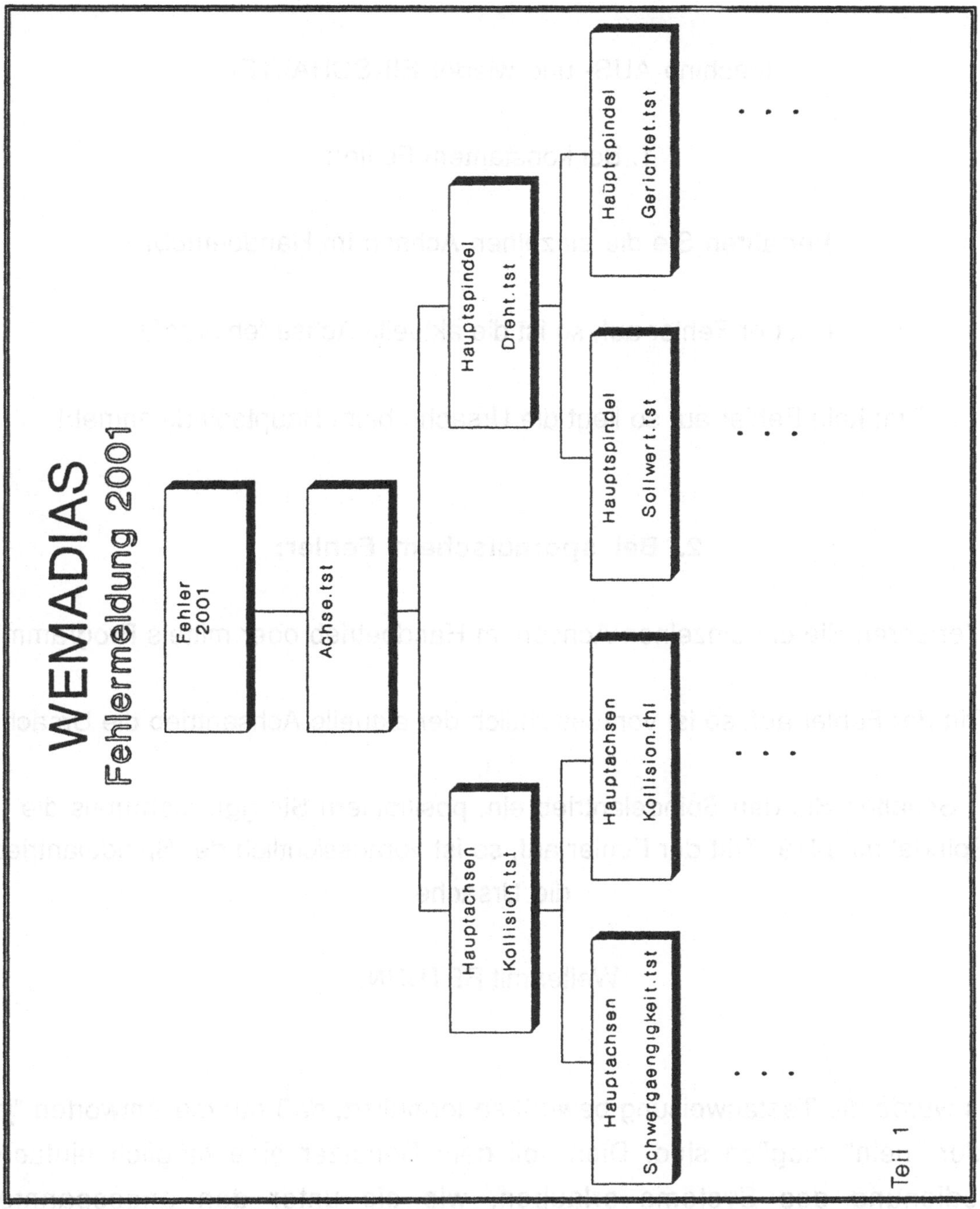

Bild 3:Fehlerbaum der Fehlermeldung 2001 (Schleppabstand zu groß)

Hilfe: Testanleitung

Bitte ueberpruefen Sie, ob der Fehler von der Hauptspindel oder von einer der Antriebsachsen verursacht wird!

Machine AUS- und wieder EINSCHALTEN!

1. Bei konstantem Fehler:

Verfahren Sie die einzelnen Achsen im Handbetrieb!

Tritt der Fehler auf, so ist die aktuelle Achse fehlerhaft!

Tritt kein Fehler auf so liegt die Ursache beim Hauptspindelantrieb!

2. Bei sporadischem Fehler:

Verfahren Sie die einzelnen Achsen im Handbetrieb oder mittels Programm!

Tritt der Fehler auf, so ist voraussichtlich der aktuelle Achsantrieb die Ursache !

Schalten Sie den Spindelantrieb ein, positioniern Sie ggf. mehrmals die Spindel mit M19. Tritt der Fehler auf, so ist voraussichtlich der Spindelantrieb die Ursache.

Weiter mit RETURN!

Es wurde die Testanweisung bewußt so formuliert, daß nur die Antworten "ja" oder "nein" möglich sind. Dies soll dem Benutzer eine möglich einfache Bedienung des Systems erlauben, wie sie unter den angespannten Bedingungen eines telefonischen Kundendienstgespräches oder einer lauten Maschinenhalle erforderlich ist. Anders ausgedrückt, Antworten, die unter angespannten Bedingungen von den Bedienern eine zusätzliche geistige Leistung erfordert, sollen vermieden werden.

Neben der oben genannten HILFE Option steht dem Benutzer nach der ersten Testanweisung auch die Option ZURÜCK zur Verfügung. Fehleingaben können auf diese Weise korrigiert, bzw, bei Irrtum auch andere Wege im Fehlerbaum eingeschlagen werden.

Die Umsetzung der Fehlerbäume in NEXPERT OBJECT wurde mittels standardisierter Regelformen erreicht. Die gesamte Regelstruktur der SPS-Fehlerbäume konnte mittels vier verschiedenen Regeltypen formuliert werden. Dieser weitgehend formalisierte Aufbau der Wissensbasen war im Hinblick auf eine einfache Änderung und Erweiterbarkeit des Systems gewählt worden.

2.6. Fehlerdokumentation

Die Auswertung von Fehlerstatistiken ist für jeden Hersteller von grundlegender Bedeutung. Daraus lassen sich etwa Angaben über die Lagerhaltung von Ersatzteilen ableiten, zum anderen die Möglichkeit weiterer konstruktiver Verbesserungen. Es muß deshalb in einem Diagnosesystem zumindest die Möglichkeit einer Registrierung der gefundenen Fehler vorhanden sein. Die Ergebnisse, die man daraus erhält, können natürlich dadurch verfälscht werden, daß ein Bediener, der einen gewissen Fehler schon kennt, nicht mehr auf das Diagnosesystem als Entscheidungshilfe zurückgreift.

Im unserem Diagnosesystem, wurde dies auf zweierlei Weise realisiert. Verwendet man z.B. die Fehlerbäume aus der SPS, so führt im Grunde jede Anfrage letztendlich zu einem Blatt eines Fehlerbaumes. Dieses Blatt repräsentiert einen eindeutigen Fehler, der durch entsprechende Fehlercodelisten auch bislang schon dokumentiert werden kann. Es wurden also deshalb alle Blätter der gesamten Fehlerbäume codiert und in entsprechenden Codes von Fehlerbild, betroffenem Bauteil, betroffenem Hersteller und Fehlerursache in einer getrennten Datenbank zugeordnet.

Kommt ein Benutzer im Verlauf einer Diagnosesitzung auf ein Blatt eines Fehlerbaumes, so wird automatisch ein Fehler in die Statistik eingetragen, dessen gesamte Codierung aus einer getrennten Datenbank abgerufen werden kann. Dies ermöglicht eine statistische Auswertung aller bislang bekannten Fehlerursachen.

Es wurde auch die Möglichkeit neuer Fehler berücksichtigt, obwohl nach Aussagen der Fachleute jede Fehlermeldung letzlich zu einer der schon bekannten, und in den Fehlerbäumen dokumentierten End-Ästen der Fehlerbäume resultieren sollte. Im Falle eines neuen Fehlers wird der Benutzer aufgefordert, das Fehlerbild (Symptom), die eigentliche Fehlerursache, sowie etwaige Reparaturmaßnahmen im Klartext zu erläutern. Eine automatische Codierung ist bislang nicht vorgesehen.

2.7. Schnittstelle zur Maschinensteuerung

Typische Diagnosesysteme leben davon, daß die entsprechenden Informationen durch Abfragen an dessen Bediener und dessen Antworten eingegeben werden. Für einen Teil dieser Information ist es aber möglich, die Angaben direkt aus der Steuerung zu holen. Durch die Übernahme aller Informationen, die aus der Steuerung verfügbar sind, wird der Bediener nur noch nach dem Notwendigsten befragt. Für Abfragen aus der CNC wurde in Zusammenarbeit mit H&K Elektronik eine Schnittstelle mit entsprechendem Protokoll entworfen. Sobald die Schnittstelle, die zur Zeit in Entwicklung ist, fertiggestellt ist, kann ein Teil der notwendigen Informationen direkt aus der Steuerung übernommen werden.

Die Flexibilität des Systems bleibt auch nach der Anbindung an die Steuerung voll erhalten. Innerhalb der Wissensbasen wurde die Datenübernahme aus der Steuerung als erste Wissensquelle definiert. Sind keine Steuerungsdaten vorhanden, oder ist die Schnittstelle nicht aktiviert, weil das System zur Telefondiagnose im hauseigenen Service verwndet wird, so wird der Benutzer wie bislang zu den entsprechenden Eingaben auf-gefordert.

Die Möglichkeit der Hierarchisierung von Wissensquellen ermöglicht die Verwendung des Systems mit und ohne aktive Verbindung zur Maschinensteuerung.

2.8. Zeitlicher Aufwand und Projektierung zukünftiger Systeme

In dem System für die SPS-Fehlermeldungen wurden bislang 70 Fehlermeldungen bearbeitet. Diese verschiedenen Wissensbasen sind von sehr unter-schiedlicher Tiefe. Im Schnitt enthält eine Basis ca. 15 Regeln, 8 - 10 Benutzerabfragen, 6 - 8 Testan-weisungen und 6 - 8 Reparaturhinweise. Für die Erstellung einer mittleren Wissensbasis wurde ca. 1 Arbeitstag benötigt. Die Gesamterstellungzeit dauert ohne die vorhergehende Sitzungen mit den Fachleuten ca. 2 Monate.

Für ca. 70 SPS-Meldungen wurden 9 Sitzungen von ca. 3-stündiger Dauer benötigt. Die Anzahl der dabei erstellten Fehlerbäume ware sehr unterschiedlich, je nach Komplexibilität der möglichen Fehlerursachen. Es gab Arbeitssitzungen, in denen nur eine einzige Fehlermeldung bearbeitet werden konnte. Lagen aber etwa gleichartige Fehlermeldungen für z.B. verschiedene Motoren vor, so konnten in einer Sitzung auch mal 8 der SPS-Meldungen abgearbeitet werden.

Das häufig in der Literatur beschriebene Problem, den richtigen Experten zu finden, stellt sich nicht. Es wurden zwei, von allen anerkannten Fachleute aus der Elektrokonstruktion und der Inbetriebnahme ausgewählt. Die Tatsache, daß diese beiden Mitarbeiter auch sonst sehr gut zusammenarbeiten, obwohl sie aus verschiedenen Abteilungen kommen, hat keine wesentliche Probleme bei der Wissensaquisation aufkommen lassen. Viel mehr haben sie sich in dem Finden und Formulieren der notwendigen Diagnoseschritte gegenseitig unterstützt.

Um Mißtrauen und Vorbehalte gegen "unpersönliche" Computer und Software möglichst einzuschränken, wurden die Namen der beiden Experten, die wesentlich der Erstellung der Wissensbasen getragen haben, auch in dem Expertensystem auf einer der ersten Seiten genannt. Dies soll die Hemmungen der Service-Techniker, die dieses Problem getestet haben, gegenüber einer abstrakten Software abbauen und es ihnen ermöglichen, da Wissen sozusagen zu personifizieren. Dadurch wurden die Kritiken an dem System aber nicht persönlich, sondern führten zu sachlichen Auseinandersetzungen.

3. Zusammenfassung

Das Expertensystem für die Fehlerdiagnose an der BA 30 -CNC von Heckler und Koch unterstützt das Wartungspersonal bei folgenden Fehlern:

- Fehlermeldungen aus der SPS
- Maschinenstillstand ohne Fehlermeldung
- Bearbeitungsfehler

Der Diagnoseprozess wird erleichtert durch:

- Testanweisungen
- Einblenden von Stromlaufplänen, Hydraulik- und Pneumatikplänen
- Wartungs- und Reparaturanweisungen

Die aufgetretenen Fehler werden automatisch aufgezeichnet und in einem Format wie es schon zur Zeit für die Auswertung von Montageberichten unter D-Base abgespeichert. Neue Fehler können ebenfalls in eine Datenbank übernommen werden.

Das System ist auf allen Rechnern lauffähig. Entwickelt und getestet wurde es auf IBM-Kompatiblen 386er Rechnern.

Bei H&K-Steuerungen läßt sich der Bildschirm der Steuerung verwenden. Eine Schnittstelle zur CNC ist möglich.

WEMADIAS wird derzeit nur von hauseigenen Kundendiensttechnikern eingesetzt, eine Weitergabe des Systems an die Kunden steht aber kurz bevor.

4. Literatur

/1/Schnupp, P.; Leibrandt, U.: Expertensysteme, Berlin, u.a.: Springer Verlag 1986

/2/Hattwig,J.: KI: Keine Integration, in: Online 8/89

/3/Göttmann, K.: Methoden der Wissensaufbereitung für Expertensysteme, dargestellt am Beispiel einer CNC-Werkzeugmaschine, Darmstadt, Diplomarbeit am Institut für Spanende Technologie und Werkzeugmaschinen,TH-Darmstadt 1989.

/4/Pfeufer, H.-J.: FMEA-Fehler - Möglichkeits- und Einflußanalyse, o.O.,o.J.

Teil 3

Konfiguration, Konstruktion

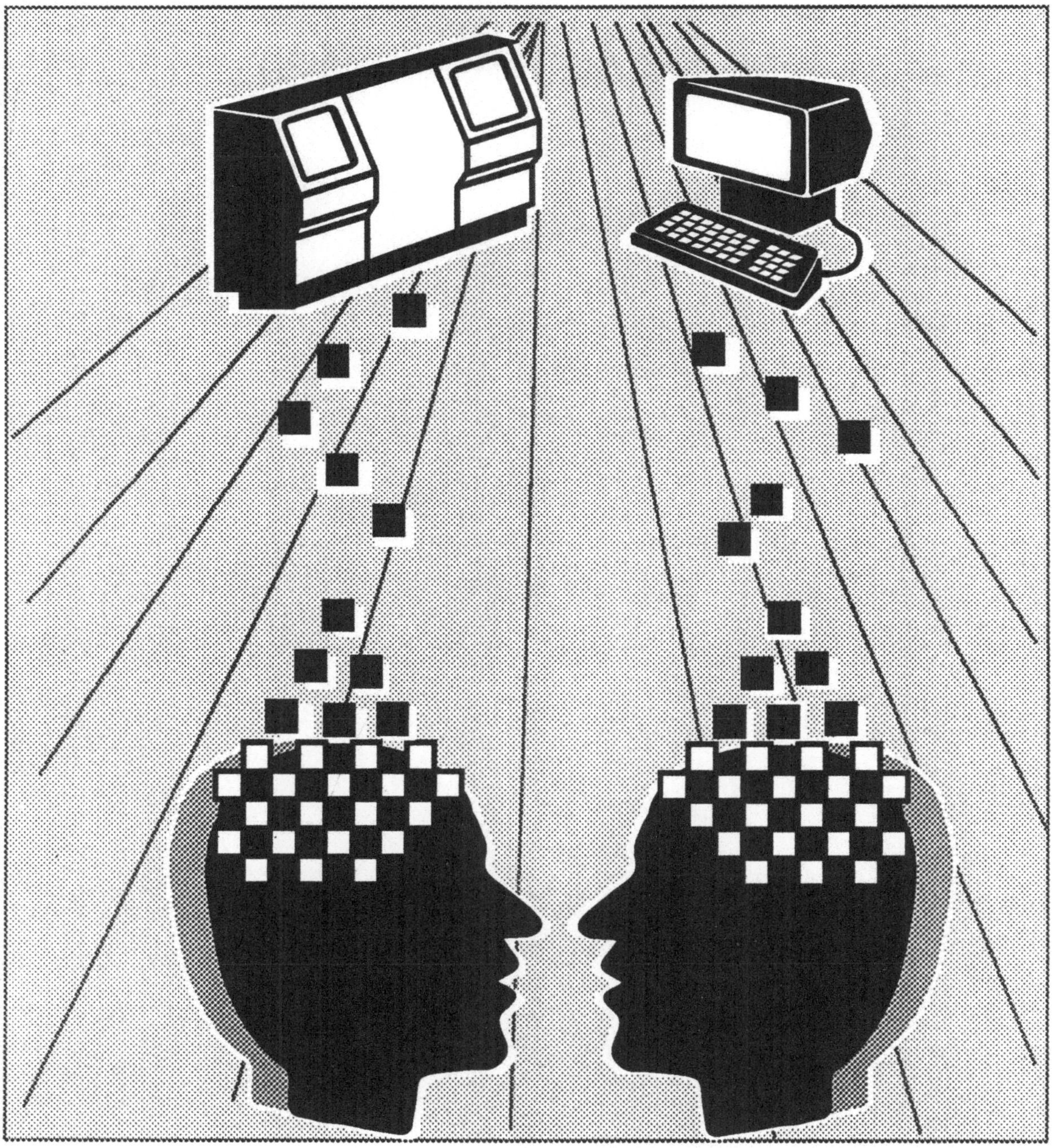

Konfiguration und Diagnose von dosiertechnischen Anlagen

Dr.-Ing. Gerhard Staiger
Hugo Kern und Liebers GmbH & Co.
Schramberg
und
Dipl.-Ing. Eberhard Kurz
Fraunhofer-Institut für
Arbeitswirtschaft und Organisation
Stuttgart

Inhaltsverzeichnis

1 Einleitung

KERN-LIEBERS ist eine unabhängige Firmengruppe mit mehr als 100jähriger Tradition im Fertigen von technischen Spitzenprodukten. Die Sparte "Dosiertechnik" stellt hochpräzise Dosier- und Mischanlagen für das Verarbeiten ein- und mehr komponentiger Flüssigkunststoffen (auf Epoxid-, Polyurethan-, Acrylat-, Polyester- oder Silikonbasis) her. Mit diesen Anlagen werden mechanisiert oder vollautomatisch Bauteile aller Art ausgegossen, verklebt, abgedichtet oder ausgeschäumt.
Bild 1 zeigt 4 typische Anwendungsbeispiele aus verschiedenen Branchen.

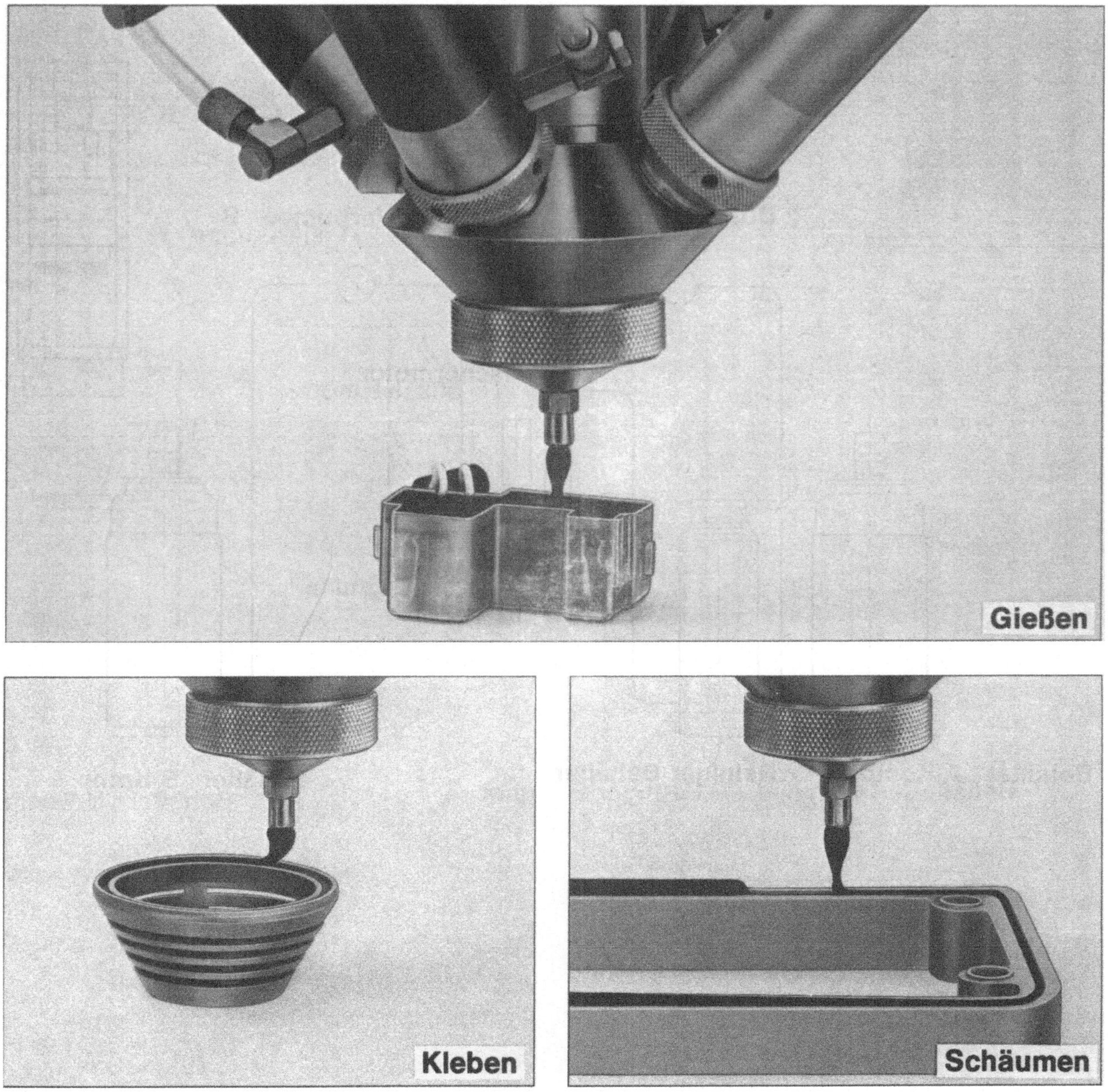

Bild 1: Dosierbeispiele

Jede Dosieranlage besteht im wesentlichen aus 5 Funktionsgruppen (Bild 2):

- Materialaufbereitung (Behälter etc.)
- Dosiereinrichtung (Dosierpumpe)
- Mischeinheit (Mischkopf, Ventile)
- Maschinenbau (Handling)
- Steuerungssystem

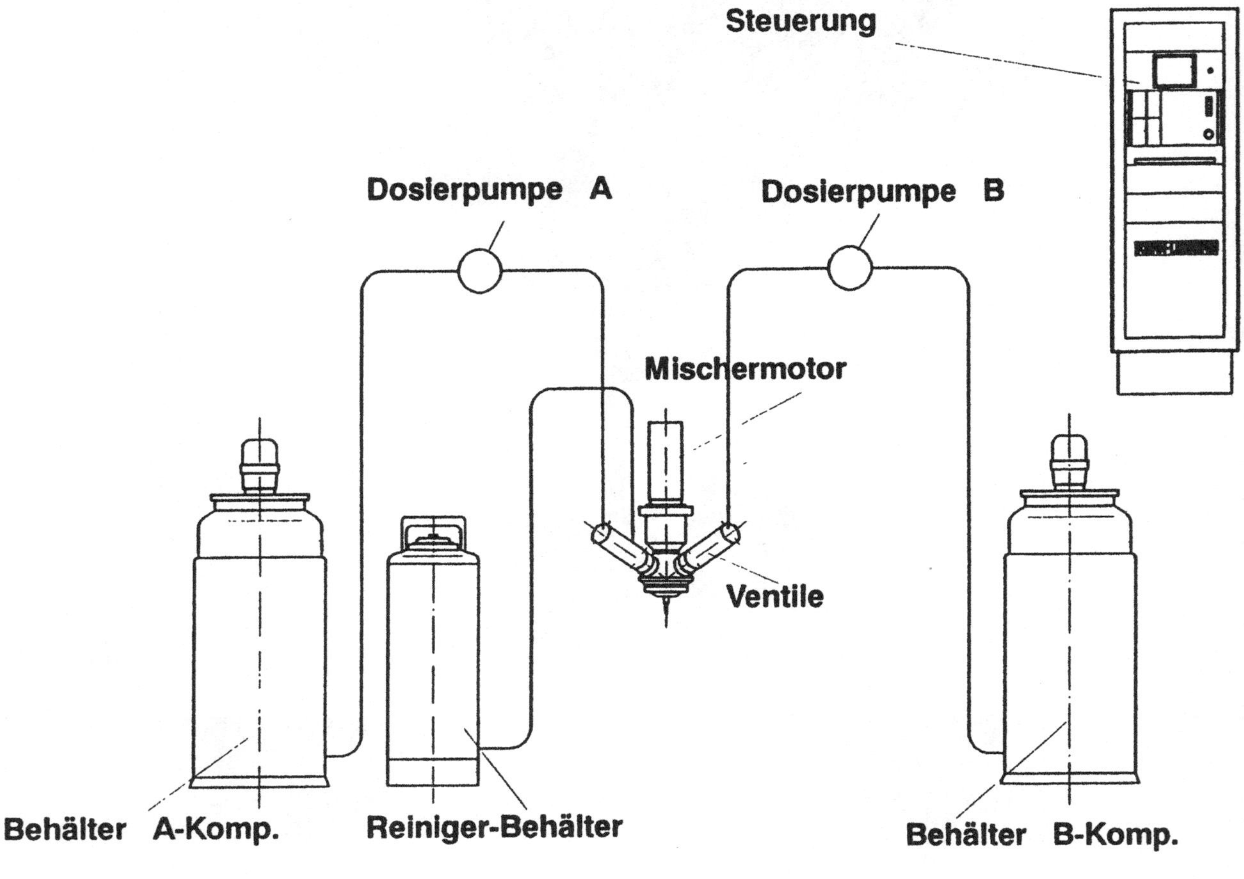

Bild 2: Prinzipieller Aufbau der Dosieranlage

Neben Standardanlagen (Bild 3) werden heute zunehmend CNC-gesteuerte Koordinatenfahrwerke (Bild 4) oder handelübliche Roboter (Bild 5) eingesetzt, die mit den entsprechenden Dosiereinrichtungen ausgerüstet sind.

Bild 3: CNC-Anlage

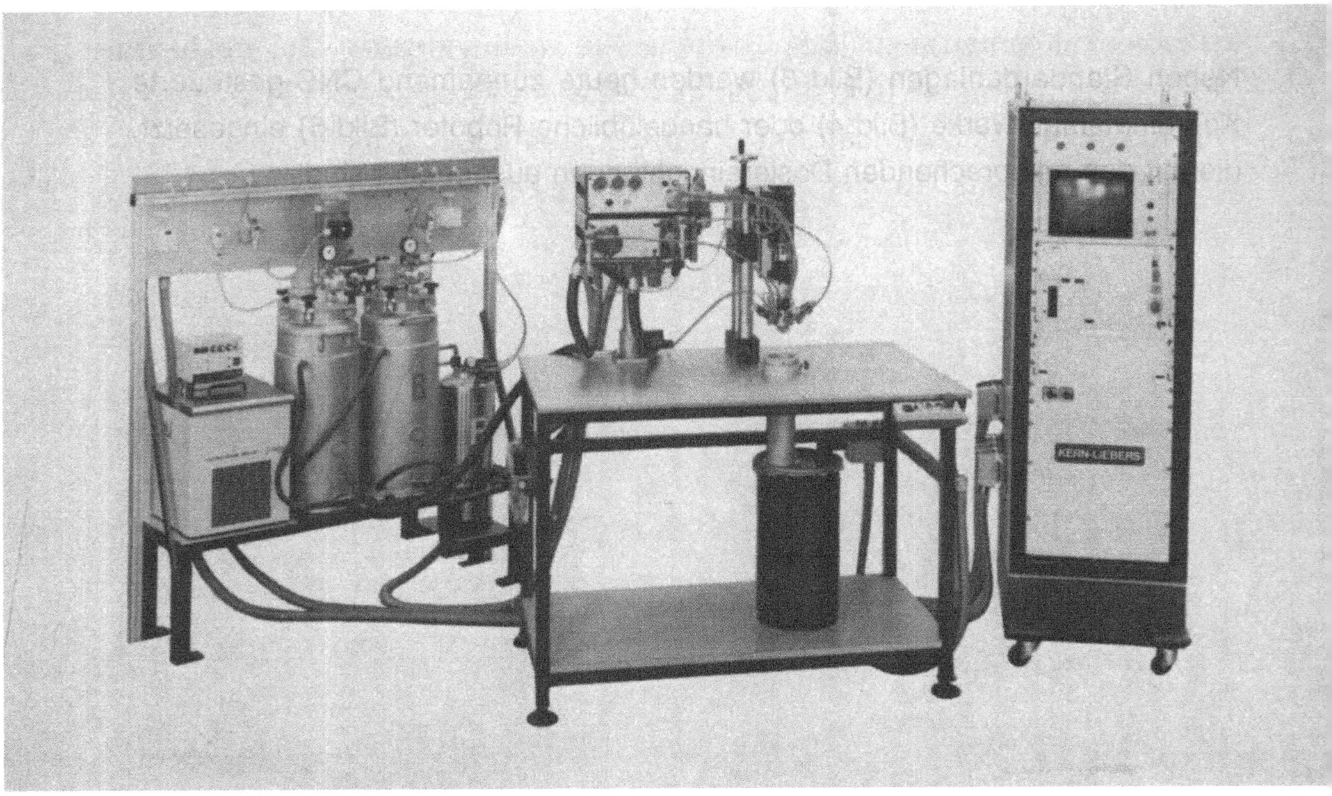

Bild 4: Dosieranlage auf Koordinatenfahrwerk

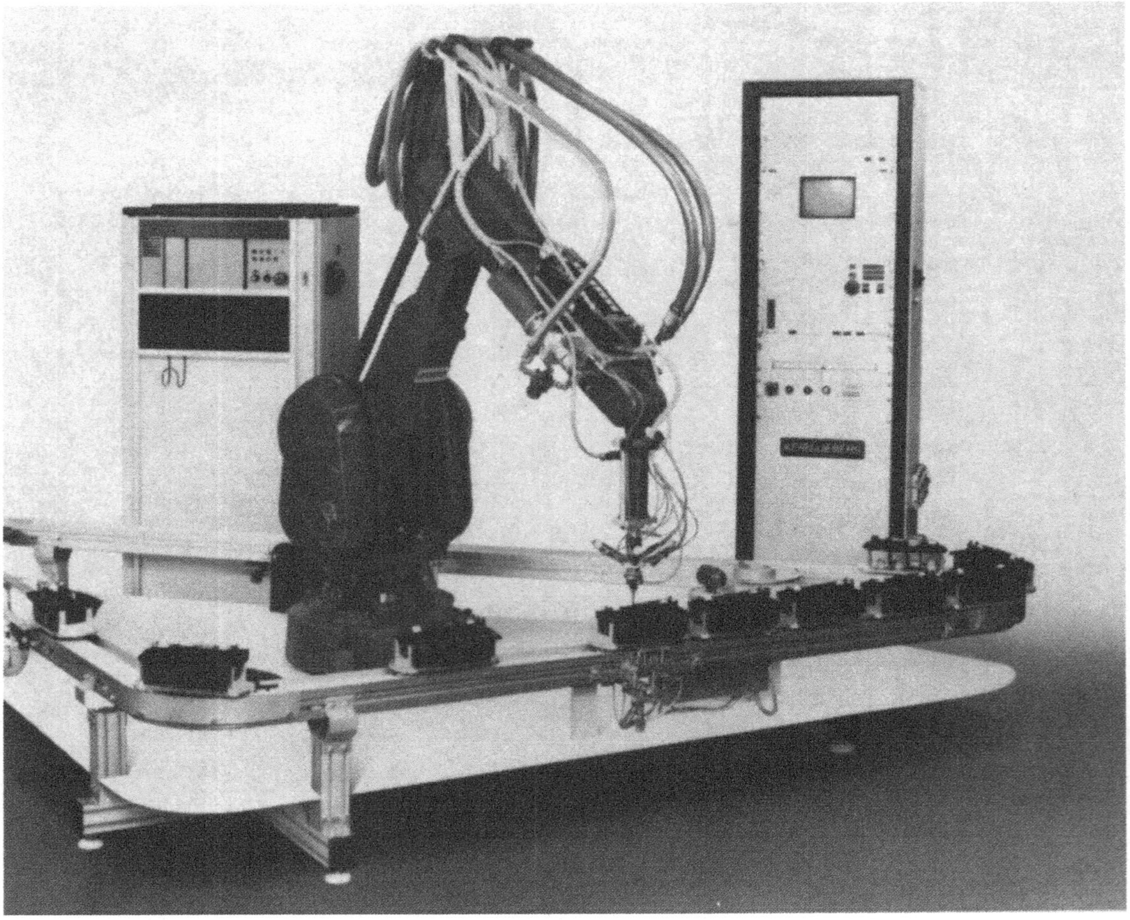

Bild 5: Roboteranlage

Der zunehmende Druck des Marktes zwingt gerade diejenigen Unternehmen, die in Einzelfertigung kundenspezifische Lösungen, wie z.B. Dosieranlagen, entwickeln und bauen müssen, zu einer möglichst schnellen Umsetzung des Kundenwunsches in eine gutfunktionierende Anlage. In diesem Sinn ist besonders die Verbindung: Kunde-Vertrieb-Entwicklung-Konstruktion-Fertigung zu stärken. Ein Ansatz, um den Zeitaufwand bis zur Fertigstellung der Anlage zu verkürzen, ist die Nutzung eines "Baukastens" zur "Konfiguration" der spezifischen Anlage unter Nutzung früher schon verwendeter Komponenten. Diese Konfigurierung bedeutet z.B. die Auswahl und Dimensionierung von Dosierpumpen, Mischkopf, Mischern, Schläuchen, Ventilen usw. aber auch die Bestimmung der Pumpendrehzahlen (Mischungsverhältnisse) und die Beachtung kritischer Schlauchlängen usw.

Da die Dosieranlagen häufig in der Serienfertigung eingesetzt werden müssen Stillstandszeiten möglichst klein gehalten werden. Bei einfacheren Fällen nutzt man vorallem die Möglichkeiten der Telefondiagnose um so im Dialog mit dem Kunden den Fehler zu finden und, sofern möglich, ihn auch durch diesen beheben zu lassen. In schwierigeren Fällen werden Mitarbeiter aus der Fertigung als Servicepersonal beim Kunden eingesetzt. Unter dem Gesichtspunkt, daß die Dosieranlagen alle Unikate sind, ist diese Lösung eine "elegante" Verbindung von anlagenspezifischen Wissen und Service-Know-How, denn üblicherweise werden diejenigen Mitarbeiter zur Inbetriebnahme und Reparatur eingesetzt, die auch an der Montage der Anlage beteiligt waren und sie deshalb besonders gut kennen.

2. Einführung eines Expertensystem für dosiertechnische Anlagen

2.1 Vorteile von Expertensystem

Die Faktoren, die für einen Einsatz von Expertensystem sprechen, lassen sich in quantifizierbare und nicht quantifizierbare Faktoren einteilen:

- Verkürzung von Bearbeitungszeiten

Wenn es Aufgaben gibt, die vom Kenntnisstand der Mitarbeiter genau bekannt sind, aber aufgrund mangelhafter Methoden bisher einfach zu lange dauern, so bieten diese Aufgaben einen Ansatzpunkt für den Einsatz von Expertensystemen. Die Erfüllung gesetzlicher Vorschriften wie Umweltschutzauflagen, Unfallverhütungsvorschriften oder Gefahrstoffgutverordnungen kann zum Beispiel sehr stark vereinfacht werden, wenn diese Vorschriften in einem Expertensystem kodiert erfaßt werden. Auch andere Arbeitsgänge wie das Nachschlagen in Tabellenwerken kann durch den Einsatz von Expertensystemen rationalisiert. automatisiert und damit erheblich verkürzt werden. Es läßt sich damit auch sicherstellen, daß überall im Unternehmen nach gleichen Normen und Vorschriften verfahren wird.

- Fehlerfreiheit

Ein Expertensystem macht keine Flüchtigkeitsfehler, es sorgt in den Grenzen der eingespeicherten Wissensbasis für vollständige und richtige Ergebnisse.

- Individualisierung

Kunden wollen maßgeschneiderte Angebote und Produkte. Die Kosten dieser Individuallösungen müssen aber zum Beispiel durch den Einsatz von Baukastenprinzipien möglichst klein gehalten werden. Expertensysteme können dazu dienen, in den Bereichen wie Angebotserstellung oder Konfiguration schneller urd flexibler zu agieren.

- Wissenssicherung, Ausbildung

Das in der Wissensbasis eines Expertensystems abgelegte Wissen ist nicht mehr an die Person eines einzelnen Menschen gebunden. Mit dem Einsatz von Expertensystemen kann es als kollektives Wissen einer Firma, einer Institution oder Fachdisziplin weiterbestehen. Das Wissen im Expertensystem kann leicht erweitert, verbreitet und kritisiert werden. Damit kann es auch für Unterrichtszwecke verwendet werden. Die nichtquantifizierbaren Größen betreffen organisatorische und strategische Gesichtspunkte:

- Wissensmultiplikation, Kumulierung des Wissens

Die Fähigkeiten von Mitarbeitern eines Unternehmens sind sehr verschieden. Wird das Wissen des auf dem jeweiligen Fachgebiet besten Mitarbeiters in ein Expertensystem übertragen, so kann ein gleichmäßig hoher Standard des

Wissens für alle Mitarbeiter sichergestellt werden. In einem Expertensystem kann zudem das Fachwissen einer größeren Zahl von Spezialisten für benachbarte Gebiete kumuliert werden.

- Wissenssystematisierung

Mit der Entwicklung von Expertensystemen können Problemfelder strukturiert und durch die vom System gebotene Darstellung des Wissens auch für den Nichtfachmann verständlich gemacht werden.

- Wissensverfügbarkeit

Wissen wird durch den Einsatz von Expertensystemen unabhängig von Ort und Zeit. Darüber wird die Qualität des verfügbaren Wissens konstant gehalten.

Als Aufgabenfelder bieten sich relativ eng umgrenzte und deutlich abgegrenzte Themenkomplexe an, die sehr stark spezialisiert sind.

2.2 Expertensystem für dosiertechnische Anlagen

Viele dieser Faktoren sind bei der Konfiguration und Diagnose von dosiertechnischen Anlagen gegeben. Spart man in diesen Bereichen Zeit und Geld ein, so ist die Kosten-Nutzen Relation sehr gut. Da in diesen Bereichen auch noch Personalknappheit herrscht und neue Mitarbeiter in ein Sachgebiet eingearbeitet weren müssen, eignen sich für diesen Aufgabenbereich ganz besonders Expertensystem.

In Zusammenarbeit mit IAO/FhG wird momentan zu diesem Thema ein öffentlich gefördertes Projekt durchgeführt. Das Vorhaben gliedert sich in verschiedene Phasen:

- Vorbereitungsphase:
    - Einführung
    - Zielfindung
    - Voruntersuchung
    - Projektorganisation

- Konzept- und Prototypphase:
  - Problemanalyse
  - Systemplanung
  - Entwurferstellung
  - Validierung des Entwurfs

- Endsystemphase:
  - Entwicklung zur Einsatzreife
  - Test
  - Betriebliche Einführung Einsatz und Wartung

2.3 Problemanalyse

Im Rahmen der Problemanalyse wurden die Arbeitsgebiete Konfiguration und Diagnose systematisch aufbereitet.

2.3.1 Eingangsinformationen für Konfiguration:

Kenntnisse:
- Konstrukteure
- Arbeitsvorbereitung
- Technikum

Produktionsspektrum:
- Maschinen (Baukasten)
  Technologie

Kundenanfrage:
- Preise
- Werkstückqualität
- Wirtschaftlichkeit
- Abmessungen
- Lieferzeiten...

Pflichtenheft für Maschine:
- technologische Daten
- Verfahrwege, Verfahrgeschwindigkeiten..
- Steuerungstechnik
- Liefervorschriften
- Zusatzeinrichtungen

2.3.2 Eingangsinformationen für die Diagnose:

Kenntnisse:
- Bediener
- Konstrukteure
- Servicepersonal
- Instandsetzer des Kunden

Dokumentation der Maschine:
- Zeichnungen
- Schaltpläne
- Bedienhandbücher

Fehlverhalten:
- Fehlermeldungen

Vorgeschichte:
- Betriebsdatenerfassung
- Logbuch

Statistik:
- Ausfallhäufigkeiten

2.4 Systemauswahl (Hardware-Software)

Bei der Realisierung wurde Wert auf die Verwendung von Industriestandardkomponenten gelegt. Es wird eine käufliche Shell der mittleren Preis- und Leistungsklasse in einer gängigen Programmiersprache (C) verwendet. Diese Software ist lauffähig auf PC's. Eine Trennung von Entwicklungs- und

Laufzeitversion ist möglich. Als Datenbank (SQL fähig) wird ein Standardsoftwarepaket eingesetzt. Dabei ist es möglich, das Expertensystem mit Datenbank, Grafikpaketen und externen Berechnungsprogrammen zu koppeln.

3. Gesamtarchitektur (Bild 6)

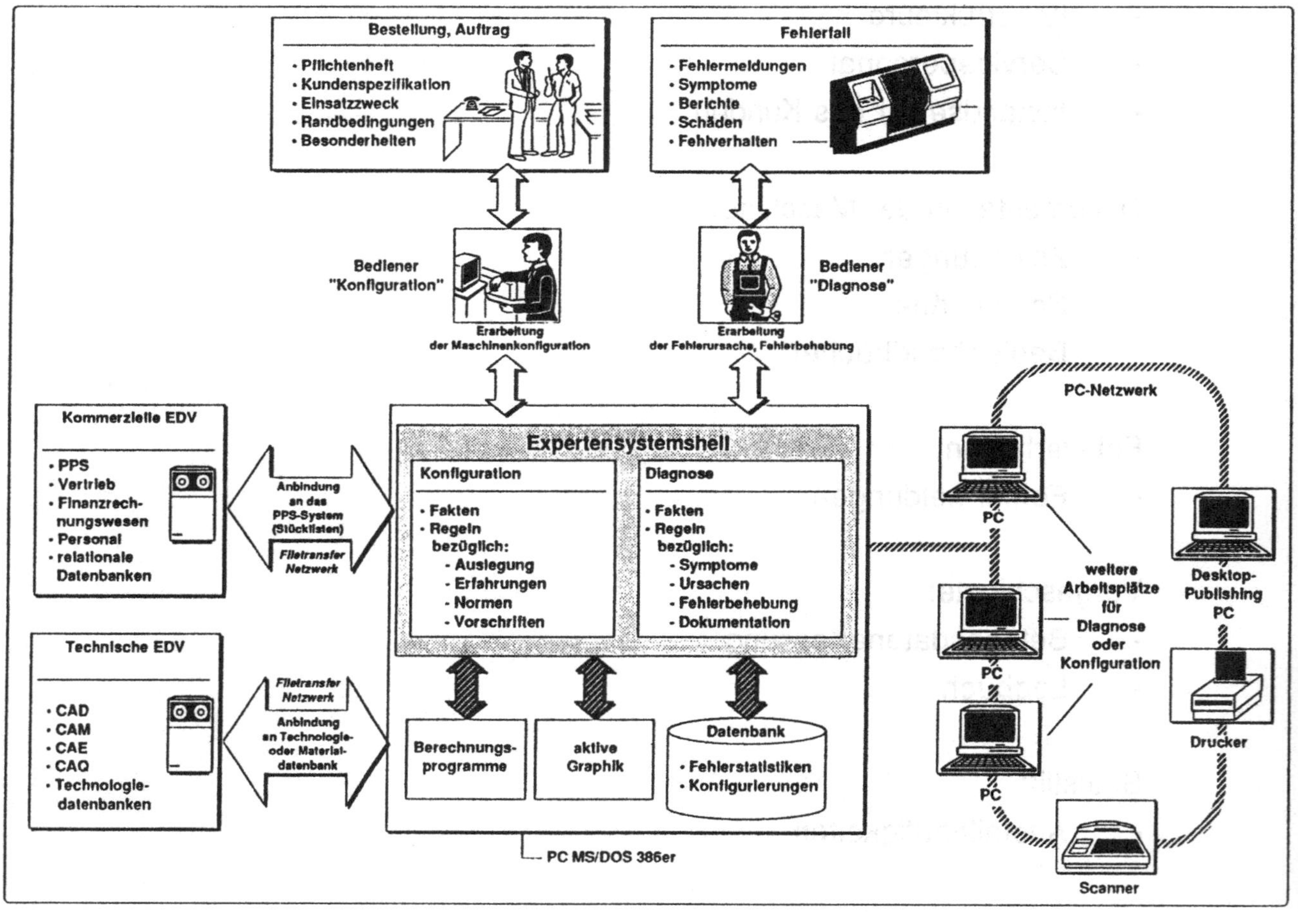

Bild 6: Gesamtarchitektur des Systems

3.1. Konfigurationssystem

Der Konfigurationsprozeß beginnt, wenn der Verkaufsingenieur beim Kunden das Pflichtenheft mit der genauen Spezifikation aufnimmt. In diesen Gesprächen und Verhandlungen werden die wesentlichen Bestandteile der Maschine schon festgelegt.Diese grobe Auslegung dient als Eingabe und Grundlage für das Konfigurationsexpertensystem. Dieses System hat gleichzeitig Zugriff auf den Teilestamm und Stücklisten des Produktionsplanungs- und Steuerungssystem und sowie notwendig auf Technologiedatenbanken. Der Mitarbeiter legt nun im Dialog mit dem Expertensystem die Maschine bis ins Detail aus. Dabei werden vom System auch notwendige kleinere Berechnungen durchgeführt.

Das Ergebnis des Konfigurationsprozeßes ist eine Stückliste, die je nach Bedarf weiterverarbeitet werden kann. Diese Informationen und die Erklärung wie es wie es zu dieser Auslegung der Maschinen gekommen ist, dienen auch als Grundlage für das Diagnoseexpertensystem.
Ein wesentlicher Vorteil des Expertensystem ist die interaktive Arbeitsweise, die auch Erklärungen ermöglicht. Die Konfiguration wird auch weiterhin ein Prozeß bleiben, bei dem es auf die menschliche Arbeitskraft ankommt, das heißt, dieses System kann und soll nur assistierend sein, es soll den Auslegungsprozeß beschleunigen und den Menschen in seiner Entscheidung unterstützen. Dazu werden auch grafische Hilfsmittel verwendet z.B. werden Diagramme auf dem Bildschirm gezeigt aus denen der Benutzer aktiv seine Wahl treffen kann.

3.2. Diagnosesystem

Für den Diagnoseeinsatz bieten sich mit dem Expertensystem zwei Möglichkeiten. Zum einen ist es möglich ein PC als TelefonserviceDiagnose-PC zu errichten oder der PC kann einem Servicetechniker auf einem portablen Lap-Top-Computer mitgegeben werden. In beiden Fällen läuft der Diagnoseablauf gleichermaßen ab. Der Kunde ruft an und schildert seine Symptome und vielleicht auch seine vermutenden Ursachen. Daraufhin gibt der Mitarbeiter diese Symptome in das System ein und dieses arbeitet im Frage-Antwort-Spiel weiter bis sich die vermutete Ursache ermitteln läßt. Zusätzlich zur Ursache werden auch Anleitungen und Tips zur Behebung dieser Fehler aufgezeigt. Speziell bei komplexeren Fehler ist es sehr rasch notwendig, daß zurückgegriffen wird auf die genaue Konfiguration der Maschine, weil in der Regel die Kundeninformationen spärlich und unvollständig fließen.

3.3. Einbettung in die EDV - Umgebung

Ein derart komplexes System kann nur effizient wirksam sein, wenn es in die bestehende EDV-Landschaft eines Unternehmens eingepaßt wird. Sehr häufig findet man in Unternehmen eine Zweiteilung in die kommerzielle und die technische Datenverarbeitung. Diese beiden Bereiche laufen auch sehr häufig auf unterschiedlicher Hardware und sind nur in Grenzen vernetzt. Das Konfigurations- und Diagnosesystem braucht aber Informationen von beiden Systemen, d.h. die Systeme müssen miteinander verbunden sein. Dies braucht zunächst keine dauerhafte Verbindung sein.

Der Datentransfer läßt sich am Anfang durchaus über einen reinen Filetransfer oder über Diskettenaustausch realisieren. In einem späteren Ausbaustadium ist natürlich die Einbettung in ein Netzwerk zu empfehlen. Gleichzeitig ist es notwendig, daß Ausgabemedien und weitere Arbeitsplätze für dieses System vorhanden sind. Als Peripheriegeräte sind Drucker, Scanner, und DTP-Systeme erforderlich, um die Informationen auch einem weiteren Kreis zugänglich zu machen. Auf dieser Seite werden leistungfähige PC's eingesetzt.

4.1 Wissenserwerb

Der Wissenserwerb wurde ausschließlich mit dem strukturierten Interview durchgeführt. Im Gespräch mit Fachleuten aus der Arbeitsvorbereitung, der Konstruktion, Vertrieb, Labor und Service wurde das relevante Wissen ermittelt.
Bei der Strukturierung des Fachwissens wurden vorhandene Strukturstücklisten benutzt. Diese Strukturstücklisten führten zu der gewünschten Hierarchisierung der Anlage. Die Anlage wurde so weit wie nötig in Baugruppen zerlegt (Bild 7) Diese Module bilden für sich eine Wissensbasis. Bei dem verwendeten Expertensystemwerkzeug Nexpert

Object ist es möglich, einzelne Wissensbasen zu modularisieren. Dies läßt eine übersichtliche Wissensbasis zu.

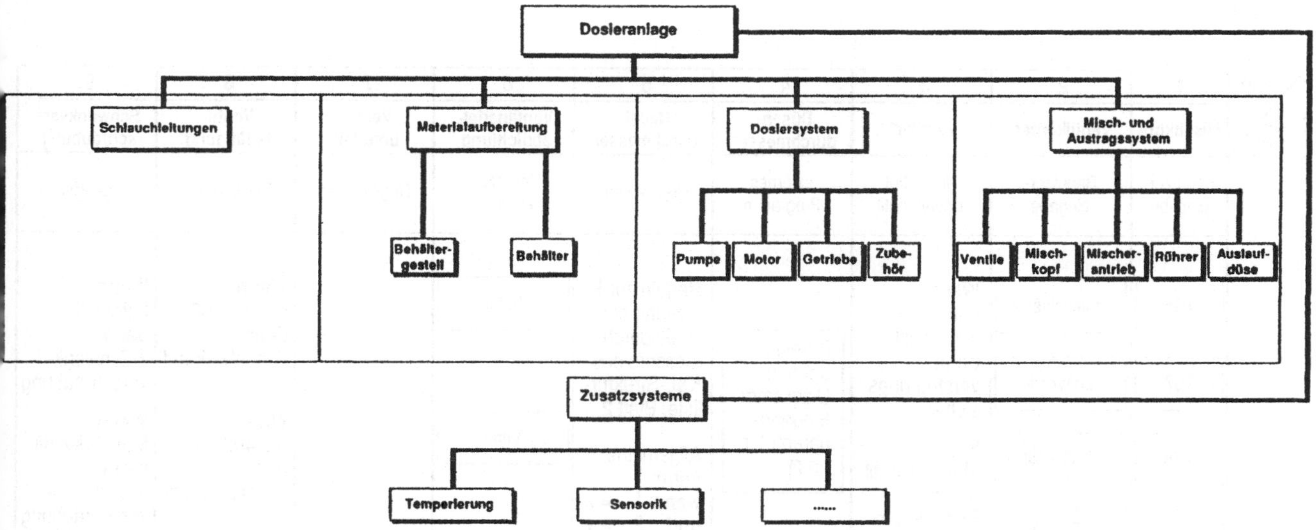

Bild 7: Dosiertechnische Funktionsgruppen

Der nächste Schritt ist, daß pro Baugruppe die Regeln bestimmt werden, die zur Auslegung der Einzelteile notwendig sind. Bild 8 zeigt eine derartige Regelmenge für ein Dosierventil. Auf der waagrechten Achse ist die Auslegungsreihenfolge aufgetragen, in der die Teile nacheinander ausgelegt werden. Pro Bauteil ergeben sich Auslegungsregeln, die in der Spalte senkrecht aufgetragen werden. Diese Struktur kann dann leicht in die Sprachsyntax von Nexpert Object umgesetzt werden, weil jede Spalte als eine Hypothese zuzuordnen sind.

Hypothesen / Regeln pro Hyp.	1	2	3	4	5	6	7	8	9
	Mischkopf	**Ventilkörper**	**Ventilart**	**Düsen-durchmesser**	**Nadel-durchmesser**	**Ventilnadel-abdichtung**	**Ventil-unterteil**	**Ventil-betätigung**	**Schwenkver-schraubung**
	Benutzer-eingabe	Benutzer-eingabe	Meta Slot Dosierventil	externes Programm	Regelwissen	Benutzer-eingabe	Regelwissen	Regelwissen	Regelwissen
	106 107 108 109 110	Materialventil Luftventil Spülventil Kombination Spül-Blas-Block	**Wenn** Luft- oder Spülventil **dann** verstopfungs-sicher **Wenn** Materialventil **dann** Benutzerein-gabe: - nicht ver-stopfungs-sicher - Rezi.	Berechung anhand Diagramm Eingabe-parameter: q,η	Regeln zur Er-mittlung des Nadeldurch-messers aus K&L-Struktur-liste, Blatt 2 Allgemeine Form: **wenn** 1 =x **und** 2 =y **und** 4 =z **dann** ND=a	Teflon Viton		**Wenn** n > 40.000 **dann** doppelwirkend **Wenn** n< 40.000 **dann** einfachwirkend	**Wenn** Luftventil **dann** 2 Schwenk-verschraubung **Wenn** Materialventil **dann** 1 Schwenk-verschraubung **Wenn** Materialventil **und** doppelwirkend **dann** 2 Schwenk-verschraubung

Auslegungsreihenfolge →

Formblatt ´Wissensbasis´

EBK 1/4/90 FhG IAO

Bild 8: Wissensbasis "Dosierventil"

Eine Vielzahl von Informationen können in Form von Entscheidungstabellen dargestellt werden, die in Form von Datenbanktabellen abgelegt werden. Bild 9 zeigt eine Tabelle für die Auswahl einer Kupplung bei einem bestimmten Paar Motor/Pumpe.
Bei der Wissensakquisition hat sich gezeigt, daß ein positiver Nebeneffekt der Wissensakquisition eine Modularsierung der Maschine sowie eine Reduzierung der Teile- und Variantenvielfalt ist.

Pumpentyp	**Motorentyp**	
	Gleichstrom-Dunkermotor	**Servomotor SIEMENS**
Zahnradpumpe Typ 1	**Kupplung 0001**	**Kupplung 0002**
Zahnradpumpe Typ 2	**Kupplung 0005**	**Kupplung 0006**
Spinnpumpe Typ 3	**Kupplung 0003**	**Kupplung 0004**
Spinnpumpe Typ 4	**Kupplung 0005**	**Kupplung 0006**

Entscheidungstabelle zur Auswahl von Kupplungen bei vorgegebener Pumpe und Motor

Bild 9: Entscheidungstabelle "Kupplung"

Für das Diagnose-Expertensystem wurden in einer Brainstorming Sitzung Erfahrungen der Servicetechniker aufgenommen. Diese ungeordnete Sammlung wurde dann intern geordnet und in Regelform gebracht. In gleichem Maße wie bei der Konfiguration wurde auch bei der Diagnose auf die Hierarchisierung der Maschine zurückgegriffen.
In der Zukunft ist geplant, eine Fehlerstatistik-Datenbank aufzubauen, um exakte Daten als Grundlage für das Expertensystem zu haben.

4.2 Einsatz in der Praxis

Bisher wurde die Wissensbasis für die Konfiguration des Dosierventils sowie einige Diagnosefälle implementiert. Die im Prototypbetrieb ermittelten Erfahrungen sind positiv. Das System und das Expertensystemprojekt insgesamt werden voll akzeptiert und sogar begrüßt, weil man sich eine Arbeitserleichterung und Vereinfachung verspricht.

Als wesentlich hat sich herausgestellt, daß ein Großteil der Arbeit wenig mit dem eigentlichen Expertensystemprojekt zu tun hat, sondern durch die Modularisierung und Standardisierung werden viele Aufgaben ausgelöst.
Im Betrieb muß ein oder mehrere Mitarbeiter bestimmt werden, die für die Wartung und Erweiterung der Wissensbasis verantwortlich sind.
Dieser "Kümmerer" muß sowohl ausreichende Kenntnisse der Datenverarbeitung und dem Expertensystemwerkzeug als auch vom Fachgebiet haben.

5. Zusammenfassung

In diesem Artikel wird ein integriertes Konfigurations- und Diagnose-Expertensystem für dosiertechnische Anlagen vorgestellt. Das System erlaubt zum einen die Konfiguration von Sonderanlagen basierend auf Pflichtenheften des Kunden und grobe Auslegung durch das Verkaufspersonal. Das System ist mit anderen EDV-Systemen gekoppelt. Der Bediener kann so im Dialog mit diesem System eine Maschine schneller, besser und einheitlicher auslegen, als es bisher möglich war. Gerade in diesem Bereich erfolgte die Konfiguration bisher sehr oft mit individuellen Maßstäben und nach Einführung dieses Systems kann eine gleichmäßige sehr wohl dokumentierte Konfiguration der Maschine auch von mehreren

Mitarbeitern gleichzeitig in gleicher Qualität durchgeführt werden. Mittels dieser genau spezifizierten Daten kann dann die Maschine hergestellt werden.

Kommt es zum Fehlerfall, so ist es für den Instandhaltungsbereich möglich auf das DiagnoseExpertensystem zurückzugreifen das die Suche nach der Fehlerursache ermöglicht und erleichtert, sowie Hinweise und Tips zur Fehlerbehebung gibt. Das Konfigurations- und Diagnoseexpertensystem greifen dabei auf die gleiche Datenbasis zurück und können Informationen gegenseitig austauschen.

Bei der Systemrealisierung wurde auf den Einsatz von Standardkomponenten und auf die Integrationsmöglichkeiten großen Wert gelegt.
Obwohl das System erst im Versuchsstadium arbeitet kristallisieren sich die folgenden Vorteile heraus:

für die Konfiguration:
- bessere Auslegung
- bessere (transparentere) Dokumentation des Wissens
- leichtere Einarbeitung von neuen Mitarbeitern
- einheitliche Datenbasis

für die Diagnose:
- schnellere Diagnose
- schnellere Fehlerbehebung

6. Bilderliste

Expertensystem zur Konfigurierung einer kunststoffverarbeitenden Maschine

Dr. rer. nat. Bernd Fehsenfeld
Hauptabteilungsleiter Informationstechnik
Krupp Forschungsinstitut
Münchener Straße 100
4300 Essen 1

Das im folgenden Beitrag vorgestellte Expertensystem unterstützt im Maschinenbau die Angebotserstellung unter Berücksichtigung kundenspezifischer Vorgaben. Das System ist als Baustein zu einer globalen Funktionsintegration im Sinne des Computer Integrated Manufacturing (CIM) konzipiert.

Inhaltsverzeichnis

1. Expertensystem zur Konfigurierung einer kunststoffverarbeitenden Maschine

Unternehmen können nur dann erfolgreich sein, wenn sie im Wettbewerb mit gezielt eingesetzten Vorteilen auftreten. Die dafür e cheidenden Erfolgsfaktoren müssen verstärkt durch die Technik geschaffen werden, denn die Technik ist der vom Unternehmen selbst am besten steuerbare Parameter. So läßt sich wirtschaftlicher Erfolg dadurch sichern, daß die angebotenen Produkte und Verfahren hochwertiger sind als die des Wettbewerbers oder günstigere Preise oder kürzere Lieferzeiten geboten werden können [1].

Im Maschinenbau läßt sich die angestrebte Flexibilität bei der Produktion nur erreichen, indem die in einzelnen Funktionsbereichen bereits vorhandenen Informations- und Automatisierungssysteme weiterentwickelt und zu bereichsübergreifenden Computer Integrated Manufacturing (CIM) Lösungen ausgebaut werden. Ein vorrangiges Ziel des integrierten CIM-Konzeptes besteht in der Verknüpfung der bisher getrennten planerisch-kaufmännischen Funktionen im Produktionsprozeß mit den technisch-orientierten [2] (Bild 1).

Mit den für die Integration der verschiedenen Bereiche notwendigen Funktionserweiterungen stößt man schnell zu Problemstellungen vor, in denen neben algorithmierbarem und statischem Faktenwissen auch Erfahrungen und empirische Zusammenhänge zu berücksichtigen sind [3]. Diese Funktionserweiterungen lassen sich mit den Methoden der Künstlichen Intelligenz viel leichter und damit wirtschaftlicher erreichen als mit dem Instrumentarium der konventionellen EDV. Aussichtsreich ist vor allem der Einsatz von wissensbasierten Systemen (Expertensystemen) bei der Lösung solcher Problemstellungen, deren Bearbeitung das Fachwissen von Experten aus mehreren unterschiedlichen Fachbereichen erfordert.

Ein solches Szenario stellt im Maschinenbau die Angebotserstellung dar. Hier fließen ganz im Sinne der Funktionsintegration durch CIM betriebswirtschaftliche und technische Gesichtspunkte gleichermaßen ein. Zur Beantwortung von Kundenanfragen sind sowohl Erfahrung als auch Faktenwissen über die eigenen Produkte notwendig. Der hohe Anteil an nur schwer objektivierbarem Erfahrungswissen im Angebotswesen erklärt hinreichend, weshalb dieser Bereich bisher noch nicht automatisiert oder rechnerunterstützt wird.

Besonders beratungsintensiv sind Maschinen für die Kunststofftechnik. Am Beispiel der Problematik, die sich bei der kundenspezifischen Konfigurierung einer kunststoffverarbeitenden Blasformmaschine ergibt, lassen sich Möglichkeiten und Vorteile wissensbasierter Techniken bei der Angebotserstellung gut erläutern. Bei der heute üblichen Vorgehensweise erfordert die Klärung eines Angebotes zur kundenspezifischen Fertigung auf einer Blasformmaschine eine Bearbeitungszeit von mindestens einer Woche. Verursacht wird dieser hohe Zeitaufwand hauptsächlich durch die geringe Verfügbarkeit der technischen Experten, deren Wissen zur Angebotserstellung ebenso benötigt wird wie die technischen und kaufmännischen Überlegungen der Kundenbetreuer. Die Verwendung von Techniken der Künstlichen Intelligenz im Kunststoffbereich liegt aber auch deswegen nahe, weil sich für diesen Werkstofftyp viele Parameter einer analytischen Beschreibung entziehen. Ein sehr großer Teil der Expertise besteht in der Umsetzung ausschließlich heuristischen Wissens. Sogar bei der Konstruktion von neuen Maschinenkomponenten kommen neben algorithmischen Ansätzen rein subjektive Expertenbeurteilungen zum Tragen. Mit Hilfe herkömmlicher EDV-Techniken (z.B. relationale Datenbanken) kann die Angebotserstellung nur sehr bedingt unterstützt werden (vgl. Bild 2), denn bei der Klärung der Angebotslage geht es nicht nur um die Abfrage tabellierter Informationen bezüglich der Maschinenteile, sondern um deren komplexe, regelbedingte Verknüpfung im Sinne einer nur Experten geläufigen Problemlösungsstrategie. Diese Gründe haben das Krupp Forschungsinstitut bewogen, in enger Zusammenarbeit mit dem Kunststoffmaschinenhersteller Krupp Kautex Maschinenbau GmbH ein Expertensystem zu erstellen, das die Angebotserstellung für Blasformmaschinen unterstützt.

2. Die Aufgabenstellung des Expertensystems

2.1 Das Extrusions-Blasformverfahren

Blasformmaschinen [4] (Bild 3) dienen zur Herstellung von Hohlkörpern aus thermoplastischen Materialien mit Volumina zwischen 10 ml und 10000 l. Die Palette der mit der Extrusions-Blasformtechnik gefertigten Artikel [4] (Bild 4) reicht von Arzneimittel-, Lebensmittel-, Detergenzien-, Agrochemikalien und Kosmetik-Verpackungen über Transport und Lagerbehälter, Dekorationsartikel, Teile der Büro-, Haushaltsmöbel und Haushaltsmaschinenindustrie, der Spielzeugindustrie bis hin zu komplizierten technischen Teilen des Maschinen-, Anlagen und Automobilbaus, wobei typische Vertreter des letztgenannten Anwendungsgebietes Kfz Tanks, Spoiler, Faltenbälge, Luftführungsteile und Schock-Absorber sind. Beim Extrusionsblasformen [5] (Bild 5) wird ein pulver- oder granulatförmiger Kunststoff-Rohstoff in einem Plastifizieraggregat (Extruder) unter Zuführung von Energie plastifiziert, homogenisiert und dann dem Extrusionswerkzeug (Winkel oder Staukopf) zugeführt. Je nach zu fertigender Artikelgröße wird hier der Kunststoff über einen Schmelzeverteiler kontinuierlich oder diskontinuierlich zu einem schlauchförmigen Vorformling geformt. Während der Schlauchdurchmesser von der Größe der am Ende des Extrusionswerkzeuges (Kopf) befindlichen Düse maßgeblich bestimmt wird, erfolgt eine gewünschte Wanddickenveränderung durch die axiale Verschiebung des in der Düse befindlichen konischen Dornes. Düse und Dorn bilden den zur Schlauchbildung notwendigen Ringkanal.

Nach der Übergabe des extrudierten schlauchförmigen Vorformlings an die Blasform erfolgt die eigentliche Formgebung des Hohlkörpers, indem durch einen Blasdorn oder eine Blasnadel Druckluft in das Innere des Vorformlings geleitet wird. Der sich aufbauende Innendruck von 6-10 bar dehnt das Extrudat, bis es an den Grenzflächen der Blasformkavität zum intensiven Wandkontakt zwischen Formmasse und Blasformmaterial kommt. Die große Temperaturdifferenz zwischen hochtemperiertem Thermoplast und der wassergekühlten Blasform sowie der gute Wärmetransport aus der Blasform sorgen für einen intensiven Wärmeentzug, der das rasche Erstarren der Formmasse zur Folge hat. Der Formgebungsprozeß nimmt sein Ende, wenn nach ausreichend langer Kühlzeit ein in seiner Dimension stabiler Hohlkörper aus dem Werkzeug entformt und an Nachfolgeeinheiten übergeben wird. In einem Nachfolgeprozeß wird der blasgeformte Artikel vom verfahrensbedingten Abfall befreit. Die Abfälle werden aufbereitet und dem Extrusionsprozeß wieder zugeführt. Weitere, auch automatisch ablaufende Nachfolgeprozesse wie Bohren, Verpacken und Palettieren etc. können folgen.

Technische und wirtschaftliche Geischtspunkte führen artikelspezifisch zwingend zu einer optimalen Auslegung einer Blasformanlage mit allen notwendigen Hilfsvorrichtungen und Nachfolgeeinrichtungen. Ein zusätzliches komplizierendes Moment resultiert daraus, daß die Düse/Dorn-

Kombination, die zur Formgebung des Kunststoffschlauches (Vorformling) dient, artikelspezifisch unter genauer Berücksichtigung geometrischer, rheologischer und anderer materialbedingter Gegebenheiten ausgelegt werden muß.

2.2 Angebotserstellung mit Hilfe des Expertensystems

Aufgrund der Komplexität der bei der Angebotserstellung zu klärenden Fragen wirken bei der Abwicklung Experten aus verschiedenen Unternehmensbereichen zusammen. Das vollständige Angebot einer Extrusions-Blasformanlage umfaßt neben der Auflistung der Maschinenkomponenten auch alle Auskünfte über die bereits erwähnten notwendigen zusätzlichen Vorrichtungen, Handhabungsgeräte und Nachfolgeeinrichtungen. Hinweise auf die fertigungstechnischen Besonderheiten der Artikelproduktion gehören ebenfalls dazu. Als Eingangsinformation zur Angebotserstellung liegt in der Regel nur die kundenspezifische Artikelbeschreibung und eine grobe Vorstellung der geplanten Artikelausstoßrate (Stückzahl pro Zeit) vor. Oft ist bei der Maschinenkonfiguration zu berücksichtigen, daß der Kunde bereits über Anlagen und Komponenten verfügt, die nach Möglichkeit bei der Fertigung des neuen Produktes wieder verwendet werden sollen. Zu diesem Zweck müssen Komponenten innerhalb einer gewissen Toleranz nachbehandelt oder konstruktiv umgestaltet werden. Das Expertensystem muß also wahlweise zwei alternative Suchstrategien verwenden:

- die Suche nach einer optimalen Konfigurierung oder

- die Suche nach einer tauglichen Konfigurierung unter weitgehender Verwendung vorgegebener Komponenten.

In beiden Fällen gehört die Ermittlung einer optimierten Ausstoßdüse mit zur Maschinenkonfigurierung. Die Bedienung des Systems soll in den Händen der für die Auftragsabwicklung verantwortlichen Kundenbetreuer liegen. Das Expertensystem muß sich nahtlos in deren Arbeitsweise und die gewohnten Abläufe einfügen. Deshalb wird bei der Ergebnisausgabe das gleiche Formular verwendet, das vor der Einführung des Expertensystems üblich war (Bild 6). Die Bedienung des Expertensystems darf keinerlei Programmiererfahrung oder EDV-Kenntnisse voraussetzen. Wichtig für die Akzeptanz des Systems ist eine gute Selbsterklärungskomponente.

3 Aufbau und Funktion des Expertensystems

Für den Benutzer gliedert sich der Aufbau des Systems (Bild 7) in die folgenden Komponenten:

- Mensch-Maschine-Schnittstelle,

- Maschineninterne Wissensverarbeitung und

- Ausgabe der vom System angebotenen Lösungsvorschläge (Expertise).

3.1 Die Mensch-Maschine-Schnittstelle

Zu Beginn einer Konsultation spezifiziert der Systembenutzer die Auftragsrandbedingungen (Angebotsnummer, Kundennummer, Name des Kunden). Diese Informationen haben in der gegenwärtigen Systemversion rein buchhalterischen Charakter und werden ohne zwischengeschaltete Schlußfolgerungsketten direkt auf das Ausgabeformular übernommen. Dann spezifiert der Benutzer, unter welcher Fragestellung er das System konsultieren will:

- optimale Maschinenkonfigurierung oder

- Maschinenkonfigurierung mit Randbedingungen.

Die gesamte Ein und Ausgabe erfolgt so weit wie möglich über Menüs und formularähnliche Grafiken unter weitgehender Ausschaltung der Tastatur (Bild 8). Zu jeder Zeit können erklärende Informationen zum jeweiligen Systemzustand abgefragt werden. Die Benutzereingabe ist auf das Notwendige beschränkt. Soweit wie möglich wird versucht, Informationen aus anderen Benutzereingaben abzuleiten. So wird der Mensch-Maschine-Dialog auf ein Minimum reduziert, was erfahrungsgemäß die Akezptanz des Systems beim Benutzer verbessert.

Den Kern der Benutzereingabe bildet die Beschreibung des zu fertigenden Artikels. Dabei ist zwischen unverzichtbaren und optionalen Eingaben unterschieden. Die Werte der optionalen Artikeleigenschaften werden vom System, z.T. über aktive Werte im Sinne der Objektorientierung, gesetzt. Die zur Charakterisierung des Artikels notwendigen Eigenschaften werden aus seiner Zuordnung zu bestimmten Artikelgruppen geschlossen (z.B. Rundflaschen, eckige Kanister). Ist der Artikel keiner der dem System bekannten Kategorien zuzuordnen, fällt demzufolge die Artikelbeschreibung am umfangreichsten aus.

3.2 Maschineninterne Wissensverarbeitung

Schon während der Eintragung der charakterisierenden Fertigungseigenschaften beginnt das System, an diese Informationen Schlußfolgerungsketten zu knüpfen. So werden z.B. aus den Informationen über die Geometrie, das Material und das Gewicht des Artikels automatisch die notwendige Kühlzeit in der Blasform abgeschätzt und aus der angestrebten Stückzahl die mögliche Taktzeit berechnet. Die Schlußfolgerungen werden ohne Benutzereingriff gezogen, sobald alle für eine Inferenz nötigen Informationen vorliegen.

Das Expertensystem konserviert alle einmal gemachten Angaben und die aus ihnen folgenden Ableitungen, die solange gültig bleiben, wie sich die ihnen zugrundeliegenden Bedingungen nicht ändern. Diese Gedächtnisfähigkeit des Systems bewirkt auch, daß bei Variantenkonfigurierungen ein Reasoning nur zu den Punkten erfolgt, deren Voraussetzungen sich geändert haben. Alle abgeleiteten Zusammenhänge und Kommentare werden während der Laufzeit für die spätere Erklärung aufbereitet und gespeichert.

3.3 Ausgabe der vom System angebotenen Lösungsvorschläge

Nach Ablauf der Konfigurierung werden dem Systembediener die vom System vorgeschlagenen Lösungen in Form eines Menüs angezeigt. Zu jeder Einzellösung können

- Stücklisten,

- Auslastungsinformationen,

- Düsenzeichnungen und

- standardisierte Ausgabeformulare

abgerufen werden. Darüber hinaus ermöglicht das benutzerfreundliche Systeminterface jederzeit den direkten Zugriff auf die datenbankähnlich codierten Beschreibungsdaten möglicher Komponenten. Das gute Antwortzeitverhalten des Systems macht es möglich, zu Testzwecken Eingabeparameter zu variieren und die Varianten einzeln zu analysieren. *Jede Aussage des Systems zu jeder angebotenen Konfigurierung kann vom* System begründet werden. Dabei wird grafisch ein Erklärungsbaum erzeugt, an dessen Spitze die zu begründende Aussage steht und an dessen Basis sich Ddekteingaben des Benutzers oder Datenbankeinträge, z.B. hinsichtlich der Maschinenkomponenten, befinden (Bild 9). Dazwischen sind die Argumentations und Schlußfolgerungsketten der Ableitung dokumentiert.

4 Die Wissensbasis des Expertensystems

4.1 Optimale Konfigurierung mit Standardkomponenten

Hinsichtlich der maschinen und materialspezifischen Anforderungen an die Maschine unterscheiden sich die Blasformartikel erheblich. Ein Expertensystem zur Unterstützung der Angebotsphase muß daher Expertisen zu folgenden Teilproblemen enthalten:

- Kombinierbarkeit der verwendeten Komponenten,

- Verträglichkeit der Leistungsfähigkeiten einzelner Komponenten mit den Anforderungen des Kunden und

- Strategie bei der Ermittlung einer optimalen Konfigurierung.

Am besten läßt sich die automatische Überprüfung dieser Hauptkriterien bewerkstelligen, wenn alle im System abgeleiteten und vorgegebenen Informationen in Form von Frames [6] und Slots gespeichert werden (Bild 10).

Verträglichkeitstests lassen sich dann entweder über die Werteklasse-Facetten einer Komponente oder über Feuern von Objektmethoden durchführen. Durch diese Nutzung der Ordnungsschemata der Objektorientierung bleibt das System wartbar [7].

Bei der Ermittlung der Fertigungsmaschine fließen z.B. folgende Überlegungen als Objekteigenschaften ein:

- Erlaubt die Maschine die Fertigung von Artikeln der vorgegebenen Geometrie (Länge, Breite, Tiefe, Volumen)?

- In wievielen parallelen Formnestern kann gefertigt werden?

- Reicht die Schließkraft der Maschine für die Bildung einer akzeptierbaren Quetschnaht und einer möglichst geringen Restfilmdicke zwischen Artikel und Butzen?

- Wie groß ist die Trockentaktzeit?

Entsprechende Fragen existieren auch für den Extrusionskopf (kontinuierliche und diskontinuierliche Extrusion):

- Liegt der Durchmesser des Vorformlings in der Spanne möglicher Durchmesser für den Kopf?

- Wie gut ist der Extrusionskopf zur Verarbeitung des gewünschten Materials geeignet?

  Erlaubt der Extrusionskopf die automatische Wanddickenregelung des Vorformlings?

- Hat der Extrusionskopf bei der Fertigung von Großbehältern das zur Fertigung eines Artikels nötige Speichervolmen ?

- Wievielfach paßt der Extrusionskopf bei Fertigung in parallelen Formnestern auf die Maschine?

Bei der Ermittlung von Extruder und Extruderschnecke sind folgende Fragestellungen von Bedeutung:

- Ist der geforderte Materialdurchsatz möglich?

- Paßt der Extruder auf die Maschine?

- Paßt der Extruder zum Extrusionskopf?

- Welche Extruderschnecke ist für das Artikelmaterial auszuwählen?

Jeder der Unterpunkte initiiert seinerseits zusätzliche Tests. Die Qualität der Tests variiert von einfachen numerischen Überprüfungen (diese in Lisp [8] codiert) bis zu heuristischen Expertenregeln. Die Tests manifestieren sich einerseits in Ausschließungsbeziehungen (knock-out Kriterien) und andererseits in Aussagen über besonders geeignete Konstellationen (Evidenztests).

Bei der Suche nach Konfigurierungslösungen wird im ersten Ansatz eine kompromißlos optimale Lösung an gestrebt. Erst wenn sie verfehlt wird, werden bestimmte Detailpunkte erneut, diesmal weniger streng, untersucht (z.B. die Eignung von Komponenten für bestimmte Materialien).

Das in Abschnitt 3.2 skizzierte Systemverhalten mit automatischer Wissensspeicherung einmal eingetragener Angaben einerseits und in Begründungsketten organisierter Erklärung andererseits kann sehr komfortabel mit dem deKleerschen ATMS (Assumption Based Truth Maintenance System) [9] erreicht werden. Im Gegensatz zur Regelrückverfolgung von Produktionsregeln ist die Erklärung von ATMS-Abhängigkeiten für den Experten viel besser verständlich (vgl. Bild 9). Bei der Problemlösung wird das Problem zuerst in disjunkte Teilprobleme, die Suche nach der Blasformmaschine und die Suche nach dem Blaskopf zerlegt. Bei der Verfolgung der Teilziele werden Unterhierarchien (verträglich von der Länge her, vom Volumen her usw.) über das ATMS- Verfahren erzeugt (meist angestoßen von aktiven Werten). Im Rahmen dieser Strategie ist die Auslegung der Ausstoßdüse (Bild 11) ein Testkriterium für einen geeigneten Blaskopf.

Die Qualität der Zustände (hypothetisch angenommene Maschinenkomponenten) wird mit impliziten Evidenztests (z. B. Kosten) bestimmt und somit eine Einschränkung des weiteren Suchbaumes erreicht. Am Ende werden die gewonnenen Ergebnisse aus beiden disjunkten Teillösungswegen miteinander kombiniert. Da die Verträglichkeit von Maschinen und Extrusionsköpfen eingeschränkt ist, ist es vorteilhaft, wenn aus jedem Teillösungsweg mehrere Teilergebnisse resultieren. Die fertigen Konfigurierungen werden mit fertigungstechnischen Kommentaren, artikel- und maschinenspezifischen Zusatzkomponenten und Vorschlägen für optimale Zusatzausrüstung versehen. Mit hypothetischem Reasoning können die Auswirkungen, die sich bei Verwendung von Zusatzausrüstung ergeben würden (Steigerung der Produktivität), aufgezeigt werden. Diese Informationen sind in Form von Deduktionsregeln [10] codiert, die in ihrer Selbsterklärungsfähigkeit mit ATMS-Assertions kompatibel sind.

Es zeigt sich, daß die menschlichen Problemlöser es vorziehen, unter mehreren angebotenen Lösungsvorschlägen zu wählen, statt nur die im Sinne der Kundenspezifikation beste Lösung angeboten zu bekommen. Demzufol e wird bei der Kombination der Resultate aus den disjunkten Teillösungswegen auf einen Evidenztest verzichtet, und alle Lösungen werden ausgegeben.

4.2 Kundenspezifische Sonderlösungen

In vielen Fällen ist der Kunde des Maschinenbauunternehmens bereits im Besitz von Maschinen und Maschinenkomponenten, mit der in der Vergangenheit andere Produkte erzeugt wurden und die, wenn möglich, wiederverwendet werden sollen. Das Expertensystem hat in diesem Fall die Aufgabe, ein Optimierungsproblem mit vorgegebenen Randbedingungen zu lösen. Zur Ermittlung der Maschinenkomponenten muß eine alternative Strategie verwendet werden.

Im ersten Teilschritt wird überprüft, ob die vorgegebenen Komponenten in ihrer Standardausführung zur Fertigung tauglich sind. Ist dies nicht der Fall, muß das System beurteilen, welche Komponenten durch Nachbearbeitung oder geringe konstruktive Veränderungen nachträglich nutzbar gemacht werden können. Diese Überlegungen beziehen sich in der Regel auf die Extrusionsköpfe. Das Ausmaß und der Aufwand der vorzunehmenden Änderungen sind als Komponenteninformation auf Frames abgelegt. Zum Zweck der Erklärung dynamischer Zusammenhänge werden wieder ATMS-Assertions verwendet. Auch die Düsenauslegung geht nach der gleichen Strategie vor wie im Fall der Komponentenoptimierung. Eine andere Möglichkeit der Sonderlösung ist die Suche nach fertigungstechnischen Präzedenzfällen in der Wissensbasis. In dieser Weise muß praktisch immer verfahren werden, wenn technische Artikel (Autozubehör, Haushaltsgeräte oder Kinderspielzeug) gefertigt werden sollen. Meist liefert das Expertensystem dann keine kohärente Gesamtlösung, sondern begründete Schlußfolgerungsketten, die zur Gesamtlösung beitragen. In diesem Szenario bleibt auch in Zukunft menschliche Kreativität unersetzbar. Im Maschinenbauunternehmen machen diese Sonderfälle ca. 15 % des Tagesgeschäftes aus.

5 Das Expertensystem im innerbetrieblichen Einsatz

Die Entwicklung von Expertensystemen erfordert ein Höchstmaß an Flexibilität, die Möglichkeit zum Rapid Prototyping bei gleichzeitig schneller Hardware. Diese Gründe legen es nahe, die Systemerstellung auf einer möglichst komfortablen Systemumgebung durchzuführen. Dazu wurde eine Lisp-Maschine vom Typ Symbolics 3645 [11] mit 8 MB Hauptspeicher und 2 x 190 MB Plattenspeicher verwendet. Die Wissenbasis wurde mit dem TM Werkzeug KEE der Firma Intellicorp [10] und der Programmiersprache Common-Lisp erstellt. Die Verwendung dieses Software-Werkzeuges ermöglicht nach Fertigstellung der Entwicklung auf der Lisp-Maschine eine vollständige Portierung von Wissenbasis und Lisp-Programmen auf einen Personalcomputer (PC) als Zielrechner.

Insgesamt dauerte die Portierung länger als geplant. Zunächst wurde die Übertragung des Expertensystems auf den Compaq 386 angestrebt. Nach einzelnen z.T. recht aufwendigen Software-Anpassungen war das

Systemverhalten auf diesem PC noch immer äußerst unbefriedigend. Der anschließend unternommene Versuch, das Expertensystem auf den microExplorer - dieser war zwischenzeitlich verfügbar geworden - zu portieren, verlief dagegen sofort erfolgreich. Das Systemverhalten auf dem microExplorer ist mehr als zufriedenstellend. Vor der Portierung könen die Wissensbasen kompiliert werden. Dadurch ist ein Systemablauf auf dem PC kaum langsamer als auf der Lisp-Maschine. In die PC-Version des Expertensystems läßt sich jede andere auf PC ablauffähige Software einbauen bzw. ankoppeln. Natürlich kann der Zielrechner auch für andere Aufgaben als den Expertensystemablauf genutzt werden.

Inzwischen ist der Feldtest erfolgreich abgeschlossen worden. In intensiven Konsultationen mit den Experten vor dem Rechner wurde die Wissensbasis getestet, verfeinert und validiert. Außerdem wurde das Ein- und Ausgabeverhalten optimiert. Parallel dazu wurde eine Datenbank installiert, in die bisher abgewickelte Aufträge eingetragen wurden. Teilweise dienten die Informationen aus der Datenbank zur Feinabstimmung der Wissensbasis. Die Benutzer des Expertensystems wurden in seiner Bedienung und den grundlegenden Techniken der Künstlichen Intelligenz unterwiesen. Auf diese Weise sind die Systemanwender allmählich in die Rolle der Systempfleger und -entwickler hineingewachsen.

6. Empfehlungen und Ausblick

Durch Einsatz des Expertensystems bei der Angebotsklärung kann in ca. 80 % der Fälle (s.o.) der Zeitaufwand auf wenige Minuten beschränkt werden. Für die wenigen mit der gegenwärtigen Wissensbasis nicht voll abdeckbaren Fertigungsszenarien liefert das System eine ganze Reihe wichtiger Lösungshinweise und Teillösungen. Mit dem vorgestellten System ist es gelungen, Funktionen des betriebswirtschaftlichen und technischen Bereiches zum Zweck einer spezifischen Problemlösung zu integrieren. Nach den sehr guten Ergebnissen dieses Projektes ist darüber hinaus geplant, auch andere Wissensdomänen der Extrusions-Blasformtechnik (Auslegung, Konstruktion, Steuerung und Diagnose) mit wissensbasierten Techniken zu unterstützen. Teile der für die Maschinenkonfigurierung erstellten Wissensbasis können auch in diesen Bereichen verwendet werden, so daß langfristig die

Realisierung eines integrierten CIM- Systems aus modularen wissensbasierten Systemen möglich ist.

7. Literatur

1] W. Pfeiffer und R. Dögl, Das Technologie-Portfolio-Konzept zur Beherrschung der Schnittstelle Technik und Unternehmensstrategie, S. 149-177, In: Hahn, D., Taylor, B. (Hrsg.): Strategische Unternehmensplanung, Stand und Entwicklungstendenzen, 4th edition, Heidelberg- Wien, (1986)

[2] G. Neipp, Künstliche Intelligenz in der Produktion, S. 58- 111, In: Wildemann, H. (Hrsg.): Expertensysteme in der Produktion, Tagungsbericht, gfmt-Gesellschaft für Management und Technologie-Verlag KG, (1987)

[3] Spur, Über intelligente Maschinen und die Zukunft der Fabrik, Festvortrag anläßlich der Mitgliederversammlung der DFG, (1984)

[4] Krupp Kautex Maschinebau GmbH, Bonn

[5] Ullmann, Encyklopädie der technischen Chemie, S. 303 ff, 4. Auflage, Bd. 15, Weinheim - New York, (1978)

[6] H. Stoyan, Objektorientierte Software- und Hardwarearchitekturen, In: Wedekind, H. (Hrsg.): Berichte des German Chapter of the ACM, Bd. 15, Teubner Verlag, Stuttgart, (1983)

[7] R. Fikes und T. Kehler, The Role of Frame-Based Representation in Reasoning, Comm. ACM, 28, 9, 904-920 (1985)

[8] H. Stoyan, Lisp:Anwendungsgebiete, Grundbegriffe, Geschichte, Akademie Verlag, Berlin, (1980)

[9] J. deKleer, An Assumption-Based Truth Maintenance System, Artificial Intelligence, 28, 127 ff (1986)

[10] IntelliCorp, Software Development System, User's Manual, Doc.Nr.3.0-u-1, El Camino CA., (1986) and Rulesystem3 Reference Manual, Doc.Nr.3.0-RR-1, El Camino CA., (1986)

[11] Symbolics, User's Guide to Symbolics Computers, Cambridge Mass., (1985)

8. Bilder

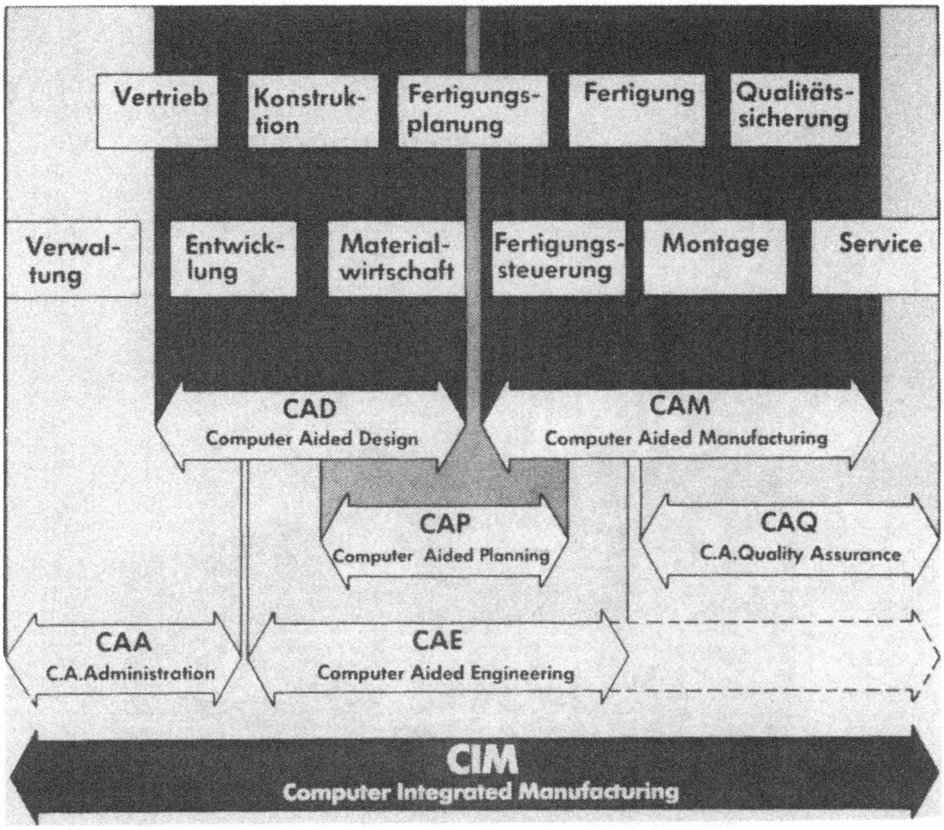

Bild 1: Rechnerunterstützung in den CIM-Funktionsbereichen

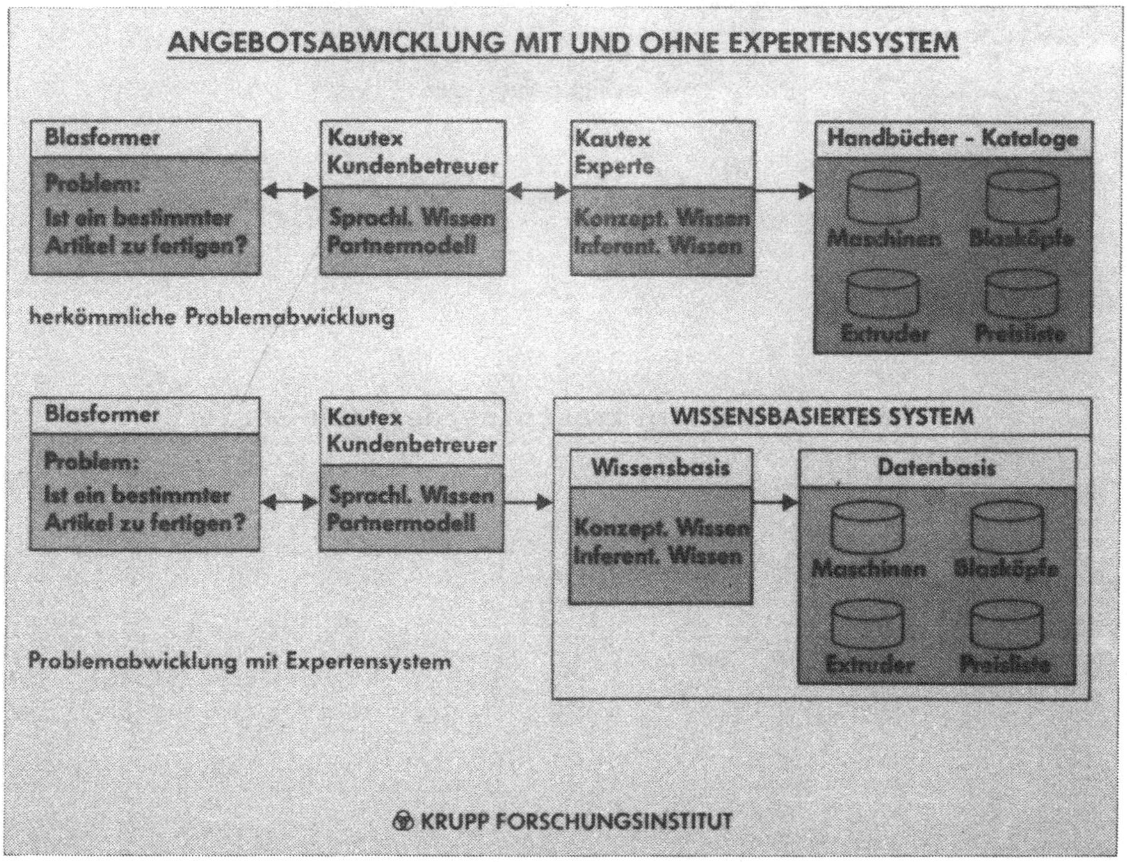

Bild 2: Angebotsabwicklung ohne und mit Expertensystem

Bild 3: Blasformmaschine der KEB-Serie

Bild 4: Blasgeformte Artikel

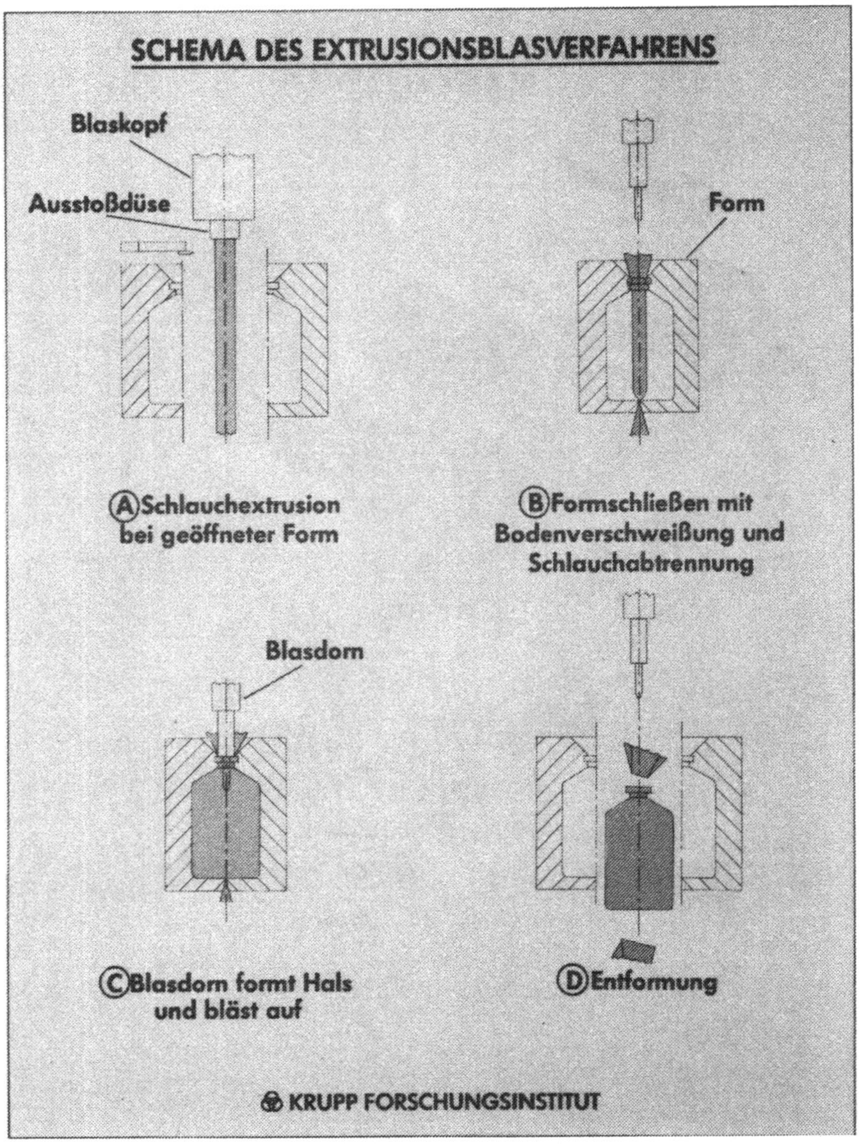

Bild 5: Schema des Blasformverfahrens

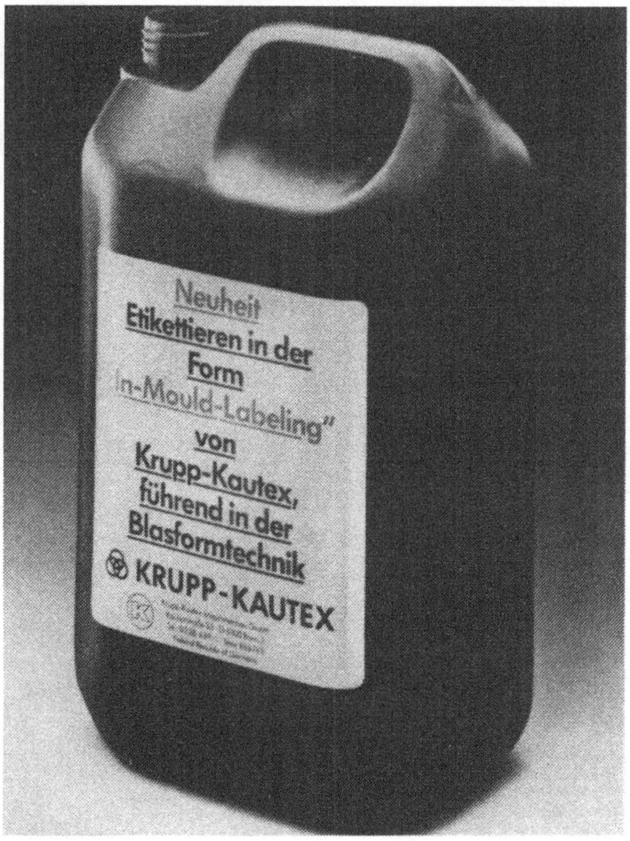

Code-Nr./Monat-Jahr/Negativ-Nr./		AR-137/0000/8/9	
Laufende Nr.	55		
Artikelbezeichnung:	Kanister (Plysu)	Kennziffer:	16.01.02.
Artikelnummer:		Auftrag-Nr.	Kundenform
Artikelvolumen:	5.000ml		
Artikelgewicht:	brutto: 170 g	netto:	130 g
Artikelabmessungen:	162 × 110 × 280 mm		
Material:	HDPE	Kennziffer:	01.
Maschine/Extruder:	KEB 4.01-S 60.01		
Kopf:	WV 140, PE		
Aufblasmethode:	Einschießen von oben		
Erforderliche Vorrichtungen:	IML-Vorrichtung		
Anzahl der Formnester:	1		
Zykluszeit:	11,25 sec.	St./h.	320
Angaben lt.:	Stammkarte	Datum der Bemusterung:	
Bemerkungen:	Kundenwerkzeug		

Bild 6: Formular zur Angebotsunterstützung

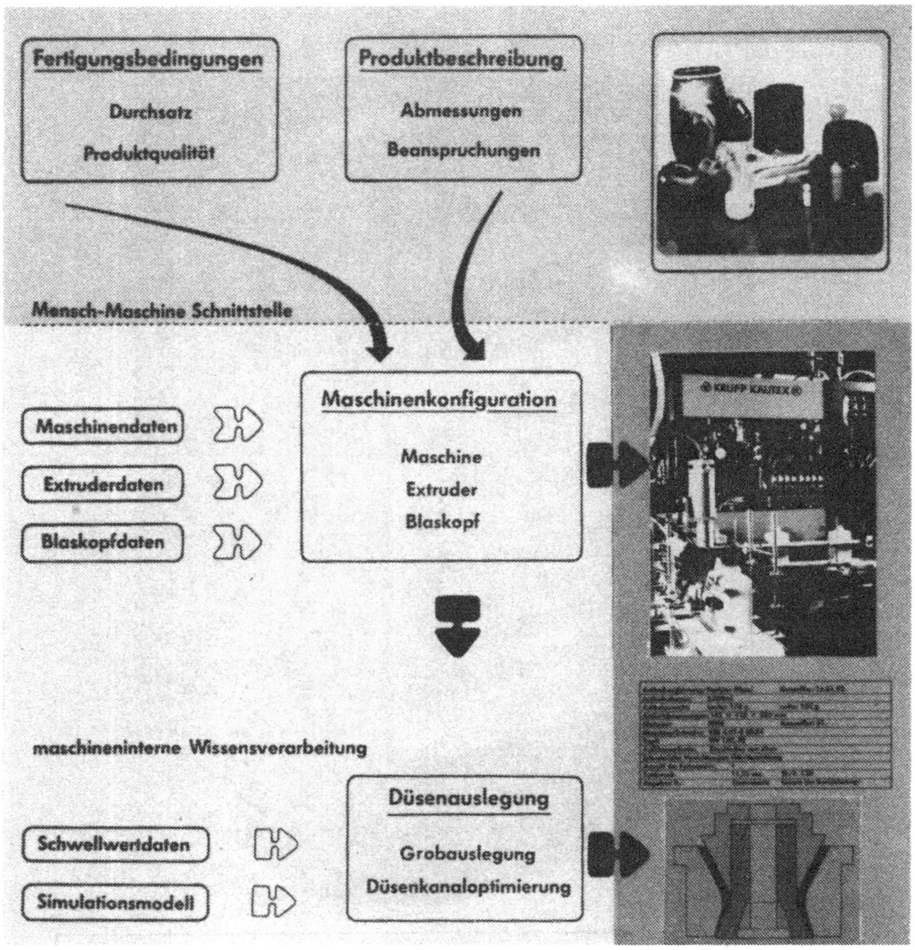

Bild 7: Systemarchitektur

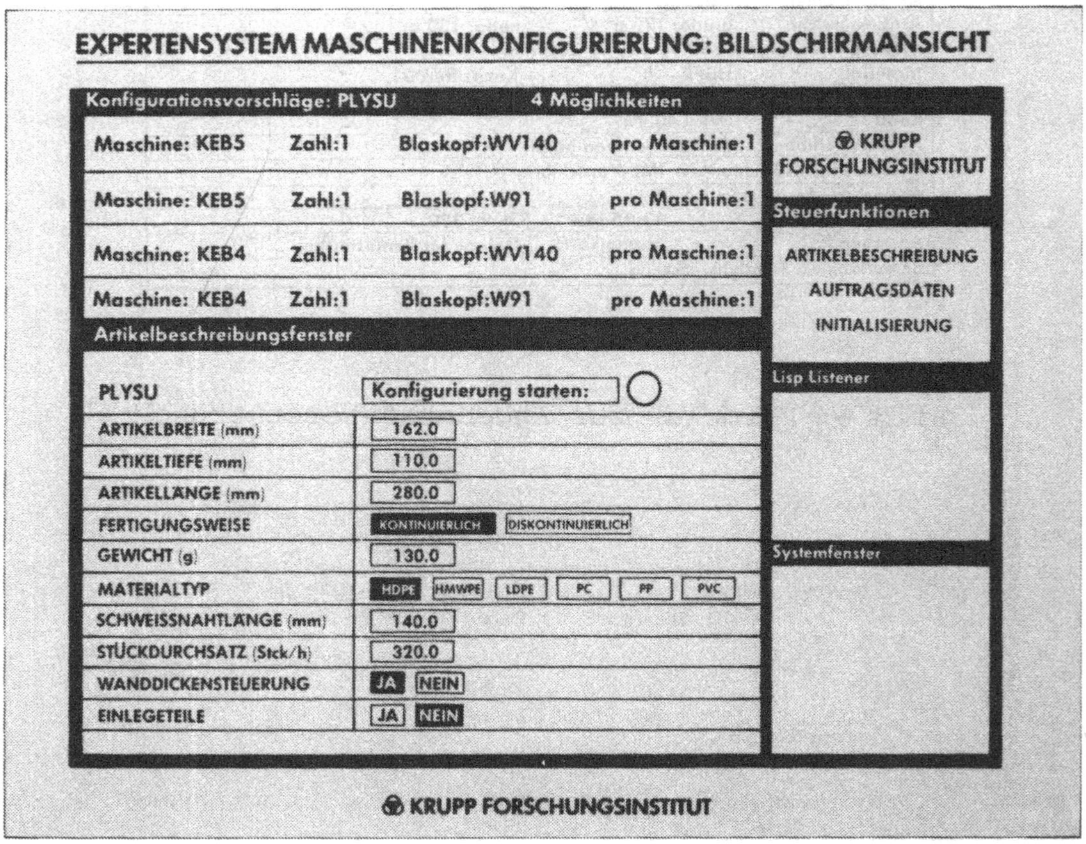

Bild 8: Mensch-Maschine-Schnittstelle

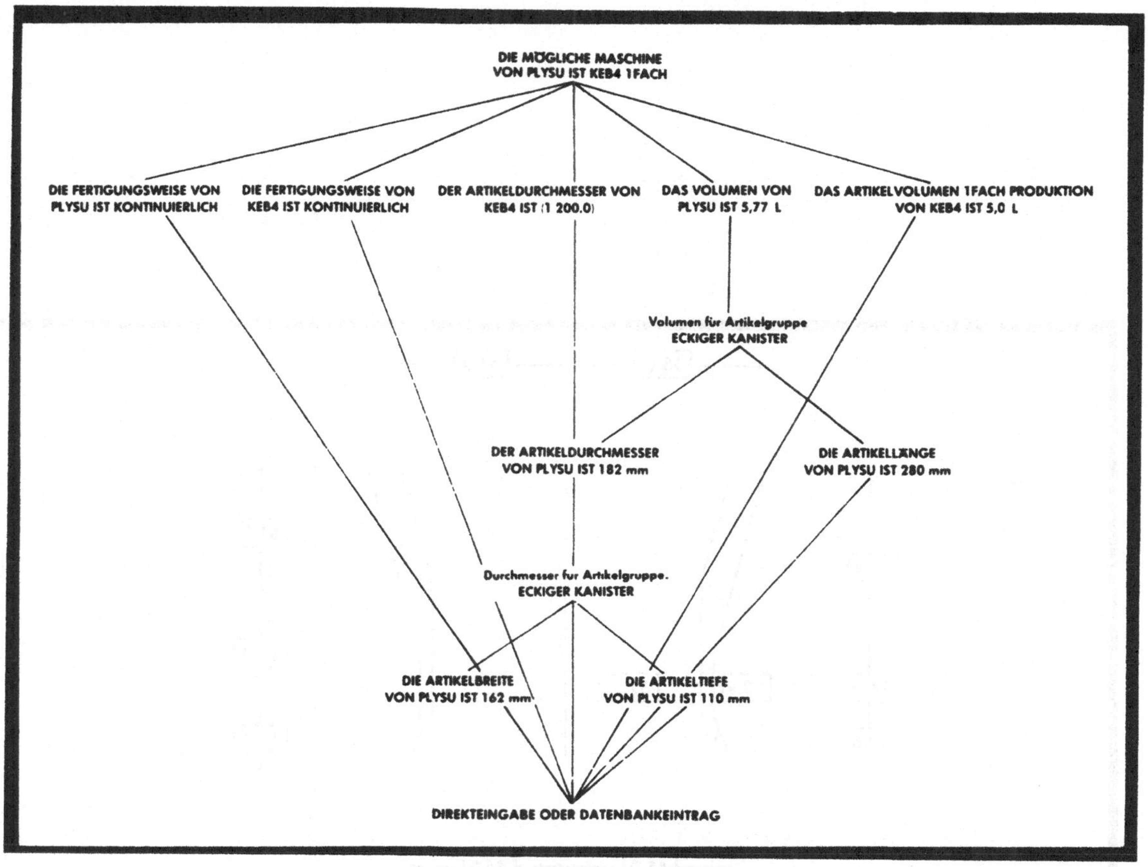

Bild 9: Erklärungskomponente am Beispiel der gewählten Maschine

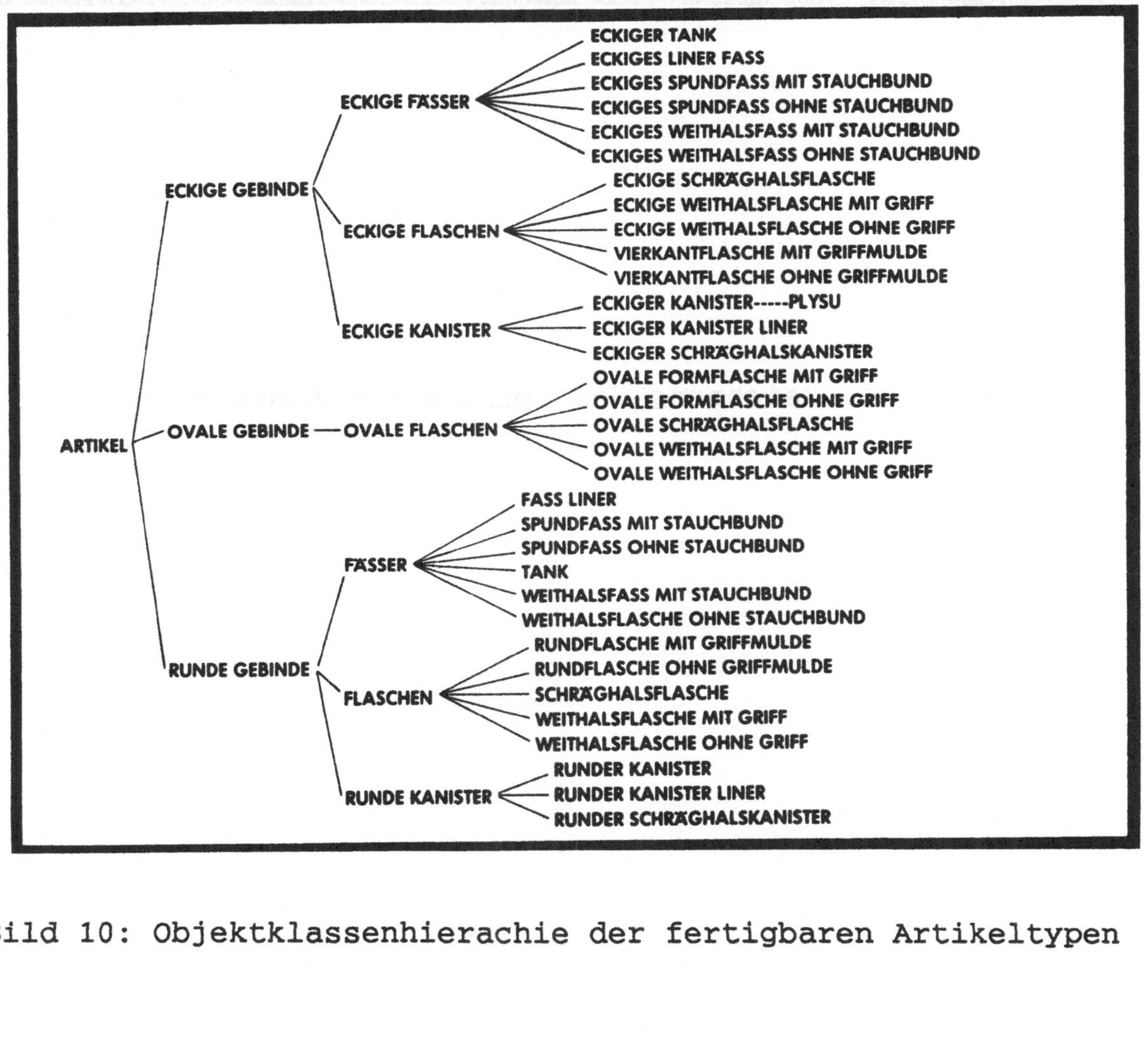

Bild 10: Objektklassenhierachie der fertigbaren Artikeltypen

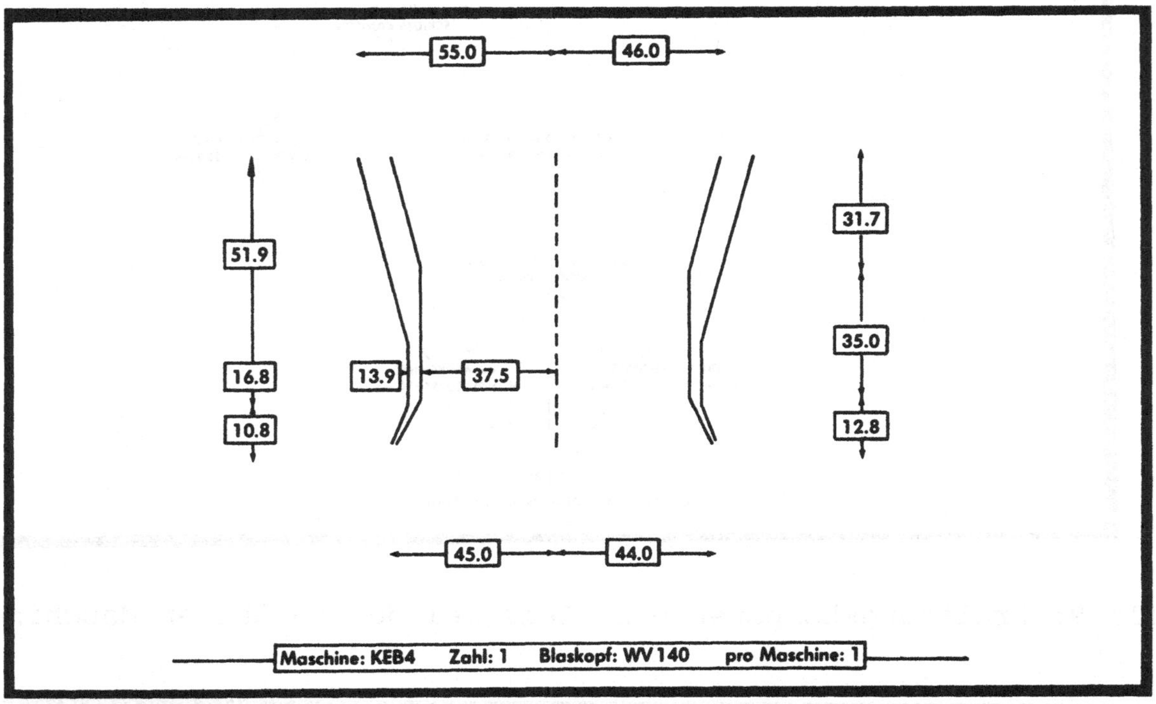

Bild 11: Zeichnung der optimierten Ausstoßdüse

Wissensbasiertes Werkstoffinformationssystem in Konstruktion und Entwicklung

Dipl.-Ing. Dietmar Fischer
Fraunhofer-Gesellschaft (IAO)
Stuttgart

Inhaltsverzeichnis

**"Wer die Kunst der Erfassung,
Speicherung, Verarbeitung und
Übermittlung von Informationen besitzt,
sichert sich in der neuen Informationsgesellschaft
wichtige Vorteile."**

(FAZ 17. August 1987)

0 Abstract

Das nachfolgende, am Beispiel von Konstruktionswerkstoffen wie Eisenwerkstoffe oder faserverstärkte Kunststoffe (FVK) beschriebene, wissensbasierte Werkstoffinformationssystem dient zur Unterstützung der Konzeptions- und Entwurfsphase des Konstruktionsprozesses. Die konstruktive Behandlung von Bauteilen aus FVK stellt für den in isotropen Werkstoffen "denkenden" Ingenieur eine Neuerung dar. Die ungeheure Vielfalt der Kombinations- und Konfigurationsmöglichkeiten, die heutige FVK bieten, überfordert in der Regel vor allem den "Nicht-Spezialisten" unter den Konstrukteuren und führt zu Lösungen, die weit hinter den Möglichkeiten zurückbleiben, die diese Werkstoffe bieten. Das wissensbasierte Werkstoffinformationssystem unterstützt nach Vorgabe konstruktiver Randbedingungen und technischer Anforderungen an das ausgehärtete Bauteil die Werkstoffauswahl bei der Konstruktion mit faserverstärkten Kunststoffen.

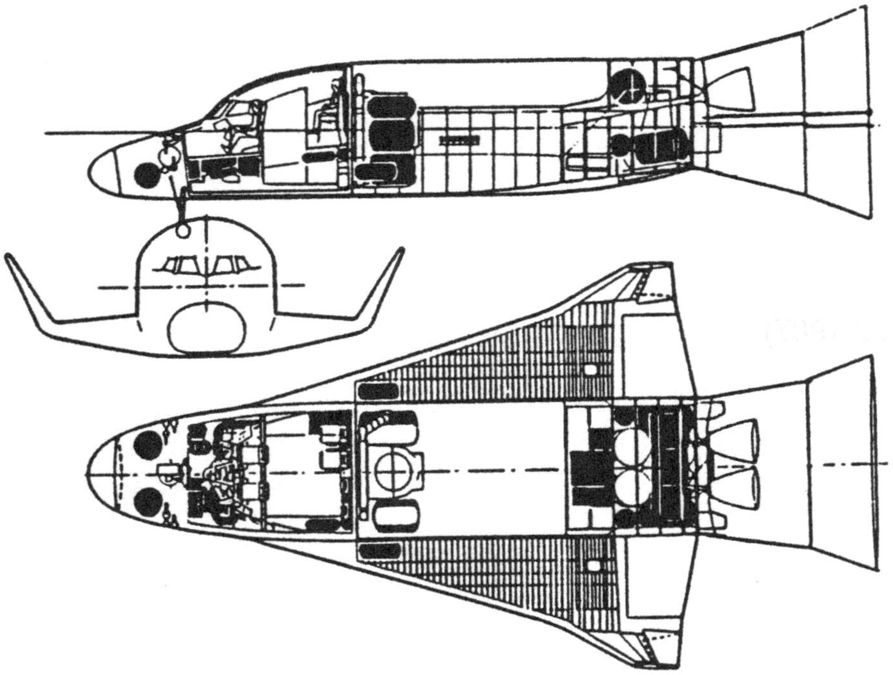

Dreiseitenansicht von Hermes

Bild 1: Leichter durch faserverstärkte Kunststoffe

1 Einleitung

Informationen über Werkstoffe werden täglich benötigt, beispielsweise von Werkstofftechnologen, Konstruktions- und Berechnungsingenieuren. Die Suche nach "maßgeschneiderten" Werkstoffen mit speziellen Eigenschaften ist oft kostspielig, zeitraubend und schwierig.

Dies belegt auch die Bedarfsanalyse für Werkstoff-Informationen der Firma GEWIPLAN /1/. Die Gewiplan-Studie hat u. a. ergeben, das 60 % der Werkstoffanwender bis zu 10 Stunden und weitere 25 % mehr als 10 Stunden monatlich für die Suche nach geeigneten Werkstoffen aufwenden. Eine Möglichkeit, diesem steigenden Bedarf an Informationen über Werkstoffe gerecht zu werden, bieten die sogenannten Werkstoff-Datenbanken.

Das wird ebenfalls durch die erheblichen Anstrengungen der Kommission der Europäischen Gemeinschaft D. G. XIII in dem 1988 abgeschlossenen Demonstrator-Programm Werkstoffdatenbanken /2/ offenkundig. Jedoch hat sich gezeigt, daß die bisherigen Abfragesysteme von Werkstoff-Datenbanken nicht benutzerfreundlich sind, so daß die direkte Benutzung für den Werkstoffanwender in aller Regel ausgeschlossen ist.

Da der schnelle und gezielte Zugriff auf Informationen über Konstruktionswerkstoffe immer mehr zu einem bedeutenden Produktionsfaktor wird, wurde am Fraunhofer-Institut für Arbeitswirtschaft und Organisation ein wissensbasiertes Werkstoffinformationssystem entwickelt. Die Vorteile dieses Systems, das ein rationelleres methodisches Konstruieren ermöglicht, sind neben der schnelleren Aufgabenbearbeitung und der Früherkennung von ungünstigen Lösungsansätzen eine kostengünstigere Abwicklung des Konstruktionsprozesses und daher eine effiziente und konkurrenzfähige Produktentwicklung.

2 Ausgangssituation

2.1 Problematik bei der heutigen Werkstoffrecherche

Die nachfolgend beschriebene Praxis zeigt, daß die Werkstoffauswahl eine komplexe Problematik darstellt. Zunächst wurde im Betrieb des Werkstoffanwenders die herkömmliche Vorgehensweise bei der Informationsbeschaffung von Werkstoffdaten grob analysiert.

Der erste Schritt eines Werkstoffanwenders bei einer Werkstoffrecherche wird es sein, seine persönliche Datensammlung zu durchforsten. Diese besteht beispielsweise aus Handbüchern, Werkstoffdatensammlungen auf Papier bzw. in File-Form auf Rechnern, Katalogen, Prospekten, persönliche Notizen, Prüfberichten, Ergebnisse aus Literaturrecherchen und Datenblättern.

Die sukzessive Beschaffung von Daten und Informationen über Werkstoffe auf traditionellem Wege führt zur Befragung von Kollegen, Werkstoffspezialisten und der Werkstoff-Hersteller. Gegebenenfalls führt der Werkstoffanwender interne Werkstoff-Versuchsreihen durch bzw. läßt externe Versuchsreihen von Hochschulen und Forschungseinrichtungen durchführen. Eine wichtige Rolle bei der Bereitstellung und Dokumentation von Werkstoffinformationen spielt der Werkstoffspezialist. Seine Erfahrungen fließen bei der Durchführung von Werkstoff-Versuchsreihen und der Interpretation der Prüfergebnisse ein.

Die Ablage, Ordnung, Pflege und Aktualisierung der so gewonnenen Werkstoffdaten und Informationen ist für den Werkstoffanwender mit einem hohen Aufwand verbunden. Es entstehen Informationsdefizite aufgrund zeitlicher Engpässe, der Unkenntnis geeigneter Informationsquellen, das Fehlen von Fachpersonal zur gezielten Informationsbeschaffung, einer nicht zu bewältigenden Informationsflut und zu hoher Kosten für die Informationsbeschaffung.

Daher ist für die Werkstoffanwender ein eher restriktives, an bekannten Werkstoffen verharrendes Verhalten typisch.

2.2 Anforderungen an ein Werkstoffinformationssystem

Allgemein können folgende Anforderungen an ein Werkstoffinformationssystem gestellt werden:

- o Werkstoffinformationen müssen schnell am Arbeitsplatz verfügbar sein
- o gute Antwortzeiten, auch wenn die Größe der Werkstoff-Datenbank, die Menge der Werkstoffrecherchen und die Komplexität der Abfragen steigen
- o Werkstoffinformationen müssen benutzerfreundlich angeboten werden
- o es muß möglich sein, eigene Datenbestände hinzuzufügen
- o Schnittstellen zu Berechnungs- und Auswerteprogrammen müssen bereitstehen.

Konkret wurden drei wesentliche Anforderungen an ein wissensbasiertes Werkstoffinformationssystem herausgearbeitet:

- o Werkstoffdaten, Erfahrungswerte und das Fachwissen von Werkstoffspezialisten sollen in einem wissensbasierten Werkstoffinformationssystem erfaßt, gespeichert, verwaltet und aufbereitet werden und allen Werkstoffanwendern, die Informationen über Konstruktionswerkstoffe bei ihrer täglichen Arbeit benötigen, zur Verfügung stehen. Beispielsweise kann dadurch der Werkstoffspezialist bei Routineaufgaben und von notwendigen persönlichen Rücksprachen entlastet werden.
- o Die Daten und Informationen über Konstruktionswerkstoffe sollen mit Hilfe eines Datenbank-Management-Systems gepflegt werden, damit sie jederzeit aktuell, praxisgerecht und zuverlässig sind.
- o Das Meta-Werkstoffwissen soll mit Hilfe eines wissensbasierten Werkstoffinformationssystems dokumentiert und einem breiten

Werkstoffanwenderkreis zugänglich gemacht werden. Das sogenannte Metawissen beinhaltet allgemein Informationen über das vorhandene übergeordete Werkstoffwissen wie z. B. firmenspezifisches Know-how. Das wissensbasierte Werkstoffinformationssystem soll allen Werkstoffanwendern den gleichen Wissensstand über die Eigenschaften von Werkstoffen zur Verfügung stellen.

3 Wissensbasiertes Werkstoffinformationssystem

3.1 Aufbau des Werkstoffinformationssystems

Der schematische Aufbau von IAOWIS ist in Bild 2 dargestellt. Die Softwarearchitektur von IAOWIS setzt sich dabei aus folgenden Komponenten zusammen:

- Werkstoffdatenbank
- Wissensbasierte Komponente
- Methodenbank
- Dialogschnittstelle
- Programmsteuerung

Die separate Betrachtung und Optimierung der einzelnen Komponenten und die anschließende Verknüpfung zu einem Gesamtsystem haben ein leistungsfähiges Softwarepaket entstehen lassen.

Werkstoffdatenbank (WBD)

In einer SQL-fähigen relationalen Datenbank sind beispielsweise alle für den Konstrukteur notwendigen Werkstoffinformationen enthalten. Darüber hinaus erlauben spezielle Funktionen dem autorisierten Benutzer firmenspezifische Daten einzugeben und zu verändern und damit die Datenbank zu aktualisieren und speziellen Anforderungen anzupassen. Neben der herkömmlichen Datenverarbeitung werden über eine definierte Schnittstelle der wissensbasierten Komponente Daten zugänglich gemacht.

Verwaltung und Speicherung von

- o Werkstoffdaten,
- o geometrischen und physikalischen Daten von realisierten Bauteilen und entwickelten Teillösungen
- o organisatorische Daten, wie z. B. kundenspezifischen Problemen oder Vorgaben

Wissensbasierte Komponente

Für die effiziente Entwicklung der wissensbasierten Komponente als ein wichtiger Teil von IAOWIS ist ein unterstützendes Software-Werkzeug notwendig. Die komfortabelste Unterstützung für eine schnelle Systementwicklung bieten Expertensystem-Shells.

Die verwendete Expertensystem-Shell NEXPERT-Object stellt für sich alleine noch kein Expertensystem dar. Sie bietet mit geringem Aufwand die Option, Wissensbasen, also Sammlungen von Erfahrungswissen in Form von Regeln aufzubauen und in das Werkstoffinformationssystem einzubinden.

Erst durch die Verknüpfung der Daten mit gespeichertem Wissen und explizit formulierten Erfahrungswerten werden daraus neue Erkenntnisse gewonnen.

Expertensysteme greifen auf das Wissen und Können von Experten zurück. Probleme werden dabei nicht über mathematisch nachvollziehbare Lösungsverfahren angegangen, sondern können auch mit vagem Wissen, Regeln und Schlußfolgerungsketten erfolgreich gelöst werden.

Methodenbank

Berechnungsmodule wie z. B. FASER dienen zur Ermittlung von Verbundeigenschaften und zum Vergleich von Eigenschaften während einer Expertise, ohne daß diese unterbrochen werden muß, wobei die Programmierung der Berechnungsmodule in jeder konventionellen Programmiersprache, wie z. B. FORTRAN vorgenommen werden kann.

Die Diagrammverwaltung in IAOWIS dient zur Verwaltung und Speicherung funktionaler Abhängigkeiten von Werkstoffdaten wie beispielsweise die Warmstreckgrenze von Ventilstählen über die Temperatur.

Eine Unterstützung des Konstrukteurs bei der Werkstoffauswahl erfolgt in IAOWIS mit Hilfe der Nutzwertanalyse durch Zuordnung eines Zahlenwertes unter Berücksichtigung der quantifizierten Eigenschaftsgröße.

Dialogschnittstelle

Der Einsatz von komplexen EDV-Systemen, beispielsweise von IAOWIS, findet in der Praxis beim Benutzer nur dann Akzeptanz, wenn leistungsfähige Mensch-Computer-Schnittstellen zur Verfügung stehen. Die Anforderungen an Software-Systeme im Ingenieurbereich sind:

- o benutzerorientierte Anforderungsprofile und Ergebnisaufbereitung,
- o kurze bzw. akzeptable Antwortzeiten beim Datenzugriff,
- o intelligentes Hilfesystem zur Unterstützung des Benutzers.

Daher ist eine sehr wichtige Komponente von IAOWIS die Mensch-Computer-Interaktion. Mit Hilfe der Benutzeroberfläche spezifiziert der Benutzer seine Anfrage und erhält über sie seine Ergebnisse. Die Aufgabenbereiche und der jeweilige Kenntnisstand der Benutzer von IAOWIS sind sehr unterschiedlich. Dies wird von IAOWIS berücksichtigt.

Programmsteuerung

Die Programmsteuerung formuliert und sendet je nach Benutzereingabe die geeigneten Anfragen an das Datenbankmanagementsystem und wertet die Antworten aus. Dazu werden die verfügbaren Module der Methodenbank wie z. B. Berechnungsmodule, Diagrammverwaltung sowie die wissensbasierte Komponente bei Bedarf aufgerufen.
In die Programmsteuerung sind die einzelnen Komponenten von IAOWIS zu einem Gesamtsystem eingebunden, von der aus sie gesteuert und kontrolliert werden können.

Bild 3 zeigt die einzelnen Bausteine, aus denen das wissensbasierte Werkstoffinformationssystem zusammengesetzt ist.

3.2 Interaktion mit dem Werkstoffinformationssystem

Die Dialogschnittstelle (Bild 2) zwischen den einzelnen Benutzern wie Berechnungsingenieur, Wissensingenieur, Datenbank-Manager, Konstrukteur, Werkstofftechnologe et cetera und dem wissensbasierten Werkstoffinformationssystem findet über Menüs der speziell für die einzelnen Anwendungsfälle entwickelten und gestalteten Benutzeroberfläche statt.

Die komfortable graphische Benutzeroberfläche des Werkstoffinformationssystems ist so ausgelegt, das es auch von gelegentlichen Benutzern bedient werden kann. Der geübte Benutzer kennt jedoch die Details wie auch die Prinzipien. Ihm kommt es vor allem auf die Leistungsfähigkeit an.

Weiterhin können verschiedene Benutzerkreise definiert werden, d. h. der geübte bzw. autorisierte Benutzer kann alle Möglichkeiten und Funktionen des Systems nutzen, während der gelegentliche Benutzer speziell zugeschnittene Funktionen für sein Arbeitsgebiet erhält.

Das wissensbasierte Werkstoffinformationssystem unterscheidet zwischen zwei Vorgehensweisen bei der interaktiven rechnergestützten Werkstoffrecherche:

I Datenbankanfrage	:	Werkstoffinformation
II Datenbankanfrage	:	Werkstoffauswahl

Die Benutzer, die jeweils einen unterschiedlichen Kenntnisstand haben und vielfältige Aufgaben bearbeiten, werden beim Erstellen verschiedener beliebiger Anfragen an die Werkstoffdatenbank unterstützt. Die Programmsteuerung von IAOWIS generiert aus dem Anforderungsprofil dynamisch unterschiedliche Kombinationen von SQL-Anfragen, ohne daß aber der Benutzer die spezielle Kommandosprache und die Datenbankstruktur kennen muß.

Anhand eines praxisbezogenen Beispiels erfolgt eine detaillierte Beschreibung der Benutzeroberfläche und der Funktionsweise von IAOWIS /3/.

Datenbankanfrage: Werkstoffinformation

IAOWIS kann eine Liste mit den Werkstoffbezeichnungen (Werkstoff-Nummer und Kurzname), über die in der Werkstoffdatenbank Informationen gespeichert und verwaltet werden, zu allen unlegierten, niedriglegierten, hochlegierten Eisenwerkstoffen & Stählen oder zu den Verbundwerkstoffen Prepegs, Fasern, Harze am Bildschirm ausgeben.

Das Beispiel in Bild 4 zeigt eine Datenbankanfrage zu Eisenwerkstoffen und Stählen. Mit Hilfe des Untermenüs Werkstoffbezeichnung sucht der Benutzer nach Ventilwerkstoffen der Hauptgruppe 1 und entsprechender DIN-Norm. Dazu gibt er in das Eingabefeld Werkstoffnummer den Suchbegriff 1.? ein. IAOWIS bietet dem Benutzer Hilfeinformationen beispielsweise zu der Systematik der Werkstoffnummern am Bildschirm an.

Gibt er keine weiteren Suchbegriffe vor, bestätigt er die Eingabe mit O. K. und startet die Datenbankanfrage. Danach erhält er von IAOWIS ein Auswahlmenü mit einer Liste der gesuchten Werkstoffe. Zu jedem Werkstoff kann er sich das Datenblatt zeigen lassen. Bild 5 zeigt das Datenblatt zu dem hochlegierten Ventilwerkstoff 1.4718. Das Datenblatt enthält zu diesem Werkstoff die in der Datenbank gespeicherten Informationen. Mit der Graphikfunktion kann sich der Benutzer den funktionalen Zusammenhang der 0.2%-Dehngrenze über der Temperatur für diesen Werkstoff graphisch darstellen. Zum Ermitteln einzelner diskreter Funktionswerte wird dem Benutzer auf Wunsch ein weiteres Menü angeboten.

Neben dieser einfachen Werkstoffrecherche hat der Benutzer in IAOWIS die Möglichkeit, Informationen über Werkstoffe anhand zuvor spezifizierter Werkstoffkennwerte abzufragen. Bild 6 zeigt eine Datenbankanfrage zu Prepegs. In dem Untermenü Physikalische Eigenschaften kann der Benutzer das Anforderungsprofil für die Mechanischen Eigenschaften aufrufen.

In diesem Menü trägt er seine Anforderungen bezüglich Elastizitätsmodul und Dichte ein. Mit Hilfe der Kurzwahl-Menü kann der Benutzer beispielsweise bei der Dichte nicht quantifizierte Eingaben aus zuvor gespeicherten Standardeinstellungen auswählen. Bestätigt er die Eingaben mit O. K., beendet er die weitere Bearbeitung in diesem Untermenü. Nach der sukzessiven Erstellung des Anforderungsprofils startet er die Datenbankanfrage. Mit diesem Anforderungsprofil "durchforstet" das System die Werkstoffdatenbank und listet alle Werkstoffe, die diese vom Benutzer spezifizierten Anforderungen erfüllen, im Auswahlmenü (Werkstoffnummer und Kurzname) auf.

Datenbankanfrage: Werkstoffauswahl

Bei der Werkstoffauswahl bietet IAOWIS dem Benutzer die Möglichkeit an, einen expertensystemunterstützten Werkstoffvergleich durchzuführen.

Es kann Informationen über Werkstoffe anhand zuvor spezifizierter gewichteter Werkstoffkennwerte abfragen. Dazu werden die Kennwerte mit Hilfe einer Wertefunktion gewichtet. Die Eingabe erfolgt beispielsweise für das Elastizitäsmodul in X-Richtung (Bauteillängsachse) im Menü Funktion definieren.

Der errechnete Nennwert der erreichten Gesamtpunktzahl wird im Ergebnis der Nutzwertanalyse graphisch dargestellt (Bild 7).

Eine detaillierte Übersichtstabelle der Werkstoffanalyse kann dazu vom Benutzer aufgerufen werden.

Danach kann sich der Benutzer die Information der ausgewählten Werkstoffe, in diesem Fall der Prepegs, auf dem Bildschirm in Form von Datenblättern anzeigen lassen.

Die Expertise bei der Werkstoffrecherche erfolgt durch Abarbeiten von Fakten und Regeln, die in der wissensbasierten Komponente von IAOWIS abgelegt sind. Bild 8 zeigt einen Ausschnitt aus dem Regelbaum.

Diese Werkstoffauswahl in IAOWIS ist also gekoppelt mit Wissensbasen zu einzelnen Fachgebieten wie z. B. der Auswahl eines geeigneten Verarbeitungsverfahrens für faserverstärkte Kunststoffe.

3.3 Vorteile des Werkstoffinformationssystems

Bei der Konzeption von IAOWIS wurde auf folgende Punkte besonderen Wert gelegt:

- o ein klares und modernes Konzept
- o Programmier- und Benutzerfreundlichkeit
- o standardisierte Schnittstellen zur Kopplung von Planungs- und Konstruktionssystemen
- o bequeme Wartung und die Möglichkeit zu rekonfigurieren
- o Portabilität - der Quell-Code ist für eine weite Klasse von Computern gültig
- o aktive, flexible Benutzerführung
- o einfache Handhabung
- o aktive Eingabehilfe
- o einfache Wartung und Pflege der Datenbestände

Wesentliche Vorteile von IAOWIS:

- o IAOWIS kann unproblematisch, ebenso wie die Menüführung mit Hilfesystem und die Werkstoffrecherchekonzepte, an die jeweiligen Wünsche bzw. Anforderungen des Benutzers angepaßt werden

- o die einzelnen Komponenten von IAOWIS erlauben den Benutzer anpaßbare Entscheidungshilfen zu entwickeln

- o die weitgehende Nutzung von Standardsoftware ermöglicht eine kostengünstige Entwicklung, Pflege und Wartung

- o die Datenbank-Abfragesprache SQL ist durch die ANSI-Normung (American National Standards Institut) die Standard-Sprache für relationale Datenbankmanagementsysteme.

Weitere Vorteile ergeben sich, wenn an IAOWIS die SQL-fähige relationale Datenbank Oracle gekoppelt wird:

- o Das Datenbankmanagementsystem (DBMS) Oracle ist mit dem strategischen IBM-Produkt DB2 (relationale Datenbank unter dem Betriebssystem MVS) kompatibel

- o Das DBMS Oracle ist auf IBM- und DEC-Rechnern lauffähig. Ungeändert kann es auch auf IBM-PC oder kompatiblen sowie auf Siemens- und Bull-Rechnern betrieben werden

- o Die Portabilität der Bestandsdaten ist für einen weiten Bereich der DV-gestützten Bearbeitung von Werkstoffdaten sichergestellt

- o In absehbarer Zeit - Mitte 1990 - wird die Möglichkeit bestehen, verteilte Datenbankkonzepte zu installieren.

4 Hard- und Softwarebasis

Eine neue Generation von Multimedia-Maschinen für den Arbeitsplatz, als Forschungsrechner ebenso tauglich wie zum Einsatz als integrierter Bürorechner, stand als Hardware zur Entwicklung des wissensbasierten Werkstoffinformationssystems zur Verfügung. Für diese Rechner der Digital Equipment Corporation (DEC) aus der VAX-Familie (VAXstation 3100) wurden modernste elektronische Komponenten verwendet:

- o Basis des Computerpakets ist ein 32 bit-Prozessor, wie er auch in anderen leistungsstarken Arbeitsplatzrechnern, sogenannten Workstations, eingesetzt wird; er ist besonders geeignet für die schnelle Verarbeitung großer Datenmengen, beispielsweise bei Graphik-Anwendungen.

- o Die VAXstation 3100 ist weiterhin ausgestattet mit
  - Prozessor KA42-AA90 mit Floating Point Unit,
  - integriertem Graphikprozessor,
  - 14 Megabyte Hauptspeicher,
  - zwei 400 Megabyte Festplatten, verbunden mit der Workstation über
    LAVc (Local Area VAXcluster) und
  - Graphikbildschirm mit Maus.

Die Programmierung der Programmsteuerung von IAOWIS erfolgte in der Programmiersprache C. Die Bildschirmmasken der komfortablen graphischen Benutzeroberfläche wurden mit der am IAO entwickelten Beschreibungssprache für Benutzeroberflächen implementiert. Die Werkstoffdaten und -eigenschaften werden in einer SQL-fähigen relationalen Datenbank, optional Oracle oder RDB auf einer VAX 6220, abgespeichert. Die kommerziell verfügbare Expertensystem-Shell NEXPERT Object (Version 1.1) von Neuron Data Inc., Palo Alto, USA, wurde in das wissensbasierte Werkstoffinformationssystem eingebunden. Sie ist die derzeit am Markt erfolgreichste Expertensystem-Shell für Mikrocomputer und Workstations. Weiter wurde folgende Software verwendet:

- Betriebssystem Micro VMS 5.1-1
- VAX/VMS Texteditor TPU
- C-Compiler VAX-C
- VAX/VMS LINKER
- VAX/DEBUGGER

Zukünftig - Ende 1990 - wird auch ein System unter dem Betriebssystem UNIX verfügbar sein.

5 Zusammenfassung und Ausblick

Gesicherte Daten und Informationen von Konstruktionswerkstoffen im Motoren-, Maschinen-, Apparate- und Anlagenbau sind der "Grundbaustein" für jedes technische Produkt. Der damit verbundenen Suche nach gesicherten, aktuellen, praxisgerechten und zuverlässigen Werkstoffdaten, häufig über mechanische Kennwerte (statische und dynamische), kommt immer mehr Bedeutung zu. Um die riesigen Mengen von Daten und Informationen im Griff zu behalten, ist der Einsatz EDV-gestützter Informationssysteme notwendig.

Ein wissensbasiertes Werkstoffinformationssystem wie IAOWIS befreit den Benutzer nicht von einer kritischen Bewertung der Daten, es unterstützt ihn "lediglich" bei der Werkstoffrecherche. So liegt die letzte Entscheidung, welcher Werkstoff zum Einsatz kommt, beim Konstrukteur. Neben Werkstoffeigenschaften können in einer integrierten Wissensbasis durchaus

Erfahrungswerte über Werkstoffe und deren Verwendung als Information gespeichert und verwaltet werden.

IAOWIS erlaubt eine umfassende, vollständige und aktuelle Werkstoff- und Wissens-Datenbank zu entwickeln, in der firmenspezifische Daten, Erfahrungswerte und Know-how über Werkstoffe gespeichert, verwaltet und aufbereitet werden. Darüber hinaus können auch externe Daten und Informationen in der Werkstoffdatenbank abgelegt werden.

Das wissensbasierte Werkstoffinformationssystem IAOWIS wurde am Fraunhofer-Institut für Arbeitswirtschaft und Organisation entwickelt. Aufbauend auf einen 1988 entwickelten Prototypen - in Zusammenarbeit mit der MAN Technologie AG, München - existiert zur Zeit ein erster Einsatztyp. Größere Erweiterungen sind geplant und zum Teil in Arbeit. Das System ist Grundbaustein für ein 1990 geplantes Verbundvorhaben für rechnergestützte Werkstoffinformationssysteme. Der voraussichtliche Start ist im Januar 1991, Projektleiter Dietmar Fischer, (0711) 970-2012.

6 Literatur zum Thema

/1/ o. V.: GEWIPLAN Gesellschaft für Wirtschaftsförderung und Marktplanung mbH, Frankfurt am Main. Bedarfsanalyse für Werkstoff-Informationen, November 1986.

/2/ o. V.: Demonstrationsprogramm Werkstoff-Datenbanken 1988-1989, hrsg. von der Kommission der Europäischen Gemeinschaft D. G. XIII.

/3/ Fischer, D.; Menges, R.: Konstruktion mit faserverstärkten Kunststoffen.VDI-Verlag, Ingenieur-Werkstoffe, 1989.Teil 1: Entwicklungsumgebung für ein wissensbasiertes System zur Werkstoffauswahl. In: Heft Nr. 9/10.Teil 2: Aufbau und Funktion eines wissensbasierten Systems zur Werkstoffauswahl.In: Heft Nr. 11/12.

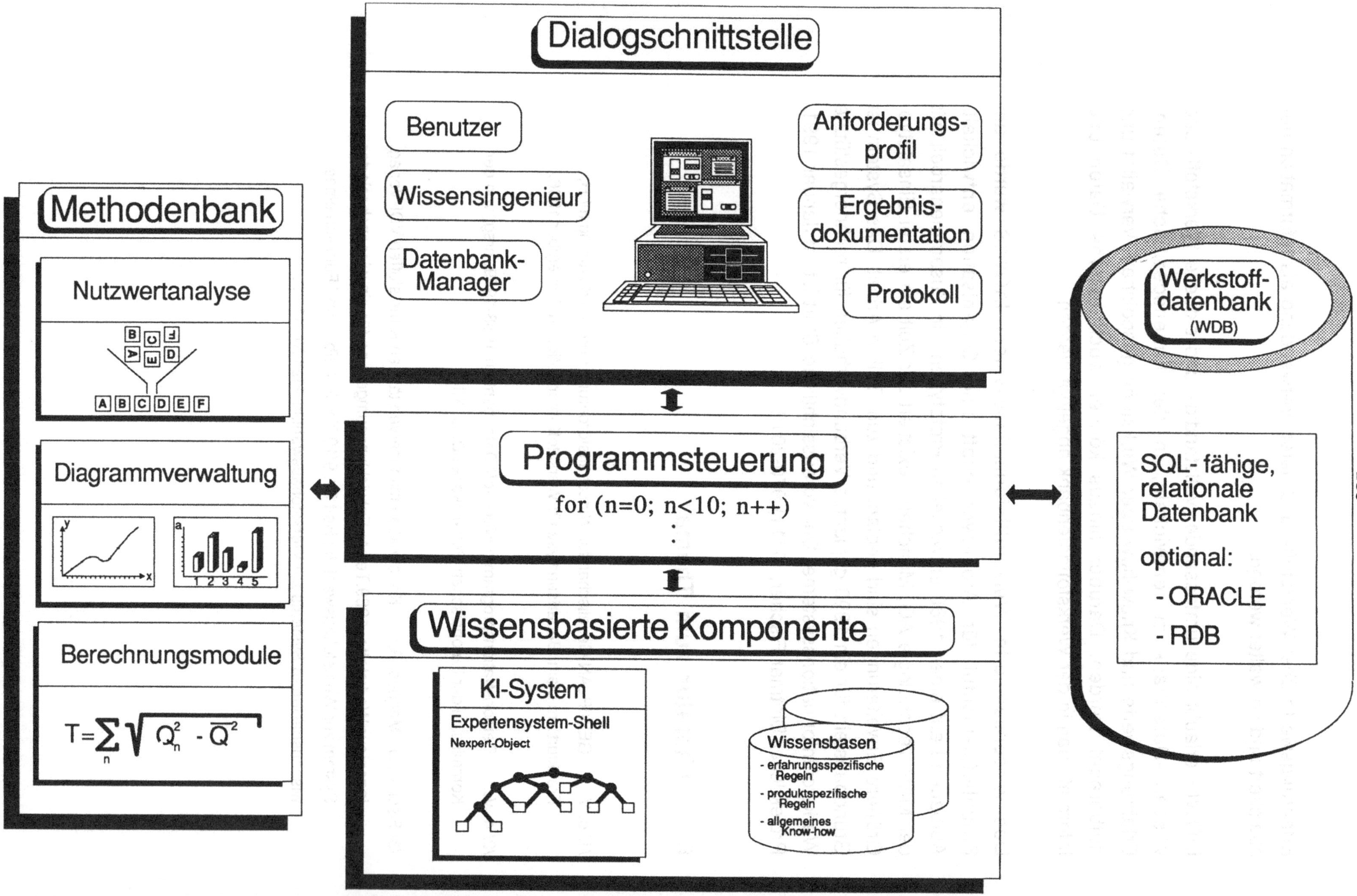
Methodenbank
Nutzwertanalyse
Diagrammverwaltung
Berechnungsmodule
$T=\sum_n \sqrt{Q_n^2 - \overline{Q}^2}$
Dialogschnittstelle
Benutzer
Wissensingenieur
Datenbank-Manager
Anforderungsprofil
Ergebnisdokumentation
Protokoll
Programmsteuerung
for (n=0; n<10; n++)
Wissensbasierte Komponente
KI-System
Expertensystem-Shell
Nexpert-Object
Wissensbasen
- erfahrungsspezifische Regeln
- produktspezifische Regeln
- allgemeines Know-how
Werkstoffdatenbank
(WDB)
SQL- fähige, relationale Datenbank
optional:
- ORACLE
- RDB

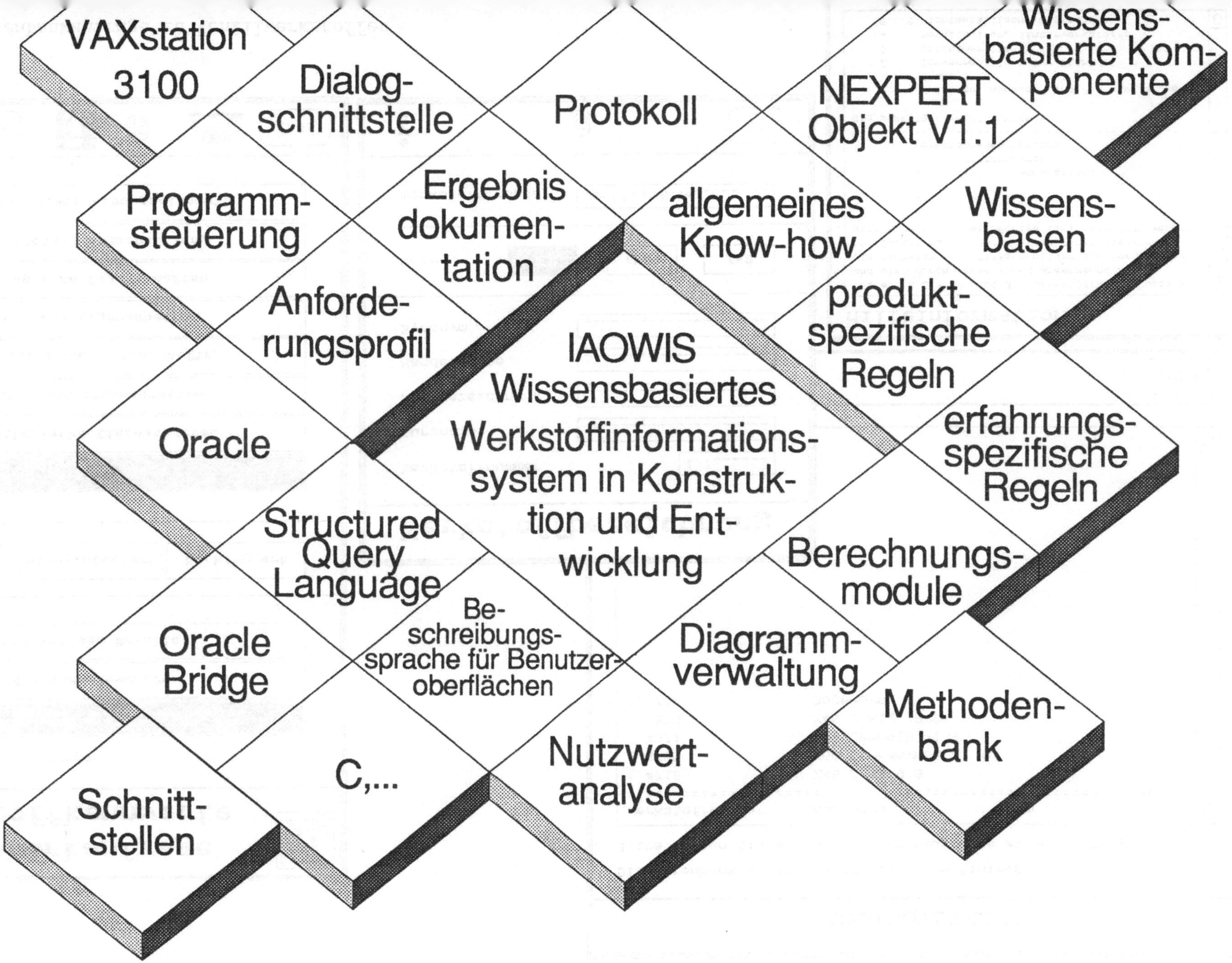

Bild 3: Bausteine des wissensbasierten Werkstoffinformationssystems

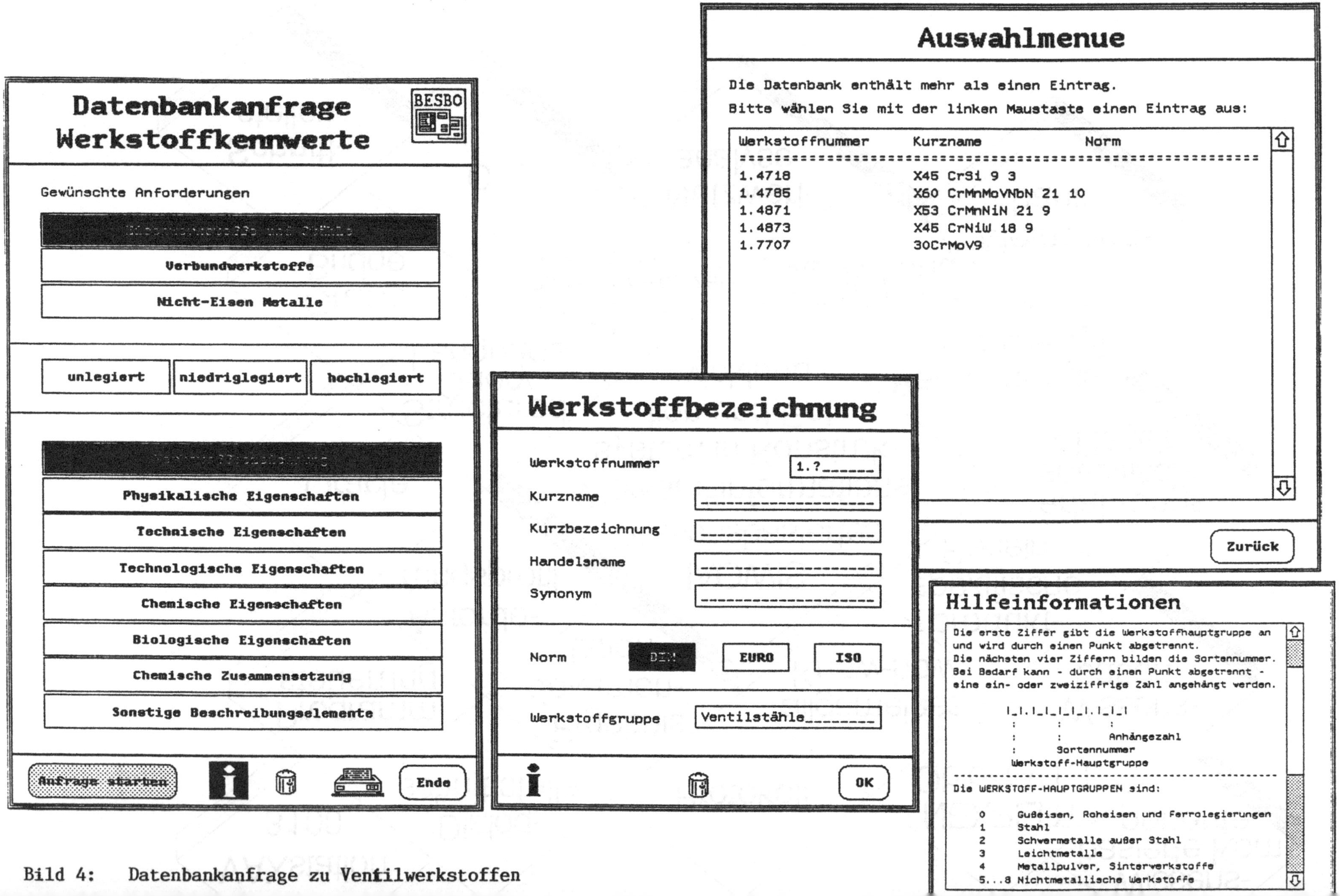

Bild 4: Datenbankanfrage zu Ventilwerkstoffen

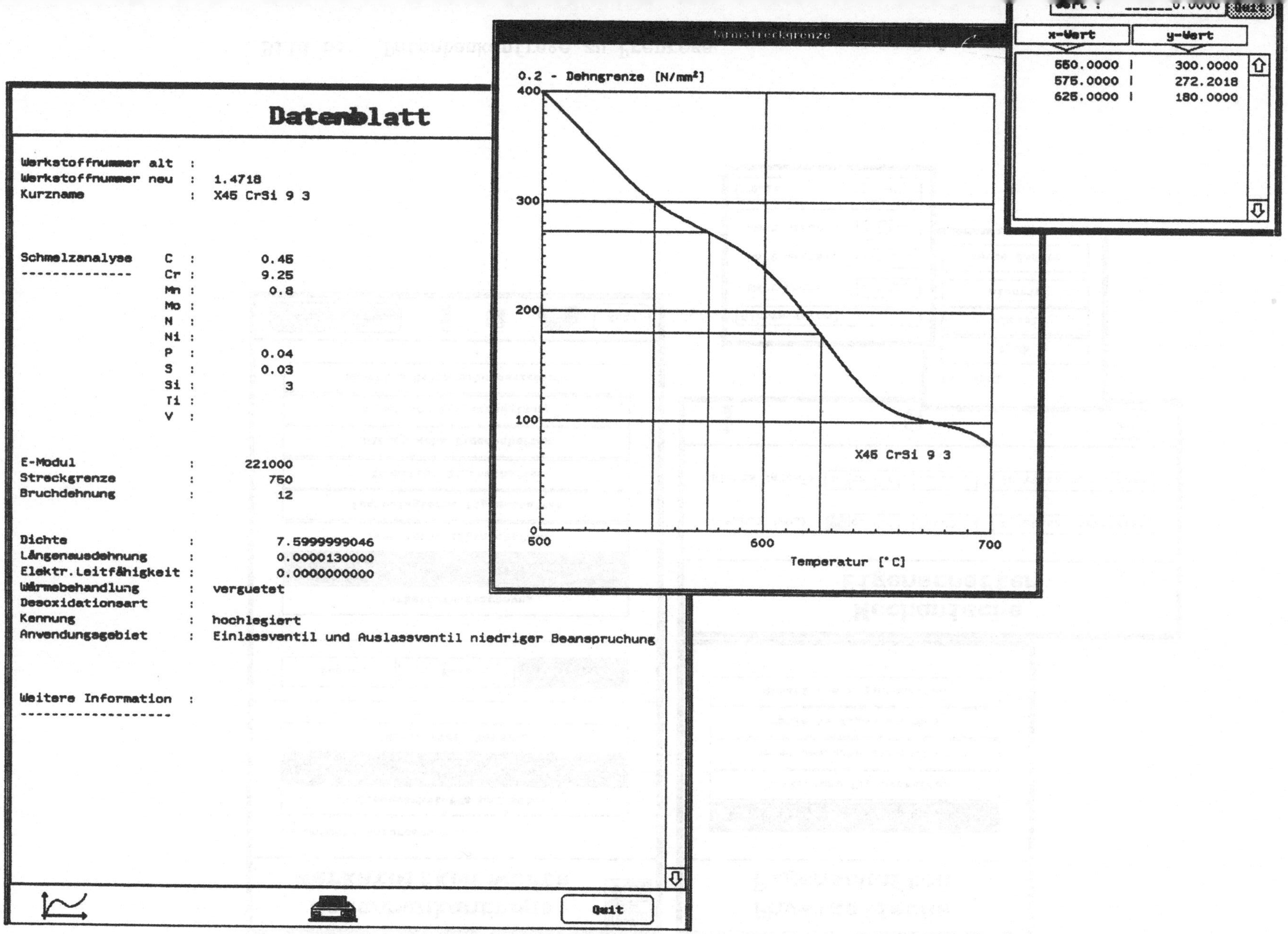

Bild 5: Datenblatt zu einem hochlegierten Ventilwerkstoff

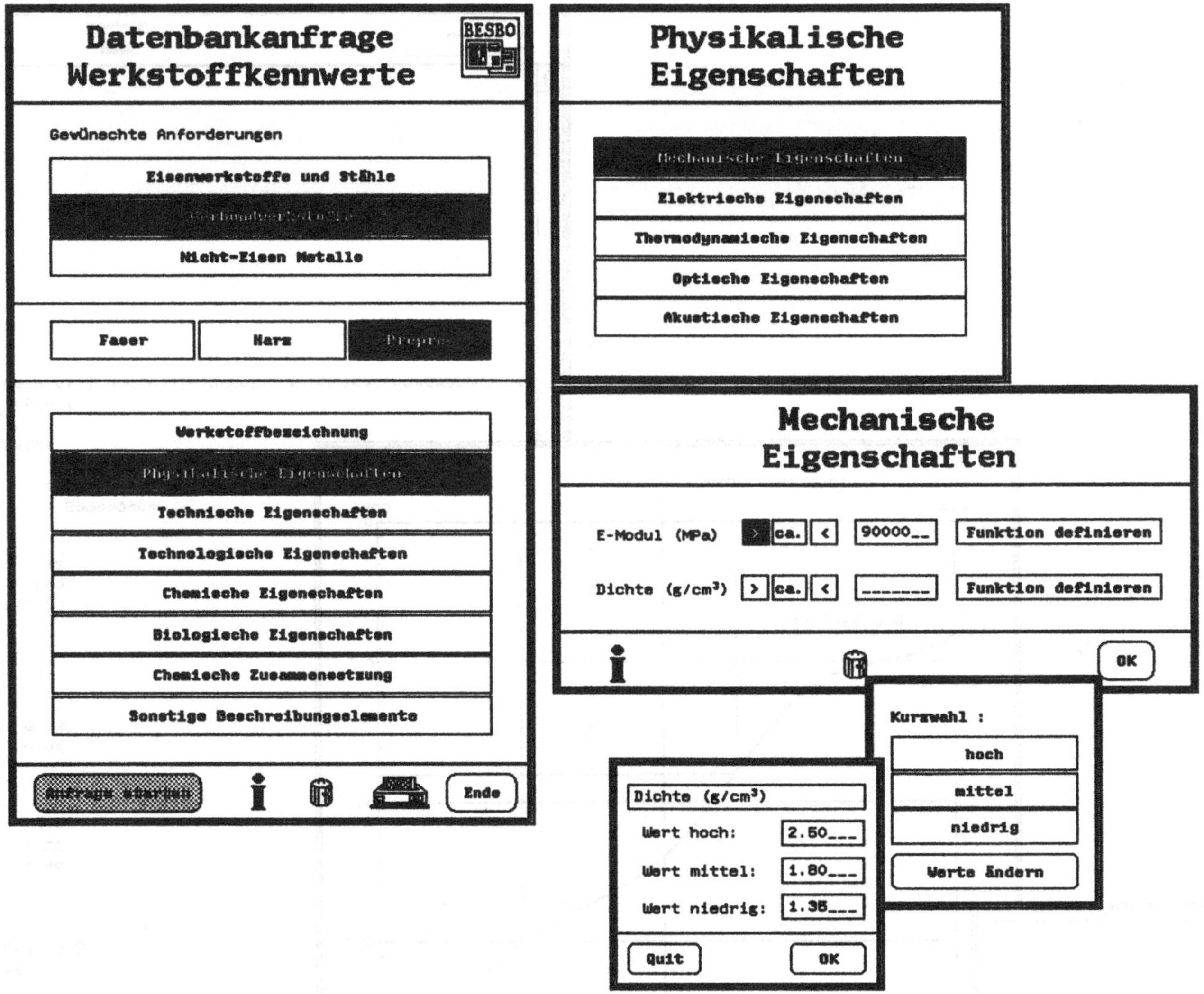

Bild 6: Datenbankanfrage zu Prepregs

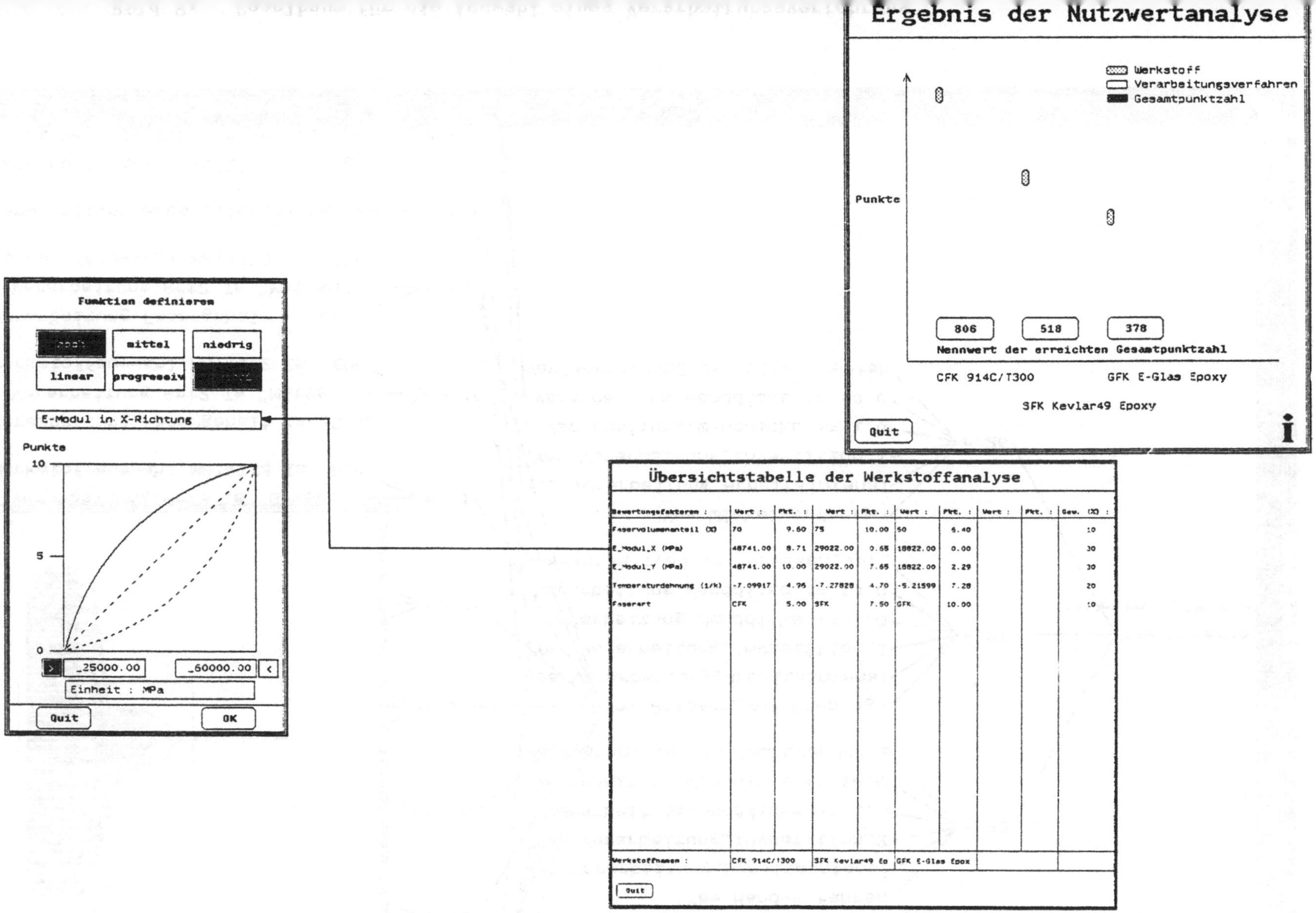

Bild 7: Ergebnisübersicht für die Werkstoffauswahl

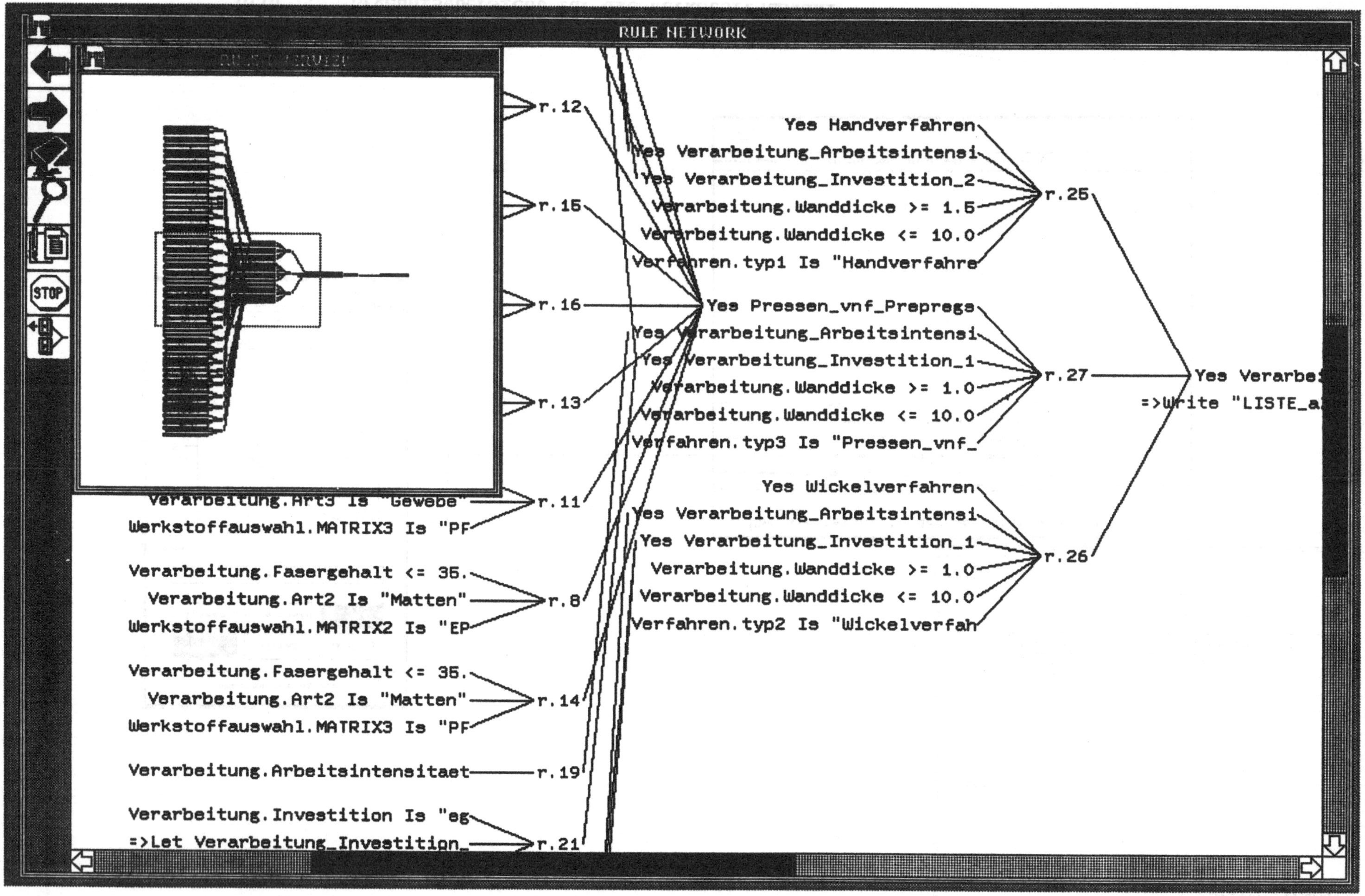

Bild 8: Regelbaum für die Auswahl eines Verarbeitungsverfahrens

Teil 4

Dokumentation und Vertrieb

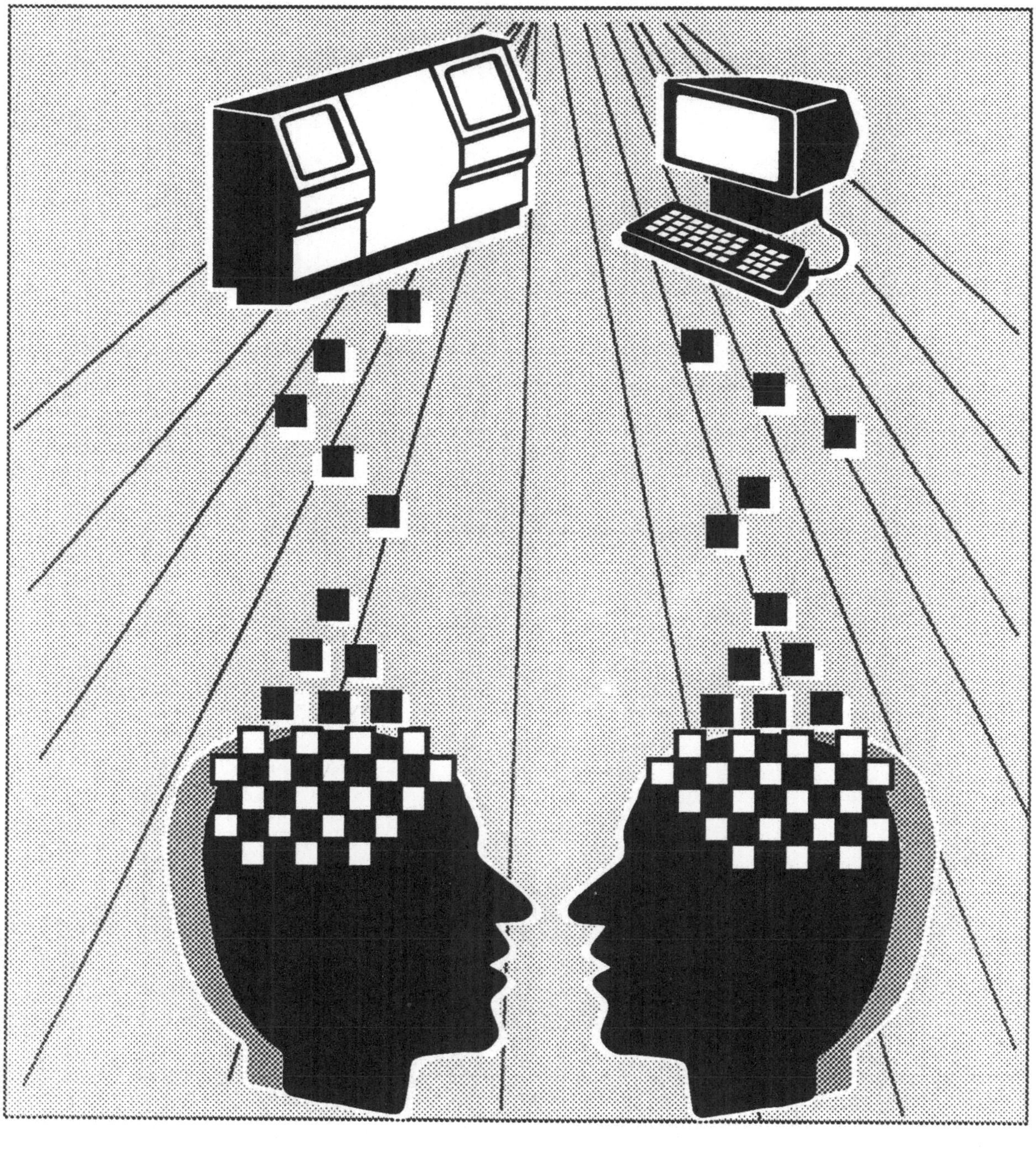

Unterstützung bei der technischen Produktauswahl für den Vertrieb

Der Schmierstoff-Berater

Dr. rer. nat. R. Schmidt
DEA Aktiengesellschaft für Mineralöle

Inhaltsverzeichnis

1. Einführung

1.1 Ziel dieses Vortrages

Dieser Vortrag ist ein Erfahrungsbericht über ein größeres Entwicklungs-Projekt, das unter anderem auch Methoden und Werkzeuge der Wissensverarbeitung nutzt.

Das Projekt ist noch nicht abgeschlossen, so daß die Aussagen vorläufigen Charakter haben.

Mein Ziel ist es, die praktischen Probleme, Erfahrungen, Erfolge und Mißerfolge bei der Einführung von Techniken der Wissensverarbeitung in eine informationstechnische Umgebung zu zeigen, die dem Standard vieler größerer Industrieunternehmen entspricht.

Es sollen hier nicht detailliert die verwendeten Werkzeuge beschrieben werden, sondern eher die systemunabhängigen Aspekte der Integration der Wissensverarbeitung in die allgemeine Informationsverarbeitung.

1.2 Projektauftrag

1.2.1 Aus Sicht des Anwenders

Es ist ein System zu erstellen, das den Verkäufer bei der technischen Auswahl des geeigneten Schmierstoffes für einen vom Kunden gewünschten Einsatzzweck unterstützt.

1.2.2 Aus Sicht der Informationstechnik

Es sollen die Möglichkeiten des Einsatzes von wissensbasierten Techniken untersucht werden.

Wenn diese in hohem Maße gegeben sind, soll diese Technik in die vorhandene Werkzeug- und Methodenlandschaft integriert werden. Dazu gehört die Auswahl und Beschaffung einer Entwicklungs- und Ablaufumgebung für wissensbasierte Systeme.

Diese soll nicht nur für das vorliegende Projekt, sondern auch generell für Projekte in der vorhandenen und in der näheren Zukunft geplanten informationstechnischen Umgebung nutzbringend einsetzbar sein.

2. Details zum Problemfeld Schmierstoff-Berater

2.1 Hintergrund

Das Schmierstoffgeschäft der DEA umfaßt mehrere hundert Produkte aus ca. zehn verschiedenen Hauptanwendungsbereichen, so u.a. Motoröle, Hydrauliköle, Metallbearbeitungsöle, Formenöle, Schmierfette .
Sie werden eingesetzt in praktisch jeder Art von Maschine zur Verminderung von Reibung, aber auch u.a. zur Kraftübertragung, zum Wärmetransport, zum Trennen von Schalung und Formling z.B. in der Betonherstellung und zu vielen weiteren Zwecken.

Es wird damit verständlich, daß die Auswahl eines für einen bestimmten Anwendungsfall gut geeigneten Schmierstoffes in vielen Fällen erhebliches technisches Expertenwissen voraussetzt.

Dieses Wissen konzentriert sich in erster Linie bei den technischen Produktverantwortlichen und bei den Vertriebsingenieuren, die den regionalen Verkaufsorganisationen zugeordnet sind. Die Verkaufsorganisation ist regional über das gesamte Bundesgebiet verteilt.

Da die meisten Verkäufer, zum Teil begründet durch ihren Hauptkundenkreis, nur eine beschränkte Schmierstoffkenntnis haben, werden Vertriebsingenieure mit einer Vielzahl von relativ einfachen Anwendungsproblemen beschäftigt, und können u.U. ihrer eigentlichen Aufgabe, komplexere Kundenprobleme zu lösen, nicht in dem gewünschten Ausmaß nachkommen.
2.2 Informationstechnische Randbedingungen.

Im der DEA-Hauptverwaltung in Hamburg steht ein Zentralrechner unter MVS mit den TP-Monitoren TSO und IMS zur Verfügung, mit dem sämtliche Niederlassungen online verbunden sind.

Als Datenbank-Management-Systeme sind IMS und zunehmend DB2 im Einsatz.

Etwaige neue Software zur Erstellung wissensbasierter Systeme soll vollständig in die vorhandene informationstechnische Infrastruktur integriert werden.

2.3 Leistungs-Anforderungen an den Schmierstoff-Berater

Der Schmierstoff-Berater soll Schmierstoff-Anwendungswissen und aktuelle Produktinformationen für einen breiten Kreis von Verkäufern bereitstellen.

Das System soll die ca. 80% technisch einfacheren Beratungsfälle abdecken. Dies bedeutet im einzelnen:

- eine direkte Unterstützung des Verkäufers bei der technischen Produktauswahl im telefonischen Verkaufsgespräch,
- eine Systematisierung der Verkaufsberatung,
- eine ständige Schulung der Verkäufer,
- ein verbesserter Informationsfluß zwischen Verkäufer und Vertriebsingenieur,
- eine Entlastung des Vertriebsingenieurs von einfacheren Problemen.

Aus informationstechnischer Sicht ist daher u.a. zu fordern:
Das System Schmierstoff-Berater muß

- auf dem Zentralrechner basieren,
- unter TSO und / oder IMS/DC ablauffähig sein und
- ein sehr gutes Antwortzeitverhalten zeigen.

3. Grobe Struktur des relevanten Wissens

3.1 Grundsätzliche Überlegungen

Die folgenden Beobachtungen sind in keiner Weise auf wissensbasierte Systeme beschränkt. Sie werden jedoch, wie mir scheint, in diesem Bereich besonders häufig mißachtet.

Unter Wissen seien hier sowohl Produktdaten als auch Anwendungswissen der verschiedenen Art verstanden.

Es kommt im ersten Ansatz darauf an, die Menge des benötigten Wissens abzuschätzen, und zwar nach

- Darstellungsmöglichkeit,
- Verfügbarkeit für Ersterfassung,
- Verfügbarkeit für kontinuierliche Pflege.

Für die längerfristige Lebensfähigkeit eines Systems ist es nun entscheidend, daß das darin enthaltene Wissen nicht nur theoretisch, sondern auch praktisch pflegbar ist.

Dies bedeutet, daß alle Stellen, die für diese Pflege verantwortlich sind, einen Nutzen aus dem System ziehen sollten, der dem von ihnen getriebenen Aufwand zumindest vergleichbar ist.

Damit ergeben sich die Grundsätze:

- Nur Wissen einbeziehen, das praktisch (mit großer Wahrscheinlichkeit) gepflegt werden wird.
- Pflege so leicht wie möglich machen.

Dies wiederum bedeutet in den meisten Fällen:

- Schnell veränderliches Wissen möglichst in "normaler" Datenbank ,
- langsamer veränderliches oder komplexes Wissen in Wissensbank speichern.
- Gegebenenfalls sollten weitere Nutzer einbezogen werden, um das

Kosten-Nutzen-Verhältnis zu verbessern.

3.2 Relevantes Wissen für Schmierstoff-Berater

Es werden im folgenden die für den geplanten Anwendungszweck relevanten Wissenselemente kurz beschrieben.

3.2.1 Technische Produkt-Beschreibungen

Da die Palette der Schmierstoffe und ihrer Eigenschaften sich relativ schnell ändert, sollten alle Informationen, die sich direkt auf Produkte beziehen, in Datenbanken abgelegt werden.

3.2.1.1 Technische Produkt-Datenbank

Sie enthält die technischen Produkt-Beschreibungen der eigenen Produkte. Diese Beschreibungen werden in der Entwicklung, in der Produktion und im Vertrieb in verschiedenen Sichten benötigt. Aufgrund der zentralen Bedeutung dieser Datenbank existiert hier eine dedizierte Datenpflege-Gruppe.

3.2.1.2 Wettbewerbs-Produkt-Datenbank

Sie enthält die grobe Beschreibung von Wettbewerbsprodukten anhand der allgemein zugänglichen Merkblätter, sowie die Zuordnung zu den vergleichbaren eigenen Produkten.

3.2.2 Eigentliches Anwendungswissen

Das "eigentliche" Anwendungswissen besteht dann in der Zuordnung von Anwendungsfällen zu technischen Produkt-Beschreibungen.
Hier lassen sich zwei wesentliche Elemente unterscheiden:

3.2.2.1 Schmierstoffempfehlungen

Dies sind die Empfehlungen der Maschinen-, Anlagen- und Aggregathersteller bezüglich des Einsatzes von Schmierstoffen in ihren Produkten. Diese wären sinnvoll in einer Datenbank unterzubringen. Dagegen spricht jedoch aus heutiger Sicht neben anderen Gründen schon der Informationsumfang für Erstbefüllung und Datenpflege.

Sie lassen sich aus denselben Gründen auch nur sehr beschränkt und in verdichteter Form in einer Wissensbank ablegen. Im wesentlichen kann nicht auf die auf Papier vorliegenden Empfehlungen verzichtet werden.

3.2.2.2 Empfehlungen aufgrund allgemeiner Einsatzbedingungen

Hierzu seien nur einige Aspekte genannt:

- Verdichtung auf typische Fälle, z.B. auf typische Maschinen.
  Dies führt zu sehr kompakter und übersichtlicher Darstellung.
  Probleme können sich jedoch bei der Behandlung von Ausnahmen und generell bei der korrekten Bildung typischer Fälle ergeben.
- Tieferes Wissen, d.h. näher an den physikalischen und chemischen Gesetzmäßigkeiten.

Dies verspricht eine hohe Stabilität des Wissens. Probleme ergeben sich hier jedoch schon bei der Menge und Struktur des darzustellenden Wissens. Weiter kann sich hier leicht der Effekt ergeben, daß Parameter erfragt werden, die aus Sicht des Kunden schwieriger zu bestimmen sind, als der benötigte Schmierstoff selbst.

- Flaches Wissen, d.h. einfaches Zuordnen von Kombinationen von Einsatzbedingungen zu Produkt-Spezifikationen.

Solches Wissen ist in vielen Fällen am einfachsten zu erfassen. Es führt jedoch leicht zu einer sehr aufgeblähten Wissensbasis, die damit auch aufwendig zu pflegen ist. Weiter werden dabei u.U. relevante Parameter übersehen, die in den Beispielen nicht vorkommen.

4. System-Architektur Schmierstoff-Berater

4.1 Überblick

Aufgrund der Grobstruktur des relevanten Wissens ergibt sich die folgende globale System-Architektur.

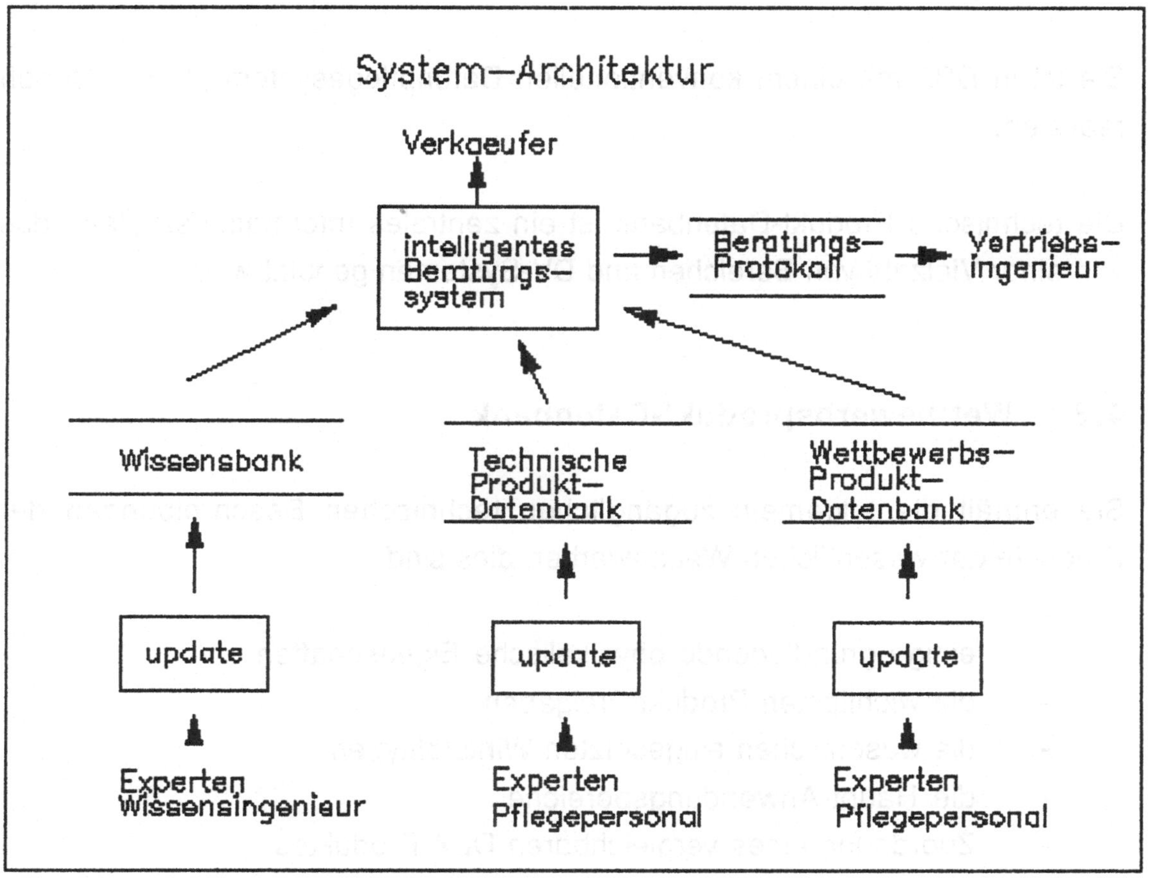

Bild 1

4.2 Technische Produkt-Datenbank

Sie enthält einen Großteil der technischen Beschreibungen der DEA-Produkte, dazu gehören u.a.:

- physikalische, chemische und technische Produkteigenschaften
- Produkt-Freigaben
- eingesetzte Wirkstofftypen
- Produkt-Anwendungsbereiche
- Produkt-Rezepturen.

Sie ist in DB2 mit einem konventionellen Datenpflegesystem (Telon/ Cobol) realisiert.

Die technische Produkt-Datenbank ist ein zentrales Informationssystem, das von einer Vielzahl von Bereichen und DV-Systemen genutzt wird.

4.3 Wettbewerbsprodukt-Datenbank

Sie enthält die allgemein zugänglichen technischen Beschreibungen der Produkte der wesentlichen Wettbewerber, dies sind:

- einige grundlegende physikalische Eigenschaften
- die wichtigsten Produkt-Freigaben
- die wesentlichen eingesetzten Wirkstofftypen
- die Haupt-Anwendungsbereiche
- Zuordnung eines vergleichbaren DEA-Produktes

Sie ist in der gleichen Art realisiert wie die technische Produkt-Datenbank.

4.4 Anwendungswissensbank und Beratungs-Dialogsystem

Sie enthält das in Regeln, Objekten und Funktionen abgebildete Anwendungswissen, und auch das Wissen über einen sinnvollen Benutzer-Dialog.

Diese Komponente kann als intelligentes Abfrage- und Auswertungs-System für die obigen Datenbanken betrachtet werden.

Es werden die folgenden Hauptfunktionen erbracht:

- Gegebenenfalls Anzeige der Haupteigenschaften eines eingesetzten Wettbewerbsproduktes und des entsprechenden DEA-Produktes.
- Erfragen der relevanten Anwendungsparameter.
- Übersetzen in eine Produkt-Anforderung in der Sprache der Beschreibungselemente der technischen Produkt-Datenbank.
- Anzeige der passenden Produkte aus der technischen Produkt-Datenbank.
- Optional Anzeige weiterer technischer Produkt-Merkmale und daraus abgeleiteter Produkt-Beschreibungen.
- Erstellen eines Protokolls, das die Benutzer-Eingaben und die wesentlichen Schlußfolgerungen enthält.

Dieses Protokoll ist besonders dann von Bedeutung, wenn das System kein Produkt auswählen konnte. Das Protokoll kann vom Benutzer direkt an den zuständigen Vertriebsingenieur weitergeleitet werden, der damit eine Grundlage für seine weitere Bearbeitung erhält.

4.5 Einige Anmerkungen zur Projektentwicklung

Bei Beginn des Projektes stand noch keine technische Produkt-Datenbank zur Verfügung. Es war lediglich eine Datenbank vorhanden, die nur die für die Produktion relevanten Daten enthielt. Sie war strukturell und von der Handhabung her veraltet.

Es wurden zur selben Zeit weitere Anforderungen an eine technische Produkt-Datenbank laut. Insgesamt versprachen sie einen derartigen Nutzen, daß eine zukunftssichere technische Produkt-Datenbank, u.a. als Ablösung des vorhandenen Systems realisiert werden konnte.

Man kann sagen, daß hier die Konzeption eines wissensbasierten Systems, u.a. auf Grund der Attraktivität dieser neuen Technik, auslösende Wirkung für ein weit darüber hinausreichende DV-Amwendung hatte.

Parallel zur Konzeption der Datenbanken wurde die Untersuchung der wissensbasierten Komponente vorangetrieben.

Da zunächst keine eigene Expertise vorhanden war, wurden hier die Schritte so vorsichtig gesetzt, daß jeweils nur ein klar begrenztes Risiko von Fehlinvestitionen bestand.

Es konnte, teilweise mit externer Unterstützung, recht schnell die praktische Machbarkeit des gewünschten Systems nachgewiesen werden.

Damit und durch das mittlerweile gerade in der konventionellen Informationsverarbeitung erkennbare große Potential für voll integrierte wissensbasierte Entwicklungsumgebungen war eine ausführliche Studie zur Auswahl einer solchen Umgebung gerechtfertigt. Auf Details dieser Studie wird weiter unten eingegangen.

4.6.1 Struktur und Aufgaben des wissensbasierten Beratungssystems

Der grundsätzliche Aufbau der wissensbasierten Komponente des Systems Schmierstoff-Berater ist in Bild 2 verdeutlicht, das im folgenden genauer erläutert wird.

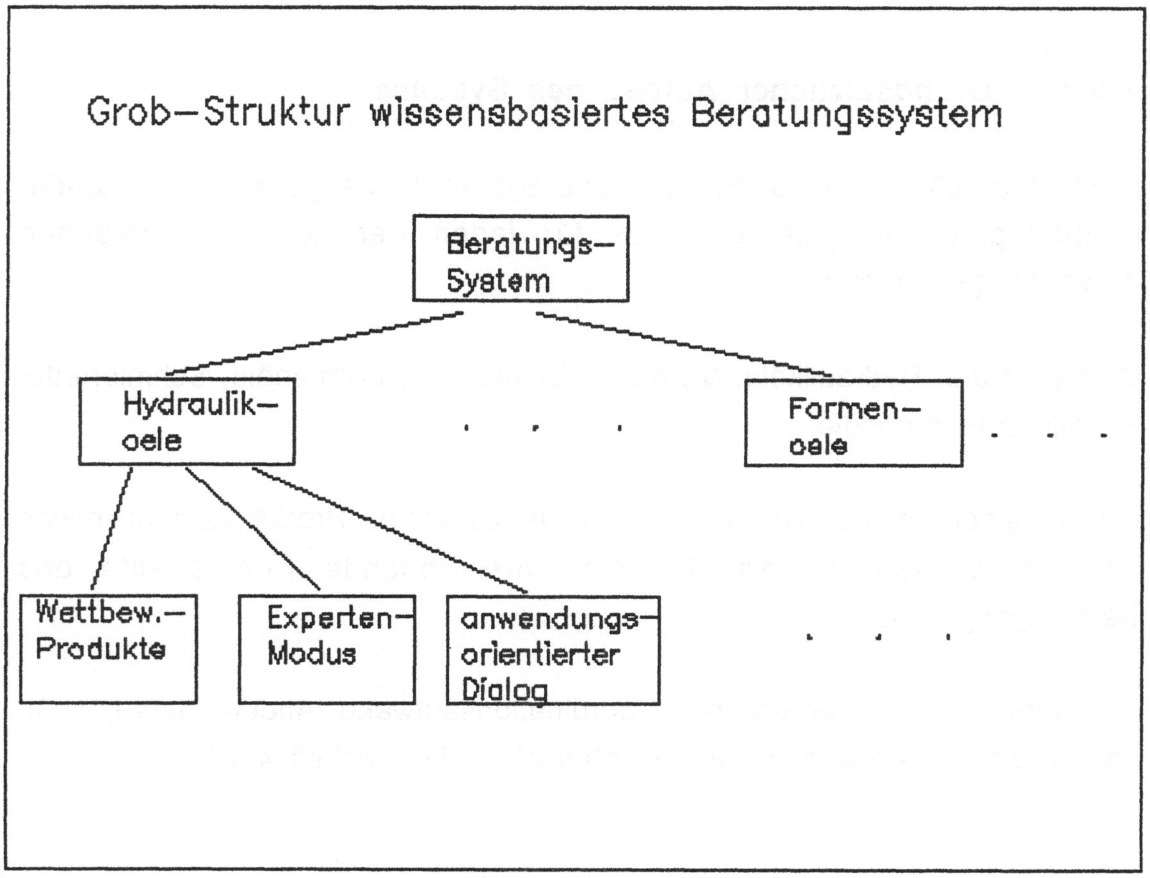

Bild 2

4.6.1.1 Hauptaufgabe des Systems

Die Hauptaufgabe des Beratungssystems in der ersten Ausbaustufe ist die Empfehlung eines oder mehrerer geeigneter Produkte für einen Anwendungsfall.

Dies kann z.B. die Auswahl eines Motorenöls sein, das für eine vorgegebene Reihe von schweren Diesel-Lkws eingesetzt werden soll, oder die Auswahl eines Hydrauliköls für die Bagger eines Unternehmens, die unter gleichartigen Bedingungen eingesetzt werden.

4.6.1.2 Grundsätzlicher Aufbau des Systems

Dementsprechend zerfällt das gesamte System in weitgehend voneinander unabhängige Teilsysteme, eines für jeden der zu unterstützenden Anwendungsbereiche.

Dies sind u.a. Hydrauliköle, Motoröle, Getriebeöle, Formenöle, Schmierfette, Metallbearbeitungsöle.

Der für einen solchen Anwendungbereich zuständige Produktverantwortliche ist der "Domain Expert" für die entsprechende Komponente des Beratungssystems.

Dies führt zu einem erheblichen Koordinationsaufwand. Andererseits können so teilweise verschiedene Komponenten parallel entwickelt werden.

4.6.1.3 Haupt-Zielgruppe des Systems

Es soll primär der Verkäufer unterstützt werden, und zwar im Dialog mit einem technisch nicht speziell vorgebildeten Kunden.

Dementsprechend sind das Wissen und die Dialogstruktur aufgebaut:

- Es werden, wenn irgend möglich, nur Fragen gestellt, die ohne große technische Kenntnisse beantwortet werden können. Es wird in vielen Fällen die Antwort "unbekannt" zugelassen.
- Fragen, Erläuterungen und Erklärungen zum Stand des Schlußfolgerungs-Prozesses setzen nur geringes Vorwissen voraus und werden auch zum Selbststudium genutzt.

4.6.1.4 Anwendungs-übergreifende Strukturen, allgemeine Charakteristika

- Wettbewerbsprodukte

Da im normalen Kundendialog die Frage nach dem bisher eingesetzten Produkt eine große Rolle spielt, ist in jedem Anwendungsbereich die Angabe des bisher eingesetzten Wettbewerbsproduktes möglich. Dabei wird die Auswahl von vornherein auf Produkte des aktuellen Anwendungsbereiches beschränkt.

Nach Anzeige des vergleichbaren DEA-Produktes wird in den Beratungs-Dialog verzweigt, um eine möglicherweise schon vom Wettbewerber getroffene Fehlentscheidung korrigieren zu können.

- Experten-Modus

Für den technisch erfahrenen Verkäufer besteht die Möglichkeit, direkt die technische Beschreibung der gewünschten Produkte anzugeben, um dann alle entsprechenden Produkte aus der Datenbank angezeigt zu bekommen.

Sollte er nicht genügend viele Angaben machen können, so versucht das System die fehlenden Angaben durch einen entsprechenden anwendungsorientierten Dialog zu ermitteln.

- Erklärungskomponente
  Die Standard-Erklärungskomponente wird dem Anwender nicht zugänglich gemacht, da dadurch zu viele für ihm schwer interpretierbare Informationen angezeigt werden.

Stattdessen erzeugen relevante Regeln,sofern sie ausgeführt werden, entsprechende stärker inhaltsbezogene Erklärungen. Daraus wird während der Konsultation auf Anforderung eine kurze Beschreibung des aktuellen Standes des Schlußfolgerungsprozesses gebildet. Nach Abschluß der Konsultation wird auf die gleiche Weise das Protokoll der Beratungssitzung generiert.

4.6.2 Charakteristika einzelner Anwendungskomponenten

Auf Grund der unterschiedlichen Struktur des jeweils in einem Anwendungsbereich relevanten Wissens sind die entsprechenden Komponenten des Beratungssystems teilweise recht unterschiedlich aufgebaut.

In gewissem Maße hängt dies auch damit zusammen, daß seit September 1989 eine erheblich flexiblere Version des Entwicklungswerkzeuges ADS zur Verfügung steht. ADS ist damit nicht mehr im wesentlichen auf Backward Chaining ausgerichtet, sondern ermöglicht auch verschiedene Strategien des Forward Chaining und stellt Objekt-orientierte Konstrukte bereit.

4.6.2.1 Komponente Hydrauliköle

Diese Komponente verwendet im wesentlichen Backward Chaining mit einer einfachen, baumartigen State-Hierarchie. Das System erfragt zunächst technisch relativ anspruchsvolle Parameter und zieht sich bei Eingabe von "unbekannt" auf immer weniger anspruchsvolle, aber möglicherweise nicht so aussagefähige Parameter zurück.

Es wird eine starke Verdichtung von Anwendungswissen verwendet, insbesondere durch eine recht kleinen Liste von Standard-Hydraulikanlagen. Es existieren größere prozedurale Anteile, z.B. zur Ermittlung des Temperatur-Viskositätsverhaltens eines Hydrauliköls. Auch dies läßt sich komfortabel und effizient mit ADS implementieren.

4.6.2.2 Komponente Formenöle

Formenöle dienen zur Tennung von Formling und Schalung in der Beton-Herstellung, bei der Herstellung von Tonwaren oder auch Gasbetonteilen.

Die wesentlichen Objekte sind hier der Formling, die Schalung, der Herstellungsprozeß, über die eine gewisse Menge an Information vorhanden sein muß,um eine Liste von Formölen zur praktischen Erprobung vorschlagen zu können.

Das System ist weitgehend im Forward Chaining realisiert. Ausgehend vom Formling werden die möglichen Schalungen und Herstellungsprozesse sukzessive eingeschränkt.

Die Bestimmung der vorzuschlagenden Formöle erfolgt mit Hilfe von unabhängigen State-Hierarchien, die das für einzelne Herstellungsprozesse spezifische Anwendungswissen enthalten.

5. Studie Expertensystem-Shells für den Zentralrechner

5.1 Ziel der Studie

Ziel der Studie war es, ein Expertensystem-Shell für den MVS-Zentralrechner auszuwählen, das als voll in die normale informationstechnische Landschaft integriertes Werkzeug zur produktiven Erstellung wissensbasierter Anwendungen dient.

Es geht hier nicht um höchste Leistungen im Bereich der KI, sondern um die Unterstützung des Entwicklers bei der Erstellung und Pflege von Systemen, wie sie mittlerweile einen immer größeren Anteil der Neuentwicklungen ausmachen.

Diese Systeme sind charakterisiert durch relativ geringes Datenvolumen, relativ große Datenkomplexität, große Änderungsraten der Informationsstrukturen, sowie eine jeweils kleine, aber anspruchsvolle Benutzergruppe.

5.2 Auswahlkriterien und Evaluations-Strategie

In die nähere Wahl kamen nur Shells, die die folgenden Kriterien erfüllten.

- Entwicklungs- und Ablaufversion unter TSO,
- zumindest Ablaufversion unter IMS/DC,
- zumindest Ablaufversion auf PC oder OS/2, da stark zunehmender Bedarf von leistungsfähigen PC-Anwendungen erwartet wird.

Damit blieb nur noch eine geringe Anzahl von Shells übrig. Der Bewertungskatalog zur Evaluation enthält neben Punkten zur Beurteilung der Expertensystem-Technik eine Reihe von Punkten wie

- Performance,
- Stabilität,
- Einbettung in IV-Landschaft,
- Vorhandensein und Leistungsfähigkeit einer prozeduralen Komponente,

anhand derer beurteilt werden konnte, ob das Shell tatsächlich eine leistungsfähige und ausgereifte Entwicklungsumgebung für die Arten von wissensbasierten Systemen ist, die auf dem Mainframe zu erwarten sind.

In jedem der prinzipiell in Frage kommenden Shells wurde u.a. derselbe Prototyp "Hydrauliköle" implementiert.

Durch intensive Gespräche mit den Entwicklungsverantwortlichen wurde versucht, die kurz- und mittelfristige Entwicklungsrichtung der Shells abzuschätzen.

Insbesondere wegen der überragenden Stabilität und Performance fiel die Entscheidung für ADS von AION.

1. Teil
ExTel - Das Expertensystem zur Beratungsunterstützung in den Telefonläden der Deutschen Bundespost

Beweggründe der DBP für die Einführung des Expertensystems

Dipl.-Ing. W. Kohl
Bundesministerium für Post- und Telekommunikation (BMPT)

Inhaltsverzeichnis

Das "Expertensystem zur Beratungsunterstützung in den Telefonläden der DBP" (ExTel) wurde zum Nutzen der Kunden, der DBP TELEKOM und insbesondere zur Unterstützung der in Vertriebspunkten dieser Art heute eingesetzten, als Assistent demzufolge, entwickelt.

Auf diese Zielsetzung waren in der etwa dreijährigen Konzept- und Realisierungsphase alle Handlungen ausgerichtet. Jetzt wird ExTel als Option auf die Zukunft bundesweit eingeführt.

Nachdem Anfang 1985 die damals 126 eingerichteten Telefonläden (TL) im Durchschnitt vier Jahre alt waren, bestätigten repräsentative Akzeptanzuntersuchungen in der Bevölkerung beeindruckend das TL-Konzept in seiner Gesamtheit. Die in diesen TL eingesetzten Kräfte des mittleren nichttechnischen Fernmeldedienstes (BF) erhielten dabei durchgängig positive Beurteilung seitens der Kunden. In vorgeschobener Lage (Zentren, Fußgängerzonen) hatte das Fernmeldewesen mit den TL in wenigen Jahren ein akzeptiertes, kundenorientiertes Gesicht erhalten.

Gleichzeitig war aber auch die dynamische, technologische Entwicklung, welche im Produktbereich von fallenden Preisen, steigender Angebotsvielfalt und bisher nicht vorstellbaren, kurzen Lebenszyklen geprägt war und ist, abzuschätzen. Der tiefgreifende Wandel, welcher der unregulierte Wettbewerb am einfachen Telefonanschluß nach sich ziehen würde, war ebenfalls bereits erkennbar.

Würde vor diesem Hintergrund mittelfristig diese Vertriebspunkte ihre gute Position im vollen Wettbewerb am Markt halten und würden unsere bisher dort eingesetzten Beratungskräfte, mit herkömmlichen Mitteln unterstützt, in den TL ihre Beschäftigungschance erhalten können? Das war die Frage im ersten Halbjahr ´86.

Die Absicherung der Marktposition der Vertriebspunkte TL wird durch eine wettbewerbskonforme Organisation erfolgen. Die Kräfte aber bedürfen einer Unterstützung, einer Assistenz "auf neuen Wegen".

Es war daher folgerichtig,

- hierzu eine Neuentwicklung am DV-Markt, ein Expertensystem zu nutzen,

- dabei die Aktualität und Leichtfüßigkeit bei der Pflege sicherzustellen,

- die Beratungskräfte ungefiltert in die Entwicklung einzubeziehen und

- ein System aufzubauen, welches ohne spezielle DV-Kenntnisse zu bedienen, flächendeckend einzusetzen (= multipler Routineeinsatz) und mit gleichbleibender Qualität, immer in Form und freundlich, von Flensburg bis München zur Verfügung steht.

Zwangsläufige Folge dieser Überlegung war die Gestaltung eines Low-cost-Systems zur Absicherung der Wettbewerbsfähigkeit der TL und zum Erhalt des BF-Arbeitsplätze. Dabei war auf übertriebenen Perfektionismus sowie aus Gründen der Rentabilität auf eine technisch optimale Lösung zu verzichten.

Das gesetzte Ziel ist erreicht. 1990 werden alle Telefonläden mit ExTel ausgestattet.

1 Denkansatz

Es stellte sich Anfang 1986 die Frage, ob die herkömmlichen Mittel der Vertriebsinformation, Kräfteschulung und -steuerung noch ausreichen, die gute Positionierung der TL zu erhalten bzw. wettbewerbsgerecht auszubauen. Denn die technologische Entwicklung ermöglicht immer häufigere und schnellere Anpassungen der von der DBP angebotenen Dienste. Produkte/Konzepte werden möglich, die Anwendungen ständig komplexer und erklärungsbedürftiger, Entwicklungszeiten und Lebenszyklen der Produkte hingegen werden immer kürzer, technische sowie rechtliche Bestimmungen bedürfen häufiger der Anpassung. Es war daher abzusehen, daß einerseits ausschließlich mit herkömmlichen Methoden der Information und Schulung das Wissen der Vertriebskräfte nicht ausreichend und vor allem rechtzeitig aufzufrischen und zu ergänzen sein würde und andererseits Kräfte mit höherer Vorbildung und damit unter anderem auch höheren

Personalkosten zum Einsatz kommen würden. Die bevorstehende Wettbewerbssituation für die DBP am Endgerätemarkt zwingt überdies dazu, die Bemühungen zur Steigerung der Effizienz und Professionalität im Vertrieb zu verstärken.

In dieser künftig neuen Konkurrenzlage und vor dem Hintergrund der "wettbewerbsbedingten Anpassungsdynamik" müssen die TL als wichtige Vertriebspunkte in der neuen Wettbewerbsorganisation sich "neu und rentabel" positionieren. Die Notwendigkeit zur Steigerung der Effizienz geht, wie bereits geschildert, mit der Anpassung an künftig flexibel steigende und komplexere Marktanforderungen einher. Die Kräfte bedürfen einer stabilisierenden, stützenden Assistenz. Nach mannigfachen Recherchen und der Intensivierung der TL-Kr-Schulung ergab sich Anfang 1986 eben die Frage, ob es möglich sein könnte, zur Unterstützung der TL-Kräfte schnell ein kostengünstiges Expertensystem zu entwickeln und zum flächendeckenden Einsatz zu bringen. Konkrete Schritte wurden ab Mitte 1986 eingeleitet. Mit Hilfe eines solchen Systems sollte an den bewährten Kr festgehalten werden können, und gleichzeitig sollten die künftigen Anforderungen und Ansprüche in allen Läden auf hohem Niveau verläßlich und kostengünstig erfüllt werden.

Zielvorstellung dabei war, innerhalb von 15-18 Monaten einen im Kundeneinsatz testfähigen "Prototyp ExTel" zur Verfügung zu haben.

2 Anforderungen an ein computergestütztes Expertensystem

Der Assistent "Expertensystem" sollte den TL-Kräften helfen, den steigenden Anforderungen gerecht zu werden, auf zunehmend anspruchsvollere, vielfältige Kundenwünsche flexibel einzugehen und entsprechende Angebote der DBP TELEKOM Interessenten anzubieten. Um diese Kundenwünsche herauszuarbeiten, den Nutzen für die Kunden **augenscheinlich** zu machen und geeignete Realisierungsvorschläge mittels Wort, Bild und auf Papier unterbreiten zu können, sollten die Kräfte in die Lage versetzt werden - befreit von der Notwendigkeit / der Qual zum Nachblättern, suchen und aufschreiben - mehr Zeit für den Dialog mit den Kunden aufzuwenden, sich ganz auf das Verkaufsgespräch zu konzentrieren.

Ausgerichtet auf Praxisbezug, Akzeptanz und Rentabilität wurden daher folgende, teilweise im Überblick bereits erwähnte Rahmenvorgaben erarbeitet. Zu entwickeln wart ein Expertensystem mit Wissensbasis und Erklärungskomponenten

- für den flächendeckenden betrieblichen Routineeinsatz,

- auf die Praxis und niedrige Kosten ausgerichtet (die kostengünstigste und nicht die technisch wertvollste Lösung war ja zu suchen),

- für einen Abschreibungszeitraum von vier Jahren,

- mit leichtfüßiger Aktualisierung und Gewinnung von Marktdaten durch Verwirklichung von Top-down und Bottom-up Informationsflüssen sowie den Aufrufen "früherer Beratungen" und

- mit optisch gutem, ikonengestütztem Bildaufbau, ohne Tastatur, mit eindeutigem Verzicht auf die Speicherung personenbezogener Daten.

3 Auftragsvergabe und DV-Konfiguration

Eine intensive Sondierung des Marktes sowie ein in dieser Form ungewöhnliches, mehrstufiges Ausschreibungsverfahren führte zu einer stufenweisen Beauftragung, wobei noch zum Jahreswechsel ´86/´87 ein Auftrag zur Entwicklung eines Prototypen erteilt werden konnte. Im einzelnen:

Die Vorarbeiten zur Entwicklung des Expertensystems hatten etwa Mitte ´86 im Bundespostministerium mit der Leistungsbeschreibung und der Suche nach potentiellen Entwicklern begonnen. Zur Abgabe von Angeboten wurden schließlich zehn Firmen eingeladen. Zwei davon erhielten Aufträge zur entgeltlichen Entwicklung von Demonstrationsversionen: Ihre Angebote hatten technologisch überzeugt und waren kostengünstig sowohl hinsichtlich der Entwicklungs- als auch die Hardwarekosten. Um weiter im Wettbewerb zu bleiben, diesen offen zu halten, wünschten weitere vier, später drei Firmen, sich unentgeltlich an der Entwicklung der Demoversion beteiligen zu können. Diesem Wunsch wurde entsprochen und in der letzten Novemberwoche ´86 dann fünf Demoversionen von uns abgenommen.

Den eigentlichen Auftrag zur Entwicklung eines Prototyps erhielt, nach einer ersten Information im Dezember ´86, schriftlich im Januar ´87 das Konsortium Siemens/ InterFace Computer, jeweils München.

ExTel basiert

- hardwareseitig auf der teletexfähigen Siemens-Familie MX, einem dezentralen Mehrplatzsystem mit 4 MB Hauptspeicher, grafikfähigen Bildschirmen (mit eigenem Prozessor) und ggf. Decoder sowie

- softwareseitig auf der Programmiersprache PROLOG (keine Shell-Lösung), dem Betriebssystem SINIX (5), der Siemens-Version von UNIX, und der Grafikoberfläche "Collage".

4 Was ist aus diesen Ansätzen geworden:

Zwischenzeitlich sind die Meilensteine Ausschreibung, Demonstrationsversion und Auftragsvergabe durch die weiteren Meilensteine

- Entwicklung Prototyp ExTel (Auftragsvergabe Januar ´87),

- Praxistest des Prototypen im TL Residenzpost München ab Mai ´88,

- Betriebsversuch in bis zu 30 weiteren TL-Standorten ab Herbst ´88 und

- Entscheidung zur Einführung in allen TL der DBP TELEKOM Ende ´89

ergänzt worden.

Parallel zur Kräfteschulung - Ende April 1990 beginnend - werden im Jahr 1990 alle 162 TL der DBP TELEKOM mit ExTel ausgerüstet.

5 Was haben wir erreicht, was ist der Nutzen?

Heute verbessert ExTel, das "Expertensystem zur Beratungsunterstützung" des Service in 162 Telefonläden der DBP TELEKOM. Es unterstützt die Beratungskräfte bei den Auskünften, der kundenspezifischen Gestaltung von Telefoneinrichtungen und bei der Berechnung der Gebühren.

Bild 1:
Der ExTel Bildschirm vor Beratungsbeginn

Die Berater/innen können sich ganz auf das Gespräch mit dem Kunden konzentrieren. Seine Wünsche werden am Bildschirm mit der Maus "angeklickt". Sekunden später sieht der Kunde seine optimale Lösung. Zuverlässig, schnell und vollständig. Danach kann immer noch geändert werden. ExTel liefert die dafür notwendige Unterstützung.

Nach der Beratung wird dem Kunden der Lösungsvorschlag ausgedruckt. Die Telefonanlage ist ausführlich beschrieben. Die Gebühren sind detailliert aufgeführt.

Der Kunde erteilt danach den Auftrag, kann sich aber auch den Vorschlag noch einmal in Ruhe überlegen.

ExTel kann sich mit den nachfolgenden Attributen schmücken.

5.1 Nützlich

Das Expertensystem ist ein Service der DBP TELEKOM für seine Kunden.

Die Berater/innen können sich voll auf die Wünsche ihres Kunden konzentrieren Apparatemodelle mit ihren unterschiedlichen Farben und Funktionen werden angezeigt und können ausgewählt werden.

Besonders nützlich ist für die Kunden das ausgedruckte Beratungsergebnis. so kann auch die Familie zu Hause mitreden und mitbestimmen.

Der raschen technischen Entwicklung und dem Kundengeschmack kommt die DBP TELEKOM entgegen. Neue Apparate und Anlagentypen werden angeboten. Auch wenn jede Neuheit anders funktioniert - das Expertensystem ExTel liefert das richtige Beratungsergebnis.

5.2 Bequem

ExTel wird ohne Tastatur, nur mit der Maus bedient. Menüoptionen werden "angeklickt", Piktogramme ausgewählt und bewegt.

Die Piktogramme sind leicht verständlich und schnell erfaßbar. Der hochauflösende Grafik-Bildschirm zeigt die Piktogramme flimmerfrei. Durch die bequeme Bedienung des Systems durch die Berater entsteht eine entspannte Atmosphäre. Kunde und Berater können sich ganz dem Gespräch widmen.

Das integrierte Lexikon erkärt die Begriffe. Auf Anfrage wird jede Lösungsvariante erläutert.

5.3 Leistungsfähig

Das Leistungsspektrum des Expertensystems ExTel umfaßt

- Angaben über die Funktionen von etwa 2000 verschiedenen Telefonapparaten,
- die Konfigurierung von Telefonanlagen für kleinere Betriebe,
- Informationen für Kabelanschlüsse mir ihren Gebühren,
- Auskünfte über Gesprächsgebühren in alle Staaten der Welt.

Bild 2:
Gesprächsgebühr München/China

Der Konfigurator ist das Herzstück. Er liefert den Vorschlag für den Telefonwunsch des Kunden. Die kostengünstigste Lösung wird ausgewählt. Dabei werden alle Feinheiten berücksichtigt: Gesetzlich verminderte Gebühren, Doppelanschluß oder auch die Familientelefonanlage.

Das Gegenstück zum Konfigurator ist die Reduktion. Damit können Funktionen einer Telefonanlage rückgängig gemacht werden. Der Kunde bestimmt die Reduktion, wenn ihm die errechneten Gebühren zu hoch erscheinen

5.4 Aktuell

Mit ExTel ist die DBP TELEKOM für den Wettbewerb ab 1990 gerüstet. Der Telefonkunde steht im Mittelpunkt der Beratung.

Eine Beratungsstatistik gibt tagesaktuell Auskünfte über die Wünsche der Kunden. Darauf reagiert die DBP TELEKOM mit neuen Angeboten. Die Informationen darüber gelangen per Teletex direkt zur Zentrale. Die Aktualisierung wird von Fachleuten der DBP TELEKOM in Wiesbaden durchgeführt. Hier wird die Wissensbasis des Systems auch weiterentwickelt.

Die Berater der Telefonläden werden im neuen Berufsbildungszentrum der Post in Darmstadt geschult. Das zweitägige Training lohnt sich.

5.5 Zukunftssicher

ExTel erfordert keine teure Spezial-Hardware wie vergleichbare Expertensysteme. "Normale" SINIX-Mehrplatzsysteme werden eingesetzt. Auch der hochauflösende Grafik-Bildschirm ist ein Standard-Produkt.

Durch die Verwendung von Standard-Produkten kommt jeder technische Fortschritt dem System zugute. Die Software bleibt kompatibel. Die Hardware nutzt die DBP TELEKOM bereits als Regelausstattung im Fernmeldewesen.

Zukunftssicher läßt sich ExTel erweitern. Die Software und die Hardware bieten den Spielraum. Die Wünsche der Kunden werden das entscheiden.

5.6 Innovativ

Die Entwicklung des Expertensystems erfolgt im Auftrag der Deutschen Bundespost durch ein Konsortium unter der Leitung der Siemens AG. Zehn Firmen beteiligen sich im Wettbewerb um diesen Auftrag.

Der Komfort für Kunden und Berater wurde durch innovative Technik möglich.
Für Fachleute:
ExTel ist in PROLOG programmiert, als Window-Manager wurde COLLAGE gewählt, für die Schnittstellen die Programmiersprache C.

Bild 3:
Konfigurationsteil: Eine umfangreiche Beratung
Durch die Darstellung in Bildern und Skizzen wird die Eindeutigkeit im Beratungsgespräch gefördert.

Die Wissensbasis umfaßt mehr als 2000 Regeln. Inclusive der Steuerung ergeben sich mehr als 20 000 PROLOG-Zeilen. PROLOG wurde gefordert, um die einfache Änderung der Wissensbasis zu gewährleisten.

Innovativ ist die grafische Benutzeroberfläche für ein Mehrplatzsystem. Kunden und Berater haben das Expertensystem spontan angenommen.

Neuartig ist auch die Aktualisierung via Teletex. Es erlaubt der DBP TELEKOM die zentrale Systempflege "per Draht". Besser, schneller und sicherer ist der Kundenservice mit dieser Innovation geworden.

6 Maßstäbe

ExTel ist das erste öffentlich bundesweit eingesetzte Expertensystem Deutschlands. Jeder kann sich seine Meinung über den Nutzen dieses Expertensystems selbst bilden. Ein Besuch im Telefonladen lohnt sich.

ExTel ist eine der ersten Anwendungen, die auf einem universellen Mehrplatz-Grafiksystem eingesetzt werden. Dadurch entstehen attraktive und kostengünstige Arbeitsplätze mit Computern.

Die DBP TELEKOM und die Entwickler haben einen neuen Weg für die einfache Bedienung gefunden. Die Schwelle zum Computer ist weiter abgebaut. Keine Tastatur, kein Vertippen - mit der Maus wählt der Berater aus.

Mit ExTel setzt die DBP TELEKOM Maßstäbe, wie Computer zukunftsweisend für ihre Kunden eingesetzt werden.

Bild 1: Der ExTel-Bildschirm vor Beratungsbeginn

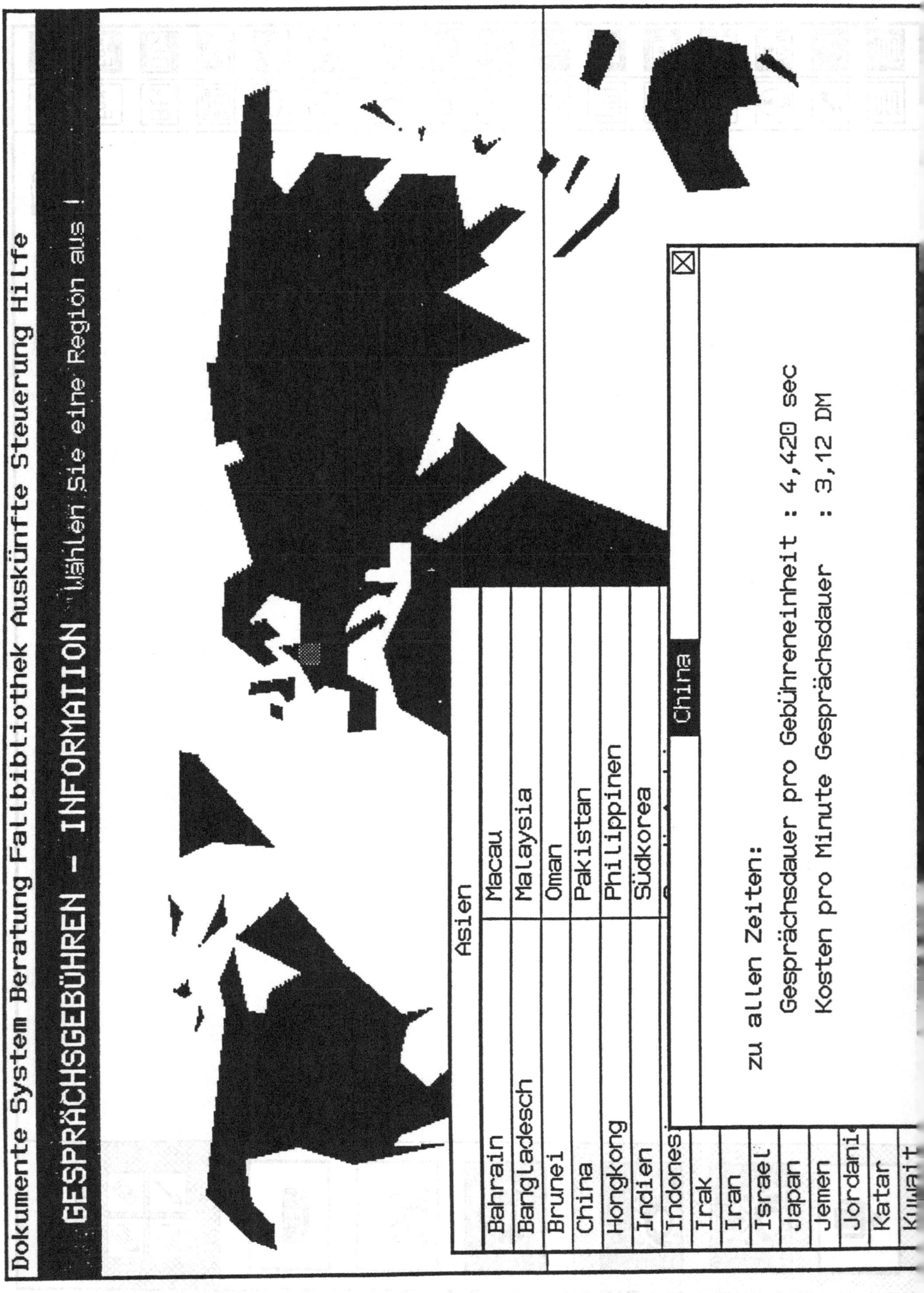
Dokumente System Beratung Fallbibliothek Auskünfte Steuerung Hilfe
GESPRÄCHSGEBÜHREN - INFORMATION
Wählen Sie eine Region aus !
Asien
Bahrain
Bangladesch
Brunei
China
Hongkong
Indien
Irak
Iran
Israel
Japan
Jemen
Katar
Macau
Malaysia
Oman
Pakistan
Philippinen
Südkorea
China
zu allen Zeiten:
Gesprächsdauer pro Gebühreneinheit : 4,420 sec
Kosten pro Minute Gesprächsdauer : 3,12 DM

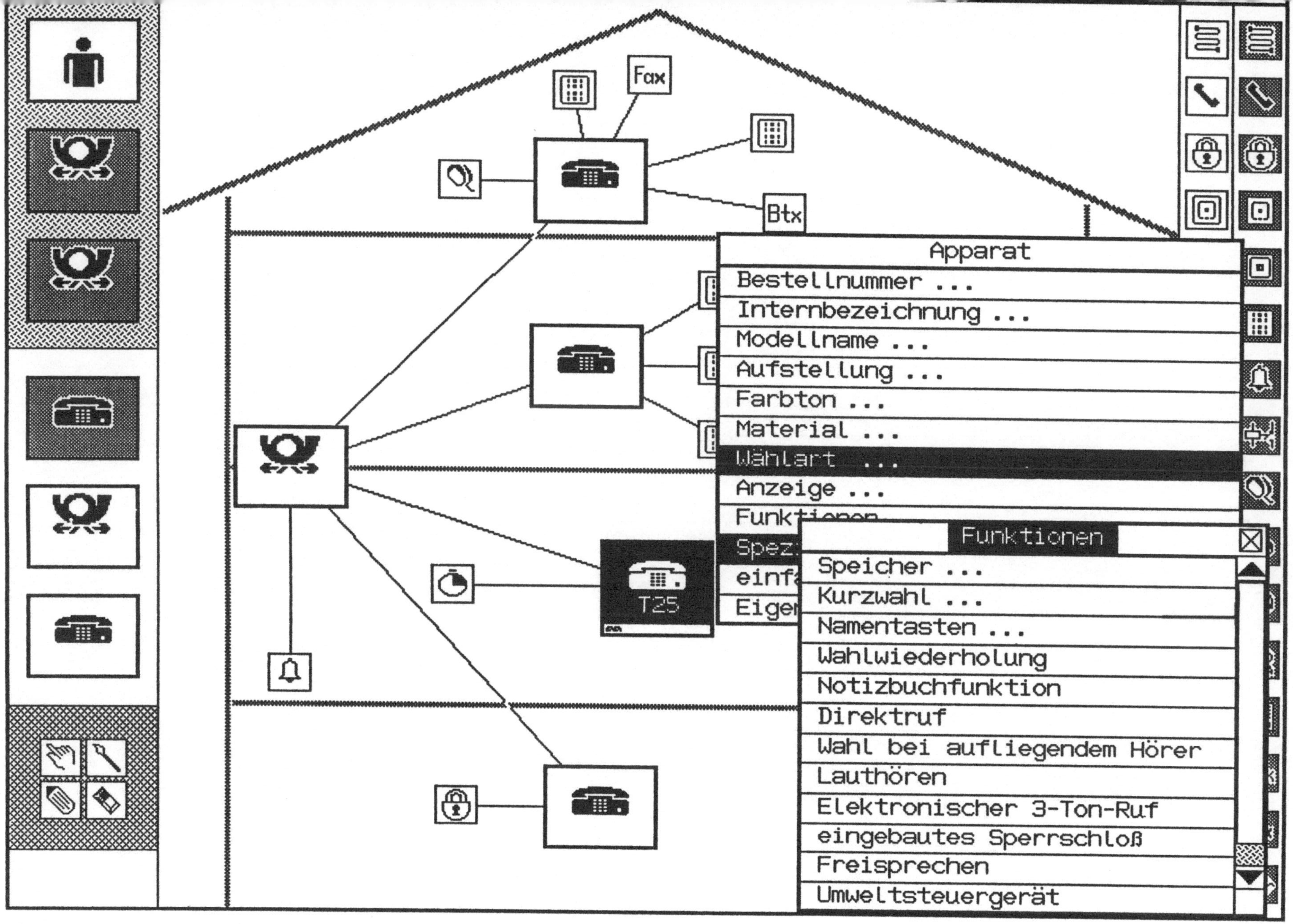

Bild 3: Konfigurationsteil: Eine umfangreiche Beratung

2. Teil
ExTel - Das Expertensystem zur Beratungsunterstützung in den Telefonläden der Deutschen Bundespost

Vorgehenweise und fachliche Lösung von ExTel

Dipl.-Inform. E. Pielmeier
Siemens AG

Inhaltsverzeichnis:

1 Projektablauf

Der Entwicklungsprozeß bei ExTel entspricht im wesentlichen dem klassischen Vorgehen bei der Abwicklung eines Expertensystemprojekts. Als erstes wird eine Demoversion erstellt. Sie dient als Entscheidungsgrundlage für die Machbarkeit des Projekts. Anschließend wird im sogenannten "rapid Prototyping" der Prototyp implementiert. Dieser wird dann validiert und zur Einsatzreife weiterentwickelt.

Schon für die Ausschreibung wurde bei ExTel eine Demonstrations-Version entwickelt mit eingeschränkter Wissensbasis und einer vereinfachten alphanumerischen Benutzeroberfläche auf der Basis eines Windowsystems für alphanumerische Bildschirme. Darauf aufbauend wurde nach der Erteilung des Auftrages die Wissensbasis schrittweise verfeinert und vervollständigt. In dieser Phase fanden auch in unregelmäßigen Abständen Treffen statt mit dem vom Auftraggeber benannten Experten auf dem Gebiet der Telefone und Telefonanlagen der Deutschen Bundespost. Sie dienten einerseits dazu, Fragen zu klären, die beim Studium der zur Verfügung gestellten schriftlichen Unterlagen offen geblieben waren. Andererseits wurde das zum jeweiligen Zeitpunkt im System schon implementierte Wissen mit dem Wissen des Experten abgeglichen, um Fehlinterpretationen frühzeitig aufzudecken.

Parallel dazu entwickelte ein zweites Team Komponenten für die Graphikoberfläche. Über eine eigens definierte Schnittstelle wurden diese Komponenten mit der Wissensbasis integriert. Zur abschließenden Verifizierung der Wissensbasis wurde das System vom Experten mit zahlreichen, speziellen Fallbeispielen getestet.

Der so entwickelte Prototyp wurde in einem ausgewählten Telefonladen erprobt. Nach dem Probebetrieb ging man dann in einen sogenannten erweiterten Betriebsversuch. Im Rahmen dieses Betriebsversuchs wurde ExTel in insgesamt 25 Telefonläden im gesamten Bundesgebiet installiert. Parallel zu diesen Erprobungsphasen wurde das System zur Einsatzreife entwickelt. Begleitend zu diesem Prozeß mußten natürlich laufende Änderungen am Wissen der Domäne in die Wissensbasis des Expertensystems eingearbeitet werden.

2 Hardware und Softwareauswahl

Die Auswahl der Hard- und Software war in erster Linie durch die Investitionskosten bestimmt. Da das System im breiten Einsatz mit sehr vielen Installationen betrieben werden soll, wirken sich niedrige Kosten jedes einzelnen Arbeitsplatzes entscheidend aus. Teure Expertenshells, die obendrein nur auf teurer Spezialhardware ablauffähig sind, schieden daher von vorneherein aus.

Man entschloß sich für den Einsatz preisgünstiger Standard-Hardware. Die Wahl fiel auf SINIX-Rechner mit graphischen Bildschirmarbeitsplätzen, X20 für Einplatzanwendungen und MX300 für Mehrplatzsysteme. Angeschlossen ist jeweils ein Universeller-Teletex-Controler (UTC-Box), der für die Teilnahme am Teletexdienst notwendig ist. Ferner gehört zu jeder Rechnerkonfiguration ein Seitendrucker 9022 nach dem elektrofotographischen Druckprinzip mit Druckbild in Korrespondenzqualität.

Als Softwarebasis dienten neben SINIX und der Sprache C für die Schnittstellen vor allem die KI-Sprache Prolog für die Implementierung der Wissensbasis. Das Expertensystem wurde als Anwendung für den Windowmanager COLLAGE realisiert. Über eine spezielle Schnittstelle wurden die Graphikfunktionen von COLLAGE von PROLOG aus nutzbar gemacht.

3 Wissensaquisition

Bei der Wissensaquisition stützen sich die Entwickler in erster Linie auf schriftliche Unterlagen, die von der Post zur Verfügung gestellt wurden. Nur für darüber hinausgehende Fragen stand als Experte der Leiter der Anmeldestelle des Fernmeldeamts Wiesbaden zur Verfügung.

Als schriftliche Unterlagen wurden vom Auftraggeber bereitgestellt: Auszüge aus der Fernmeldeordnung der Deutschen Bundespost mit den zugehörigen Verwaltungsanweisungen, Auszüge aus den Technischen Verwaltungsanweisungen und der Fernmeldegebührenvorschrift, die Telefonmappe, die zur Schulung der Beratungskräfte eingesetzt wird, Verfügungen und Rundschreiben des Fernmeldetechnischen Zentralamts, sowie vertriebliche

Unterlagen wie z. B. das Telefonprogramm oder Prospekte zu den Telefonanlagen.

4 Gestaltung der Benutzeroberfläche

Von der Deutschen Bundespost wurde gefordert, daß die Bedienung ausschließlich mit der Maus zu erfolgen hat. Dem Kunden soll durch das Fehlen der Tastatur signalisiert werden, daß hier keine personenbezogenen Daten erfaßt werden können. Also mußte eine Graphikoberfläche geschaffen werden. Anstelle von Texteingaben arbeitet das System mit Menüs, deren Elemente mit der Maus angewählt werden können. Dadurch ist gleichzeitig einfache Bedienbarkeit des Systems gewährleistet. Die lästigen Tippfehler sind von vornherein ausgeschlossen. Die Beratungskraft kann sich besser auf das Kundengespräch konzentrieren.

Die einzelnen Komponenten, aus denen Telefonanlagen zusammengestellt werden können, sind durch Piktogramme am Bildschirm dargestellt. Bei der Auswahl der Symbole wurden, soweit vorhanden, auf die von der Post in ihren vertrieblichen Unterlagen benutzten Symbole zurückgegriffen. Fehlende Symbole wurden entsprechend ergänzt. Sie bilden gewissermaßen das Repertoire an Bausteinen, aus dem man im Arbeitsbereich der Graphikoberfläche eine Schaltung oder Anlage zusammenstellen kann. Die Zuordnung von Zusatzeinrichtungen zu Telefonapparaten und von Apparaten zu Schaltungen bzw. Anlagen erfolgt durch Verbindungslinien, die auch mit Hilfe der Maus zwischen den jeweiligen Symbolen gezogen werden.

Damit haben der Kunde und die Beratungskraft während des gesamten Beratungsgesprächs die Anlage mit all ihren Komponenten wie auf einem Reißbrett vor Augen. Mit der Maus als Bedienelement kann jeweils eine Komponente zur Beratung ausgewählt werden. Dadurch kann während der Beratung jede der Komponenten in der gewünschten Reihenfolge bearbeitet werden. Zur Unterstützung des Kunden können die Telefonapparate im Arbeitsbereich räumlich so angeordenet werden, wie es der Installation des Kunden entspricht. Zusätzlich können auf dem Bildschirm noch Hilfslinien eingezeichnet werden, um zum Beispiel den Grundriß seiner Wohnung zu skizzieren. Durch diese Visualisierung wird die Eindeutigkeit im Gespräch zwischen Kunde und Beratungskraft unterstützt.

5 Beratungsvorgang

5.1 Erfassen der Kundenwünsche

Am Anfang des Kundengesprächs muß die Beratungskraft die Wünsche des Kunden bezüglich Anzahl und Leistungsmerkmale der einzelnen Komponenten seines zukünftigen Telefonsystems erfragen. Dazu gehört auch der Bestand an Telefonapparaten und Zusatzeinrichtungen, der mit in die Konfiguration einbezogen werden soll. Diese Kundendaten werden gleichzeitig zum Beratungsgespräch mit Hilfe der graphischen Bedieneroberfläche erfaßt. Der objektorientierte Aufbau des Eingabemediums unterstützt dabei hervorragend den Erfassungsvorgang.

In der Reihenfolge der Erfassung ist die Beratungskraft völlig frei. Sie muß also nicht, in irgend einer vom System vorgegebenen Reihenfolge Daten ins System eingeben, sondern kann auf den Kunden eingehen und die Daten so erfassen wie sie vom Kunden vorgegeben sind.

Wenn der Kunde zum Beispiel drei Telefone verlangt, kann die Beratungskraft zuerst für jedes gewünschte Telefon ein Piktogramm im Arbeitsbereich generieren und dann erst die Eigenschaften der einzelnen Telefone vom Kunden erfragen. Sie kann aber auch jedes Telefon komplett eingeben, bevor sie sich dem nächsten zuwendet.

Schon während des Erfassungsvorgans nimmt das Expertensystem laufend Konsistenzprüfungen vor. Wenn beispielsweise eine Zusatzeinrichtung einen Apparat zugeordnet wird, an dem sie nicht zulässig ist, so gibt das System einen entsprechenden Hinweis aus. Auch bei der Auswahl der Attribute für ein Telefon überwacht der Konsistenzprüfer, ob es überhaupt ein solches Telefon gibt, das über alle gewünschten Leistungsmerkmale verfügt.

5.2 Konfigurierung

Nachdem alle gewünschten und vorhandenen Objekte angegeben wurden, kann das System die zukünftige Anlage konfigurieren. Ziel dieses Schrittes ist, zu einem korrekten Einrichtungsvorschlag zu kommen, für den dann Gebühren berechnet und ein Angebot erstellt werden kann. Im Rahmen der

Konfigurierung werden verschiedene Aufgaben gelöst. Als erstes muß eine Schaltung bestimmt, bzw. eine Anlage ausgewählt werden. Dann werden die Telefonapparate noch fehlende Komponenten hinzugefügt.

Bei der Auswahl der Schaltungen bzw. Anlage sucht das System die preisgünstigste Möglichkeit und bietet diese als Einrichtungsvorschlag an. Als notwendige Bedienung bei dieser Auswahl muß natürlich als erster berücksichtigt werden, daß alle gewünschten Telefone anschließbar sind. Wurden zum Beispiel mehrere Telefone gewünscht, scheidet eine Schaltung, die nur aus einem einzelnen Hauptapparat besteht, sofort aus.

Als weiterer Schritt bei der Konfigurierung werden dann die Telefonapparate konkretisiert. Dabei wird ebenfalls aus den noch möglichen Telefonen, das mit den günstigsten monatlichen Gebühren ausgewählt. An dieser Stelle wäre es auch möglich nach einer anderen Strategie vorzugehen. Zum Beispiel könnte man auch vorrangig die Telefone auswählen lassen, bei denen noch ein sehr hoher Lagerbestand vorhanden ist, den man abbauen will.

Schließlich wird die Anlage noch um Teile ergänzt, die für die technisch korrekte Realisierbarkeit notwendig sind. bzw. aufgrund der Bestimmungen verlangt werden. Beispielsweise braucht man zum Anschluß von zwei Telefonen einen automatischen Umschalter. Manche Apparate sind auch nicht als Hauptapparat zugelassen. Dann wird ein Hauptapparat zur Schaltung hinzugefügt.

Die so fertiggestellte Konfiguration wird dann als Einrichtungsvorschlag präsentiert (siehe als Beispiel Bild 2). Der Kunde bzw. Berater hat nun die Möglichkeit den Vorschlag zu akzeptieren oder abzulehnen. Wenn der Kunde einverstanden ist, können als nächster Schritt die Gebühren abgerufen werden. Wenn er nicht einverstanden ist, können die Eingaben nochmals modifiziert und dann ein neuer Vorschlag erarbeitet werden.

Während der Konfiguration werden schon die gebührenrelevanten Teile der Schaltung bzw. Anlage erarbeitet und für die nachfolgende Gebührenberechnung bereitgestellt.

5.3 Gebührenberechnung

Aus den von der Konfiguration bereitgestellten Gebührenpositionen wird anschließend eine Aufstellung anfallender Gebühren erstellt. Das ist nicht nur eine buchhalterisches Aufadieren der einzelnen Posten. Dabei muß unter anderem berücksichtigt werden, für welche Positionen eine Bereitstellungsgebühr durch die Bereitstellung anderer Positionen abgegolten ist.

Will man zum Beispiel seinen Bestand, der aus einem Wählanschluß und einem Telefon besteht, um ein zusätzliches Telefon erweitern, braucht man einen automatischen Umschalter. Mit der einmaligen Bereitstellungsgebühr für den automatischen Umschalter ist auch die Bereitstellungsgebühr für das neue Telefon abgegolten.

Ferner wird, falls dies möglich ist, zusätzlich der Betrag für die Zahlungsform der Vorauszahlung der Gebühren errechnet, um eine Gegenüberstellung der beiden Zahlungsweisen zu ermöglichen. Zu gewissen Anlagenteilen müssen dann noch Hinweise ausgegeben werden, z.B. über zusätzliche Gebühren, die nach Aufwand berechnet werden, über Mindestüberlassungsdauer und alternative Kaufmöglichkeiten.

5.4 Modifikationsmöglichkeiten

Nach der Ausgabe der Gebühren ist die Beratung prinzipiell abgeschlossen. Als Ergebnis kann an dieser Stelle ein schriftliches Angebot ausgedruckt werden, das einen Überblick über die Gebühren gibt, die für die zusammengestellen Komponenten anfallen werden.
Siehe als Beispiel Bild 3.

Gleichzeitig besteht nach der Gebührenausgabe die Möglichkeit die Konfiguration nochmal zu modifizieren. Zum einen kann der Kunde Erweiterungen vornehmen, indem er zusätzliche Komponenten oder neue Leistungsmerkmale hinzunimmt. Andererseits kann er auch aus Kostengründen auf gewählte Leistungsmerkmale verzichten, um eine billigeres Angebot zu erhalten. In beiden Fällen geht man von der Lösung aus, die durch den Vorgang der Konfigurierung erzeugt wurde.

Von jeder Konfiguration, zu der ein schriftliches Angebot erstellt wurde, speichert das Expertensystem die Kundenwünsche und wichtige Konfigurationsdaten. Dadurch kann der Kunde auch noch nach einiger Zeit (derzeit bis zu eine Woche) in den Telefonladen kommen und sich erneut zu seiner Konfiguration beraten lassen. Das System setzt dann auf den gespeicherten Beratungsdaten auf. Als Zugriffsschlüssel dienen dabei Datum und Uhrzeit der Beratung, die auch auf dem Angebot vermerkt sind. Kunde und Berater müssen nicht erst wieder alle Kundenwünsche neu erfassen. Dadurch hat der Kunde die Möglichkeit die angebotene Lösung nochmal zu überdenken oder mit der Familie zu diskutieren, um sie anschließend im Telefonladen nochmal zu modifiziern.

6 Aktualisierung

Der Markt auf dem Telekommunikationssektor ist von hoher Dynamik gekennzeichnet. Das betrifft sowohl die technische Innovation, die sich durch neue Telefonapparate äußert, als auch die wettbewerbsbedingte Änderung der Gebühren. In jedem Fall ist davon die Wissensbasis des Expertensystems betroffen. Sie muß vom Pflegeteam auf den neuesten Stand gebracht werden und rechtzeitig in allen Telefonläden zur Verfügung stehen. Um diesen hohen Aktualitätsanspruch gerecht zu werden, ist jeder Rechner mit einer UTC-Box ausgestattet, die es ermöglicht die betroffenen Module per Teletex in alle Telefonläden zu übertragen.

7 Ergänzende Komponenten

Um den Bildschirm am Arbeitsplatz der Beratungskraft auch für andere Aufgaben einsetzen zu können, wurde die Anwendung noch um Komponenten ergänzt, die nicht mit Expertensystem-Technik implementiert wurden.

Ein Modul bietet Unterstützung zum Thema Kabelanschluß. Abhängig von der Anzahl der Wohneinheiten, die angeschlossen werden sollen, sowie der Anzahl der insgsamt vorhandenen Wohneinheiten in der Wohnanlage berechnet das System die Anschließungsgebühren und die monatlichen Gebühren. Dabei berücksichtigt es automatisch, ob der Pauschaltarif oder der

Normaltarif günstiger sind. Ferner werden zusätzlich Gebühren für alternative Zahlungsweisen errechnet. Bei den Anschließungsgebühren besteht die Möglichkeit der monatlichen Ratenzahlung über den Zeitraum von 4 bzw. 8 Jahren. Die monatlichen Gebühren können jeweils für ein Jahr im voraus entrichtet werden.
Siehe als Beispiel Bild 4.

Das Modul Fernsprechgebühren liefert Informationen über die Gebühren für Telefongespräche abhängig vom Ziel, Dauer und Tageszeit des Telefonats. Dabei werden, neben den verschiedenen Zonen für Ferngespräche innerhalb der Bundesrepublik Deutschland, sämtliche an den Selbstwählferndienst angeschlossenen Länder der Erde berücksichtigt.
Siehe als Beispiel Bild 5.

Das Telefonladen-Lexikon informiert in Form von kurzen Texten oder Tabellen über weitere Dienste der Deutschen Bundespost TELEKOM, wie Cityruf oder Telex, sowie über Begriffe rund ums Telefon, wie Gebührenermäßigung, oder über neue Telefonapparate, die demnächst angeboten werden.

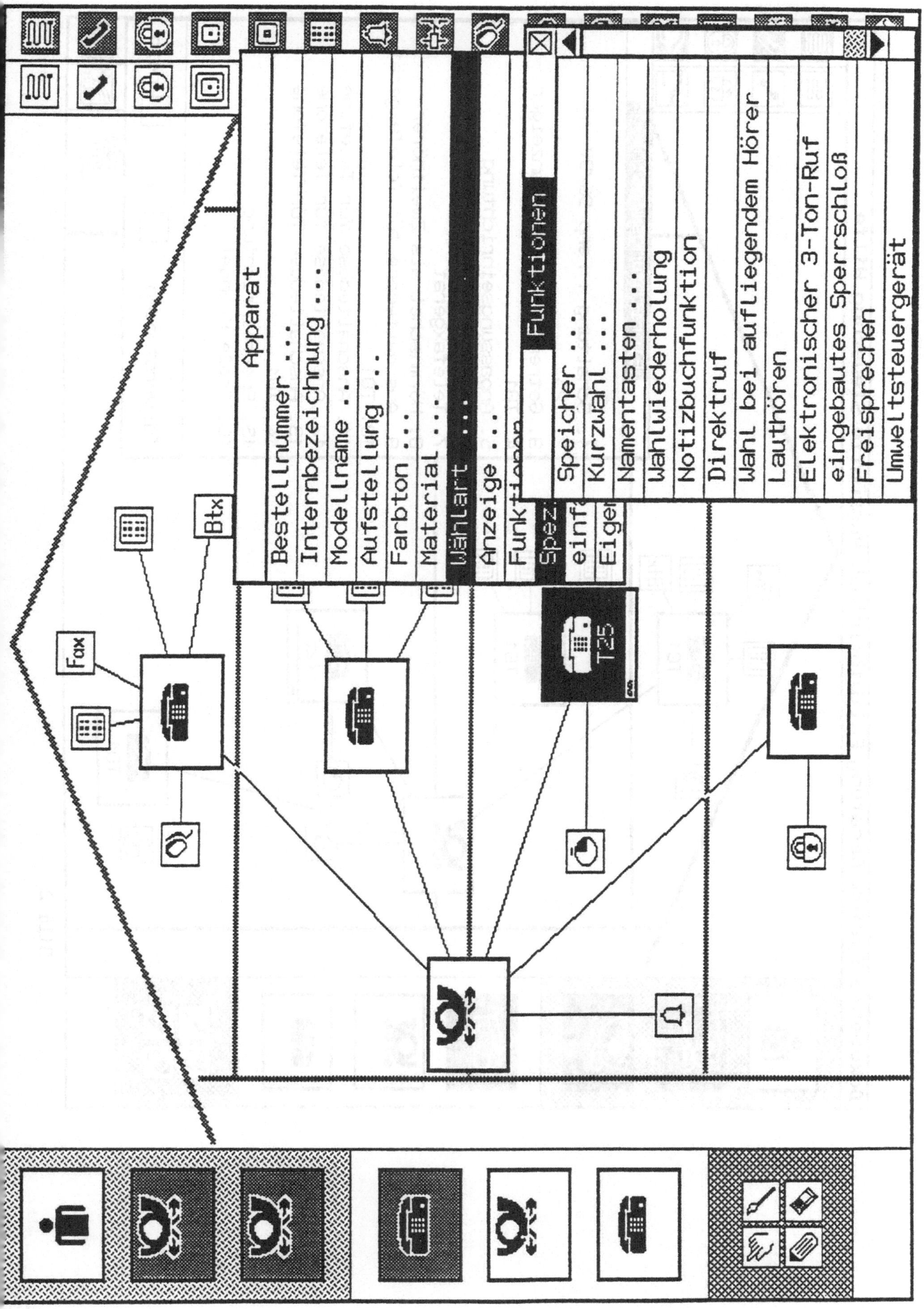
Apparat
Bestellnummer ...
Internbezeichnung ...
Modellname ...
Aufstellung ...
Farbton ...
Material ...
Wählart ...
Anzeige ...
Funktionen
Speicher ...
Kurzwahl ...
Namentasten ...
Wahlwiederholung
Notizbuchfunktion
Direktruf
Wahl bei aufliegendem Hörer
Lauthören
Elektronischer 3-Ton-Ruf
eingebautes Sperrschloß
Freisprechen
Umweltsteuergerät
Fax
Btx
T25

Bild 1

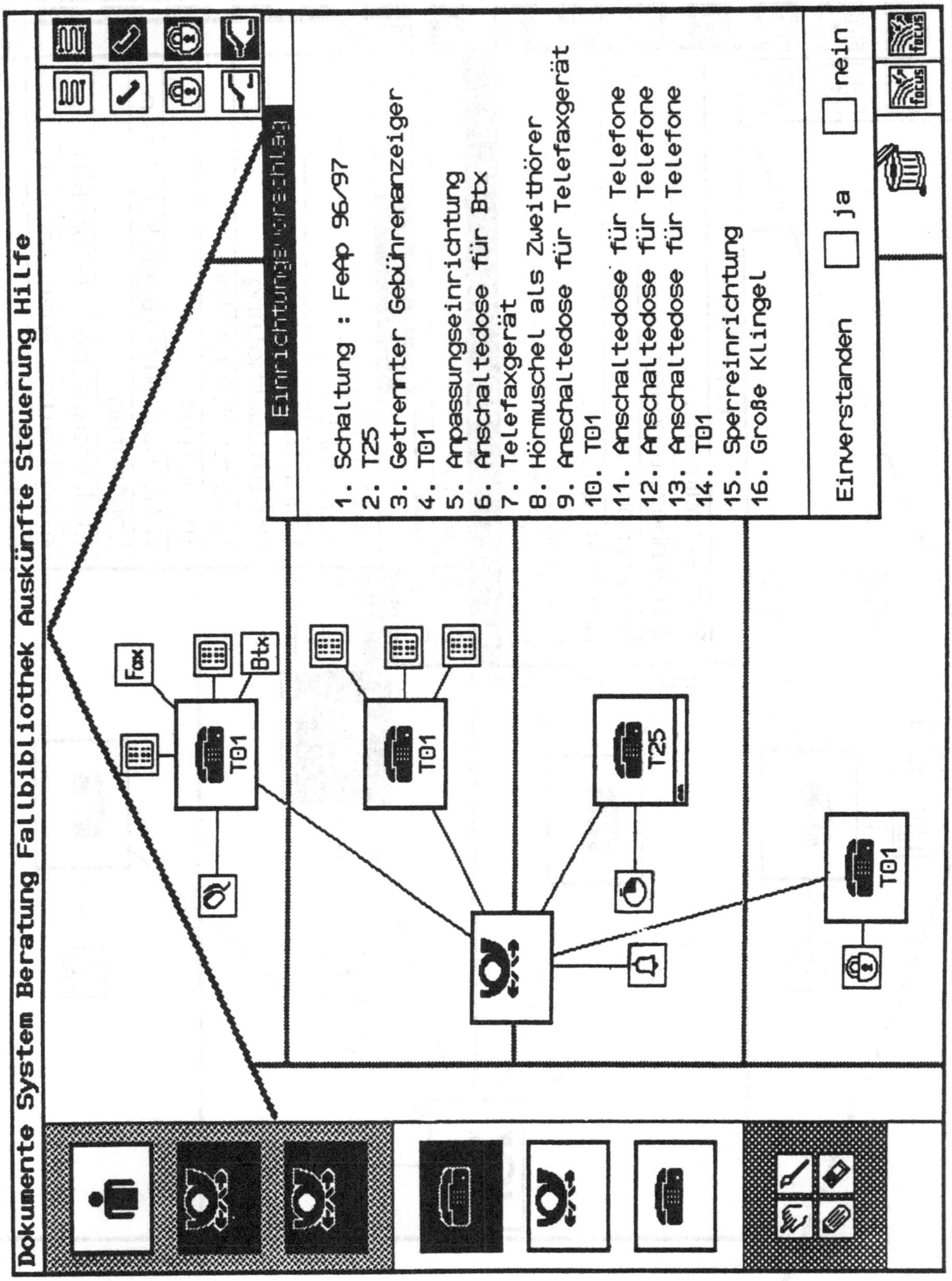
Dokumente System Beratung Fallbibliothek Auskünfte Steuerung Hilfe
Fax
Btx
T01
T01
T25
T01
Einrichtungsvorschlag
1. Schaltung : FeAp 96/97
2. T25
3. Getrennter Gebührenanzeiger
4. T01
5. Anpassungseinrichtung
6. Anschaltedose für Btx
7. Telefaxgerät
8. Hörmuschel als Zweithörer
9. Anschaltedose für Telefaxgerät
10. T01
11. Anschaltedose für Telefone
12. Anschaltedose für Telefone
13. Anschaltedose für Telefone
14. T01
15. Sperreinrichtung
16. Große Klingel
Einverstanden
ja
nein
focus
focus

Bild 2

DBP TELEKOM, Fernmeldeamt 2

Telefonladen Residenzpost

Residenzstr. 2, 8000 München 2, Tel. 22 96 96

BERATUNGSPROTOKOLL
vom 10.1.90, 11:3:37

IHR BESTAND

Kein Bestand vorhanden

IHRE ZUKÜNFTIGEN GEBÜHREN

Monatliche Grundgebühren	: DM	27.00
Einmalige Gebühren	: DM	3861.00
Monatliche Endeinrichtungsgebühren	: DM	59.28

GEBÜHREN IM EINZELNEN

Bestnr/Bezeichnung	Farbe	monatl.	einmal.	Bereitstellung/Änderung	
Wählanschluß		27.00		Bereitstellung	65.00
Z4 (Große Klingel)	perlweiß	0.60		Bereitstellung	
T25		9.10		Bereitstellung	
Z8 (Gebührenanzeiger)		3.35		Bereitstellung	
T01		3.30		Bereitstellung	
Z7 (Hörmuschel)		0.50		Bereitstellung	
AF33 (FAX)		26.93	3756.00	Bereitstellung	
BTX		8.00		Bereitstellung	
TAE(6D) (Dose für BTX)	perlweiß		10.00	Bereitstellung	
TAE (Anschaltedose)	perlweiß		10.00	Bereitstellung	
T01		3.30		Bereitstellung	
TAE(F) (Anschaltedose)	perlweiß			Bereitstellung	
TAE(F) (Anschaltedose)	perlweiß		10.00	Bereitstellung	
TAE(F) (Anschaltedose)	perlweiß		10.00	Bereitstellung	
T01		3.30		Bereitstellung	
Sperreinrichtung		0.90		Bereitstellung	
Summe		86.28	3796.00		65.00

Hinweise:

* Monatliche freie Gebühreneinheiten: 20
* Für die Instandhaltung des AF33 (FAX) können Sie statt der oben genannten monatlichen Wartungsgebühr auch eine Wartung nach Aufwand vereinbaren.
* Die einmalige Gebühr für das teilnehmereigene Telefaxgerät AF33 kann auch in 36 Raten zu DM 117.38
  in 48 Raten zu DM 93.90
  oder in 60 Raten zu DM 75.12
  bezahlt werden.

Bild 3

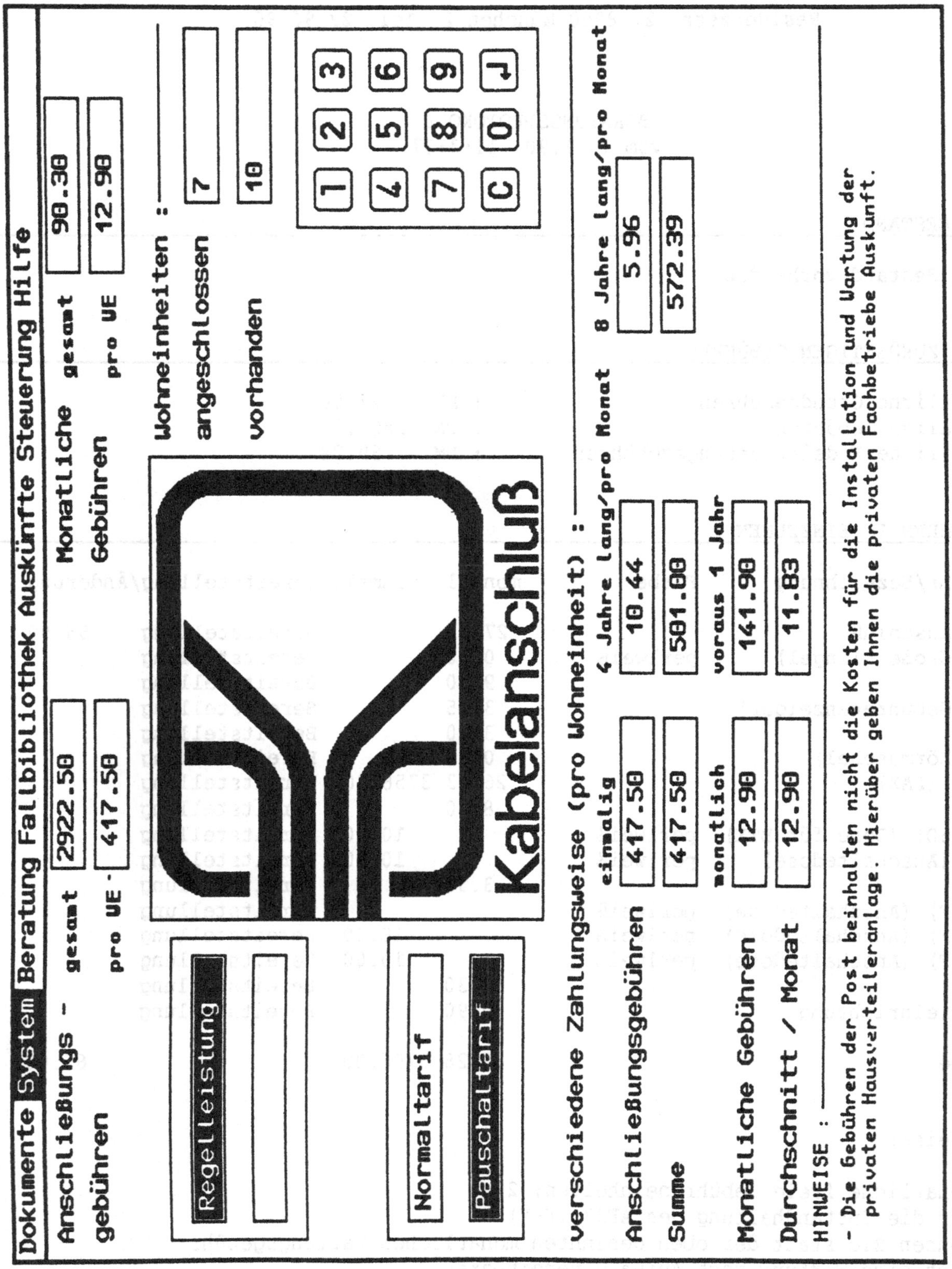
Dokumente System Beratung Fallbibliothek Auskünfte Steuerung Hilfe
Anschließungs - gebühren
gesamt
2922.50
pro UE
417.50
Monatliche Gebühren
gesamt
90.30
pro UE
12.90
Regelleistung
Normaltarif
Pauschaltarif
Kabelanschluß
Wohneinheiten :
angeschlossen
7
vorhanden
10
1 2 3
4 5 6
7 8 9
C 0
verschiedene Zahlungsweise (pro Wohneinheit) :
einmalig
4 Jahre lang/pro Monat
8 Jahre lang/pro Monat
Anschließungsgebühren
417.50
10.44
5.96
Summe
417.50
501.00
572.39
monatlich
voraus 1 Jahr
Monatliche Gebühren
12.90
141.90
Durchschnitt / Monat
12.90
11.83
HINWEISE :
- Die Gebühren der Post beinhalten nicht die Kosten für die Installation und Wartung der privaten Hausverteileranlage. Hierüber geben Ihnen die privaten Fachbetriebe Auskunft.

Bild 4

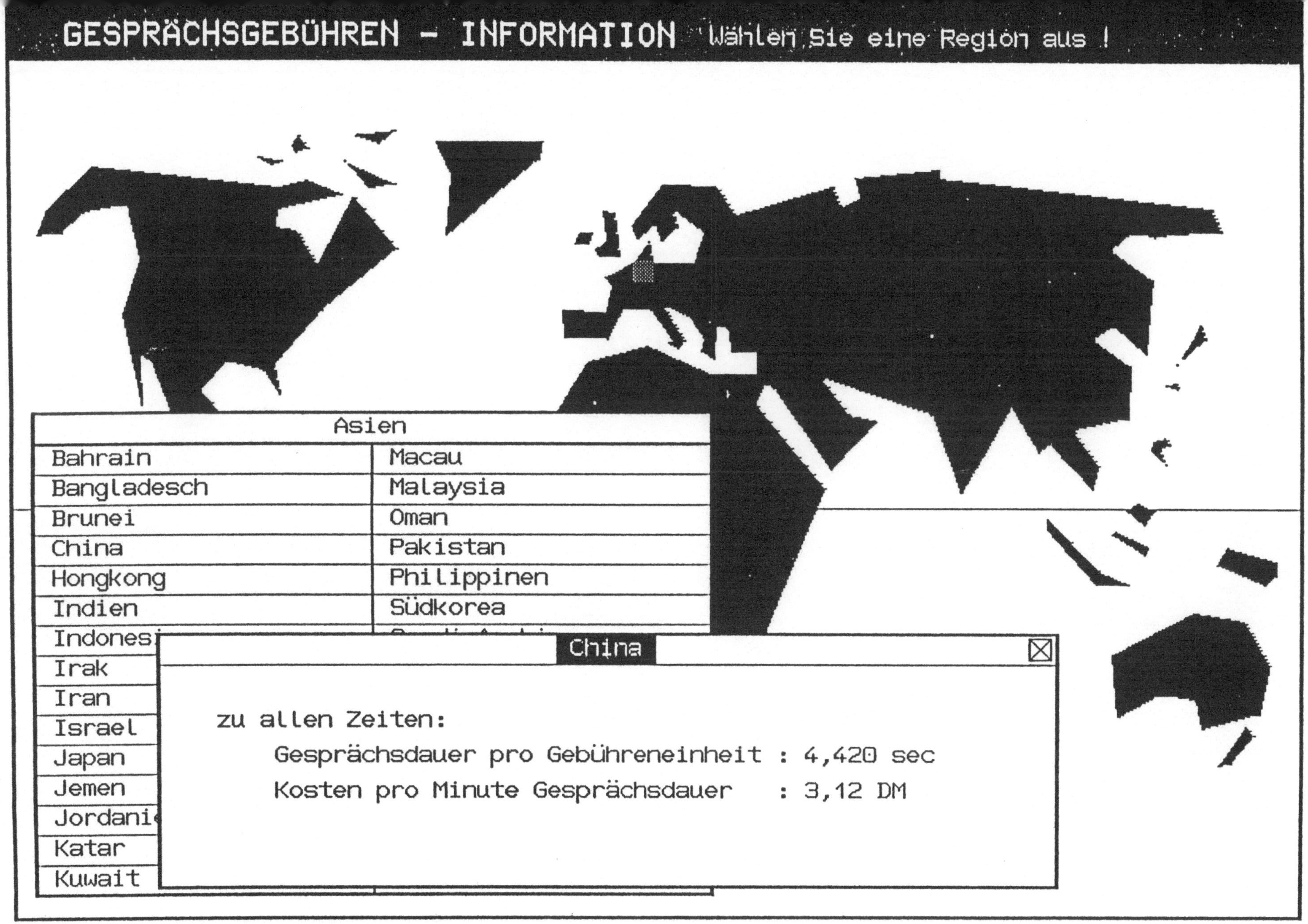
GESPRÄCHSGEBÜHREN - INFORMATION
Wählen Sie eine Region aus !
Asien
Bahrain
Bangladesch
Brunei
China
Hongkong
Indien
Indonesi
Irak
Iran
Israel
Japan
Jemen
Jordani
Katar
Kuwait
Macau
Malaysia
Oman
Pakistan
Philippinen
Südkorea
China
zu allen Zeiten:
Gesprächsdauer pro Gebühreneinheit : 4,420 sec
Kosten pro Minute Gesprächsdauer : 3,12 DM

Bild 5

Wissensvermittlung für den Betrieb industrieller Anlagen

Dipl.-Inform. Horst Wollmann
Indulog GmbH
Duisburg

1. Einführung

Das Thema dieses Forums verführt uns leicht, in Kategorien zu denken. Unter einer Wissensbasis verstehen wir in diesem Umfeld gemeinhin etwas, das mit Methoden der Expertensystemtechnologie erzeugt worden ist. Der Begriff Wissensbasis oder Wissensspeicher umfaßt jedoch ein wesentlich weiteres Bedeutungsspektrum. Bespiele anderer Wissenbasen sind Homers Dichtung, römische Tontafeln, Bibliotheken und nicht zuletzt der menschliche Geist. In diesem Sinn können wir alle Dokumente mit den verschiedensten technischen Informationen zu industriellen Anlagen - oder allgemeiner zu komplexen technischen Systemen - als Wissensbasen betrachten. Dieser Beitrag will verdeutlichen, wie durch den Einsatz zeitgemäßer Techniken diese Informationen effektiv den Anlagenbedienern vermittelt werden können.

2. Wissen

Von den verschiedenen Differenzierungen des Wissensbegriffes wie empirisches, rationales, reales, formales, diskursives und intuitives Wissen folgen wir für unsere Zwecke der Unterscheidung von Kail/Pellegrino [KP88, S. 57] in deklaratives (Fakten-) und prozedurales Wissen.

Faktenwissen bezieht sich auf Dinge, wie sie sind, und läßt sich gut mit Worten beschreiben.
Das prozedurale Wissen bezieht sich darauf, daß wir wissen, wie bestimmte Tätigkeiten ausgeführt werden. Daß sich dies typischerweise nicht immer leicht in Worte fassen läßt, verdeutlicht das folgende "Schnürsenkel"-Beispiel [KP88, S. 60] :

"Man nimmt den Schnürsenkel rechts und schlinge ihn um den anderen Schnürsenkel, von oben nach unten und zu sich hin. Dann nimmt man die Enden und ziehe daran, bis der Knoten fest ist. Bilde dann aus Schnürsenkel links eine Schleife und halte sie fest. Mit der rechten Hand legt man das andere Ende um die Schleife. Hierauf zieht man den Schnürsenkel unter der Schlinge durch zu sich hin, so daß er ebenfalls eine Schleife bildet. Abschließend zieht man an den Schleifenenden, bis der Knoten fest ist, aber nicht so stark, daß die Enden herausrutschen."

Obwohl wir uns fast täglich die Schuhe binden, können wir aus dem Stehgreif nicht eine solch exakte Beschreibung geben. Wir müßten die Tätigkeit erst ausführen und uns dabei über den Ablauf Notizen machen.

Jeder kennt auch die Erfahrung, daß man einen Ort lieber nach einer Karte oder Skizze ansteuert als nach einer Beschreibung. Die Landkarte hat eine wesentlich höhere Informationsdichte als die Beschreibung, ist übersichtlicher und prägnanter. Ein Blick auf die Karte erzeugt in uns wesentlich präziser und einprägsamer als eine Beschreibung eine bildliche Vorstellung des Weges. Dadurch prägt sich uns der Weg unmittelbarer ein. Mit einer Kombination aus Skizze und Beschreibung fühlen wir uns am sichersten.

Diese beiden Beispiel veranschaulichen, daß wir analog handeln und denken. Eine verbale Darstellung prozeduralen Wissens ist nicht in jedem Fall effektiv ist. Anschauung und/oder Nachahmung sind häufig adäquatere Wissenserwerbsverhalten.

Dies gilt es bei der Beurteilung benutzergerechter Anlagenbedienerunterstützungssysteme zu berücksichtigen.

3. Weshalb neue Wissensvermittlungstechniken?

Modernste computertechnische Verfahren und Maschine werden seit Jahren zur Automatisierung und Rationalisierung produktionstechnischer und anderer Industrie-Anlagen eingesetzt. Neuanlagen werden unter Berücksichtigung von CIM geplant und errichtet, in bestehende Altanlagen wird nach und nach High-Tech-Prozeßleittechnik eingeführt. Maschinen und Anlagen sowie die Ihnen zugrundeliegenden Steuerprogramme sind zunehmend komplexer geworden. Genügte im Fall a (Bild 1) - verkürzt gesehen - noch ein Maschinendatenblatt, so existieren zu modernen komplexen Anlagen (Fall c) Informationskompendien, die nicht mehr zu überblicken sind. Die Informationsübersicht wird erschwert durch die vielfältigen Querbeziehungen und Abhängigkeiten der in den Informationskompendien zusammengefassten Teilgebiete. Im weitesten Sinn können die technischen Anlagendokumentationen mit den Informationskompendien identifiziert werden.

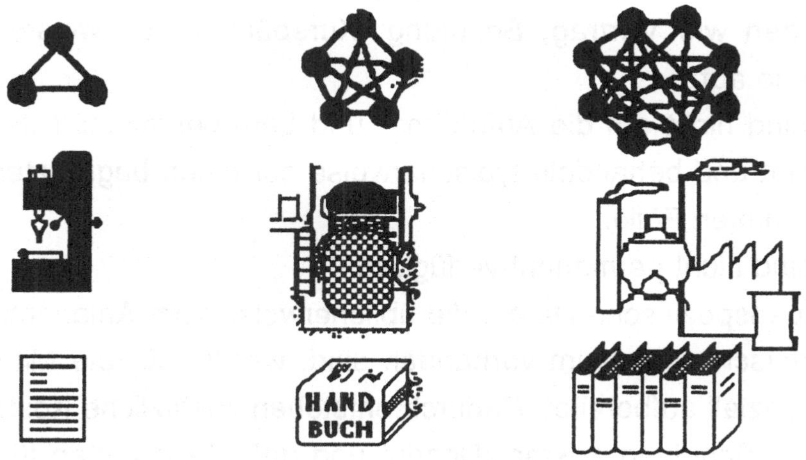

Bild 1

Unter **technischen Dokumentationen** verstehen wir jede Form der für eine Anlage relevanten Informationen, insbesondere

- Projektierungs- und Genehmigungsunterlagen,
- Konstruktionsunterlagen,
- Inbetriebnahmeanweisungen,
- Produktionsrichtlinien,
- Verfahrensbeschreibungen,
- Instandhaltungspläne und -handbücher,
- Funktionsprüfungen
- Betriebshandbuch,
- Stromlauf- und Schaltpläne,
- Umweltschutzvorschriften,
- Gefahrenabwehrvorschriften,
- Verhaltensempfehlungen,
- Fließbilder,
- Ersatzteillisten,
- Datenblätter,
- Betriebsmittel,
- u.v.m.

hinzu kommen Erfordernisse des täglichen Anlagenbetriebes wie
- Maschinenlogbücher, Schichtbücher, Arbeitsanweisungen, Checklisten
- diverse Auswertungen
- u.a.

Die beschleunigte technologische Entwicklung und die o.g. enorme Informationsflut aus den technischen Dokumentationen erfordern immer häufiger Maßnahmen zur Qualifizierung der Mitarbeiter. Herkömmliche Bildungsmethoden wie Vortrag, Schulung, Kursbücher etc. weisen entscheidende Nachteile auf:
- Sie sind nicht auf die Aufnahme- und Lerrnbereitschaft der Mitarbeiter abgestimmt und behandeln typischerweise nur einen begrenzten Ausschnitt aus der gesamten Fülle.
- Sie sind nicht permanent verfügbar.
- Anlagenspezifische Daten, die üblicherweise zum Anlagenbetrieb auf einem elektronischen Medium vorhanden sind, werden für die Mitarbeiterqualifizierung speziell aufbereitet. Dadurch entstehen zusätzliche Kosten.
- Neben Schulungskosten (Dozent und ggf. Reisekosten für die Mitarbeiter) verursachen sie auch noch einen Produktionsnachteil bzw. -ausfall, weil dringend benötigte Mitarbeiter an ihrem Arbeitsplatz fehlen.

Diese Nachteile können durch den Einsatz elektronischer Medien vermieden werden.

4. Welche Techniken eignen sich am besten?

Bei der Auswahl der geeigneten Medien sind die Ergebnisse von Untersuchungen zu den menschlichen Gedächtnisleistungen [angegeben in: Re87, S. 97, Fe88, S. 6/14] zu berücksichtigen:

Grundsätzlich nehmen wir Informationen zu etwa 15% mit dem Ohr und zu etwa 75% mit dem Auge auf.

Unsere Gedächtnisleistung ist abhängig davon, wie wir Informationen aufnehmen und verarbeiten. Danach behalten wir

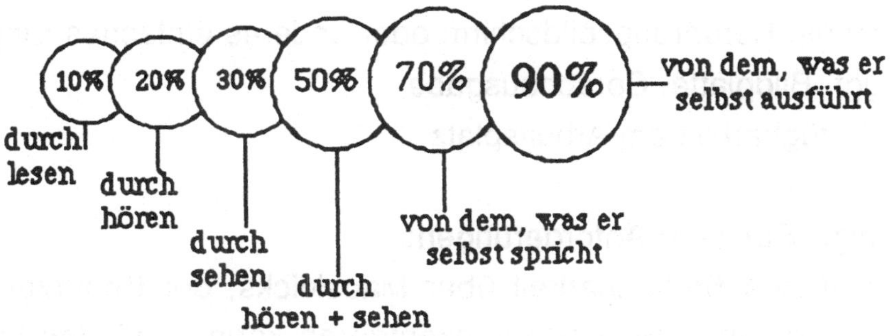

Bild 2

Erinnerung an Informationen nach:	3 Stunden	3 Tagen
Gehörtes	70%	10%
Gesehenes	72%	20%
Gehörtes und Gesehenes	85%	65%

Den besten Langzeiteffekt haben also Informationen, die gleichzeitig über Auge und Ohr wahrgenommen werden.

Betrachten wir die oben unter 3. genannten Informationskompendien als Anlagenwissensbasis, so wird deutlich, daß das industriellen Anlagen - oder allgemeiner komplexen technischen Systemen - zugeordnete Wissen mehr ist, als was sinnvollerweise expertensystemtechnologisch mittels Regeln, Klassen und Objekten dargestellt werden kann. Expertensysteme helfen uns also nur in speziellen wohldefinierten Bereichen, Anlagenbediener situationsbedingt über Anlagenzustände zu informieren.

Wenn man die Erkenntnisse zur Behaltensfähigkeit und zum prozeduralen Wissen des Menschen berücksichtigt, müssen neuartige Anlagen-Bediener - Unterstützungs-Systeme (ABUS) über integrierende und multimediale Fähigkeiten verfügen. Hieran sind hardware- wie softwaremäßig gewisse Bedingungen geknüpft.

einige Hardware-Anforderungen:
- hochauflösende (mind.) 19" Monitore
- Maus, Berührungsbildschirm oder anderes einfaches Eingabemedium
- ggf. Bildplatte, Sprachausgabe
- Verfügbarkeit am Arbeitsplatz

einige Software-Anforderungen:
- einfache Bedienbarkeit über Mausklicks; der Benutzer soll sich ganz auf seine eigentliche Arbeit konzentrieren können, für ihn ist es unwichtig, mit welchen Software-Systeme er zu tun hat.
- farbgrafische Oberfläche mit Visualierung der Anlage und Bedienung des Systems mittels Ikonen, Symbolen, Piktogrammen, Grafiken etc.
- einheitliche Benutzeroberfläche für alle Funktionen (auch für Schnittstellenfunktionen wie Expertensystem-, Datenbankabfragen)
- hilfreiche Simulation von Praxisanwendungen
- Querverweise, Register,
- ungeübte Benuter erst vom System leiten lassen
- zielgerichte Hilfefunktion
- unnötige Doppelarbeit bzgl. Datenpflege vermeiden
- Zugriff auf Originaldokumente, Bilder (und Filmsequenzen)
- schnell finden können, was man sucht

Systeme, die einige dieser Forderungen erfüllen sind schon am Markt. Zu unterscheiden ist zwischen Werkzeugen (z.B. Hypertext-, Autorensysteme) und damit erstellten Anwendungen.

Das Entwickeln von Anwendungssystemen erfordert eine hohe didaktische Kompetenz.
Man muß sich am Anwender orientieren. Maschinentechniker beispielsweise sind sehr visuell orientiert und verstehen Ableitungen besser, wenn sie in Form von Zeichnungen vorliegen.
Man sollte leicht verständlich formulieren und wo eben möglich Text in Grafik transformieren. Die Beispiele oben unter 2. zeigen, daß es sinnvoller ist, dem Anwender Handlungsfolgen in Form von Grafik oder Bewegtbildern zu präsentieren und nur wo es unvermeidbar ist, Textunterstützung zu geben. Text soll in kleine Sinneinheiten aufgebrochen werden, um ein schnelles Erfassen zu ermöglichen.

Farbe sollte eingesetzt werden, um Bedeutungen hervorzuheben.
Sinnvoll kann es auch sein, Handlungssequenzen, die besonders schwierig zu beschreiben sind, zu filmen und aus dem ABUS heraus eine Bildplatte anzusteuern .

Vorteile
- am Arbeitsplatz jederzeit verfügbar, dadurch sofortige Reaktion auf Anlagenzustände möglich, ferner verringert sich der Produktionsausfall, da Mitarbeiter nicht zu externen Schulungen müssen
- kein Unterschied zwischen normaler Anlagenbedienstation und Qualifizierungssystem
- Wissensauffrischung bzw. Neueinweisung von Mitarbeitern können ohne wesentliche Einschränkungen in den normalen Tagesablauf eines Betriebes integriert werden. Lernen findet dann statt, wenn der Mitarbeiter Zeit hat und motiviert ist.i
- keine doppelte Datenhaltung, dadurch Kostenersparnis
- nur **ein** System für alle anlagenbetriebsrelevanten Informationen und Mitarbeiterqualifizierung
- externe Schulungskosten entfallen

5. Literatur

[Fe88] Feldmann, Martin: Der Schlüssel zur erfolgreichen Information und Kommunikation - Multimedia in: Seminarunterlagen zu Apple Ansbach Forum 1988

[KP88] Kail, Robert / Pellegrino James W.: Menschliche Intelligenz. Spektrum-der-Wissenschaft-Verlagsgesellschaft, 1988

[Re87] Reichert, Günther W.: Kompendium für technische Anleitung. 5. überarb. Aufl., Industrie-Anzeiger, Konradin-Fachzeitschriften-verlag1987

Teil 5

Produktionsplanung/ -steuerung
Arbeitsvorbereitung

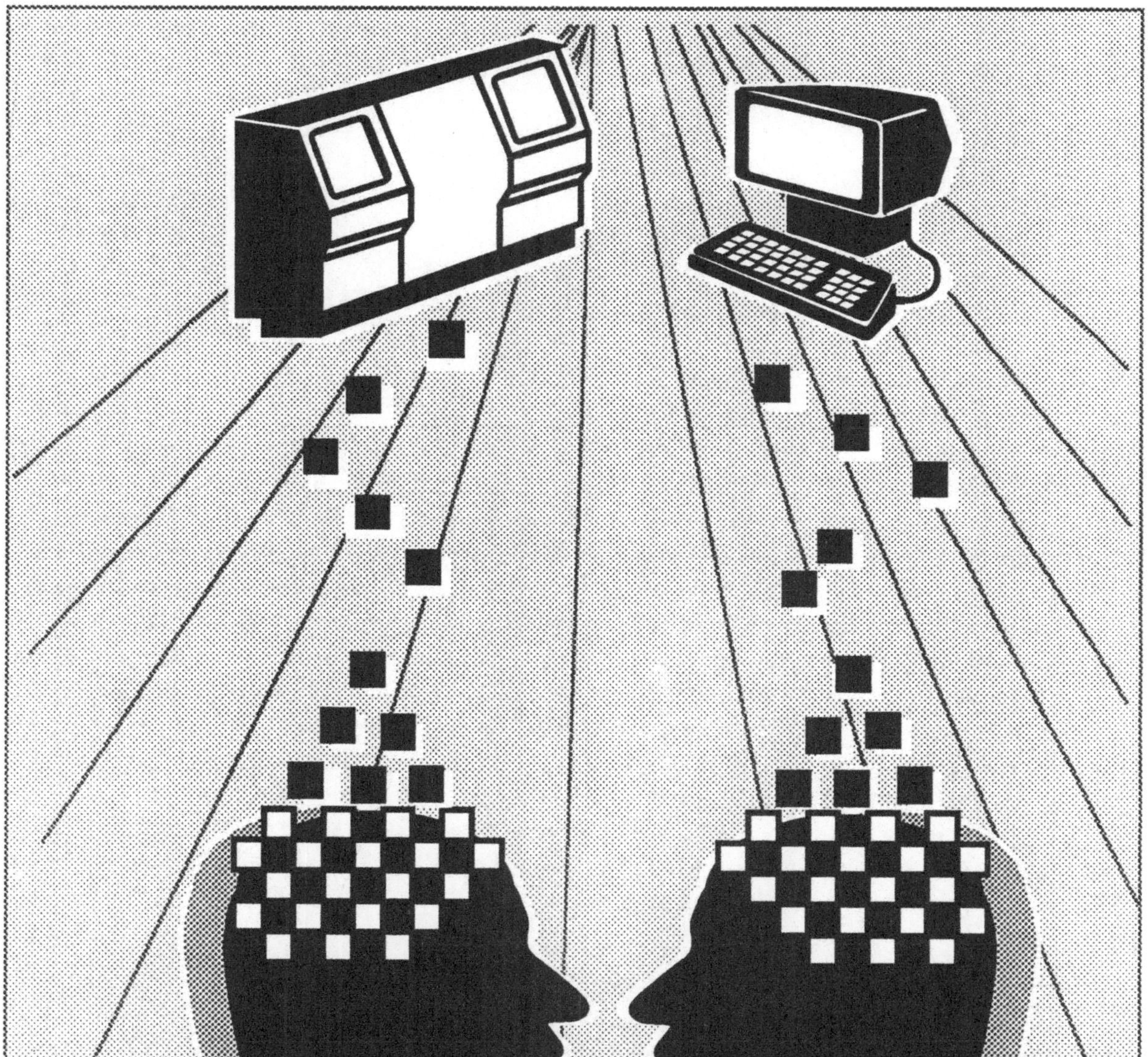

Wissensbasierte Feinplanung in einem Fertigungsleitstand

Dipl.-Wirtsch. Ing. A. Huthmann
Dipl.-Inform B. Trefz
C. Tjiok
Fraunhofer-Institut für
Arbeitswirtschaft und Organisation
Stuttgart

Inhaltsverzeichnis

1. Produktionsplanung und Flexibilität

Konventionelle Systeme zur Produktionsplanung und -steuerung (PPS) sind durch eine Zentralisierung von Funktionalität gekennzeichnet. Die Aufgaben der Produktionsprogrammplanung, der Mengenplanung (Materialwirtschaft), der Termin- und Kapazitätsplanung (Zeitwirtschaft), meist auch der Auftragsveranlassung und der Auftragsüberwachung werden auf einem zentralen Großrechner realisiert. Die strikte Trennung von teilweise dezentraler Datenentstehung (Verfügbarkeit von Produktionsmitteln, Verfügbarkeit von Material, Störungsmeldungen, Ausschuß, etc.) und zentraler Datenverarbeitung hat historische Gründe: keine Verfügbarkeit von dezentraler leistungsfähiger Rechnerkapazität, keine interaktiven graphischen Benutzerschnittstellen zur leichteren Bedienbarkeit der Software für EDV-Laien, etc.

Die zentralisierte Massendatenverarbeitung auf einem Rechner ist nicht in der Lage kurzfristigen Veränderungen, die innerhalb oder außerhalb einer Unternehmung auftreten (z.B. in Form von Störereignissen) und Dynamik im Fertigungsprozeß induzieren, flexibel und effizient zu begegnen. Insbesondere die Aspekte der Planungsaktualität sowie der Transparenz der Produktionsprozesse werden vernachlässigt, beziehungsweise verschleiert.

Neuere PPS-Ansätze berücksichtigen in zunehmendem Maße die Bedeutung der Flexibilität, die eine wesentliche Anforderung an produktionswirtschaftliche Systeme darstellt. Unter einem flexiblen System produktionswirtschaftlicher Art verstehen wir ein System, das in der Lage ist, den kurzfristig auftretenden Veränderungen des Systemumfelds aufgrund interner Störungen (z.B. Werkzeugbruch, Nachbearbeitung, Personalengpaß usw.) und externer Störungen (z.B. Eilauftrag, Lieferengpaß) so zu begegnen, daß die Erfüllung der produktionswirtschaftlichen Ziele durch eine umgehende manuelle oder automatische Umplanung in zeitlich und inhaltlich konsistenter Art gewährleistet bleibt.

Die Implementierung von Flexibilität sollte in einer verteilten PPS-Architektur resultieren. Diese Aufgabe bedeutet, daß eine gerichtete Verfeinerung der Planung über verschiedene Organisationseinheiten mit eigenen Dispositionsspielräumen, Entscheidungslogik und Zielsetzungen (Abbildung 1) erfolgt. Durch eine verbindliche Dezentralisierung der Feinplanungsfunktion in Form einer Auslagerung auf die fertigungsprozeßnahe Ebene der Werkstattsteuerung wird eine Kongruenz von Planungsverantwortung und Planungsaufgabenkompetenz erreicht (Kroneberg/Raether 1987, S.16).

Mit Feinplanung wird im wesentlichen der Vorgang der kurzfristigen Kapazitätsbelegungsplanung von Aufträgen bezeichnet. Der Planungshorizont kann hierbei von einer Schicht- bis zu einer Wochenplanung reichen. Dabei erfolgt die Feinplanung auf der Grundlage der Vorgaben der lang- und mittelfristigen Produktionsplanung einerseits, sowie der zeitlich bestimmbaren Ressourcenkapazitäten der Werkstatt andererseits, mit der Intention, für alle Arbeitsvorgänge, die sich aus den Aufträgen der Produktionsplanung ergeben, die Startzeitpunkte zu fixieren.

2. Werkstattsteuerung

Die Werkstattsteuerung stellt ein Bindeglied zwischen der Produktionsplanungsebene und der Fertigungsprozeßebene dar. Ihre Aufgabe ist die "Durchsetzung der von der Produktionsplanung erstellten Planungsvorgaben" (Strack 1986). Der Fertigungsablauf soll prozeßnah, ereignisorientiert und somit aktuell geplant, gesteuert und überwacht werden, um die folgenden Ziele zu erreichen:

- minimale Durchlaufzeiten
- minimale Bestände zur Senkung der Kapitalbindung
- maximale Termintreue
- optimale Kapazitätsauslastung unter Abbau vermeidbarer Wartezeiten
- Verbesserung der Wirtschaftlichkeit der Fertigung durch Minimierung von Rüstzeiten, Arbeitsunterbrechungen, Überstunden und Ausschuß.

Diese Ziele sind teilweise komplementär, meist aber konkurrierend (Dilemma der Ablaufplanung) und müssen situationsbezogen und unternehmensspezifisch gesehen werden. Grundvoraussetzung für eine situationsbezogene Entscheidungsfindung ist die Transparenz des Fertigungsprozesses, insbesondere durch Überwachung von Arbeitsgang- und Auftragsfortschritt , sowie durch Kapazitätsbelastungsübersichten.

Ein durch die Werkstatt laufender Auftrag besitzt durch seinen Arbeitsplan eine bestimmte Bearbeitungsreihenfolge seiner Arbeitsgänge auf verschiedenen Betriebsmitteln (routing). Anhand dieser Abarbeitungsreihenfolge erfolgt durch die Feinplanungsfunktion innerhalb der Werkstattsteuerung die Allokation der benötigten Ressourcen durch ihre Belegung bzw. Reservierung in der Zeit. Hieraus ergeben sich:

- ein globaler Terminplan für den Auftragsdurchlauf in der Werkstatt (schedule)
- lokale ressourcenspezifische Terminpläne, die eine vorläufige arbeitsgangbezogene Abarbeitungsreihenfolge für die einzelnen Maschinen enthalten (sequence).

Der schedule beinhaltet somit ein zeitliches Moment der Fixierung einzelner Auftragsarbeitsgänge in einem Zeitplan.

Der Leitstand kann als organisatorisches Hilfsmittel eine verrichtungsorientierte Organisationsform (z.B. Werkstatt) wie auch eine produktorientierte Organisationsform der Fertigung (z.B. Fertigungsinsel) unterstützen. Innerhalb dieses Konzepts werden die Funktionen:

- Werkstattauftragsverwaltung
- Werkstattauftragsfortschrittsüberwachung
- Kapazitätsbelegungsplanung
- Belegerstellung und -verwaltung
- Verfügbarkeitsprüfung
- Bereitstellung
- Arbeitszuteilung
- Betriebsdatenerfassung
- Arbeitsvorgangsüberwachung

vom Leitstand als Organisationshilfsmittel wahrgenommen und möglichst effizient unterstützt (Strack 1986).

Mit dem Begriff Leitstand (bzw. Fertigungsleitstand, elektronischer Leitstand, elektronische Plantafel) werden heute fertigungsnah eingesetzte Arbeitsplatzrechner mit grafischen Bildschirmen bezeichnet. Sie verbinden die klassische, manuelle Plantafel mit den Möglichkeiten des Rechners zur komfortablen Datenverwaltung, -visualisierung, interaktiven Ein- und Umplanung. Die Planungsaufgaben können rechnergestützt durch Algorithmen (bzw. wissensbasierte Ansätze) unterstützt werden. Aktuelle Fertigungsdaten können durch Kopplung mit Systemen zur Betriebs- und Maschinendatenerfassung an den Leitstand zurückgemeldet werden.

3. Herausforderungen für Werkstattsteuerungssysteme

Stellvertretend soll anhand von zwei Beratungsprojekten schematisch dargestellt werden, welche Anforderungen an zukünftige Unterstützungssysteme für die Werkstattsteuerung gestellt werden.

Fallbeispiel 1: Herstellung von Werkzeugen für die Holzbearbeitung, etc. in einem mittelständischen Unternehmen

Ist-Situation:

Die Fertigung ist nach dem Verrichtungs- oder Werkstattprinzip organisiert. Die Fertigungsart ist Einzel- bzw. Kleinserienfertigung. Der Anteil an Lagerwerkzeugen d.h. von Produkten, die verbrauchsgesteuert werden, beträgt ca. 40 %. Den restlichen Anteil der Produktion stellen Sonderwerkzeuge dar, die auf Kundenwunsch gefertigt werden. Die Sonderfertigung steht unter sehr hohem Termindruck. Hierdurch tritt in der Produktion eine hohe Belastung der Mitarbeiter hinsichtlich termingerechter Fertigung auf. Dies gilt im besonderen für eine komplexe Steuerung, die über mehrere Meisterbereiche folgen muß (Zusammenführung von Kundenaufträgen zur Montage).

Bisherige Planungs- und Steuerungsunterstützung:

Die bisherige Werkstattsteuerung erfolgt durch Vorgabezeiten aus dem PPS-System, das für jeden Arbeitsgang einen spätesten Starttermin vorschreibt. Die Einhaltung dieser spätesten Starttermine ist jedoch in der Regel nicht gewährleistet. Zum Zeitpunkt der Bearbeitung an der Maschine liegen normalerweise bereits veränderte Datenkonstellationen in der Fertigung vor. Die aktuelle Situation in der Fertigung schlägt sich somit nicht mehr in den

Arbeitspapieren und in den Terminen für die einzelnen Arbeitsfolgen nieder. Es liegt daher im allgemeinen am Meister oder an den Mitarbeitern, die Aufträge zum richtigen Zeitpunkt zu fertigen. Dadurch entstehen große Koordinationsaufwände und Streßsituationen für die Mitarbeiter.

Lösungsansatz:

Ziel ist es, durch eine Werkstattsteuerung die Aufträge zu einem richtigen Zeitpunkt bearbeiten zu können. Ein aktueller Überblick über die nächsten anstehenden Tätigkeiten muß geboten werden. Dies darf aber keinen größeren Verwaltungsaufwand hervorrufen. Das Unterstützungssystem soll es dem betroffenen Mitarbeiter ermöglichen, direkt in die Steuerung einzugreifen, wesentliche Informationen über den Stand der Fertigung sofort zu erhalten und erworbenes Praxiswissen einfließen zu lassen. Aufbauend auf dem aktuellen Stand (Veränderungen aufgrund von Maschinenausfällen oder anderen Störfaktoren) soll die Fertigung direkt vor Ort planbar und steuerbar sein. Erst mit einem solchen Steuerungsinstrument ist es möglich, "Stabilität" in die Fertigung zu bringen und die Probleme hinsichtlich der Koordination der Tätigkeiten zu lösen. Durch eine bessere Planung und Vorbereitung können somit Spitzen der Kapazitätsnachfrage vermieden werden. Des weiteren werden sich Störungen weniger häufig in andere Organisationsbereiche fortpflanzen. Hierbei ist es wichtig, daß die vorhandene Planungs- und Steuerungsmethodik der Mitarbeiter durch diese Werkstattsteuerungssystem unterstützt wird (Anpassbarkeit an erfahrungsgeleitete Planungs- und Steuerungsmethodiken).

Fallbeispiel 2: Montage von Meßgeräten in teilautonomen Gruppen eines mittelständischen Unternehmens

Ist-Situation:

Die Endmontage ist größtenteils in Form teilautonomer Inseln organisiert. Fertigungsart ist Kleinserienfertigung. Die Gesamtproduktion wird verbrauchsgesteuert (Produktionsprogrammplan auf Basis von Vertriebsprognose). Die Ausgangslage ist bestimmt durch lange Durchlaufzeiten, hohe Störanfälligkeit der Fertigungsprozesse und geringe Transparenz über die logische

Zugehörigkeit von Fertigungsaufträgen zu Produkten (Problem der Auftragsverfolgung).

Bisherige Planungs- und Steuerungsverteilung:

Bisher erfolgt die Unterstützung durch ein PPS-System. Es wird lediglich eine Durchlaufterminierung durchgeführt. Es findet kein Kapazitätsausgleich statt (nur eine indirekte Abschätzung über den Produktionswert). Somit werden Kapazitätsrestriktionen der Fertigungsbereiche nicht genügend berücksichtigt. Eine vorausschauende Planung wird somit erheblich erschwert und eine abgestimmte und zeitgleiche Belastung der Fertigungsbereiche nur unzureichend erfüllt. Die Folge dieser unrealistischen Vorgaben ist, daß die Mitarbeiter in den Fertigungsbereichen an den vorgegebenen Eckterminen des PPS vorbei, ihre eigene Planung der Fertigungsaufträge mit den dazugehörigen Arbeitsgängen machen.

Lösungsansatz:

Eine Kapazitätsterminierung im Sinne einer Grobplanung für den Endmontagebereich dient der gleichmäßigen Auslastung der Endmontage, der Auswertung verdichteter Produktionskennzahlen zur Kontrolle und Lenkung der Produktion, der Koordination der Fertigungsbereiche untereinander und vor allem auch der Abstimmung mit den Absatzwünschen des Vertriebs. Dies soll über ein Planungssystem erfolgen, welches den einzelnen Inselsteuerungen übergeordnet ist. In den einzelnen Inseln werden Planungs- und Steuerungssysteme benötigt, die Entscheidungsunterstützung und Simulationsmöglichkeiten für die Feinplanung bieten. Die Feinplanung soll innerhalb der Ecktermine erfolgen, die durch das übergeordnete Planungssystem ermittelt werden. Eine dezentrale Kapazitäts- und Personalplanung ist vorzusehen.

4. Schwachstellen heutiger Leitstände

In der Einführung von Leitständen sehen viele Anwender die Lösung für ihre Planungs- und Steuerungsprobleme. Die Planungs- und Entscheidungskompetenz vor Ort soll genutzt werden, um gezielter Störungen einkreisen zu können und um eine angemessene Reaktion auf diese Störungen zu ermöglichen. Vorausschauend sollen Kapazitätsnachfragespitzen erkannt werden und Maßnahmen zu deren Vermeidung eingeleitet werden.

Trotz steigender Anzahl am Markt verfügbarer Leitstände ergibt sich kein Qualitätssprung im Vergleich zu Leitständen, die vor ein bis zwei Jahren am Markt verfügbar waren. Gerade die Planungs- und Entscheidungsunterstützung ist eine Schwachstelle geblieben. So wie der Disponent früher seine Kärtchen auf der manuellen Plantafel steckte, verschiebt er heute mit Mausklick die Arbeitsgänge auf dem Bildschirm. Unterstützung bieten in den fortgeschrittensten Leitständen Prioritätsregeln zur deterministischen Simulation (Kreimeier 87; Dengler et al. 88). Warteschlangen vor den einzelnen Arbeitsplätzen werden hierbei mit Hilfe von Entscheidungsregeln in eine geordnete Reihenfolge gebracht. Prioritätsregeln berücksichtigen aber nur einzelne (im Extremfall eine einzige) entscheidungsrelevante Restriktion zur Bewertung der Reihenfolgeproblematik. Aussagen über Bedeutung und Gewicht von Prioritätsregeln auf Werkstattziele sind schwer vorherzusagen (vgl. z.B. Baker et al. 60; Müller 80; Siegel 87).

Die Unterstützungsform in heutigen Leitständen wird der Art der Planungsaufgaben (Einplanung des Auftragsvorrats, Umplanung bei Eilaufträgen oder Störungen, etc.) und den Anforderungen an eine benutzergerechte Gestaltung der Mensch-Rechner Schnittstelle nicht genügend gerecht.

Gründe dieser nicht adäquaten Planungsunterstützung in heutigen Leitständen basieren darauf, daß:

- Planungsaufgaben, die "Praxis" zur Durchführung dieser Planungsaufgaben und der jeweilige Prozess der Entscheidungsfindung in Werkstattsteuerungen vor der jeweiligen Systemgestaltung unzureichend analysiert wurden,

- Planungsmethoden und Planungskonzepte aus dem Operation Research und der Planungsforschung der Künstlichen Intelligenz unzureichend aufgearbeitet wurden.

Fragestellungen einer angemessenen aufgaben- und benutzerspezifischen Arbeitsteilung zwischen Rechner und Benutzer konnten somit nicht befriedigend gelöst werden. Eine spezifische erfahrungsgeleitete Planungsmethodik (z.B. Problemzerlegung und Problemlösungsmethoden für jede Problemstufe) kann in heutigen Leitständen nicht integriert werden. Dies liegt darin begründet, daß heutige Leitstände keine einfache Anpassung des Systems an das Anforderungsprofil des Anwendungsfeldes bzgl. Unterstützungsmethodik, Benutzerschnittstelle etc. zulassen. Ändert sich darüberhinaus die Problemstellung (z.B. Auftragsspektrum) so ändert sich auch oft die Planungsmethodik. Heutige Leitstände werden dann zur weiteren Verwendung oft "unbrauchbar".

5. Techniken der Planungs- und Entscheidungsfindung in Leitständen

Traditionell gesehen wird das Belegungsplanungsproblem sukzessive in Stufen angegangen. Zuerst wird die Betriebsmittelauswahl für jeden Arbeitsgang eines Auftrags in Form der Arbeitsplanerstellung durchgeführt (planning function). Darauf aufbauend erfolgt die zeitliche Einplanung der Arbeitsgänge auf die Kapazitäten (scheduling function). Ersteres erfolgte in der Arbeitsvorbereitung, letzteres im PPS und in der Werkstattsteuerung. Die strikte Trennung zwischen Betriebsmittelauswahl (planning) und Belegungsplanung (scheduling) ist allerdings nicht immer sinnvoll, da vorhandene Flexibilität nicht ausgenützt werden kann (z.B. Alternativkapazitäten).

Die methodische Auseinandersetzung der Wissenschaft mit der Problematik der Belegungsplanung soll im weiteren aufgezeigt werden. Bemühungen der verschiedenen Disziplinen, Lösungen bzw. Unterstützungsmöglichkeiten für die Belegungsplanungsproblematik zu finden, werden im folgenden in:

1. klassische,

2. wissensbasierte und

3. hybride

Planungs- und Entscheidungsunterstützung der Belegungsplanung eingeteilt.

Man unterscheidet in Bezug auf die Problemstellung statische von dynamischen und deterministische von stochastischen Problemstellungen. In der "Realität" ist die Problemstellung dynamischer (z.B. neue Aufträge oder Störungen führen zu einer Revidierung der bisherigen Planung) und stochastischer Art (z.B. das Eintreffen von Werkstücken an Arbeitsplätzen läßt sich zeitlich aufgrund von schwankenden Übergangszeiten nicht genau determinieren).

Ad 1:

Verfahren des Operation Research und hier vor allem der Schedulingtheorie, haben zu Algorithmen für die Reihenfolgeplanung geführt. Für Übersichtsartikel über Verfahren für deterministische und statische Problemstellungen sei auf (Lawler 83) und (Graham et al. 79) verwiesen. Trotz großer Forschungsanstrengungen (vgl. die einschlägige Literatur wie z.B. Conway et al. 67; Baker 74; Rinnooy Kan 76; Graham et al. 79; Dempster et al. 81; Bellmann et al. 82; French 82) sind wenig Optimierungsverfahren gefunden worden, deren Problemstellungen relevante Werkstattrestriktionen berücksichtigen. Probleme mit Praxisrelevanz, wie z.B. das allgemeine Job-Shop Problem, sind trotz eines einfach gehaltenen Entscheidungsmodells (Berücksichtigung von wenigen Restriktionen, einfaches reguläres Zielkriterium) in einem vernünftigen Zeitrahmen nicht optimal vom Rechner zu lösen. Aufgrund der kombinatorischen Möglichkeiten wächst der Rechenzeitbedarf exponentiell mit der Anzahl der Arbeitsgänge und Produktionsmittel. Probleme mit exponentiell anwachsendem Rechenzeitbedarf werden in der Komplexitätstheorie als NP-schwierige Probleme bezeichnet (Garey et al. 79). Näherungsverfahren mit polynomialem Rechenzeitbedarf für verschiedene Reihenfolgeproblemstellungen wurden entwickelt (vgl. z.B. Carlier et al. 88; Adams et al. 88). Diese Heuristiken beruhen aber auch auf Modellannahmen, die hinsichtlich der in der Realität vorzufindenden Rahmenbedingungen sehr vereinfacht sind. Zusätzliche Restriktionen müssen ergo durch den Benutzer im Sinne eines sukzessiven Problemlösungsansatzes nachfolgend berücksichtigt werden. Der automatische

Planungsvorschlag durch das System ist jedoch schwer nachvollziehbar, wenn das verwendete Entscheidungsmodell, auf dem der Algorithmus basiert, dem Benutzer nicht ersichtlich ist.

Am einfachsten für den praktischen Einsatz verwendbar sind Prioritätsregeln aus der Warteschlangentheorie. Diese Methodik ist verwendbar für dynamische und stochastische Charakteristika von Problemsituationen. Prioritätsregeln haben im Falle einer Auftragsstauung vor einer Maschine oder einem Arbeitsplatz die Aufgabe, eine Auswahl des Arbeitsganges zu treffen, der bei Freiwerden der Maschine als nächstes bearbeitet werden soll. Zahlreiche Simulationsstudien in den letzten Jahrzehnten hatten zum Ziel, Klassifizierungen von Entscheidungsregeln hinsichtlich ihrer Wirksamkeit auf Produktionsziele vorzunehmen (vgl. z.B. Blackstone et al. 82; Russel et al. 87; Vepsalainen et al. 87). Die Beurteilung der Wirksamkeit von Prioritätsregeln auf Werkstattziele ist jedoch (vgl. z.B. Baker et al. 60; Müller 80; Siegel 87) für eine spezifische Anwendung schwierig zu prognostizieren, da die durchgeführten Simulationsstudien auf vereinfachten Annahmen der relevanten Restriktionen in der Praxis basieren und die Simulationsmodelle der verschiedenen Untersuchungen sich unterscheiden, so daß die Vergleichbarkeit der Resultate Probleme bereitet (Day et al 70). Einige Regeln weisen jedoch akzeptable Ergebnisse in einer Reihe von Problemfällen auf und haben ihren Weg in die industrielle Anwendung gefunden (vgl. Conway er al. 62; Conway 65; Day et al. 70). Realistischere Simulationsmodelle basieren auf der Abbildung von Restriktionen "reeller" industrieller Anwendungsfelder und somit "reeller" Daten. Ergebnisse solcher vergleichender Simulationsstudien werden von (Le Grande et al. 63); (Berr et al. 76), und (Siegel 87) beschrieben. Einen Überblick über Prioritätsregeln und die Auftrags- bzw. Arbeitsgangattribute, die als Entscheidungskriterium Berücksichtigung finden, gibt die Abbildung 2.

Ad 2:

Künstliche Intelligenz (KI) als Teilbereich der Informatik setzt sich die Entwicklung von Computerprogrammen zum Ziel, die ähnlich intelligentes Verhalten wie menschliche Problemlöser aufweisen (Barr et al. 81). KI scheint, wie viele Autoren meinen, über vielversprechende Methoden für erfolgreiche Anwendungen in der Praxis der Produktionsplanung- und -steuerung zu verfügen. (vgl. z.B. Cook 86; Fox 86; Fähnrich et al. 89). Die Autoren geben zu bedenken, daß existierende klassische Verfahren nur ein Teil des relevanten Problemlösungswissens zur Planung berücksichtigen (Fox et al. 84), daß verschiedene Problemlösungskomponenten bei einer Planerstellung kooperieren können (Bensana et al. 88; Bullinger et al. 89) und daß eine höhere Flexibilität der Methodik in Bezug auf verschiedene Problemsituationen vorhanden ist (Sauer et al. 88).

Planungsforschung in der KI hat die Grundlage für viele wissensbasierte Planungssysteme geliefert. Gegenstand der Forschungsarbeiten sind Suchstrategien in Lösungsräumen. Aufbauend auf gegebenen Anfangsbedingungen werden Pläne aufgebaut, die spezifizierte Ziele berücksichtigen.

Einige wichtige wissensbasierte Planungssysteme sollen im folgenden kurz beschreiben werden:

- ISIS (Fox et al. 84; Smith et al.86) konstruiert Pläne mittels eines hierarchischen auftragsorientierten Suchverfahrens. Einzuplanende Aufträge werden in einer ersten Stufe nach Prioritäten geordnet. In den folgenden Stufen werden nach dem Prinzip der fortschreitenden Verfeinerung Ressourcenrestriktionen berücksichtigt. Auf jeder Ebene des Planungsprozesses werden Alternativen bewertet und die besten weiterverfolgt. Kann ein Auftrag eingeplant werden, so werden die benötigten Ressourcen belegt. Hauptproblem bei ISIS war die benötigte Rechenzeit zur Planerstellung. Dies ist teilweise darauf zurückzuführen, daß nur eine Wissensbasis auf der konzeptuellen Ebene der Wissensrepräsentation verwendet wurde. Das ISIS zugrundeliegende Planungsparadigma mit seiner festen Sequenz von Planungsschritten und seiner Auftragsorientierung (Engpaßprobleme wurden nicht bereits im Vorfeld des Planungsprozesses berücksichtigt) war ein weiterer Grund für die hohe Rechenzeit. Die Suche nach der besten Planung wurde zu starr, zu wenig problemspezifisch geführt. Die Problemlösungsstrategie durch fest vorgebene Planungsschritte ist einem Algorithmus insgesamt sehr ähnlich. Die Erfahrungen des Benutzers werden nicht in den Lösungsprozess miteingebunden.

- OPIS (Smith et al. 86; Ow et al. 88) berücksichtigt erste Erfahrungen die mit ISIS gemacht wurden. Die Problemzerlegung nach Aufträgen wurde durch ein zweites Dekompositionsprinzip ergänzt: die Zerlegung nach Kapazitäten. Dieser "multi-perspective"-Ansatz wird in der KI als opportunistisches Planen bezeichnet. Abhängig vom aktuellen Problemlösungszustand kann zwischen diesen beiden Dekompositionsprinzipien gewechselt werden. Erste Simulationsxperimente zeigen, daß OPIS gegenüber ISIS effektivere (im Sinne der Qualität) Planungsergebnisse aufweist.

- CHIP (Dincbas et al. 87) ist eine logische Restriktionsprogrammierungssprache (constraint programming language). Kennzeichen dieser Sprache ist ein integrierter Constraint-Abarbeitungsmechanismus, der auf dem Prologabarbeitungsmechanismus aufbaut (constraint satisfaction system). Der Entwickler muß sich um die Abarbeitung des Problems und damit die Planerstellung nicht kümmern und die Abfolge der Abarbeitungsschritte nicht angeben. Ein erster Versuch im Leitstandsbereich wird bei der Firma SIEMENS gemacht. Nachteil von CHIP ist der allgemeine Constraint-Abarbeitungsmechanismus, der keine spezifische Problemlösungsstrategie zur Anwendung kommen läßt (z.B. Erfahrungen des Disponenten). Somit können schon bei kleineren Planungsproblemen recht hohe Rechenzeiten auftreten (Baues 89).

- (Sauer et al. 88) entwickelte einen Prototypen, der über zwei "operationale" Programme zur Planerstellung und -anpassung verfügt. Eine erste Kontrollstruktur stößt nur Basiseinplanungsregeln an. Eine weitere Kontrollstruktur bietet die Möglichkeit der Verbesserung der bisherigen Planung über das Anstoßen weiterer Regeln und offeriert im Fall von Störungen (z.B. Maschinenausfall) Heuristiken für schnell wirksam werdende neue Planungsaufwürfe. Unklar ist die Rolle des Disponenten und damit die Aufgabenteilung zwischen Mensch und Rechner im "gemeinsamen" Planungs- und Entscheidungsprozess.

Ad 3:

Ansätze für Entscheidungsunterstützung können in Anlehnung an (Keen 87) folgendermaßen unterschieden und charakterisiert werden:

- Passive Unterstützung ist an keine bestimmte Zielgruppenproblematik und kein bestimmtes Zielproblem gebunden. Ein Beispiel für eine solche

Unterstützung sind z.B. Spread-Sheet-Programme. Die Problemlösung erfolgt weitgehend durch die Interaktionen des Benutzers.

- Traditionelle Unterstützung kann mit "was wäre, wenn..."-Unterstützung umschrieben werden (z.B. Simulationsverfahren). Die Grundannahme ist hier, daß das Durchspielen mehrerer Alternativen den Entscheidungsprozess verbessert. Nachteil dieser höheren Ebene der Unterstützung ist, daß der Entscheider a priori nicht weiß, welche Alternativen betrachtet werden müssen.
- Normative Unterstützung erfolgt durch "automatisierte" Optimierungsverfahren. Die Einflußname des Planers ist, da es sich um analytische Verfahren handelt, auf die Lieferung von Eingabedaten beschränkt. Allenfalls bietet die Spezifikation des Problems und die Auswahl des geeigneten Verfahrens die Möglichkeit der Partizipation am Problemlösungsprozess. Ein Beispiel hierfür ist die lineare Optimierung. Das Problem und damit dessen Lösbarkeit wird im Extremfall durch das der anwendbaren Optimierungsmethode zugrundeliegende Modell definiert .
- Erweiterte Unterstützung kann als Zwischenstufe zwischen traditioneller und normativer Unterstützung angesehen werden. Sie hilft explizit bei der Entscheidungsfindung, akzeptiert aber das Primat des Planers hinsichtlich der Einbringung seiner Vorstellungen und Entscheidungen.

Erweiterte Unterstützung ist die anzustrebende Form von rechnerbasierter Entscheidungsunterstützung. Erweiterte Planungsunterstützung muß Flexibilität in Bezug auf die Form der Unterstützung bieten. Das System soll in der Lage sein, die Rolle eines Assistenten wie auch die Rolle eines "automatischen Piloten" zu spielen. Das Unterstützungssystem sollte die Möglichkeit bieten, Alternativen durch Simulation zu bewerten und auch selbst Teilentscheidungen bei mehreren Alternativen im Sinne einer normativen Unterstützung zu treffen.

OPAL (Bensana et al. 88) ist ein solcher erweiterter oder hybrider Ansatz. Ziel ist es, mehrere Arten von Wissen über die Planungsproblematik in einem System zu integrieren. Es werden drei Arten von Problemlösungswissen unterschieden, die als notwendig für eine effiziente Belegungsplanung erachtet werden:

- theoretisches Wissen über Zeitplanung aus dem Bereich des Operation Research
- empirisches Wissen über die Wirkungsweise von Prioritätsregeln
- praktisches Wissen des Disponenten über den Werkstattbereich

Der Planungs- und Entscheidungsprozess spielt sich zwischen mehreren Systemkomponenten und dem Benutzer ab. Theoretisches Wissen aus der Restriktionsanalyse (Constraint-Analysis) des Operation Research (vgl. Erschler et al. 86) wird zu ersten Reihenfolgeentscheidungen verwendet (CBA-Modul). OPAL führt hierbei hinsichtlich der auftragsbezogenen Eckwerte wie Fälligkeitstermine und Bereitstellungstermine eine deterministische Zeitanalyse durch. Aufgrund von Dominanzkriterien durch den Vergleich der "Zeitfenster" (frühestmöglicher Start - spätestmögliches Ende) zweier Arbeitsgänge auf einer Maschine, etc. kann oftmals mit theoretischem Wissen eine Reihenfolgeaussage gemacht werden. Für nicht auflösbare Konflikte wird eine Entscheidungsunterstützungskomponente aufgerufen (DS-Modul). Hier werden weitere Reihenfolgeentscheidungen durch die Auswahl von Prioritätsregeln bzw. eigenen Regeln des Disponenten gefällt. Anschließend erfolgen weitere Entscheidungen im CBA-Modul. Dieser Zyklus wiederholt sich solange bis ein vollständiger Plan erstellt worden ist. Die Kontrolle des Planungs- und Entscheidungsprozesses obliegt einer Schiedsrichterkomponente, die abwechselnd die beiden Module aufruft. Die Priorität hat jedoch das CBA-Modul.

Erste Evaluierungsergebnisse zeigen, daß OPAL für gegebene Problemstellungen qualitativ bessere Pläne erzeugt als Prioritätsregeln. Spezifika eines Planungsproblems können über spezifische Regeln innerhalb des DS-Modul berücksichtigt werden. OPAL wird jetzt nach Ablauf einer Testphase im industriellen Einsatzfeld eingesetzt.

Nachteil dieser Architektur ist, daß spezifische Erfahrungen im Anwendungsbereich einer Werkstatt (z.B. effiziente Problemlösungsschritte im Sinne einer Zerlegungstechnik und erfahrungsgeleitete Strategien zur Lösung von so erhaltenen Teilproblemen) nicht bereits am Anfang des Planungs- und Entscheidungsprozesses berücksichtigt werden und so den Problemlösungsraum eingrenzen. Das CBA-Modul fällt noch zu "ungesteuert" Entscheidungen. Resultat ist, daß ein großer Teil der gesamten Rechenzeit von diesem Modul zu verantworten ist (Bensana et al. 88). Durch eine vorzeitige Berücksichtigung von spezifischen Erfahrungen könnte häufiges Revidieren von Reihenfolgen vermieden werden (Backtracking-Problematik).

Ausblickend kann gesagt werden, daß mit OPAL ein erstes Planungsunterstützungssystem konzipiert wurde, das den Ansatz einer erweiterten Unterstützung verfolgt. Allerdings können spezifische Erfahrungen des Disponenten vor Ort nicht genügend berücksichtigt werden.

6 Ein Konzept für eine hybride Planungs- und Entscheidungsunterstützung in Leitständen

6.1 Anpassbarkeit an spezifische betriebliche Rahmen bedingungen

6.1.1 Applikationsrahmen aufbauend auf objekt-orientierter Modellierung

Unsere Erfahrungen in den verschiedensten Anwenderprojekten zeigen, daß Werkstattsteuerungen sich hinsichtlich ihrer Anforderungen an ein DV-Unterstützungssystem sehr unterscheiden. Planung, Steuerung und Überwachung werden organisatorisch unterschiedlich durchgeführt. Ein Leitstand als ein Organisationshilfmittel muß sich an diese Anforderungen anpassen lassen, um seine Effizienz der Unterstützung in die anwendungsspezifischen Abläufe geeignet einbringen zu können. Erfahrungen von verschiedenen Leitstandsherstellern bestätigen diese Erkenntnis: der Anpassungsaufwand für einen Leitstand ist oftmals ein Vielfaches der eigentlichen Anfangsinvestition, des "Leitstandspreises".

Werkstattsteuerung läßt sich somit nicht "von der Stange kaufen". Anpaßbarkeit an unterschiedliche Systemumgebungen, an unterschiedliche Planungs-, Steuerungs- und Überwachungsanforderungen, unterschiedliche Benutzeranforderungen ist von zukünftigen Generationen von Leitständen zu fordern.

Planungsprobleme und Entscheidungsprozesse zu deren Lösung in verschiedenen Werkstätten unterscheiden sich somit in Bezug auf die zu verarbeitenden Informationen (Daten) und die angewandten Planungsschritte

(Methodiken) beträchtlich. Unterschiedliche Daten bedingen nicht nur veränderliche Datenelemente (z.B. Feldgrößen für Nummernschlüssel) sondern vor allem andere Datentypen wie z.B. Aufträge in Form von Montagebäumen anstatt sequentieller Vorgänger-Nachfolger-Listen wie in Arbeitsplänen der Teilefertigung. Zusätzliche Restriktionen wie z.B. minimale bzw. maximale Übergangszeiten zwischen Bearbeitungsvorgängen (z.B. Korrosionsgefahr), Beschränkung von Pufferkapazitäten an den Arbeitsplätzen, etc. können auftreten und erschweren den Planungsprozeß. Diese anwendungsspezifischen Anforderungen müssen im Leitstand abbildbar sein.

Unterschiedliche Planungs- und Entscheidungsstrategien können darüberhinaus an unterschiedlichen Stufen des Planungsprozesses notwendig werden, je nachdem wie das Planungsproblem strukturiert ist. Der Planungsprozeß kann einmal eine Vorwärtsplanung und ein anderes Mal eine Rückwärtsplanung implizieren. Oftmals ist es wichtig, eine Engpaßbelegung zuerst durchzuführen. Ein anderes Mal sind Eilaufträge zuerst einzuplanen.

Zukünftige Anpassungen von Leitständen an spezifische Anforderungsprofile sollten über einen "Baukastenansatz" wirtschaftlich ermöglicht werden. Module werden hierbei nach Maßgabe des Anwendungsfalls zusammengebaut und über Softwarewerkzeuge angepaßt.

Um diese Anforderungen erfüllen zu können, bietet sich ein objekt-orientierter Ansatz an. Klassen bilden unabhängige Module. Über die Generierung von Unterklassen (subclasses) und Vererbung können neue Anforderungen abgedeckt werden. Dieser Lösungsansatz wurde auch bei grafischen Werkzeugkästen (toolkits) wie z.B. OSF Motif verfolgt. Die Elemente eines allgemeinen grafischen toolkits müssen generischer Natur sein, damit sie in einer Vielzahl verschiedener Anwendungen eingesetzt werden können. Ist das Anwendungsgebiet jedoch weiter eingegrenzt, so können speziellere, auf das Anwendungsgebiet zugeschnittene Klassen vordefiniert werden. Auch das Zusammenspiel der einzelnen Klassen kann bereits vordefiniert werden. Solche Baukastensysteme werden oft Anwendungsrahmen genannt (application framework).

Die Vorteile eines Anwendungsrahmens für Leitstände liegen in den reduzierten Kosten für die Erstellung einer neuen angepassten Anwendung, da ein großer Teil des neuen Systems vom Anwendungsrahmen bereits abgedeckt ist. Weiterhin bestimmt der Anwendungsrahmen bereits die Softwarearchitektur des Systems und damit weitgehend die Schnittstellen zwischen einzelnen Modulen bzw. Klassen. Für die Benutzeroberfläche erzwingt der Anwendungsrahmen durch vordefinierte Komponenten und teilweise vordefinierte Dialogstrukturen eine höhere Konsistenz.

6.1.2 Trennung von Benutzerschnittstelle und Funktionalität

Die Trennung von Benutzerschnittstelle und Funktionalität ist von fundamentaler Bedeutung für die Entwicklung einer Anwendungslösung. Die Benutzerschnittstelle hat hierbei drei wichtige Aufgaben zu erfüllen:

- Präsentation der internen Daten gegenüber Benutzern
- Aufnahme der Eingabedaten
- Management des Dialogs

Durch die Trennung von Benutzerschnittstelle und Funktionalität ergeben sich folgende Vorteile:

- höhere Effizienz und Flexibilität bei der Programmentwicklung und Programmadaption:

  die Entwicklung und Änderung der Benutzerschnittstelle und der Dialogstruktur zieht bei einer Trennung von der Funktionalität weniger Änderungen im Programmcode nach sich.

- Spezialisten für die Anwendung und Spezialisten für die Benutzeroberfläche können relativ unabhängig voneinander arbeiten:

  der Entwickler des funktionalen Teils der Anwendung braucht sich weder Gedanken um die graphische Darstellung der Objekte noch um Fragen der Ein- und Ausgabe zu machen. Softwareergonomen und Psychologen können ihr Expertenwissen weitgehend unabhängig von Fragen der Strukturierung und Realisierung der Funktionen in die ergonomische Gestaltung der Benutzeroberfläche einbringen.

- neue Medien der Ein- und Ausgabe (z.B. Video, Sprachein- und

-ausgabe) können leichter in die Benutzeroberfläche integriert werden.

- die Anwendung ist durch die Trennung von der Dialog- und Fenstersystemkomponente unabhängiger vom Zielrechnersystem und damit leichter portierbar.

- Modifikationen der Benutzeroberfläche können leichter vom Benutzer selbst vorgenommen werden.

Um diese Trennung durchführen zu können sind prinzipiell zwei Wege möglich:

- eine Menge von Prozeduren (toolkit) wird dem Programmierer zur Verfügung gestellt. Das Anwendungsprogramm ruft diese Prozeduren auf um z.B. Eingaben vom Bildschirm zu erhalten oder Ausgaben erstellen zu lassen. Die Benutzeroberfläche ist gerade die Menge dieser Prozeduren, deren Ablaufsteuerung in das Anwendungsprogramm integriert ist.

- in einem zweiten Ansatz definiert der Programmierer in einem UIMS (User Interface Management System) seine Eingaben, Ausgaben und deren Ablauf. Das UIMS bietet ihm hierbei eine Umgebung zur Laufzeit für die Unterstützung der Steuerung der Benutzerschnittstelle. Die Definition der Abfolge der Ein- und Ausgaben erfolgt somit nicht in der Anwendung sondern im UIMS. Elemente der Benutzerschnittstelle können aus einer toolbox entnommen und in Form einer Dialogstruktur verknüpft werden. Hierzu bietet ein UIMS normalerweise eine benutzerfreundliche Spezifikationssprache. Darüberhinaus werden dem Programmierer noch zusätzlich Hilfsmittel zur Benutzerschnittstellengestaltung zur Verfügung gestellt (z.B. Konsistenz-Checks).

In beiden Fällen bestehen toolkit wie auch toolbox aus Grundelementen wie z.B. Menues, Buttons, Textfelder/graphische Felder für die Dateneingabe. Die Funktionalität dieser Grundelemente ist konfigurierbar und kann somit an die jeweiligen Bedürfnisse des Benutzers angepaßt werden. Zur Verwaltung der Grundelemente wird ein Editor angeboten.

Der zweite Ansatz bietet Vorteile gegenüber dem ersteren, z.B. eine größere Autonomie von Benutzerschnittstelle und Anwendung, und sollte deshalb gewählt werden (vgl. Huthmann et al. 89).

6.2 Systemkomponenten zur Strukturierung des Planungsprozesses innerhalb des Applikationsrahmens

Die vom PPS an den Leitstand übergebenen Fertigungsaufträge bzw. Arbeitsgänge besitzen Vorgaben wie:

- Zuordnung Maschinengruppe bzw. Maschine,
- Ecktermine für frühesten Start (FAZ) bzw. spätestes Ende (SEZ),
- Spezifikation des zu verwendenden Materials, etc.

Die Ecktermine (FAZ und SEZ) für Fertigungsaufräge, oftmals auch für die Arbeitsgangebene, stammen aus der mittelfristigen Zeit- und Kapazitätsplanung des PPS. Falls im PPS die Arbeitsgangecktermine nicht bestimmt wurden, muß dies im Leitstand vor der Einplanung geschehen. Ergebnis ist dann ein Zeitraum (FAZ und SEZ) für die Bearbeitung des einzelnen Arbeitsgangs. Kapazitätsrestriktionen sind in dieser Phase noch nicht berücksichtigt.

Obige Anforderungen (Restriktionen) des jeweiligen Arbeitsgangs im Hinblick auf seine geplante Bearbeitung nennen wir im folgenden den **Bedarf des Arbeitsganges**.

Aufgabe der Werkstattfeinplanung (Abbildung 3) ist es nun, für einen bestimmten Planungshorizont, z.B. eine Schicht:

- das relevante Auftragsvolumen für die Planung freizugeben,
- die Zuordnung von Arbeitsgängen - ausgehend von Betriebsmittelgruppen - auf Betriebsmittel durchzuführen,
- für alle knappen Betriebsmittel eine Zeitplanung durchzuführen.

Das Ergebnis der Feinplanung ist also die vorausschauende Befriedigung des Bedarfs von Arbeitsgängen. Die Zuordnung - gegenüber dem Bedarf - von spezifischen Betriebsmitteln, also z.B. Maschine, Werkzeug, Maschinenbediener, in der Zeit und ihre zeitliche Reservierung für den Arbeitsgang nennen wir eine **Arbeitsgangbelegung.**

Verfügen eingeplante Arbeitsgänge über Bearbeitungsspielräume (SEZ-FAZ<Rüstzeit+Bearbeitungsdauer) , so ist es angebracht, diese Puffer mit an die Steuerungskomponente des Leitstandes weiterzugeben und Dispositionsspielräume nicht zu früh durch die Ermittlung eines Startzeitpunktes zu eliminieren.

Aufgabe der Steuerung in einem Leitstand ist dann die Organisation der Ausführung der Planung. Wenn ein Arbeitsgang beendet ist oder eine Maschine einen nächsten Arbeitsgang nachfragt, werden die notwendigen Aktionen (z.B. Ansteuerung eines Transportsystems zum Materialtransport) durch die Steuerung gemäß dem vorliegenden Plan durchgeführt. Verfügt die Steuerung über Pläne mit Pufferinformationen, so kann das Fortpflanzen von Störungen, die über Betriebs- und/oder Maschinendatenerfassung dem Leitstand gemeldet werden, in ihren Auswirkungen auf die Planung vermindert werden.

Die Überführung der Arbeitsgangbedarfe in Arbeitsgangbelegungen erfolgt durch den rechnergestützten **Planungs- und Entscheidungsprozess.**

Aus der Menge von verschiedenen KI-Planungsparadigmen (einen Ausschnitt zeigt Abbildung 3) seien zwei besonders hervorgehoben:

- Strategie des least-commitment
- Strategie des opportunistischen Planens.

Mit der Strategie der geringsten Verbindlichkeit (least-commitment) läßt sich vor allem die kombinatorische Vielfalt möglicher Belegungspläne sinnvoll eingrenzen. Mögliche Lösungen werden erst dann verworfen, wenn es einen triftigen Grund dafür gibt. Dies können z.B. Störungen aus der operativen Ebene sein, die dem Leitstand über BDE gemeldet werden.

Mit der Strategie des opportunistischen Planens wird eine Lösungsstrategie verstanden, bei der Teilprobleme, die am effizientesten (Schnelligkeit der Lösungserstellung) und/oder effektivsten (Qualität der Lösung) gelöst werden können, zuerst angegangen werden. Solch ein dynamisches Problemlösungsprinzip, das immer abhängig vom momentanen Problemzustand die am lösbarsten Teilprobleme identifiziert und löst, gilt als ein Prinzip, das erfahrene Disponenten besonders kennzeichnet (Hayes-Roth 88).

Im Fall der Werkstattfeinplanung kann die Ermittlung von Teilproblemen (Dekomposition des Gesamtproblems) in grundsätzlich drei verschiedenen Dimensionen erfolgen, d.h. das Gesamtplanungsproblem kann nach drei Hauptkriterien zerlegt werden:

- Arbeitsgänge
- Ressourcen
- Zeitpunkt bzw. -raum.

Bei einer Zerlegung nach Arbeitsgängen geht man vom Engpaß Arbeitsgang aus. Hauptargumente für eine arbeitsgangbezogene Planungssicht sind z.B. kritische Fälligkeitstermine oder besonders wichtige Aufträge (hohe Priorität).

Eine ressourcenbezogene Sicht ergibt sich aus der Problematik der Auslastung von Maschinen mit hohen Maschinenstundensätzen (z.B. CNC-Maschinen) und vor allem für Engpaßmaschinen. Werden letztere nicht zu Beginn des Planungprozesses belegt, so kann es im weiteren Verlauf der Planerstellung zu Inkonsistenten kommen. Eine Revidierung bereits gefällter Entscheidungen wird somit notwendig (Backtracking-Problematik).

Das dritte Zerlegungskriterium ist die Zeit. Hierbei kann z.B. das Vorhandensein einer zeitlichen Belegungslücke auf einer Ressource der Ausgangspunkt für eine weitere Suche nach geeigneten Belegungsmöglichkeiten sein.

Zusammenfassend kann gesagt werden:

> Wichtige Entscheidungen, die z.B. durch enge Dispositionsspielräume, hohe Invariabilität der Entscheidungen gegenüber dynamischen Einflüssen wie Störungen charakterisiert sind, sollten zuerst im Entscheidungsprozeß angegangen werden. Dies ist eine Verbindung des opportunistischen Prinzips und des Prinzips der geringsten Verbindlichkeit. Der Planungsexperte kann somit als ein minimaler

Backtracker (minimale Revidierung bereits gefällter Entscheidungen) bezeichnet werden.

Zur Realisierung einer effizienten und effektiven Unterstützung erachten wir einen hybriden Ansatz für besonders geeignet. Unter einem hybriden Ansatz verstehen wir eine Systemarchitektur, die:

- Algorithmen aus der Scheduling-, Warteschlangen- und Graphentheorie

mit

- Erfahrungswissen der Mitarbeiter bzw. des Disponenten kombiniert.

Abhängig von der Häufigkeit der Wiederholung von bestimmten erfahrungsgeleiteten Entscheidungsschritten halten wir es für notwendig, diese in Regeln formulieren zu können, um eine Entlastung der Mitarbeiter von Routinetätigkeiten zu erhalten. Entscheidungen heuristischer Art, die einer geringen Wiederholhäufigkeit unterworfen sind, sollten über eine hochinteraktive grafische Benutzerschnittstelle durch den Benutzer ausgelöst werden können.

Dringlichste Aufgabe zur Konzeption einer leicht anpaßbaren Planungs- und Entscheidungsunterstützung in Leitständen ist eine weitreichende Analyse der Anforderungen aus den verschiedensten Werkstattproblemfeldern. Statische (Daten) und dynamische (Methoden) Anforderungen an eine geeignete Unterstützungskomponente sind bisher ungenügend aufgenommen worden. Hieraus resultiert das Problem, daß heutige Leitstände nicht komfortabel anpassbar sind und demgemäß Anpassungsaufwendungen sehr hoch ausfallen.

Innerhalb eines Projektes mit der Firma SIEMENS erstellt das IAO einen solchen Anwendungsrahmen für Leitstände, um eine spezifische Anpaßbarkeit relativ leicht durch die Generierung von Unterklassen (subclasses) und Vererbung in einer objekt-orientierten Architektur zu erhalten.

Im folgenden sei eine Grobkonzeption für den Problemkern des Planungsprozesses schematisch aufgezeigt.

Die Hauptmodule (Systemkomponenten) zur Strukturierung des Planungsprozesses innerhalb eines Anwendungsrahmens sind:

- Auftragsfreigabe
- Tafel
- Einplaner
- Ressourcen
- Wissensbasis.

Einen Überblick über die Komponenten (Objektklassen) und die ausgetauschten Nachrichten (Protokolle) gibt Abbildung 5.

Die Auftragsfreigabe steuert für einen bestimmten Planungszeitraum (z.B. eine Schichtplanung) die gezielte Freigabe von Arbeitsgängen (Auswahl der Arbeitsgänge von der Datenbank und Überführung in den Arbeitsspeicher). Dies stellt eine erste Auswahl eines bearbeitbaren Auftragsvolumens für den Planungszeitraum dar. Ist eine Detailplanung der Abläufe nicht sinnvoll, da z.B. eine sehr flexible Fertigung gegeben ist (z.B. Mitarbeiter in der Montage beherrschen große Vielfalt an Arbeitsinhalten) und/oder Störgrößen in der Werkstatt eine Determinierbarkeit (Feinplanung) unmöglich machen, so kann die Auftragsfreigabe direkt mit der Steuerung des Leitstandes kommunizieren. Letztere kann dann z.B. nach dem Prinzip FIFO die Arbeitszuteilung durchführen.

Aufgabe der Tafelkomponente ist die Ordnung von Arbeitsgängen des freigegebenen Auftragsvorrates nach relevanten Attributen der Arbeitsgänge wie z.B.:

- Eilaufträge oder hochpriorisierte Aufträge,
- Arbeitsgänge, die Engpaßressoucen nachfragen.

Die ermittelten Arbeitsgangbelegungen werden gleichfalls in dieser Klasse verwaltet. Die Propagierung der Auswirkungen einer erstellten Belegung auf die Restarbeitsgänge des jeweiligen Auftrages (Bearbeitungsspielräume müssen aktualisiert werden, d.h. FAZ und SEZ der Restarbeitsgänge werden angepasst), und auf die Ressourcen der Belegung (zeitliche Reservierung durch den Arbeitsgang) wird hier durchgeführt.

Dem Einplaner obliegt die sukzessive Auswahl eines oder mehrerer Arbeitsgänge von der Tafel und die Organisation der Belegungserstellung. Hierzu wird zuerst ein einzelner Arbeitsgang bestimmt, eine Ressourcenzuordnung ausgelöst (über die Ressoucengruppe) und sukzessive über eine Zeitanalyse alle Bedarfselemente des Arbeitsgangbedarfes zeitlich koordiniert (Kommunikation mit Arbeitsgang und Ressourcen). Ergebnis ist die Belegung mit einem Zeitintervall, indem der Arbeitsgang bearbeitet werden kann. Diese wird an die Tafel zurückgegeben. Die Logik der Auswahl eines Arbeitsganges nach den Dimensionen Arbeitgänge, Ressourcen und Zeit ist im Einplaner festgelegt.

Ressoucen und Arbeitsgänge verwalten ihre eigene Verfügbarkeit. Ressoucen können darüberhinaus Zeiträume für die Bearbeitung vorschlagen. Desweiteren können sie für eine Ordnung der Arbeitsgänge auf der Tafel aufgefordert werden.

Die Wissensbasis ermöglicht die Formulierung von spezifischen erfahrungsgeleiteten Strategien für die Auftragsfreigabe, die Tafel, den Einplaner und die Ressourcen. Das Hauptgewicht liegt aber in der Formulierung der Kontrollstruktur (Aufrufhierarchie) und der spezifischen Methoden des Einplaners.

Abschließend sei ein Beispiel für die Ausprägung von Erfahrungswissen in der Werkstatt innerhalb eines solchen Moduls dargestellt. Dies erfolgt am Beispiel der Auftragsfreigabe (Abbildung 6).

7. Ausblick

Es ergeben sich folgende weitergehende Forschungsfelder im Hinblick auf eine anpassbare, benutzerfreundliche, aufgabenangemessene und effiziente Planungs- und Entscheidungsunterstützung für rechnerbasierte Leitstände:

- weitergehende Untersuchungen der Anforderungen in Anwendungsfeldern (Werkstattsteuerungen) zur Überprüfung des Anwendungsrahmens (Architektur)
- Weiterentwicklung von Softwaretools (Dialogmanager, Shell, etc.) zur komfortablen Anpassbarkeit an das spezifische Anforderungsprofil

Innerhalb eines internationalen und eines nationalen Projektes mit Einbindung von Anwendern und Herstellern werden diese Aufgaben gelöst werden. Weitere Firmen können sich diesem Vorhaben noch anschließen.

Literaturverzeichnis

Baker, C.T.; Dzielinsky, B.P.: Simulation of a Simplified Job Shop. In: MS. 6 (1960), S. 311-323.

Baker, K.R.: Introduction to Sequencing and Scheduling. New York, Chichester, Brisbane, Toronto, 1974.

Barr, A.; Feigenbaum, E.A.: The Handbook of Artificial Intelligence. Vol. 1,2,3, William Kaufmann, Los Altos, California 1981/82.

Baues, G.: Einsatz der Constraint-Logic-Programming-Sprache CHIP bei der Lösung eines Job-Shop-Scheduling-Problems. Diplomarbeit, Technische Universität München, 1989.

Bellmann, R.; Esogbue, A.O., Nabashima, I.: Mathematical Aspects of Scheduling and Applications. Pergamon Press, 1982.

Bensana, E.; Bel, G.; Dubois, D.: OPAL: A Multi-Knowledge-Based System for Industrial Job-Shop Scheduling. In: International Journal of Production Research 26 (1988) 5, S. 795-819.

Berr, U.; Tangermann; H.P.: Einfluß von Prioritätsregeln auf die Kapazitätsterminierung der Werkstattfertigung. In: wt - Zeitschrift für industrielle Fertigung 66 (1976), S. 7-12.

Blackstone, J.H.; Phillips, D.T.; Hogg, G.L.: A State-of-the-Art Survey of Dispatching Rules for Manufacturing Job Shop Operations. In: International Journal of Production Research 20 (1982) 1, S. 27-45.

Bullinger, H.-J.: Bedeutung von Expertensystemen für die Fertigungstechnik. In: Tagungsband IAO-Forum: Expertensysteme in Produktion und Engineering. Fraunhofer-Institut für Arbeitswirtschaft und Organisation, Stuttgart, 1989.

Carlier, J.; Pinson, E.: A Polynominal Algorithm for Determining Efficient Immediate Selections of the Job Shop Problem. Technical Report, Institut de Mathemathiques Appliquées, Université de Angers 1988.

Conway, R.W.; Maxwell, W.L.: Network Dispatching by the Shortest Operation Discipline. In: Operations Research 10 (1962), S. 51-73.

Conway, R.W.: Priority Dispatching and Job Lateness in a Job Shop. In: Journal of Industrial Engineering 16 (1965), S. 228-235.

Conway, R.W.; Maxwell, W.L.; Miller, L.W.: Theory of Scheduling. Addison-Wesley, 1967.

Cook, J.H.: AI in Manufacturing: An Assessment. Second Anual AI and Advanced Computer Technology Conference, Towers Conference Management Co. Long Beach, C.A., 1986, S. 215-219.

Day, J.E.; Hottenstein, M.P.: Review of Sequencing Research. In: Naval Research Logistics Quarterly 17 (1970), S. 11-39.

Dempster, M.A.H.; Lenstra, J.K.; Rinnooy Kan, A.H.G. (Hrsg.): Deterministic and Stochastic Scheduling. Dordrecht, Boston, London: D. Reidel Publishing Company, 1981.

Dengler, U.: ZPL 1 IF41, Mai 1988: Jobplan-Bedienungsanleitung zur Demo-Version, Interner Bericht Siemens, Stand Mai 1988.

Dincbas, M.; Simonis, H.; Hentenryck, P. van: Solving Problems with CHIP. Internal Report IR-LP 2204, European Computer-Industry Research Centre GmbH, München, 1987.

Erschler, J.; Esquirol, P.: Decision Aid in Job Scheduling: A Knowledge Based Approach. In: IEEE International Conference on Robotics and Automation. San Francisco, 1986, S.1651-1656.

Fähnrich, K.-P.; Groh, G.; Thines M.: Knowledge-based systems in computer-assisted production-a review; in: Knowledge Based Systems Dezember 1989, S. 249-256.

Fox, M.S.; Smith,S.: ISIS - A Knowledge Based System for Factory Scheduling. In: Expert Systems 1 (1984) 1, S. 25-29.

Fox, M.S.: Industrial Applications of Artificial Intelligence. In: Artificial Intelligence in Manufacturing / Hrsg. von Bernold T. New York: Springer Verlag, 1986.

French, G.S.: Sequencing and Scheduling. Chichester: S. French, Ellis Horwood Ltd., 1982.

Garey, M.R.; Johnson, D.S.: Computers and Intractability. San Francisco: W.H. Freeman and Company, 1979.

Graham, R.L.; Lawler, E.L.; Lenstra, J.K.; Rinnooy Kan, A.H.G.: Optimization and Approximation in Deterministic Sequencing and Scheduling: A Survey. In: Annals of Discrete Mathematics 5 (1979), S. 287-326.

Hayes-Roth, B.; Hayes-Roth, F.; Rosenschein, S.; Cammarata, S.: Modelling Planning as an Incremental, Opportunistic Process. In: Blackboard Systems / Hrsg. von R. Empelmore, T. Morgan, Addison Wesley Publishing Company, 1988.

Huthmann, A.; Thines, M.; Simoes, L.; Ziegler, J.: Wissensbasierte Feinplanung in einem Leitstandssystem. IAO-Forum Expertensysteme in Produktion und Engineering, Stuttgart, 1989.

Keen, P.G.W.: Decision Support Systems: The Next Decade. Decision Support Systems 3 (1987), S. 253-265.

Kiran, A.S.; Smith, M.L.: Simulation Studies in Job Shop Scheduling I-A Survey. In: Computers and Industrial Engineering 8 (1984), S. 87-93.

Kiran, A.S.; Smith, M.L.: Simulation Studies in Job Shop Scheduling II - Performance of Priority Rules. In: Computers and Industrial Engineering 8 (1984), S. 95-105.

Kreimeier, D.: Konfigurierbares mikrorechnerunterstütztes Planungshilfsmittel zur Feinsteuerung autonomer Fertigungsstrukturen. Bochum, Universität, Diss., 1987.

Kroneberg, M.; Raether, C.: Kurzfristige Fertigungssteuerung für teilautonome Fertigungsbereiche. 4. Europäische Kongreßmesse für Technische Automation 12.-15.05.1987. Essen: Bullinger/ONLINE GmbH, 1987, S. 13.1.1-13.1.17.

Lawler, E.L.: Recent Results in Theory of Machine Scheduling. In: Mathematical Programming - The State of the Art / Hrsg. von Bachem et al.. Berlin: Springer Verlag, 1983, S. 202-234.

Le Grande, L.: The Development of a Factory Simulation System Using Actual Operating Data. In: Management Technology 3 (1963), S. 1ff.

Müller, W.: Verfahren der Produktionsplanung und Probleme ihrer Beurteilung. In: Jacob (Hrsg.), 1980.

Ow, P.S.; Smith, S.F.: Viewing Scheduling as an Opportunistic Problem-Solving Process. In: Annals of Operations Research 12 (1988), S. 85-108.

Rinnooy Kan, A.H.G.: Machine Scheduling Problems. The Hague: Martinus Nijhoff Verlag, 1976.

Russel, R.S.; Dar-El, E.M.; Tayler, B.W.: A Comparative Analysis of the COVERT Job Sequencing Rule Using Various Job Performancing Measures. In: International Journal of Production Research 25 (1987), S. 1523-1540.

Sauer, J.; Appelrath, H.-J.: Wissensbasierte Feinplanung in PPS-Systemen. Tagungsband WIMPEL 88, 1. Konferenz über wissensbasierte Methoden für Produktion, Engineering und Logistik, Teubner, 1988.

Siegel, S.L.: Simulation of Scheduling Rules Helps Decision-Making on Various Objectives in Manufacturing Plant. In: Journal of Industrial Engineering 19 (1987), S. 40-46.

Smith, S.F.; Fox, M.S.; Ow, P.S.: Constructing and Maintaining Detailed Construction Plans: Investigations into the Development of Knowledge-Based Factory Scheduling Systems. In: AI Magazine, Fall (1986), S. 45-61.

Strack, M.: Optimale Produktionssteuerung: Organisation, Wirtschaftlichkeit und Einführung konventioneller und EDV-gestützter Leitstände. In: Reihe FIR-Leitfaden. Köln: Verlag TÜV Rheinland GmbH, 1986.

Vepsalainen, A.J.P.; Morton, T.E.: Priority Rules for Job Shops with Weighted Tardiness Costs. In: Manangement Science 33 (1987), S. 1035-1047.

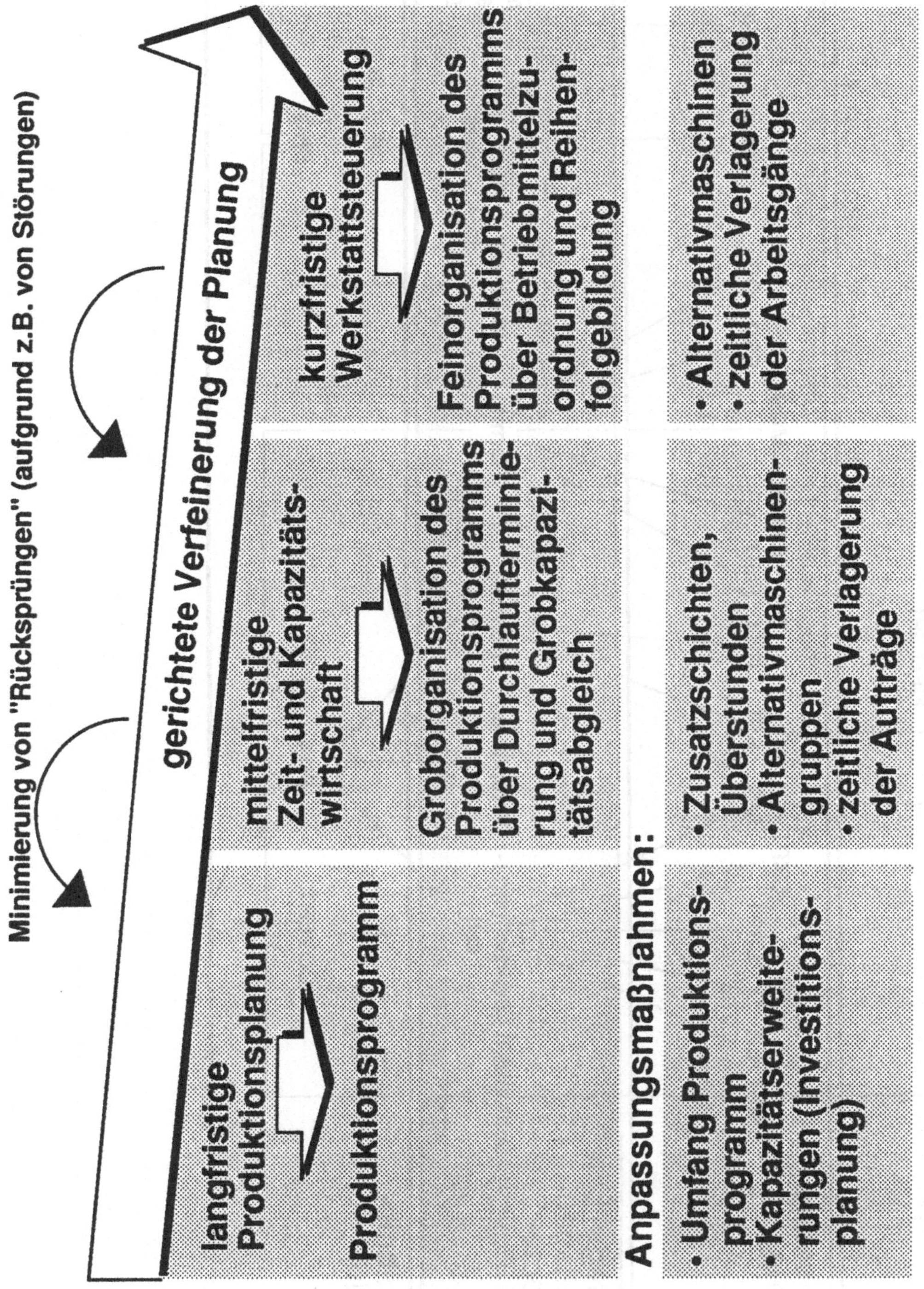
Minimierung von "Rücksprüngen" (aufgrund z.B. von Störungen)
gerichtete Verfeinerung der Planung
langfristige Produktionsplanung
Produktionsprogramm
mittelfristige Zeit- und Kapazitätswirtschaft
Groborganisation des Produktionsprogramms über Durchlaufterminierung und Grobkapazitätsabgleich
kurzfristige Werkstattsteuerung
Feinorganisation des Produktionsprogramms über Betriebmittelzuordnung und Reihenfolgebildung
Anpassungsmaßnahmen:
• Umfang Produktionsprogramm
• Kapazitätserweiterungen (Investitionsplanung)
• Zusatzschichten, Überstunden
• Alternativmaschinengruppen
• zeitliche Verlagerung der Aufträge
• Alternativmaschinen
• zeitliche Verlagerung der Arbeitsgänge

Bild 1

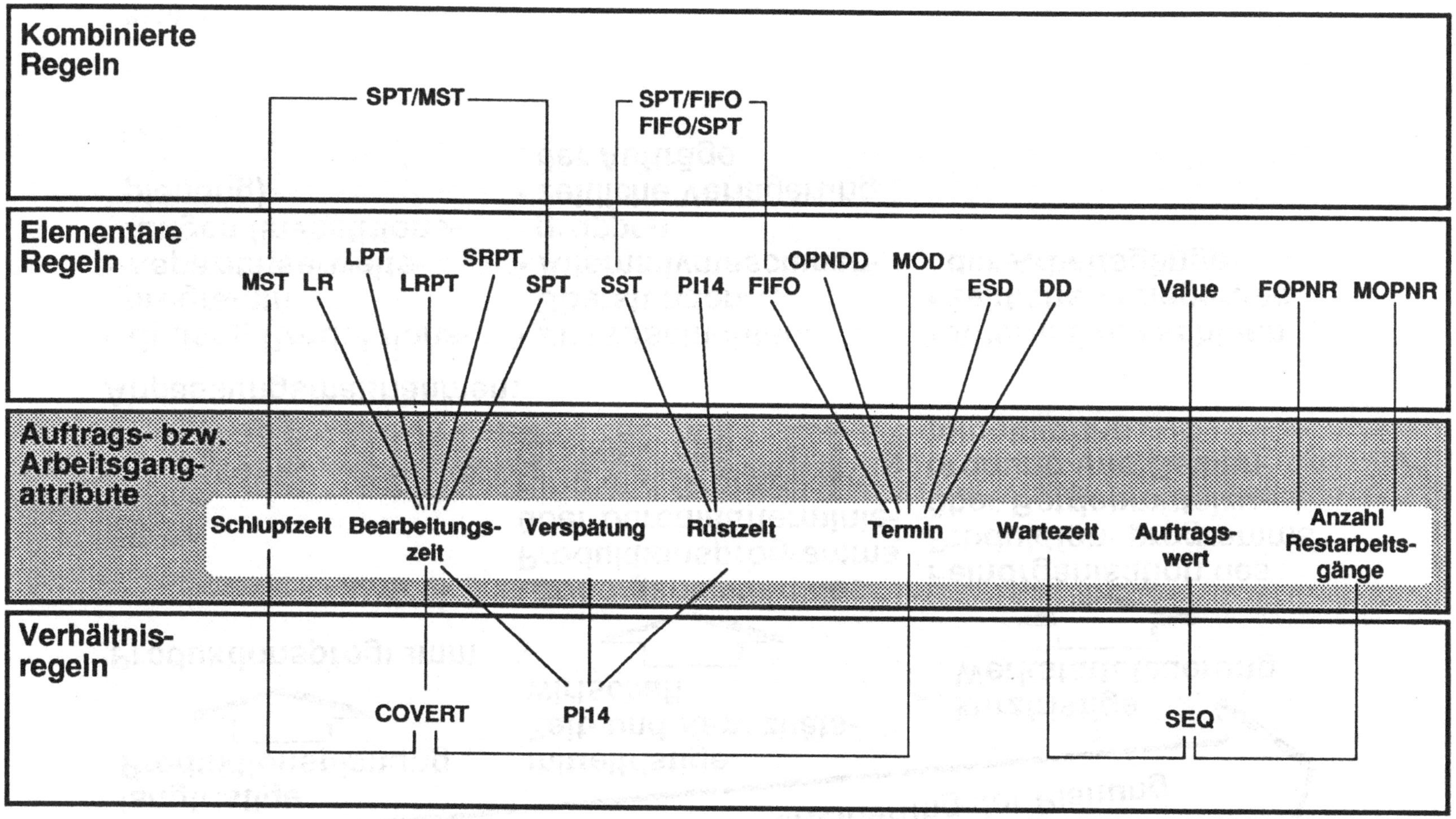
Kombinierte Regeln
SPT/MST
SPT/FIFO
FIFO/SPT
Elementare Regeln
MST
LR
LPT
LRPT
SRPT
SPT
SST
PI14
FIFO
OPNDD
MOD
ESD
DD
Value
FOPNR
MOPNR
Auftrags- bzw. Arbeitsgang-attribute
Schlupfzeit
Bearbeitungs-zeit
Verspätung
Rüstzeit
Termin
Wartezeit
Auftrags-wert
Anzahl Restarbeits-gänge
Verhältnis-regeln
COVERT
PI14
SEQ

Bild 2

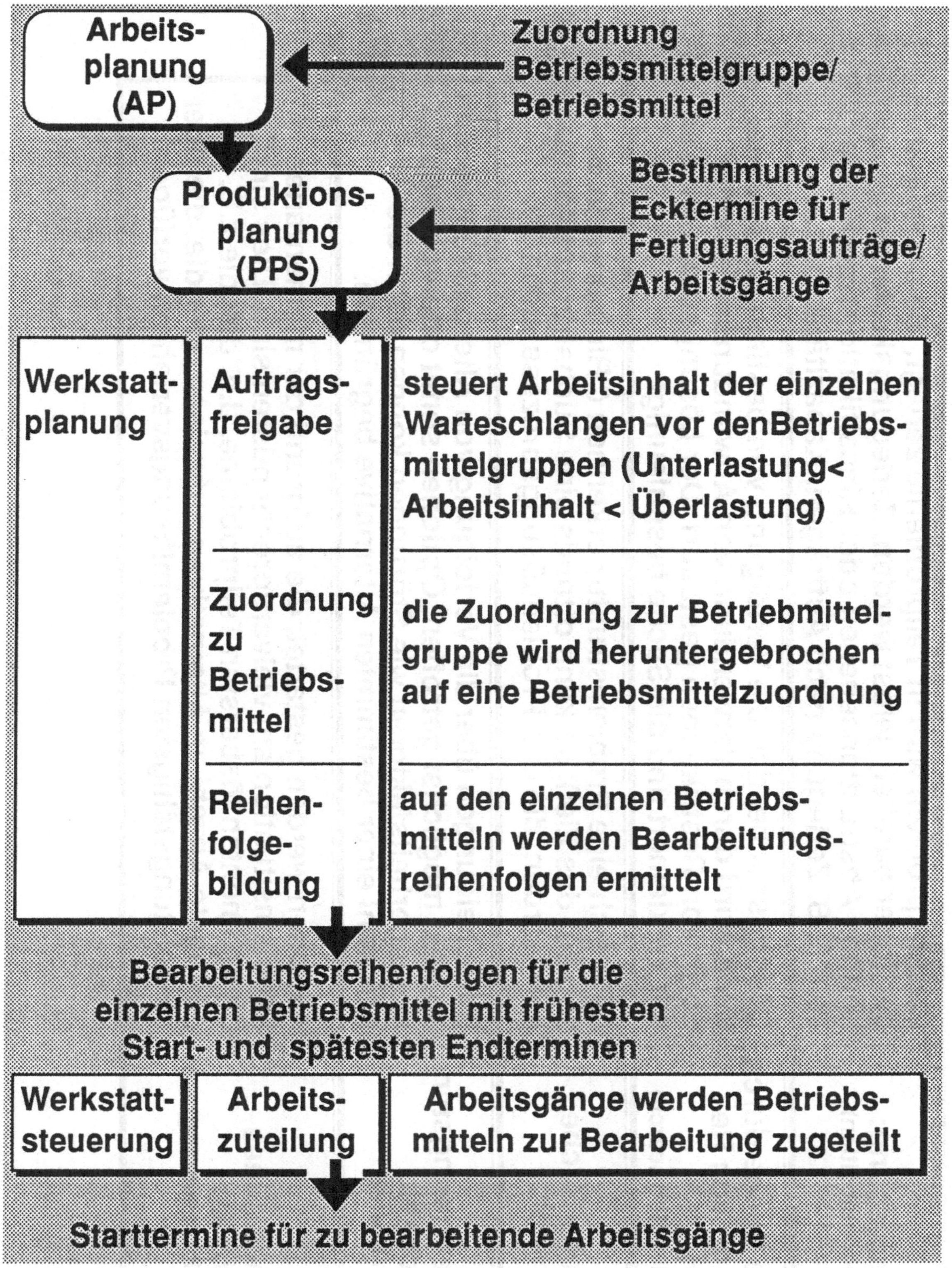
Arbeits-
planung
(AP)
Zuordnung
Betriebsmittelgruppe/
Betriebsmittel
Produktions-
planung
(PPS)
Bestimmung der
Ecktermine für
Fertigungsaufträge/
Arbeitsgänge
Werkstatt-
planung
Auftrags-
freigabe
steuert Arbeitsinhalt der einzelnen
Warteschlangen vor denBetriebs-
mittelgruppen (Unterlastung<
Arbeitsinhalt < Überlastung)
Zuordnung
zu
Betriebs-
mittel
die Zuordnung zur Betriebmittel-
gruppe wird heruntergebrochen
auf eine Betriebsmittelzuordnung
Reihen-
folge-
bildung
auf den einzelnen Betriebs-
mitteln werden Bearbeitungs-
reihenfolgen ermittelt
Bearbeitungsreihenfolgen für die
einzelnen Betriebsmittel mit frühesten
Start- und spätesten Endterminen
Werkstatt-
steuerung
Arbeits-
zuteilung
Arbeitsgänge werden Betriebs-
mitteln zur Bearbeitung zugeteilt
Starttermine für zu bearbeitende Arbeitsgänge

Bild 3

Problemzerlegung: (problem decomposition)	Gesamtproblem wird in Teilprobleme zerlegt, die nacheinander (oder parallel) gelöst werden. Zerlegungskritierien können Abstraktionsebenen oder Klassifikationsmerkmale sein (z.B. Zerlegung nach Aufträgen, Kapazitäten, etc.).
Gerichtete Suche durch Verwendung von Restriktionen: (constraint-directed search)	Lösungssuche, d.h. die Verfolgung von bestimmten Alternativen, wird durch Verwendung von Anwendungswissen in Form von Restriktionen gesteuert. Der Lösungsraum wird somit verkleinert und die Suche beschleunigt.
Heuristische Suche: (heuristic search)	Läßt sich eine Problemstruktur erkennen ("Richtung" in Bezug auf das Ziel), so kann oftmals eine Suchstrategie formuliert werden, die den Problemlösungsprozess steuert.
Prinzip der geringsten Verbindlichkeit: (least-commitment)	Entscheidungen über die Verfolgung von Alternativen werden spätest möglichst getroffen, Optionen somit offen gehalten. Unsicherheitsfaktoren wie Störungen können dann die Auswahl einer bestimmten Alternative begründen.
Opportunistisches Problemlösen: (opportunistic reasoning)	Aktionen werden gestartet, die aufgrund der momentanen Problemsituation am vielversprechendsten sind. Dies sind die momentan lösbarsten Teilprobleme, d.h. die, die z.B. die geringste Anzahl an Alternativen aufweisen oder die, die über die leistungsfähigsten Problemlösungsverfahren verfügen.

Bild 4

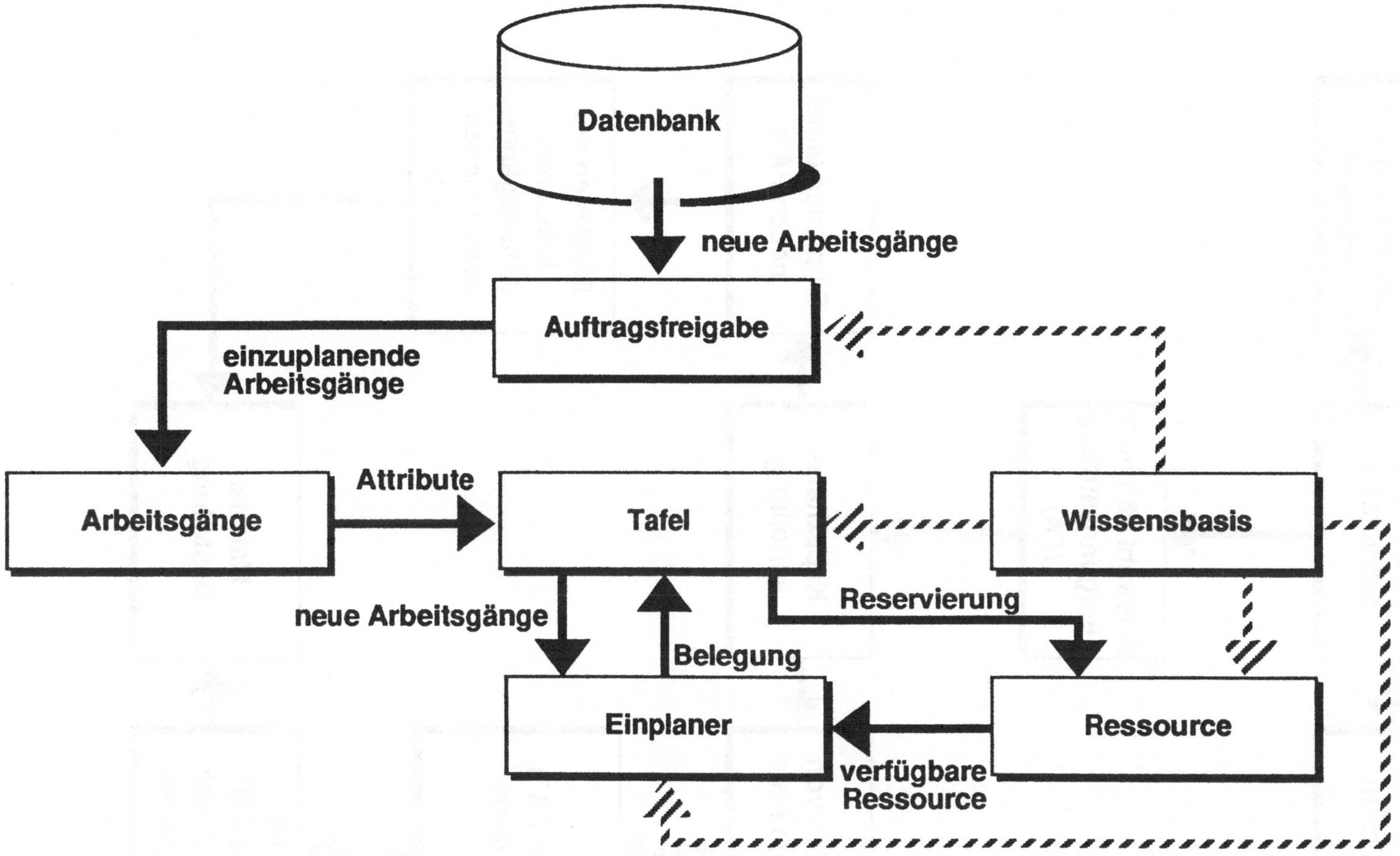
Datenbank
neue Arbeitsgänge
Auftragsfreigabe
einzuplanende Arbeitsgänge
Arbeitsgänge
Attribute
Tafel
Wissensbasis
neue Arbeitsgänge
Belegung
Reservierung
Einplaner
Ressource
verfügbare Ressource

Bild 5

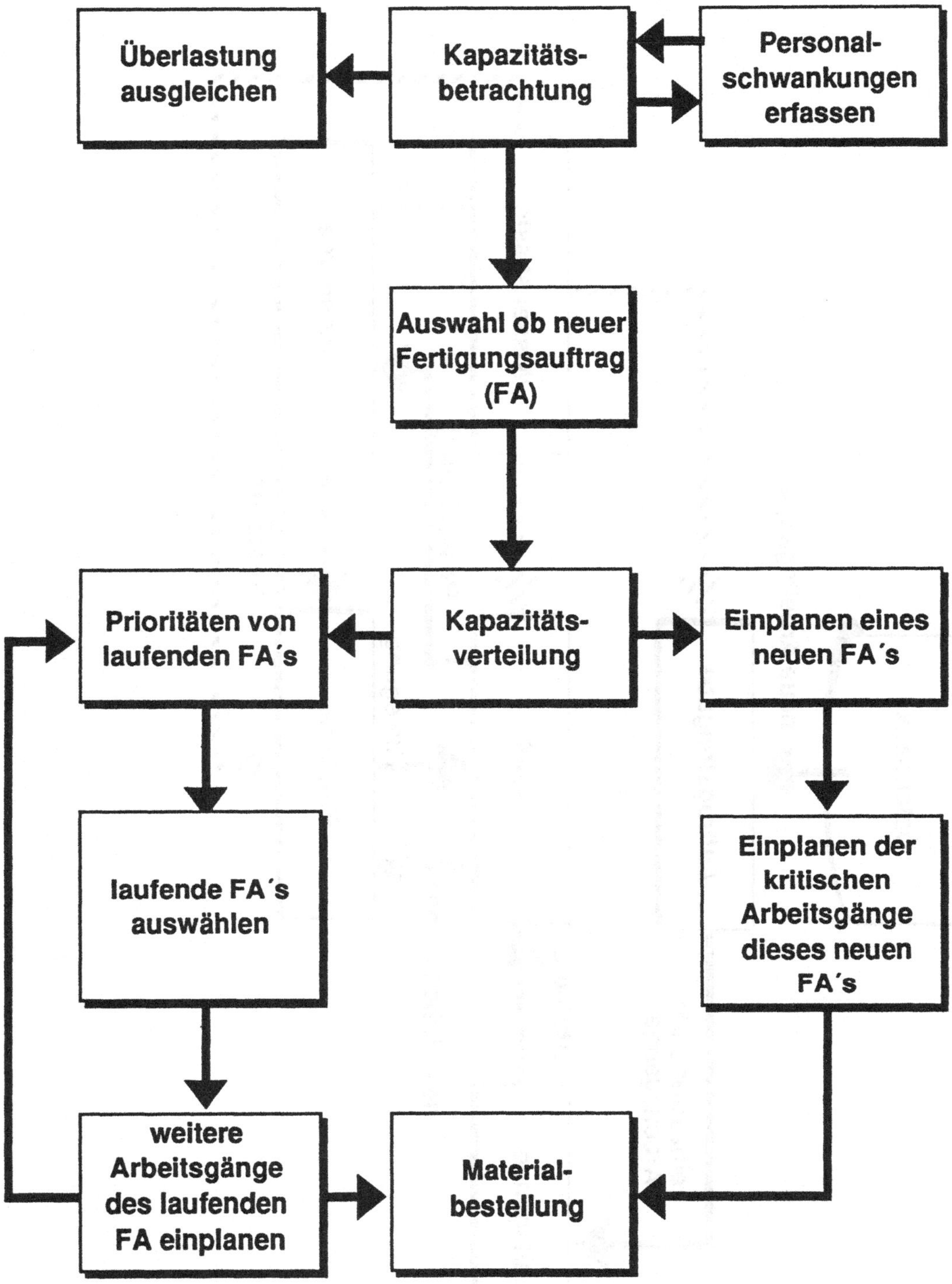

Überlastung ausgleichen
Kapazitäts-betrachtung
Personal-schwankungen erfassen
Auswahl ob neuer Fertigungsauftrag (FA)
Prioritäten von laufenden FA´s
Kapazitäts-verteilung
Einplanen eines neuen FA´s
laufende FA´s auswählen
Einplanen der kritischen Arbeitsgänge dieses neuen FA´s
weitere Arbeitsgänge des laufenden FA einplanen
Material-bestellung

Bild 6

Zukunftsweisende Logistik Software Konstruktion

Dipl.-Math. K. Fagenzer
aperia software GmbH & Co KG

Inhaltsverzeichnis

0 Einleitung

Daß mit der Optimierung des logistischen Informations- und Materialflusses die Wettbewerbsstärke und die Wirtschaftlichkeit gesteigert werden können, weiß man seit vielen Jahren. Viele Unternehmen entschlossen sich zum Handeln, zu Investitionen in organisatorische Maßnahmen, in Lager-, Materialfluß- und Fertigungstechnik und in Informationstechnik, d.h. Anwendungssoftware, dazugehörige Rechner und, je nach Unternehmensgröße und verteilter Produktion, in Kommunikationsfunktionen. Was erreicht wurde, ist ein Optimum bezogen auf die kurz- und mittelfristige Markt- und Wettbewerbssituation. Das vieldiskutierte Jahr 1993 wird die Dynamik der Märkte noch erheblich verstärken, Flexibilität für Anforderungen, die sich in den nächsten 10 Jahren manifestieren, ist gefordert. Erfolg wird das Unternehmen haben, das den Markt am flexibelsten mit hoher Wirtschaftlichkeit bedient.

Erinnern Sie sich daran wieviel EDV-Spezialisten mit welchem Aufwand tätig waren um Ihre kurz- und mittelfristige Marktsituation optimal zu unterstützen? Können Sie sich vorstellen welche Anstrengungen für zukünftige Anpassungen notwendig werden? Alle heute verfügbaren Informationstechnikgestützten Logistik-Konzepte drohen zu versagen, besonders Anwendungssoftware-Produkte, die Marktflexibilität nur unzureichend unterstützen und die organisatorische Anpassung nur mit viel Zeit- und Kostenaufwand durch Programmierspezialisten ermöglichen.

Alle Welt redet in der Informationstechnik von offenen Systemen. Doch gemeint ist nur die Offenheit bezüglich der technischen Übertragbarkeit von Software von einem zum anderen Rechner. Das schafft sicher Flexibilität und Unabhängigkeit gegenüber den Hardwarelieferanten und damit Kostenvorteile. Doch wo bleibt die Offenheit gegenüber Änderungen des Umfeldes, dem die Informationstechnik eigentlich dient? Hier werden bei Anpassungen an Veränderungen nicht nur ständig hohe Kosten und die Abhängigkeit von Programmierspezialisten in Kauf genommen, sondern vor allem das Problem immer erst mit einem Zeitverzug von Monaten, wenn nicht sogar von Jahren reagieren zu können.

Die Informationstechnologie der neunziger Jahre, Expertensysteme, relationale Datenbanken, verteilte Verarbeitung und einheitliche

Anwendungsarchitekturen bieten die Basis für organisatorisch offene Systeme. Wir, eine Unternehmensberatungs- und Softwarehausgruppe, spezialisiert auf logistische Systeme, verfügen über das Know-how diese Basis mit den Anforderungen aus Logistik und Produktion zu verknüpfen.

0.1 Standardsoftware Marktbetrachtung

Der Standardsoftware-Ansatz kam aus dem Bereich des Rechnungswesens. Die Nachfrage für integrierte Rechnungswesenspakete zeichnet sich dadurch aus, daß die funktionalen Anforderungen aufgrund gesetzlicher Vorschriften von Unternehmen zu Unternehmen relativ wenig differieren und zweitens die Anforderungen eines Unternehmens nur einem geringen zeitlichen Wandel unterliegen.

Die Folge dieser Nachfragecharakteristik ist, daß sich die Anbieter von Rechnungswesensoftware gut auf die Bedürfnisse der Anwender einstellen konnten und viele Softwarehäuser in diesen 'berechenbaren' Anwendungsbereich investiert haben.

Die Chance ein passendes Rechnungsswesenstandardsoftwarepaket zu finden ist heute für den Anwender aus o.g. Gründen gut.

Völlig anders ist die Charakteristik des Nachfragemarktes für Logistiksoftwarepakete. In den Bereichen Einkauf, Produktion und Vertrieb (nebst angrenzenden Gebieten) sind die organisatorischen Abwicklungen in den Unternehmen fast ebenso unterschiedlich wie die Produkte die sie erstellen oder vertreiben. Die individuelle Organisation, d.h. das Ausrichten auf den Markt, die Nachfrage und die Kundenbedürfnisse wurden in den letzten Jahren verstärkt, sogar als Wettbewerbsvorteil erkannt und ausgebaut. Dazu kommt, daß sich die Organisationen, getrieben von Produktinovationen oder (Groß-) Kundenanforderungen sehr dynamisch verhalten.

Beides sind Bedingungen in denen der klassische Standardsoftware-Ansatz nur schlecht gedeiht. Daß trotzdem heute von 200-300 Programmprodukten geredet wird liegt daran, daß in dieser Zahl auch viele Speziallösungen enthalten sind, die wenig oder gar nicht verbreitet sind und die aufgrund ihrer

Individualität auch eigentlich nicht als Standardsoftwarelösungen anzusehen sind.

Zu dieser Ansicht sind wir nach einigen Standardsoftwareauswahlprojekten im PPS-Bereich gekommen. Dort hat sich gezeigt, daß beim Anlegen gröbster Kriterien die Zahl der möglichen Kandidaten immer unter zehn lag. D.h. die ungünstigen Anforderungscharakteristik im Logistiksoftwaremarkt, nämlich hohe Individualität und große Dynamik bei der Logistikorganisation in den Unternehmen, wird durch das kleine Angebot an Standardsoftwarelösungen noch verstärkt.

Die Chance ein passendes Logistikstandardsoftwarepaket zu finden ist gering.

0.2 Logistiksoftware Anwenderalternativen

Besteht in der Informationstechnik Unterstützung für die Logistik Handlungsbedarf, bleiben den Unternehmen nur die Alternativen:

- Anpassung der Organisation an die Software,

oder

- Anpassung der Software an die Organisation,

bzw. der Praxiskompromiß

- ein bißchen Softwareanpassung und ein bißchen Organisations anpassung.

Dabei erfordert das 'Bißchen' unbedingt notwendige Softwareanpassung häufig bereits einen hohen Programmieraufwand und in der Folge einen erheblichen Wartungsaufwand. Deshalb ist der Grund für unbequeme Organisationsanpassung an die Software häufig nicht eine damit erreichte Verbesserung der Organisation sondern lediglich die Einsparung von Programmieraufwand für die Änderungen der Software.

0.3 Wo ist die Lösung für diese Situation?

Eine Logistik-Software-Konstruktion, die betriebswirtschaftliche Flexibilität für die Einführung und für die laufende Anpassung an Marktveränderungen durch den Logistiker selbst birgt, ist der einzig akzeptable Ausweg. Die neuen SW-Technologien der neunziger Jahre bieten die Basis dafür.

0.4 Entwicklung der Logistiksoftware-Konstruktion

Auf Basis herkömmlicher Softwaretechnologien wurde von den meisten Anbietern bereits die Zielsetzung Änderungsfreundlichkeit u.a. auch besonders bei Standardsoftware im Logistikbereich verfolgt. Dabei sind in den letzten Jahren beachtliche Erfolge erzielt worden, die auf drei Ansatzpunkte zurückgeführt werden können.

1. Programmiertechnik

Im Systementwurf haben sich modulare Entwurfstechniken etabliert. Betriebswirtschaftliche Funktionen sind damit nicht mehr EDV-technisch im System verstreut, sondern in definierten Modulen konstruiert, so daß ein Austausch einer Funktion wesentlich vereinfacht ist.

Die Anwendung höherer Programmiersprachen, wie COBOL oder sogar 4GL-Sprachen und die Einführung von Datenbanksystemen mit hohen Zugriffsschnittstellen haben die Programmierung und auch die Änderungsprogrammierung wesentlich vereinfacht.

2. Tabellensteuerung

Die früher übliche 'harte' Codierung von Tabellen in Programmen ist durch Einführung extern online pflegbarer Tabellen ersetzt worden. Beispiele für tabellengesteuerte Funktionen sind:

- Menue's; über Tabelleneinträge kann der Aufbau von hierarchischen Menue's benutzerindividuell ohne Programmierung festgelegt werden.

- Masken; über Tabelleneinträge kann der Aufbau (Feld-Reihenfolge) von Bildschirmmasken ohne Programmierung festgelegt werden.

- Konstanten; Programmkonstanten, wie Texte und Zahlenwerte werden in Tabellen abgestellt.

3. Parametersteuerung

Die früher ebenfalls übliche feste Verdrahtung der Auswahl und des Ablaufs von Algorithmen und Programmsteuerungen wird von außen durch Vorgabe von Parametern änderbar. Beispiele dafür sind:

- Reports; welche Felder, wie sortiert, mit welchen Zwischensummen auf einer Liste oder einer Bildschirmanzeige erscheinen sollen, kann relativ einfach über Parameter vorgegeben werden.

- Auswahl von Algorithmen; per Parametervorgabe kann für jeden Anwendungsfall die Auswahl eines bestimmten vorprogrammierten Algorithmus gesteuert werden.

Diese Möglichkeiten können heute schon benutzt werden um auf einfache Art eine oft weitgehende Anpassung der Benutzeroberfläche (Menu's, Masken, Listen) zu erreichen.

Die Möglichkeiten ohne Programmierung in die funktionalen Abläufe einzugreifen, sind dagegen noch beschränkt auf die Auswahl vorprogrammierter alternativer Algorithmen. Um dem Anwender möglichst viele Alternativen anzubieten, werden Standardsoftwaresysteme mit immer mehr Algorithmen versehen, die per Parameter ausgewählt werden können. Auf diese Weise sind heute bereits sehr mächtige Systeme entstanden. Trotzdem ist eine weitere Flexibilisierung der funktionalen Abläufe in Logistiksoftwaresystemen unbedingt notwendig, damit der Anwender die Möglichkeit bekommt mit geringem Aufwand eigene Daten und deren Verarbeitungsregeln zu implementieren.

3.1 Konstruktion funktional offener Systeme

Der Grund für die noch unzureichende funktionale Flexibilität heutiger Softwaresysteme ist, daß das gesamte Anwendungswissen, also Daten, deren Verarbeitungsregeln und die Reihenfolgevorschriften für die Anwendung dieser Verarbeitungsregeln, einmal in eine Programmiersprache übersetzt wird, die der Computer abarbeiten kann, die aber nur noch ein EDV-Profi verstehen und ändern kann.

Grundsätzlich anders ist die Konzeption von Expertensystemen. Dabei ist ein Ziel das Anwenderwissen, also Daten und deren Verarbeitungsregeln in einer möglichst leicht änderbaren und erweiterbaren Form zu speichern und dieses Wissen ohne eine weitere Übersetzung mittels eines Inferenzmechanismus vom Computer direkt abarbeiten zu lassen. (Auf die Problematik, wie und wo das Kontrollwissen über die Reihenfolgevorschriften für die Anwendung der Verarbeitungsregeln gespeichert wird, wollen wir hier nicht eingehen.)

Wenn die Sprache des Expertensystems zur Formulierung der Daten und Verarbeitungsregeln einfach ist und die Anzahl der Regeln und deren Kombinatorik für den Endbenutzer überschaubar bleibt, ist dieses Architekturprinzip für den Endanwender zur computergerechten Formulierung von Anwendungsfunktionen geeignet.

Daß Expertensysteme heute in der Regel nicht von Endbenutzern sondern von darauf spezialisierten Wissensingenieuren bedient werden müssen, liegt daran, daß o.g. Nebenbedingungen nicht eingehalten werden. Insbesondere die Beherrschung größerer Regelwerke, die zur Abbildung umfangreicher Zusammenhänge benötigt werden, erfordert eine spezielle Ausbildung.

Trotzdem ist das Grundprinzip, Daten und Verarbeitungsregeln ohne zusätzlichen Programmierschritt durch den Computer direkt abarbeiten zu lassen, gut. Es kann dem Endanwender den Weg ebenen selbständig, ohne großen Aufwand eigene Algorithmen und Funktionen in ein Softwaresystem zu implementieren.

Die Übertragung dieses Prinzips bei Einschränkung der Regelwerke auf eine einfache Syntax und begrenzte Mengen von Regeln, haben wir genutzt um Logistiksoftware funktional offen zu gestalten.

3.2 Ein überschaubares Regelwerk

Ein professionell realisiertes Anwendungssoftwaresystem wird modular aufgebaut. D.h., es besteht aus einer Vielzahl überschaubarer Einzelroutinen, die eine definierten Zahl von Eingabedaten nach einem bestimmten Algorithmus in eine bestimmte Zahl von Ausgabedaten überführen.

In einem konventionellen EDV-System sind diese Routinen in einer Programmiersprache, z.B. Cobol geschrieben. Wir haben eine Möglichkeit implementiert mittels der der Endanwender eine solche Routine selbst schreiben kann.

Auch diese Routinen setzen auf einer definierten Zahl von Eingabedaten auf. Für die Überführung dieser Eingabewerte in Ausgabedaten kann der Anwender Regeln formulieren, die aufsteigend nummeriert werden.

Jede einzelne Regel hat folgenden Aufbau:

- im wenn Zweig können die Eingabedaten getestet werden. Die Bedin gungen werden umgangssprachlich formuliert, z.B.: 'Wenn Länge größer 5m und Breite kleiner 3m

Solche Bedingungen haben immer nur das Ergebnis ja oder nein. Im Nein-Fall wird versucht die nächste Regel anzuwenden.

Im Ja-Fall werden die Ausgabedaten gemäß den Vorschriften im dann Zweig belegt.

- im dann Zweig können die Ausgabedaten in Abhängigkeit von den Ein gabedaten belegt werden, z.B. Ausgabefeld = Eingabefeld.

Dieses Regelwerk hat den Vorteil, daß jede Regel für sich genommen, überschaubar ist und die sequentielle Verknüpfung mehrerer Regeln ebenfalls übersehbar bleibt.

3.3 Konstruktion zukunftsweisender Logistiksoftware

Für die Routinen eines modular aufgebauten Programmsystems können wir entscheiden, ob sie unternehmensindividuell stark variieren werden oder ob der Algorithmus in einer Routine in der Regel in verschiedenen Unternehmen gleich ist.

So ist z.B. der Algoritmus zur Auflösung einer Stückliste in einem MRP System in der Regel in verschiedenen Unternehmen gleich.

Die Auswahl einer Komponente aus einem Variantenbaukasten hängt aber in jedem Unternehmen von den individuell vorliegenden Variantenparametern ab.

Routinen, von denen wir einen hohen Grad Unternehmensindividualität erwarten, formulieren wir in der flexiblen Regelbasis. Routinen von denen wir einen hohen Grad Standardisierung erwarten, formulieren wir in einer konventionellen Programmiersprache.

Dieses Verfahren verknüpft die Vorteile konventioneller EDV-Technik mit den Vorteilen der Expertensystemarchitektur.

Der Anwender erhält einerseits eine fertig formulierte Lösung. D.h. er muß nicht bei Null anfangen sein Anwendungsproblem zu formulieren, sondern er kann in allen Teilen auf eine exemplarisch vorgegebene Lösung zurückgreifen.

Andererseits kann er über die Regelbasis in viele Routinen direkt eingreifen und die Funktionalität direkt beeinflussen. Ohne daß eine Ausbildung zum Wissensingenieur notwendig ist, kann der Anwender so an einer Vielzahl von Stellen seiner Lösung modellieren.

Zusammengefaßt hat diese Technik u.a. vier Vorteile:

- überschaubare Benutzereingriffe,

- hochgradige Anpassungsfähigkeit ohne Programmierung,

- Anpassungen bleiben auch bei einem Release-Wechsel erhalten,
- kostengünstige Anpassung und Wartung.

3.4 Beispiel: Variantenkonfigurator

Mittels der dargestellten Technik können in Logistiksoftwaresystemen eine Vielzahl unternehmensindividueller Details flexibel gehandhabt werden. Daß diese Technik auch geeignet ist globale logistische Problemstellungen flexibel zu lösen, soll am Beispiel der Variantenverwaltung gezeigt werden.

Da die Variantenkriterien eines Teils von Unternehmen zu Unternehmen ja sogar von Teil zu Teil verschieden sind, haben wir uns entschlossen diese Daten nicht im programmierten System, sondern in der Wissensbasis zu hinterlegen. So hat jeder Anwender die Möglichkeit ohne Programmierung teilespezifische beliebige Variantenkriterien zu definieren.

Zu unserem Beispiel des Stuhls sind das die Kriterien Farbe und Stoffart. Der Stuhl besteht aus Gestell und Polster. Für das Gestell haben wir ebenfalls das Variantenkriterium Farbe definiert.

Abhängig von der Variation eines Teils, besteht es aus unterschiedlichen Komponenten. In unserer regelbasierten Implementierung der Variantenverwaltung werden in dem Baukasten eines Variantenteils die möglichen Komponenten gespeichert. Wann welche Komponente ausgewählt werden soll, definiert der Anwender selbst in der Regelbasis.

Das Variantenteile wiederum selbst aus Variantenteilen bestehen können, ist am Beispiel des Stuhls, der auch aus dem Variantenteil Gestell besteht gezeigt. In diesem Fall kann der Anwender selbst im "Dannzweig" der zugehörigen Regel definieren, aus welchen Variantenkriterien des übergeordneten Teils, welche Variantenkriterien der Komponenten belegt werden. In unserem einfachen Beispiel wird das Variantenkriterium des Gestells Farbe einfach mit der Farbe des Stuhls belegt. D.h. ein roter Stuhl bekommt automatisch ein rotes Gestell, ein blauer Stuhl ein blaues Gestell usw.

Die einmal festgelegten Baukasten mit ihren Auswahlregeln werden fortan bei jeder Auflösung einer Variante berücksichtigt. Der Anwender wird bei der Eingabe eines Bedarfs eines Variantenteils automatisch aufgefordert die Ausprägung der Varianten festzulegen.

Die online Auflösung oder der Batch MRP konfigurieren aus diesen Angaben mittels der hinterlegten Regeln die richtige Zusammenbaustückliste und die richtige Sekundärbedarfe.

Selbstverständlich ist, daß für jede Ausprägung eines Variantenteils nur bei Bedarf eine Bestandsführungsleiste mit Anfangsbestand künftigen Zu- und Abgängen angelegt wird.

An der Variantenkonfiguration, die auf einem durch den Endbenutzer bedienbaren regelbasierten System aufbaut, sollte nur beispielhaft gezeigt werden, welche Möglichkeiten sich für den Anwender eines um eine Regelbasis erweiterten Softwaresystems ergeben. Weitere weitreichende Anwendungen sind z.B.:

- Die Strukturierung eines Unternehmens hinsichtlich Planung, Dis position, Fertigung usw., nach beliebigen durch den Anwender ver gebbaren Kriterien und Regeln.
- Die variantenabhängige Generierung von Arbeitsplänen.
- Die Zuordnung von Maschinen nach beliebigen Kriterien und Regeln.

4 Zusammenfassung

Von Unternehmen zu Unternehmen unterschiedliche Anforderungen an Logistiksoftwaresysteme, die sich zudem jeweils noch von Zeit zu Zeit ändern, führen bei Anwendern konventioneller Logistiksoftwaresysteme zu dem Problem, daß notwendige Anpassungen des Leistungsprofils der Software an die Anforderungen nur durch aufwendige Programmierung zu leisten sind. Deshalb sollten die heute bereits an der Benutzerober-fläche weitgehend flexiblen Softwaresysteme im Bereich der funktionalen Anpassungsfähigkeit zusätzlich verbessert werden.

Durch die Einführung von Architekturprinzipien der Expertensysteme in die konventionelle Anwendungsarchitektur, können Logistiksoftwaresysteme funktional offen gestaltet werden. Dies ermöglicht den Endbenutzern selbst die leichte funktionale Anpassung des Softwaresystems an seine Anforderungen.

Die Software bewegt sich damit hin zum flexiblen Werkzeug des An-wenders zur Gestaltung seiner Organisation. Sie folgt damit dem in der Technik schon lange als richtig erkannten Trend, hin zum flexiblen Fertigungssystem.und damit nicht mehr EDV-technisch im System verstreut, sondern in definierten Modulen konstruiert, so da· ein Austausch einer Funktion wesentlich vereinfacht ist.

Die Anwendung höherer Programmiersprachen, wie COBOL oder sogar 4GL-Sprachen und die Einfahrung von Datenbanksystemen mit hohen Zugriffsschnittstellen haben die Programmierung und auch die Änderungsprogrammierung wesentlich vereinfacht.

Zukunftsweisende Logistiksoftware-Konstruktion

- Standardsoftware-Marktbetrachtung
- Logistiksoftware Anwenderalternativen
- Entwicklung der Logistiksoftware- Konstruktion
- Konstruktion funktional offener Systeme
- Ein überschaubares Regelwerk
- Konstruktion zukunftsweisender Logistiksoftware
- Beispiel: Variantenkonfigurator
- Zusammenfassung

Bild 1

Standardsoftware-Marktbetrachtung

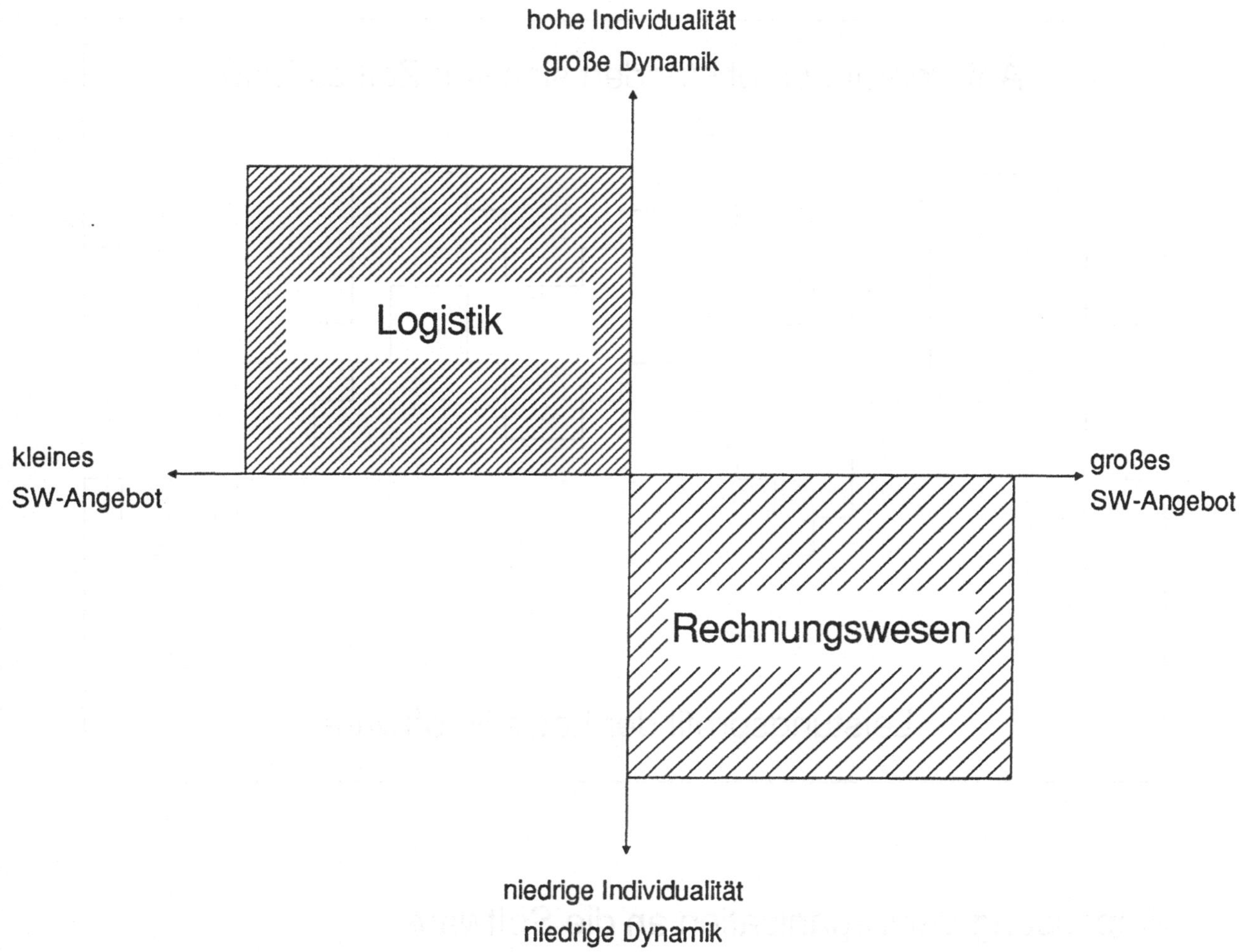

→ Die Chance ein passendes Rechnungswesen-Standardsoftware-Paket zu finden ist relativ gut.

→ Die Chance ein passendes Logistik-Standardsoftware-Paket zu finden ist relativ gering.

Bild 2

Logistiksoftware-Anwenderalternativen

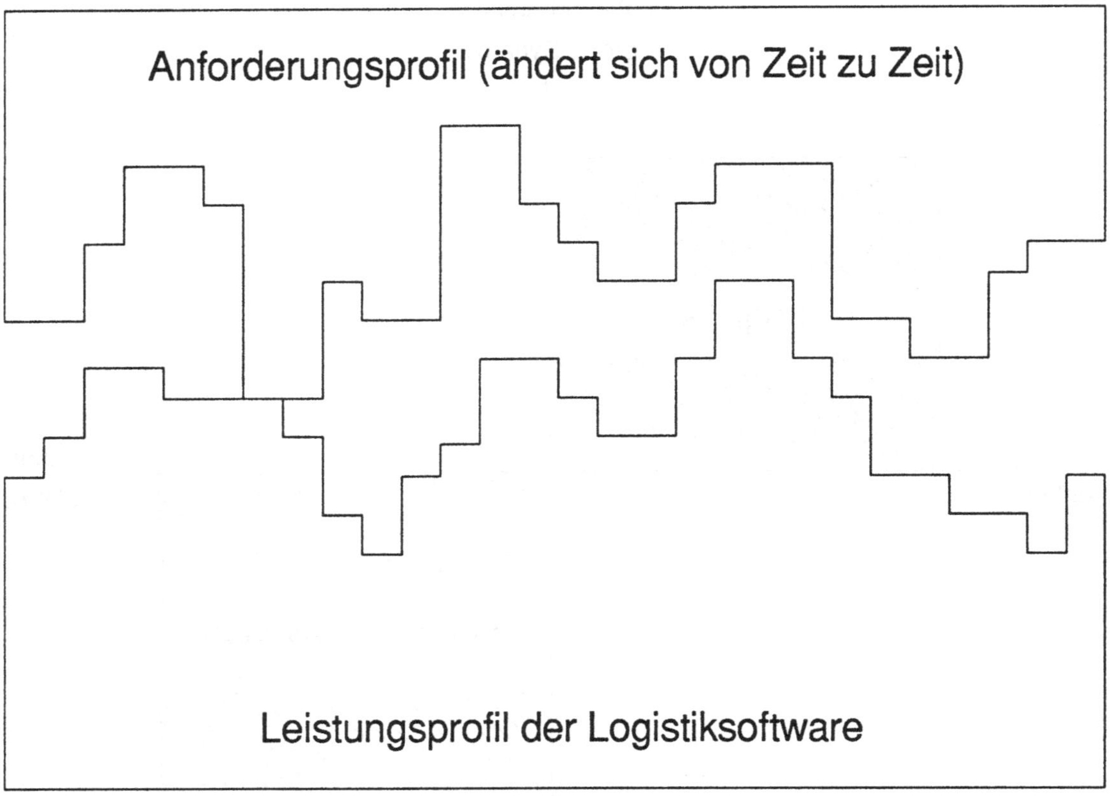

Anpassung der Organisation an die Software

→ Einbußen an Individualität und Flexibilität

Geringer Software-Wartungsaufwand

Anpassung der Software an die Organisation

→ Hohe Individualität und Flexibilität

Hoher Software-Wartungsaufwand

Bild 3

Entwicklung der Logistiksoftware-Konstruktion

Früher	Heute
Unstrukturiert	Modular
Assembler	z.B. COBOL, teilweise 4GL
DA-Zugriffstechnik	Datenbanksysteme
Harte Codierung von:	Tabellensteuerung:
● Menüs	● Menüs
● Masken	● Masken
● Konstanten	● Konstanten
	Parametersteuerung:
● Reports	● Reports
● Auswahl von Algorithmen	● Auswahl von Algorithmen
$\sum$ Starrheit	$\sum$ Flexibilität

Aber:
Die Implementierung individueller Daten und Algorithmen erfordert oft aufwendige Programmierung.

Bild 4

Konstruktion heutiger Logistiksoftware

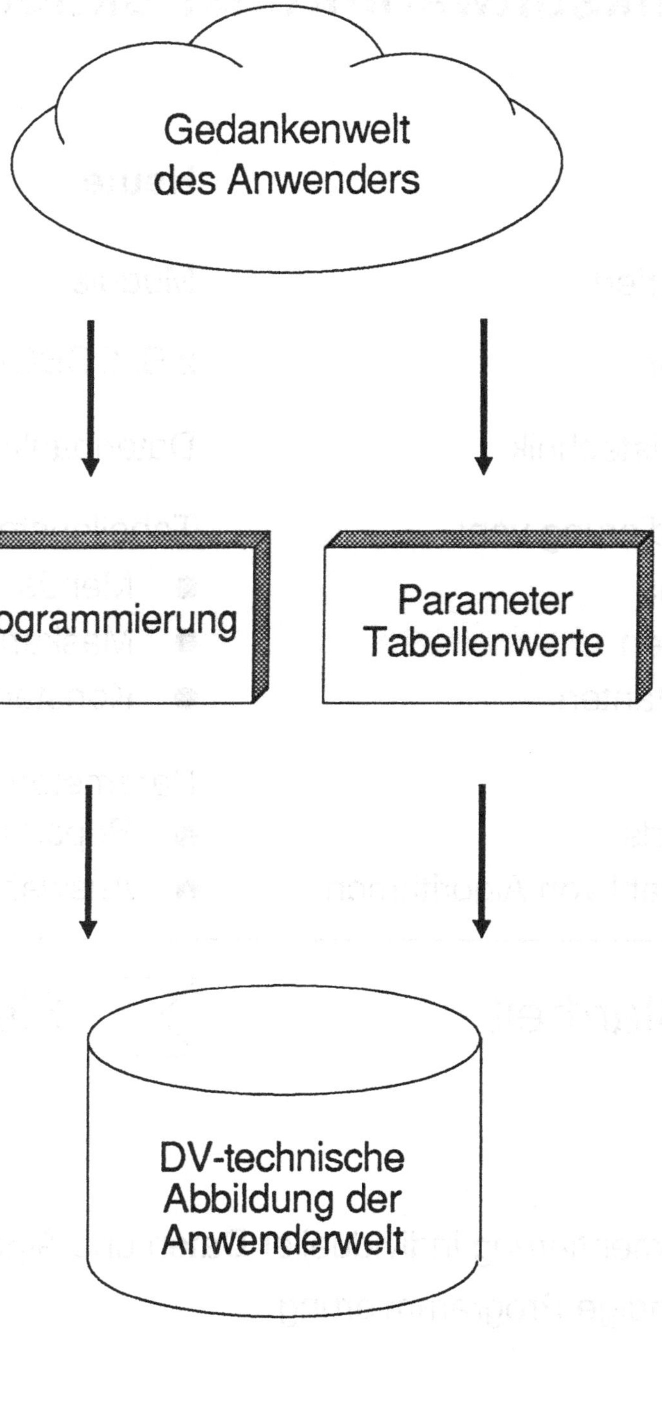

Bild 5

Anpassungmöglichkeiten heutiger Logistiksoftware

Tabellengesteuertes Menü

Interaktive Beschreibung von Masken

Generierung von Reports

⟶ Leichte Anpassung der formellen Benutzeroberfläche

Parameter steuern die Auswahl vorprogrammierter Algorithmen

Tabellen enthalten "Konstanten", die in vorprogrammierten Algorithmen verwendet werden

⟶ Leichte Anpassung der Funktionalität ist auf vorprogrammierten Möglichkeiten beschränkt

Implementierung individueller Daten und Algorithmen erfordert aufwendige Programmierung

⟶ Heutige Logistiksoftware-Pakete sind funktional abgeschlossene Systeme

Bild 6

Konstruktion funktional offener Systeme

Expertensystem-Architektur

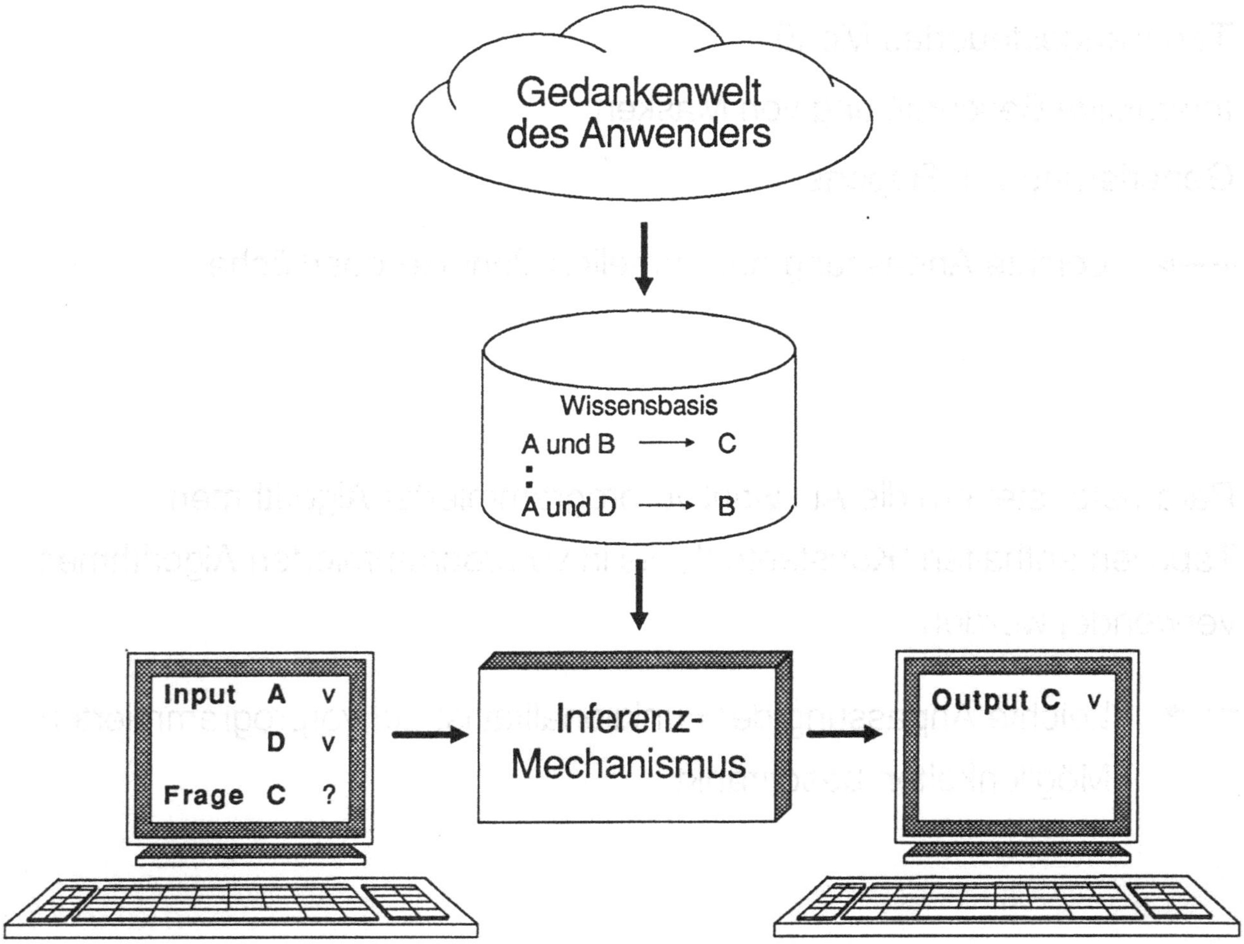

Anforderungen an den Anwender beim Aufbau bzw. bei Änderung der Funktionalität

- Klassische Anwendungsarchitektur 
- Expertensystemarchitektur 

Bild 7

Ein überschaubares Regelwerk

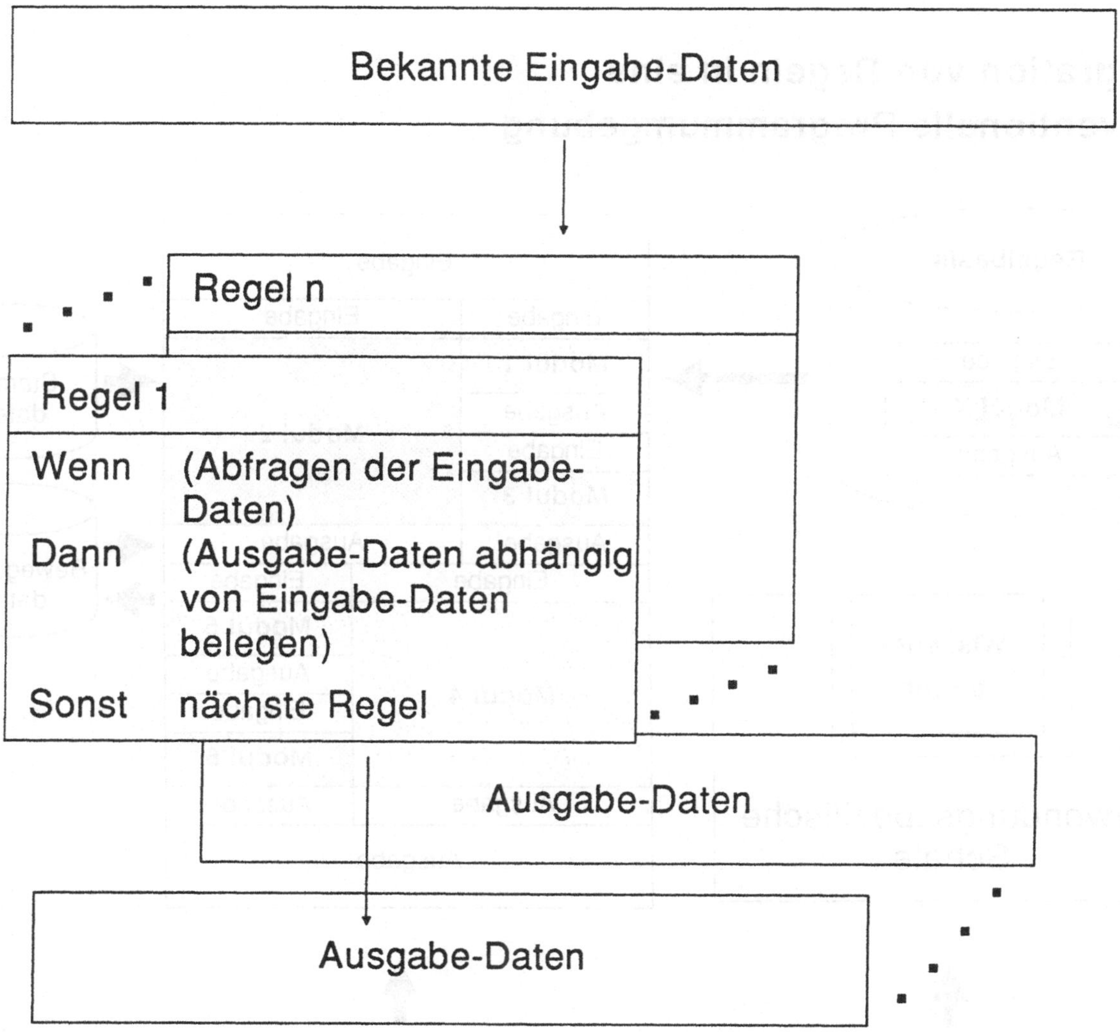

→ Eingabe-Daten, Ausgabe-Daten und Regeln kann der Benutzer selbst definieren

Bild 8

Konstruktion zukunftsweisender Logistiksoftware

Integration von Regeln in eine konventionelle Programmumgebung

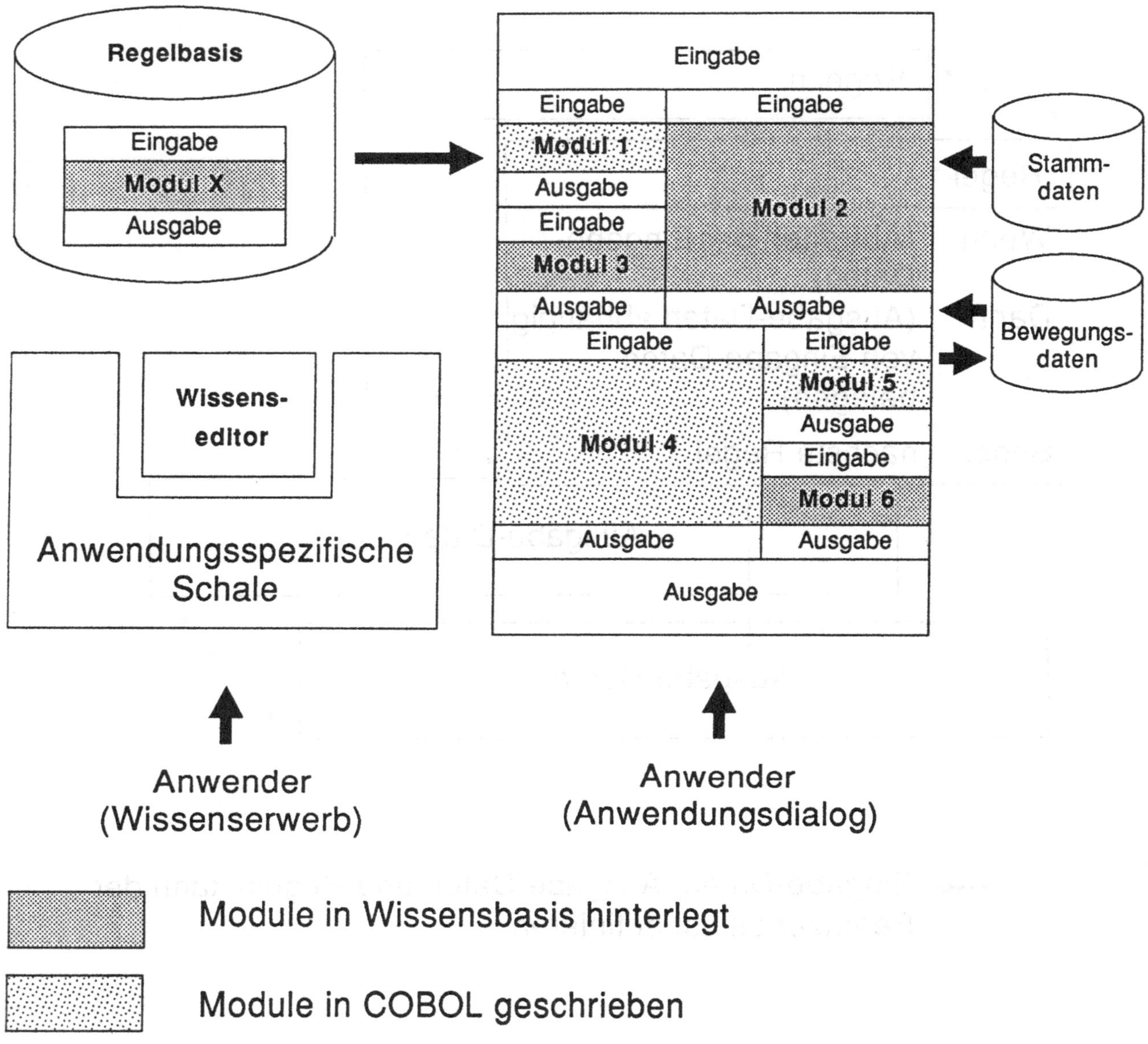

- Überschaubare Benutzereingriffe
- Hochgradige Anpassungsfähigkeit ohne Programmierung
- Anpassungen bleiben auch bei einem Release-Wechsel erhalten
- Kostengünstige Anpassung und Wartung

Bild 9

Beispiel: Variantenkonfigurator

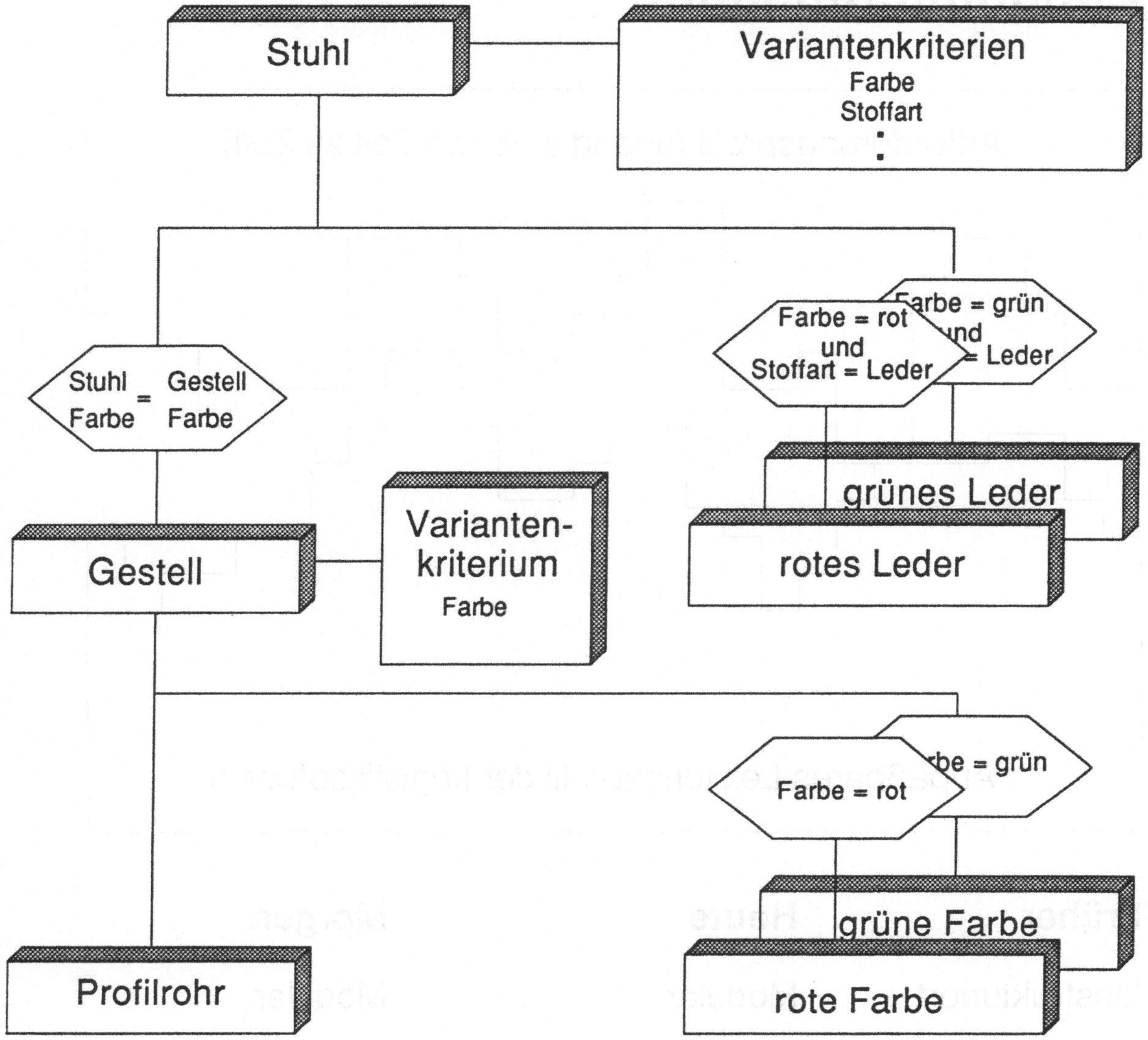

- Die Variantenkriterien definiert der Anwender selbst
- Die Auswahlregeln definiert der Anwender selbst
- Die Einsatzmengenformel kann z.B. auch vom Anwender selbst definiert werden

Bild 10

Zusammenfassung

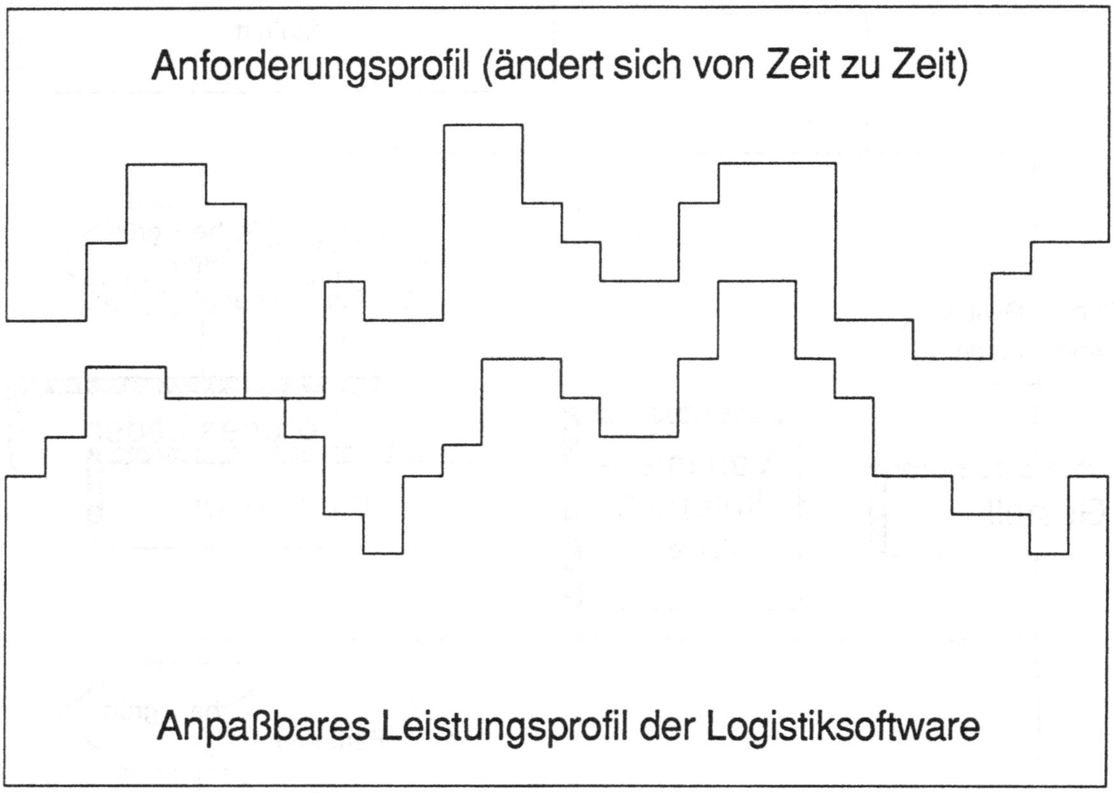

Früher	**Heute**	**Morgen**
Unstrukturiert	Modular	Modular
Assembler	COBOL	4GL
Harte Codierung	Tabellensteuerung Parametersteuerung	Tabellensteuerung Parametersteuerung Regelbasierung

⟶ Entscheidende Vereinfachung der Anpassung der Software an die Organisation durch funktional offene Anwendungsarchitekturen

Bild 11

Ein wissensbasiertes System in der Arbeitsplanung: Konzeption, Einführung, Schnittstellen

Dipl.-Wirtsch.-Ing. G. Boll
ABB Produktionstechnik AG

Die Arbeitsvorbereitung / Fertigungsplanung ist das Bindeglied zwischen den vorgelagerten Konstruktions- bzw. Technikabteilungen, und den nachgelagerten Fertigungs- und Montagestellen. Hauptaufgabe der Arbeitsvorbereitung ist hierbei die Bereitstellung der erforderlichen Fertigungsunterlagen, wie zum Beispiel Operationspläne, Betriebsmittellisten usw.

Die geänderten Marktanforderungen in Bezug auf schnelle Lieferzeiten, hohe Flexibilität auf Kundenwünsche und geringe Herstellkosten schlagen sich natürlich auch in den Arbeitsvorbereitungen nieder. Der heute typische IST-Zustand in einer Arbeitsvorbereitung ist deshalb gekennzeichnet durch:

- hohe Anforderungen seitens der Auftragsabwicklung an die Durchlaufzeit in den Planungsabteilungen
- gestiegene Anforderungen an die Qualität der erzeugten Fertigungsunterlagen
- hohe Vielfalt und Komplexität der zu betreuenden Produkte
- allgemeine Personalknappheit
- starke Belastung durch Routinetätigkeiten
- enorme Schwierigkeiten bei der Pflege der Stammdaten

Bislang beschränkte sich der EDV-Einsatz in der Arbeitsvor-bereitung vorwiegend auf die NC-Programmierung, die Nutzung der oftmals nur unzureichend ausgebauten PPS-Funktionen für die Erstellung und Verwaltung von Fertigungsunterlagen sowie auf die Anwendung von (meist selbsterstellten) Taschenrechner- und PC-Programmen für die Ermittlung von Vorgabezeiten und Schnittdaten.

Die durch geänderte Anforderungen hervorgerufene neue Situation in den Arbeitsvorbereitungen verlangt aber nach auch neuen, entsprechend konzipierten EDV-Hilfsmitteln. Aus diesem Grund wurde das wissensbasierte System ENGIN (ENtscheidungstabellen-Generator und INterpreter) entwickelt.

Unter der Wissensbasis ist dabei das gesamte betriebsspezifische oder auch überbetriebliche Planerwissen ("Expertenwissen") zu verstehen, dargestellt in Form von Entscheidungstabellen, Dateien, Formeln und Textbausteinen. Der gewählte Lösungsansatz über die Entscheidungstabellentechnik erlaubt es dem Anwender - ohne Programmierkenntnisse - seine eigenen Applikationen zu realisieren. Somit lassen sich sämtliche Aufgaben und Tätigkeitsschritte bei der Erstellung der Fertigungsunterlagen EDV-mäßig unterstützen:

- Ausgangsmaterial bestimmen

- Bearbeitungsreihenfolge festlegen und Tätigkeitsschritte definieren

- Maschinen und Werkzeuge auswählen

- Prozeßdaten ermitteln

- Vorgabezeiten ermitteln

- Kosten berechnen und Kostenvergleiche durchführen

Dabei ist der Unterstützungs- bzw. Automatisierungsgrad frei wählbar und kann dadurch den Bedürfnissen der Arbeitsplaner angepasst werden.

Der Einsatz des Systems ENGIN erfolgt branchenneutral (Maschinenbau, Elektrotechnik/Elektronik, Chemie, Holzbearbeitung, Optik usw.) und unabhängig von der Betriebsgröße.

Die aus zahlreichen Installationen gewonnenen Erfahrungen zeigen sehr deutlich, daß ENGIN wirkungsvoll zur Behebung heutiger Problemstellungen in den Arbeitsvorbereitungen beiträgt:

- sowohl der Planungsaufwand als auch die Durchlaufzeit durch die Planungsabteilungen werden erheblich reduziert

- die erzeugten Planungsergebnisse werden besser, einheitlicher und reproduzierbar

- das vorhandene Know-how wird strukturiert und allen Planern zugänglich; dadurch nimmt die Personalabhängigkeit deutlich ab.

Ein entscheidender Punkt aller System-Einführungen im CIM-Bereich sind die Schnittstellen zu anderen System-Modulen. Aus diesem Grund besitzt das System ENGIN flexibel anpaßbare Schnittstellen zu PPS-, CAD- und NC-Programmiersystemen, zu Datenbanken und zu beliebigen anderen (z. B. eigenentwickelten) Programmen. Dies erlaubt eine sehr hohe System-integration und gewährleistet den Betrieb auch bei sich ändernden Systemumgebungen.

C A P

COMPUTER AIDED PLANNING

FERTIGUNGSPLANUNG

- OP - Erstellung
- Zeitbestimmung
- Betriebsmittelliste
- NC - Programmierung
- Prüfplanung

Bild 1

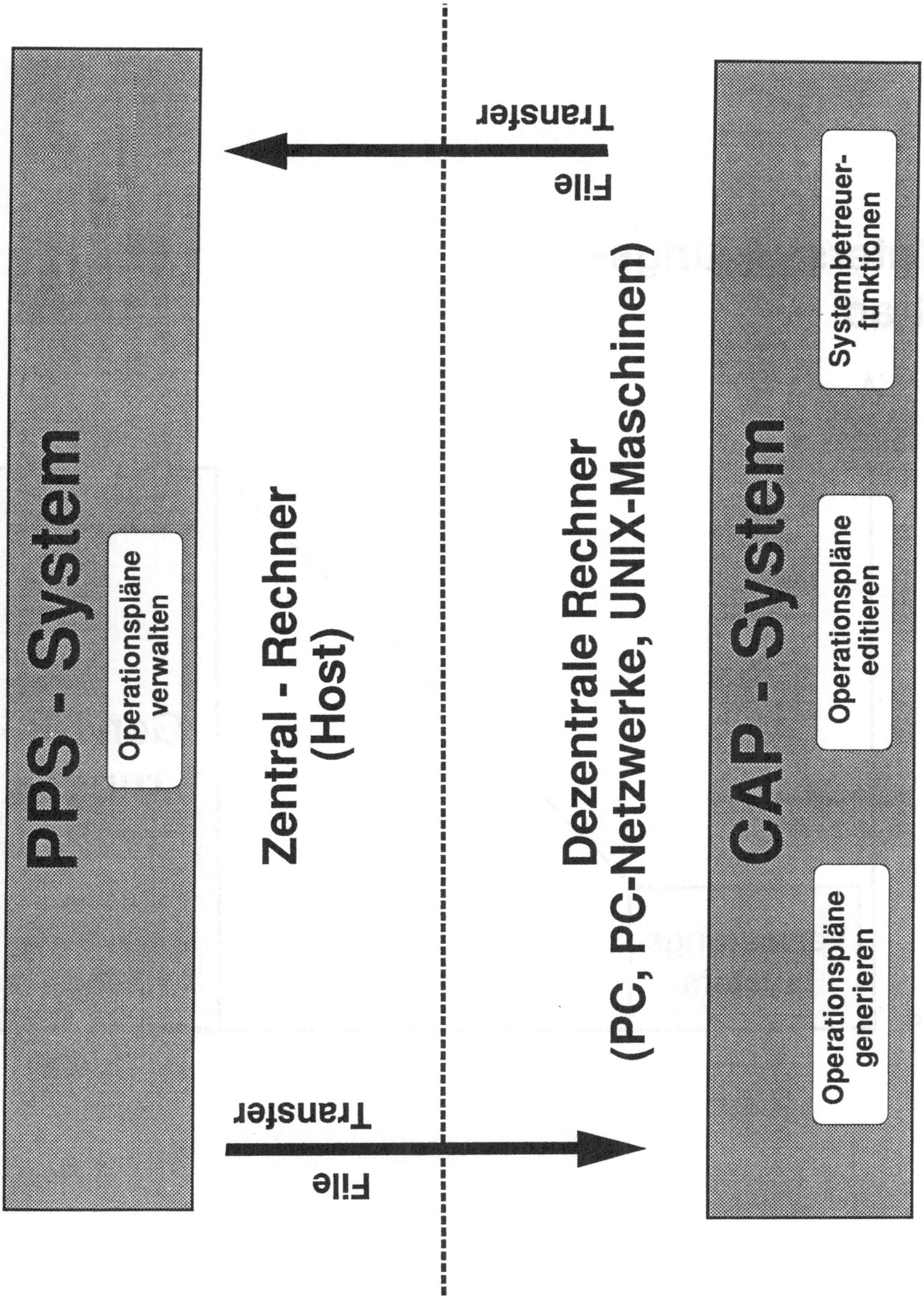
PPS - System
Operationspläne verwalten
File Transfer
Zentral - Rechner (Host)
File Transfer
Dezentrale Rechner (PC, PC-Netzwerke, UNIX-Maschinen)
CAP - System
Operationspläne generieren
Operationspläne editieren
Systembetreuer-funktionen

Bild 2

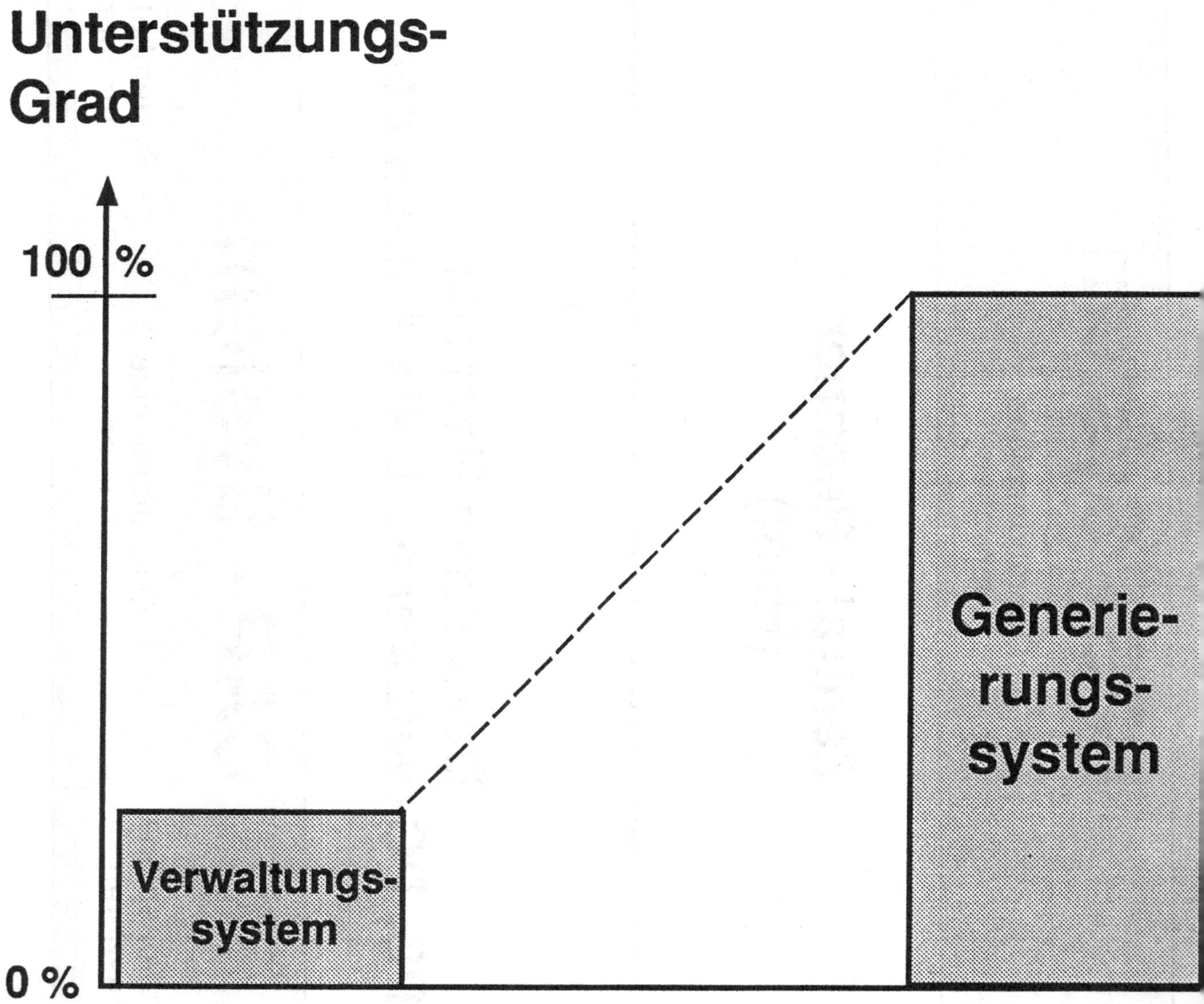
Unterstützungs-
Grad
100 %
0 %
Verwaltungs-
system
Generie-
rungs-
system

Bild 3

	rechnergestützte APL	automatische APL
Technologieplanung	○	●
Auswahl des Rohmaterials	◍	●
Zuordnung von Betriebsmitteln	◍	●
Arbeitsgangbeschreibung	◍	●
Vorgabezeitermittlung	◍	●
Vorkalkulation	●	●

Vorgang läuft

- ● **automatisch**
- ◍ **rechnerunterstützt**
- ○ **manuell**

Bild 4

Verbale Formulierung

- Wenn Dicke < 3 und Breite < 100 und die Länge ≤ 2500, dann Ausgangsmaterial Band und Bearbeitung auf Maschine Nr. 1606
- Wenn Dicke < 3 und Breite ≥ 100 und die Länge ≤ 2500, dann Ausgangsmaterial Tafel und Maschine Nr. 1608
- Wenn Dicke ≥ 3 und Länge ≤ 2500 (Breite ist nicht relevant), dann Ausgangmaterial Tafel und Maschine Nr. 1610
- Wenn die Länge ≥ 2500 ist, dann kann das Werkstück nicht gefertigt werden

↓

Entscheidungstabelle

	Regel 1	Regel 2	Regel 3	Regel 4
Dicke Breite Länge	< 3 < 100 ≤ 2500	< 3 ≥ 100 ≤ 2500	≥ 3 - ≤ 2500	- - > 2500
Material Maschine	Band 1606	Tafel 1608	Tafel 1610	nicht fertigbar

Bild 5

Probleme beim Einsatz konventioneller Programmiertechniken

- Geringe EDV-Kenntnisse der Sachbearbeiter in den Linienstellen
- Kommunikationsschwierigkeiten zwischen EDV-Abteilung und Linienstellen
- Mangelnde Akzeptanz der EDV-Lösungen seitens der Linienstellen
- Schwierigkeiten bei der Pflege und Weiterentwicklung der Software

↓

Einsatz der Entscheidungstabellen - Technik

Bild 6

CAP - Einführungsprojekt AFT

Ziele für Operationsplan- und Betriebsmittellisten-Erstellung

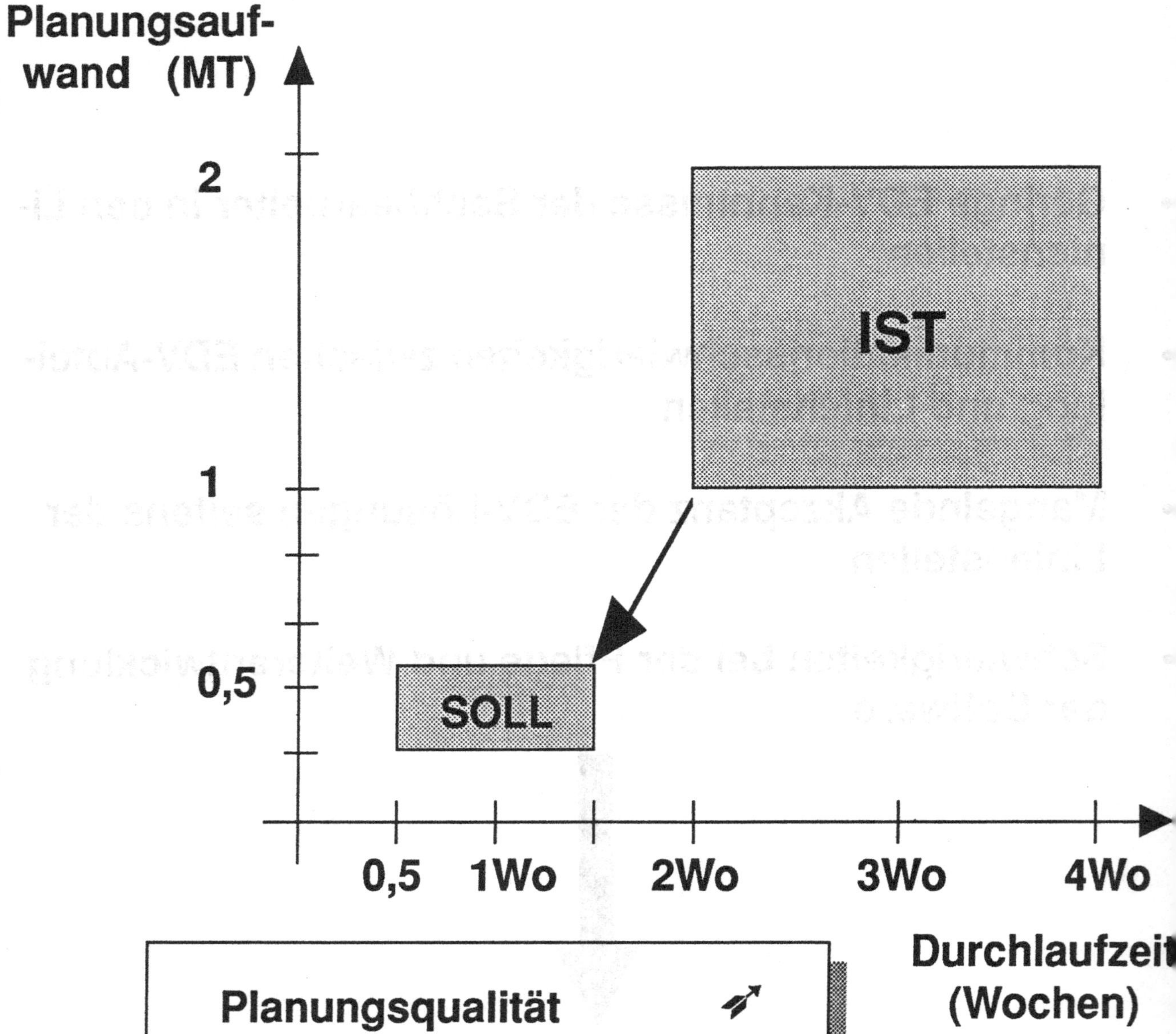

Planungsqualität	↗
Reproduzierbarkeit	↗
Know How Sicherung	↗
Personen-Abhängigkeit	↘
Fehler	↘

Bild 7

Wichtige Erkenntnisse

- Weitgehend selbständige Einführung und Betreuung durch einen Mitarbeiter aus der Arbeitsvorbereitung

- Kurze Einführungszeit

- Geringer Schulungsaufwand

- Hohe Akzeptanz bei den Anwendern

→ Ausweitung des ENGIN - Einsatzes auf andere Planungsaufgaben

Bild 8

Schnittstellen / Datenhaltungskonzepte

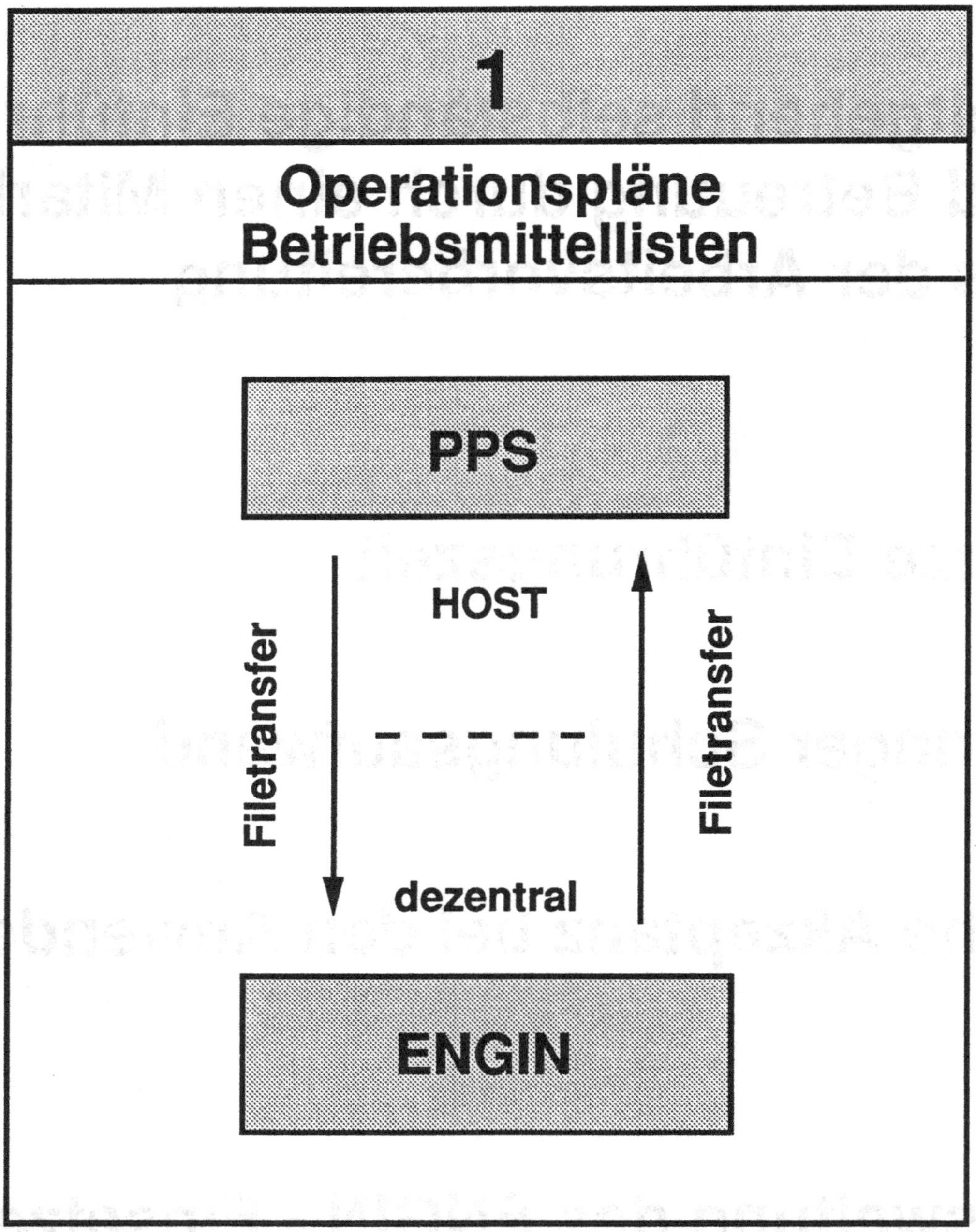

Bild 9

Schnittstellen / Datenhaltungskonzepte

2

Kostenstellendaten
Materialdaten

a) im ENGIN abgebildet

b) online Zugriff auf zentrale Datenbank

c) Kopie der Datenbestände von zentraler DB auf dezentrale Rechner

Bild 10

Schnittstellen / Datenhaltungskonzepte

3

sonstige HOST-Systeme (z.B. Einkaufs-System)

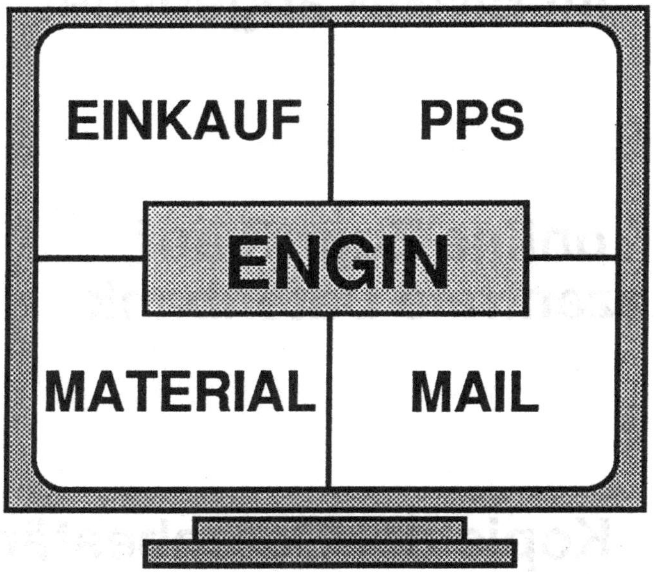

WINDOW-Technik
ohne / mit
Datenübertragung

Bild 11

Schnittstellen / Datenhaltungskonzepte

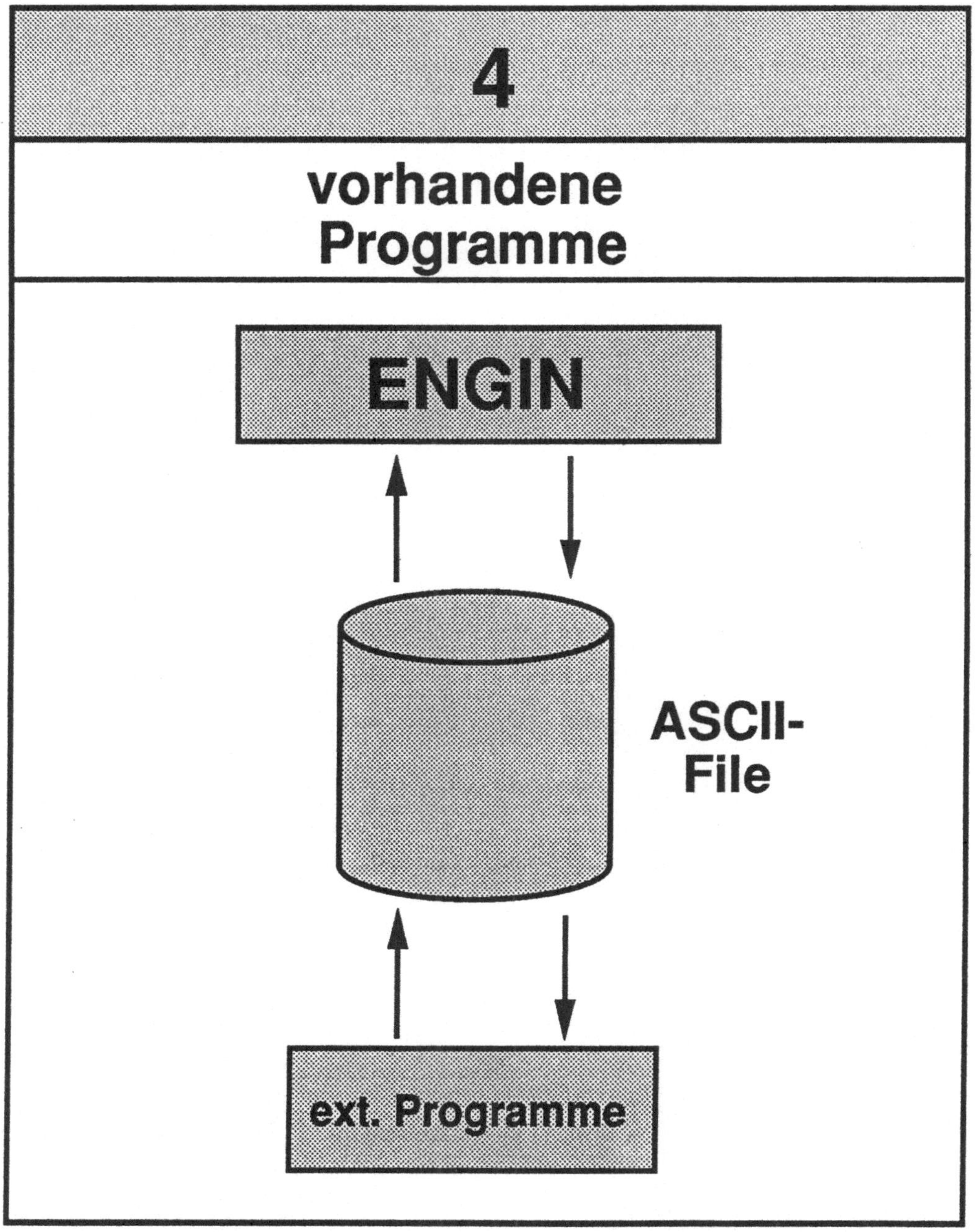

Bild 12

Teil 6

Ausblick

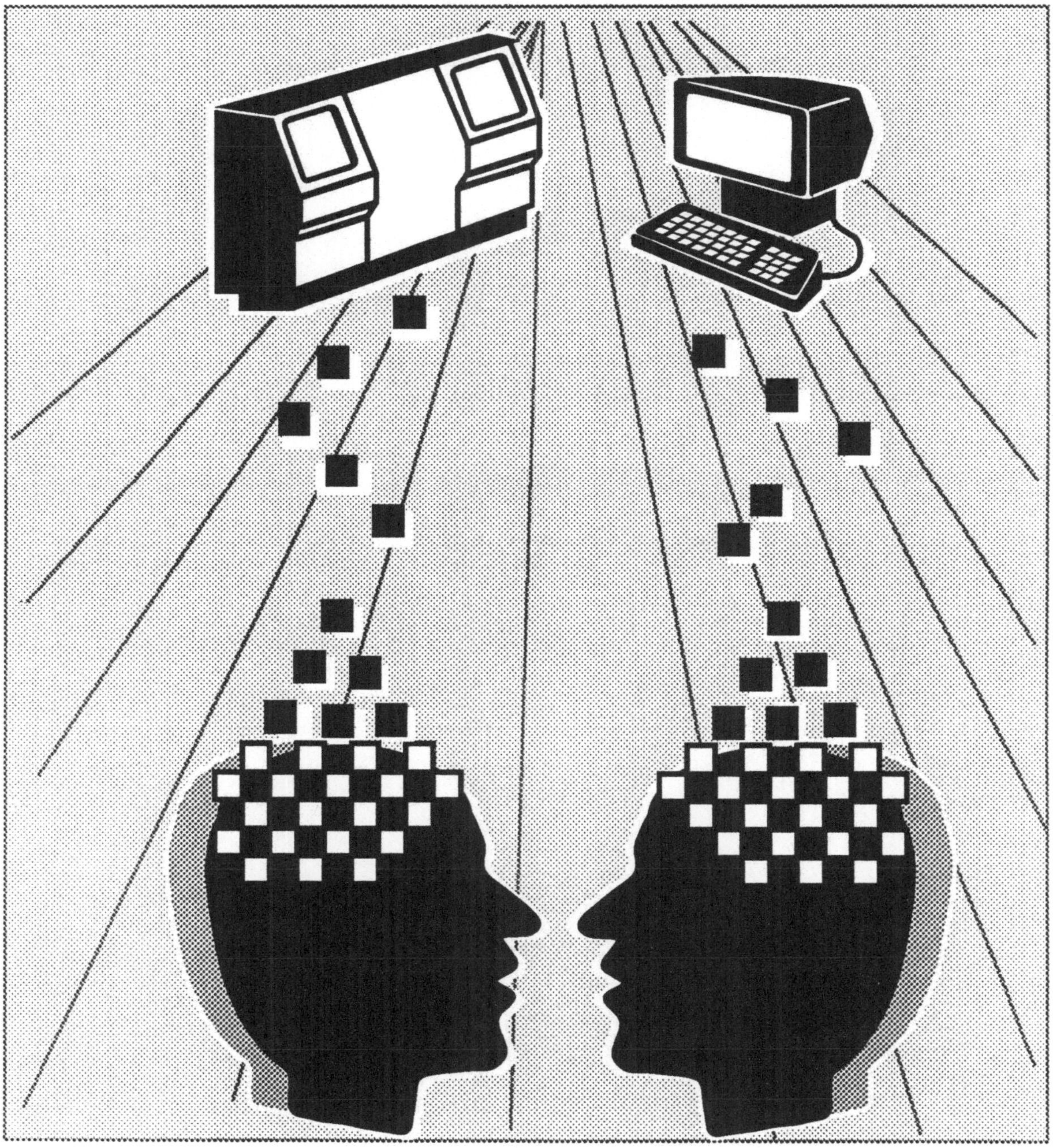

Expertensysteme in den neunziger Jahren Perspektiven, Trends und Ausblicke

Dr.-Ing. Klaus-Peter Fähnrich
Dipl.-Psych. Roland Sandner
Fraunhofer-Institut für
Arbeitswirtschaft und Organisation
Stuttgart

Inhaltsverzeichnis

1. Expertensysteme in der Produktion - der Stand der Technik

Die Technologie der Expertensysteme hat in relativ kurzer Zeit einen Reifegrad erlangt, bei dem sich auch der wirtschaftliche Nutzen im betrieblichen Einsatz nicht mehr übersehen läßt. Heute auf dem Markt verfügbare mächtige Werkzeuge zum Entwickeln von Expertensystemen, die mehrere Wissenrepräsentationen bzw. Programmierstile kombinieren, haben es auch kleineren Unternehmen ermöglicht, den früher enorm hohen Entwicklungsaufwand für Expertensysteme auf ein vertretbares Maß zu reduzieren. Derzeit sind weit über hundert Expertensysteme und Werkzeuge aller Preisklassen und Qualitätsstufen auf dem Markt, mit denen nicht mehr nur in Forschungslabors von Universitäten und Großforschungseinrichtungen experimentiert wird, sondern die bereits zur Entwicklung lauffähiger Systeme im industriellen Einsatz geführt haben.

1.1. Industrielle Anwendungserfolge

Expertensysteme werden heute in vielen industriellen und administrativen Bereichen nutzbringend eingesetzt. War es vor noch nicht allzu langer Zeit ein Privileg finanzstarker Großkonzerne, erste Übungsschritte auf dem neuen technologischen Parkett zu wagen, so eröffnet sich, nicht zuletzt auch durch öffentliche Förderprogramme (HdA, ESPRIT, BRITE) mittelständischen Unternehmen ein gangbarer Weg, Expertensysteme zur Lösung ihrer Probleme einzusetzen. Lohnende und auch unter Kosten/Nutzen-Aspekten vielversprechende Anwendungsfelder haben sich insbesondere dort aufgetan, wo klar umgrenzte, überschaubare, aber anspruchsvolle Aufgabengebiete eine qualifizierte Unterstützung des arbeitenden Menschen notwendig machen.

Sei es nun in der Fertigungsindustrie, der Bau- oder Finanzwirtschaft, der Versicherungsbranche oder in öffentlich-administrativen Bereichen, in nahezu allen Branchen kann gegenwärtig ein breites Anwendungsspektrum für die typischen Einsatzfelder von Expertensystemen eröffnet werden. Im folgenden seien die wichtigsten Anwendungstypen mit je einem beispielhaften Anwender, wenn möglich aus dem deutschen Sprachraum, genannt:

- Konfiguration (z.B. die kundenspezifische Auslegung von Sondermaschinen bei Kern & Liebers)
- Fehlerdiagnose (z.B. die Diagnose von CNC-Werkzeugmaschinen bei Heckler & Koch)
- Dateninterpretation (z.B. zur Lagerstättenbewertung bei Schlumberger)
- Beratung (z.B. zur Vertriebsunterstützung des technischen Außendiensts bei DEA)
- Entscheidungsunterstützung (z.B. zur Kreditwürdigkeitsprüfung bei American Express)
- Entwurf und Design (z.B. von Objektiven bei Canon)
- Planung (z.B. in der Arbeitsplanung bei ABB)
- Prozeßsteuerung (z.B. in der Stahlveredelung bei Nippon Kokan, Japan)

Die Beispiele außerhalb des deutschen Sprachraums stammen von [Harris, 1988]. Üblicherweise wird bei der Bewertung von Einsatzkriterien für Expertensysteme immer auf Anwendungsfelder hingewiesen, bei denen in erster Linie heuristisches Wissen, basierend auf der Erfahrung eines Fachgebietsexperten, verarbeitet wird. Dafür bieten Expertensysteme eine neue Anwendungsarchitektur [vgl. Sandner & Kurz, in diesem Band], da sich die herkömmliche Programmierung nur sehr schlecht für diese Aufgabenstellungen eignet oder, wenn überhaupt möglich, zu aufwendig wäre.

Eine Studie von IBM [Groditzki, 1988] über den Einsatz von Expertensystemen in der Fertigungsindustrie hat allerdings deutlich gemacht, daß sich der Einsatz von Expertensystemen, solange ein hervorragendes Laufzeitverhalten nicht die entscheidende Rolle spielt, auch für Problemstellungen eignet, die heute bereits mit herkömmlichen Methoden angegangen werden. Der Grund liegt darin, daß Expertensysteme unter Verwendung standardisierter Werkzeuge heute schneller und kostengünstiger erstellt werden können als konventionelle Programme und vor allem, weil Änderungen in der Wissensbasis weit weniger Auswirkungen nach sich ziehen als zum Beispiel Modifikationen in einem herkömmlichen Datenbanksystem, wo im schlimmsten Fall alle Programme zusätzlich angepaßt werden müssen, die auf die Datenbank zugreifen.

Expertensysteme können eine Rationalisierung der täglichen Routinearbeit für alle Anwender bewirken, angefangen vom qualifizierten Facharbeiter (z.B.

CNC-Maschinenbediener) bis zum Experten selbst (z.B. Techniker in der Arbeitsvorbereitung). Sie zahlen sich deshalb insbesondere in den Bereichen sehr rasch aus, wo

- die Lösung einer Aufgabe sehr komplex und auch für Spezialisten schwer überschaubar ist
- große Informationsmengen zur Aufgabenlösung verarbeitet werden müssen
- eine Menge von Hypothesen zur Lösung überprüft werden müssen
- Routinearbeiten ein hohes Ausmaß an Spezialwissen erfordern
- Spezialwissen stets abrufbar und einsetzbar sein muß
- persönliche Vorlieben oder Abneigungen eine objektive Einschätzung stören können
- zu wenige Experten für ein Gebiet zur Verfügung stehen, das deshalb einem weiteren Personenkreis zugänglich gemacht werden muß.

Allein aus dieser groben Beschreibung der Einsatzkriterien für Expertensysteme [vgl. hierzu im Detail Mertens, 1990] wird klar, daß die Anwendungsmöglichkeiten in der Produktion außerordentlich groß sind. Bei der Komplexität, Flexibilität und Dynamik von Markt, Produkten und Fertigungstechnologien sind die geschilderten Kriterien eher die Regel als die Ausnahme.

1.2. Quantitative und qualitative Nutzeneffekte

Mittlerweile existiert eine Vielzahl von Untersuchungen, die sich mit der Bewertung von geeigneten Einsatzgebieten für Expertensysteme in der Produktion beschäftigen. Die oben angeführten Kriterien eignen sich zu einer ersten groben Beurteilung des Expertensystemeinsatzes, jedoch darf beim heutigen Stand der Technik nicht auf die üblichen, nach Möglichkeit quantifizierbaren Kosten-Nutzen-Überlegungen verzichtet werden.

Allgemein liegen die meisten Nutzeffekte von Expertensystemen im administrativen und dispositiven Bereich eines Unternehmens. Gut gestaltete und organisatorisch gut integrierte Expertensysteme [siehe hierzu Bullinger, in diesem Band] sind jedoch auch geeignet, die strategische Wettbewerbsposition des Anwenderunternehmens zu verbessern. Im folgenden sollen einige quantifizierbare Nutzeffekte aufgezeigt werden, wobei die meisten Beispiele dafür aus dem außereuropäischen Raum stammen. In der Bundesrepublik liegen, mit wenigen Ausnahmen [Mertens, 1990] noch keine derartig detaillierten Untersuchungen vor, wie sie zum Beispiel das Knowledge Systems Laboratory der Stanford University in Firmen und Institutionen in USA, Japan, Großbritannien und Australien durchgeführt hat [Harris, 1988]. Hier zunächst die finanziell meßbaren Effekte im Detail:

• Return on Investment

Das amerikanische Chemieunternehmen DuPont hat derzeit etwa 70 kleinere Expertensysteme im Einsatz, deren Entwicklung durchschnittlich 3 - 4 Mannmonate erforderte. Nach eigenen Angaben spart das Unternehmen dadurch mit jedem System jährlich etwa 150.000 $ ein. Mit der von DEC eingesetzten Expertensystem-Familie zur kundenspezifischen Konfiguration von VAXen spart das Unternehmen jährlich 40 Mio. $. IBM, das bei der Fertigung von Massenspeichern in der Qualitätssicherung ein Expertensystem zum Endtest einsetzt, spricht von 5 Mio. $ jährlicher Kostenersparnis.

• Umsatzsteigerung

IBM erwartet, daß es durch den Einsatz von Expertensystemen im Fertigungsbereich Umsatzsteigerungen in Höhe von einigen Hundert Mio. $ pro Jahr erzielen wird. Dieser Effekt, den im übrigen auch Hewlett Packard prognostiziert, soll durch einen gesteigerten Durchsatz infolge einer präziseren Planung und Steuerung von bestimmten Fertigungsprozessen eintreten.

• Produktivitätssteigerung

Bei den Firmen Northrop und Texas Instruments wickeln Expertensysteme Aufgaben in Minutenschnelle ab, zu deren Durchführung selbst ein routinierter Sachbearbeiter ohne Expertensystem mehrer Stunden brauchte.

• Entscheidungsqualität und Konsistenz

Das amerikanische Kreditkartenunternehmen American Express schätzt, daß durch die Expertensystemunterstützung von Kreditentscheidungen Verluste in Höhe von 15 bis 25 Mio. $ jährlich vermieden werden, da das System in der Lage ist, Insolvenzen oder sogar Betrugsabsichten der Antragsteller zu identifizieren.

• reduzierter Trainingsaufwand

Durch den Einsatz des Expertensystems DEFT in der Qualitätssicherung bei IBM (s.o.) konnte die Trainingszeit der Test-Ingenieure von durchschnittlich 15 Monaten auf 4 Monate reduziert werden.

Ein weiterer wichtiger Nutzeffekt, der sich durch Expertensysteme einstellt, ist die Eröffnung neuer unternehmerischer Möglichkeiten durch verbesserte Wettbewerbsvorteile oder durch Aufwertung von Produkten und Dienstleistungen im Sinne der sogenannten "Value-added-products". Für Anbieter teurer Investitionsgüter ist es oft wettbewerbsentscheidend, auf spezifische Anforderungen von Kunden reagieren und Produkte für individuelle Zwecke maßgeschneidert anbieten zu können. Selbst bei hochgradig automatisierten Fertigungsprozessen wird dies durch den Einsatz von konfigurierenden und planenden Expertensystemen in zunehmendem Ausmaß möglich. Die Einsatzmöglichkeiten erstrecken sich dabei von der individuellen Angebotserstellung über die flexible Fertigungsplanung bis hin zur Abrechnung. In den Vereinigten Staaten verfährt beispielsweise der Lkw-Hersteller Navistar nach diesem Muster und ist dadurch in der Lage, seine Lastwagen quasi "a-la-carte" auszuliefern.

Die Absatzmöglichkeiten für komplexe technische Produkte stehen und fallen mit der Verfügbarkeit von qualifiziertem Bedienungs- und Service-Know-how am Einsatzort. Während dieses Wissens bisher in Form von umfangreichen, schwer lesbaren Produkt-Handbüchern in mühsamer Weise den Anwendern verfügbar gemacht werden mußte[1], bilden Expertensysteme als "aktive Handbücher" eine kostengünstigere und leichter zugängliche Lösung. "Value-added-products" heißt die Marketingstrategie der neunziger Jahre, und die "Intelligenz" der von einem Unternehmen angebotenen Produkte und Dienstleistungen wird dabei zu einer wichtigen Voraussetzung für ihren Markterfolg. Know-how mit Hilfe von Expertensystemen als Produkt oder Produkterweiterung zu vertreiben, öffnet auch kleineren und mittleren Unternehmen neue Marktnischen und neue strategische Wege ihrer Absatzpolitik. Beispiele für diesen Bereich der Nutzeneffekte sind unter anderem Diagnose-Systeme, die zusammen mit einer Maschine, sei es als Diskette oder integriert in die Steuerung, ausgeliefert werden.

---

[1] Diese Aussage ist mehr als beschönigend. Meistens werden derartige Werke nach Erwerb in einem Aktenschrank verstaut, um nur noch in extremsten Ausnahmefällen jemals gelesen zu werden.

Durch den Einsatz von Expertensystemen wird Wissen als betriebliche Ressourcen und als Produkt nutz- und handhabbar (Bild 1). Die strategische Dimension der sich daraus ergebenden Möglichkeiten ist enorm, wenn man sich verdeutlicht, welchen Wert das Wissen für die Wettbewerbsfähigkeit eines Unternehmens besitzt. Der Erfolg steht und fällt mit dem Know-how der Mitarbeiter und dem des Managements, wobei im Hinblick auf die schnell fortschreitenden technologischen Entwicklungen ein Unternehmen ständig auf die "Wissenszufuhr" von außen angewiesen ist.

Bild 1: Wissen als betriebliche Ressourcen und Produkt

Für ein Unternehmen ist deshalb das perfekte Funktionieren seiner Wissensströme erfolgsentscheidend. Mit dem Einsatz von Expertensystemen bieten sich neue Möglichkeiten der Planung, Kontrolle und Steuerung des marktgerechten Einsatzes von Wissen. Aus unserer Sicht stellt sich heute nicht mehr die Frage, ob sich ein Unternehmen mit der Technologie der Expertensysteme auseinandersetzen muß, sondern nach der Planung von unterstützenden Maßnahmen, um diese Technologie zum erfolgreichen unternehmerischen Nutzen einzuführen. Die strategische Wirkung von Expertensystemen zur Verbesserung von Wettbewerbspositionen zeigt Bild 2 (nach [Mertens, 1990].

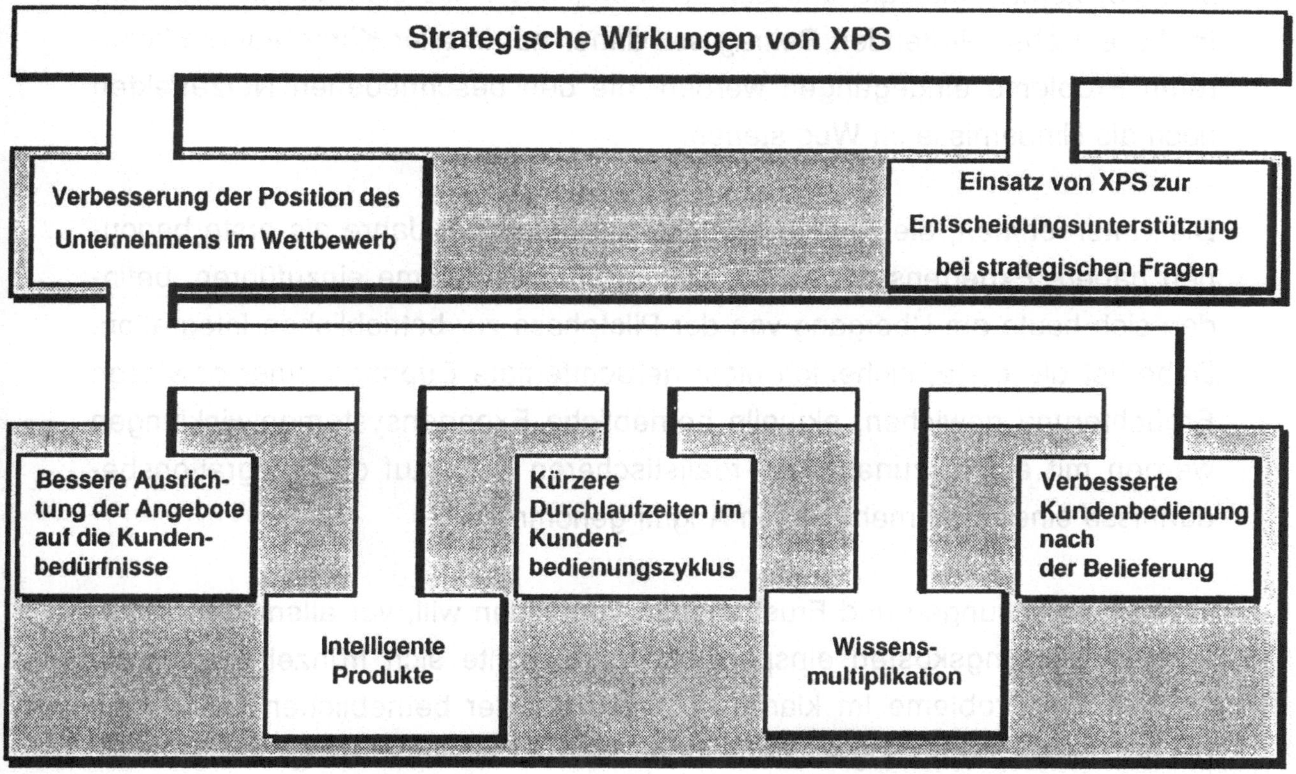

Bild 2: Strategische Auswirkungen von Expertensystemen [Mertens, 1990]

Eine Reihe weiterer Nutzeneffekte qualitativer Art, wie z.B. die Verbesserung der Benutzerakzeptanz, die Normierung gleichartiger Vorgänge in einem Unternehmen oder die Wissenssicherung und -multiplikation werden im Detail im neuen Buch von [Mertens, 1990] in hervorragender Weise diskutiert.

2. Aktuelle Probleme im praktischen Einsatz

Die Möglichkeiten und Perspektiven eines nutzbringenden Einsatzes von Expertensystemen in der Produktion sind, wie im oberen Abschnitt ausgeführt, beachtlich. Auf der anderen Seite ist ihre betriebliche Einführung nicht frei von Problemen, so daß eine nüchterne Betrachtungsweise an dieser Stelle angebracht ist. Der einführende Beitrag von [Bullinger, in diesem Band] wirft ein sehr gutes Licht auf die noch bestehenden Schwächen der derzeitigen Expertensystemtechnologie und die Schwierigkeiten, die sich daraus ergeben. In diesem abschließenden Beitrag soll daher nur in aller Kürze auf die konkreten Probleme eingegangen werden, die den beschriebenen Nutzeffekten noch als Hindernisse im Weg stehen.

Die Unternehmen, die Anfang bis Mitte der achtziger Jahre als erste begonnen haben, Expertensysteme zur Lösung ihrer Probleme einzuführen, befinden sich heute am Übergang von der Pilotphase zur betrieblichen Integration. Dabei ist die erste, sicherlich nicht gerechtfertigte Euphorie einer gewissen Ernüchterung gewichen, aktuelle betriebliche Expertensystementwicklungen werden mit einem zunehmend realistischeren Blick auf die Integrationsbedürfnisse eines Unternehmens in Angriff genommen.

Wer Enttäuschungen und Frustrationen vermeiden will, vor allem, wer unnötige Entwicklungskosten einsparen möchte, sollte sich frühzeitig über die zahlreichen Probleme im klaren sein, die bei der betrieblichen Einführung dieser neuen Technologie überwunden werden wollen. Aus guten Gründen bleiben diese in der Pilotphase eines Projekts erst einmal ausgeklammert, mit der großen Gefahr jedoch, daß man sie bei einem weiteren Fortschreiten des betrieblichen Einsatzes zunehmend aus den Augen verliert, um dann später um so heftiger wieder mit ihnen konfrontiert zu werden. Einige typische Probleme, die auch nach einer erfolgreich verlaufenen Pilotphase gelöst werden müssen, sollen hier nur noch einmal stichwortartig aufgezeigt werden:

- Anbindung des Expertensystems an vorhandene DV-Systeme (Datenbanken, CAD, PPS, Material- und Lagerverwaltung etc.)
- Anbindung an Komponenten der Meß- und Regelungstechnik (z.B. bei der Prozeßdiagnose)
- Portierung des Pilotsystems auf kostengünstige Ablaufumgebungen
- benutzerfreundliche Gestaltung anwendungsspezifischer Oberflächen

Wie bei jeder neuen Technologie müssen auch bei der betrieblichen Einführung von Expertensystemen eine Menge von Widerständen und Akzeptanzproblemen überwunden werden, die weniger technischer Natur als eher sozialer oder psychologischer Art sind[2]. Allerdings sollten sich diejenigen, für

[2] Diese Probleme gilt es bei wissensbasierten Systemen vielleicht besonders zu berücksichtigen. Stichworte wie Rationalisierungsangst und möglicher Arbeitsplatzverlust sind dabei nur die Spitze des Eisbergs.

die diese Technologie noch Neuland ist, von den aktuellen Problemen derjenigen, die sich bereits mit Expertensystemen beschäftigen, nicht abschrecken lassen. Die Perspektiven der Wissensverarbeitung in den neunziger Jahren sind weitreichend und vielversprechend.

3. Entwicklungstrends bei Expertensystemen

Es gilt unter Zukunftsforschern als Binsenweisheit, daß Wissenschaftler die kurzfristig erreichbaren Ziele meist überschätzen[3], während sie die langfristigen Entwicklungen im allgemeinen gewaltig unterschätzen. Trotzdem soll hier versucht werden, eine realistische Einschätzung der Entwicklungspotentiale von Expertensystemen in den neunziger Jahren zu treffen, und zwar sowohl, was die technologische Entwicklung anbelangt als auch die zu erwartenden Positionen wissensbasierter Technologien im Markt.

3.1. Technologische Weiterentwicklungen

Der Artikel von [Bullinger, in diesem Band] gibt einen sehr guten Überblick über zu erwartende technologische Veränderungen und Weiterentwicklungen von Expertensystemen. Es soll an dieser Stelle die altbekannte Weisheit von Informationstechnik-Experten, daß der Preisverfall auf dem Software-Markt und die Entwicklung immer leistungsfähigerer Hardwareplattformen ein enormes Entwicklungspotential in sich birgt, nicht zum x-ten Mal überstrapaziert werden. Das weiß man seit langem und hat damit zwar Artikel gefüllt, aber keine Probleme gelöst. Was wir hier exemplarisch aufzeigen wollen, ist die Entwicklung von Expertensystemen weg von der Inseltechnologie hin zu Systemen, die in der Zukunft ein fester Bestandteil unserer Arbeitstätigkeiten werden, ohne daß ein Anwender überhaupt weiß, daß er mit einem Expertensystem interagiert.

Als Beispiel für den zukünftigen Einsatz von Expertensystemen als integraler Bestandteil unserer technisierten Arbeitswelt mag die Entwicklung auf dem

---

[3] um dann von ihren Forschungsinstitutionen kräftig gescholten zu werden

Bereich der Telekommunikation gelten. Für Fachleute aus der Branche ist seit längerer Zeit schon klar, daß ISDN (Integrated Services Digital Network) für mehr genutzt werden wird als für die integrierte Bereitstellung konventioneller Postdienste wie Telefonieren, Faxen oder Btx. VANS (Value Added Network Services) heißt die neue Zauberformel auf dem Telekom-Markt, und Zuwächse von 2,5 bis 5 Milliarden DM auf dem europäischen Markt bekräftigen diese Einschätzung [vgl. Sandner, 1990].

Unter einem Mehrwertdienst, die einfache deutsche Übersetzung von "Value Added Network Services" versteht man die Möglichkeit, ein Postnetz für mehr Dienste zu nutzen, als ursprünglich vorgesehen war, z.B. für sogenannte Non-Voice-Dienste wie Teletex, Telebox oder Videokonferenzen. In diesen Bereich der Telekom-Weiterentwicklungen fallen neue zukünftige Einsatzmöglichkeiten von Expertensystemen. INDEX, ein System zur Fernsteuerung und Fernwartung von Werkzeugmaschinen, ist ein Ansatzpunkt, wie postalische Kommunikationsdienste und wissensbasierte Technologien in Zukunft verstärkt zusammenwirken können. Die Vorteile für Anwender, insbesondere unter Kosten- und Verfügbarkeitsgesichtspunkten, sind groß, wenn Expertenwissen, das bisher lediglich lokal nutzbar war, nun über den Weg des Fernsprechnetzes, vielleicht sogar im Selbstwählverkehr, unternehmensübergreifend verfügbar wird. Im Hinblick auf den europäischen Binnenmarkt werden sich Anbieter solcher wissensbasierter Mehrwertdienste einen unschätzbaren Wettbewerbsvorteil erarbeiten.

Ein weiterer Bereich, der auch die Expertensystemtechnologie nicht unberührt lassen wird, sind Entwicklungsaktivitäten auf dem Bereich der Neuronalen Netze, ein in letzter Zeit zunehmend wichtigeres Teilgebiet der Künstlichen Intelligenz. Teilte man noch vor einiger Zeit einhellig die Einschätzung, daß durch diese neue Technologie langfristig Expertensysteme überflüssig werden, so ist man heute eher der Meinung, daß beide Softwaretechnologien als gleichberechtigte Partner agieren werden, die sich ihre Aufgaben teilen. Ein Beispiel hierfür sind die Anstrengungen, Expertensysteme zum Entwurf und zur Evaluierung neuronaler Netze zu entwickeln.

Unserer Meinung nach wird sich in Zukunft die Architektur von Expertensystemen wandeln. Die klassische Aufteilung von (expertensysteminterner) Wissensbasis und einem darauf operierenden Inferenzmechanismus wird aufgebrochen zugunsten universellerer Inferenzmaschinen, die auf externen

Wissensbanken agieren. Dabei ist es nicht mehr von Bedeutung, ob das zur Problemlösung notwendige Wissen in Form einer verteilten Regelbasis abgelegt ist, in einer relationalen Datenbank, einer Entscheidungstabelle oder als Thessaurus auf einer CD. Expertensystemen wird die Aufgabe zufallen, zur Bearbeitung von Aufgaben Wissen aus einer Vielzahl verfügbarer Quellen unterschiedlichster Struktur nutzen und verändern zu müssen.

Parallel zu dieser Dezentralisierung von Wissensspeichern beobachten wir eine Zentralisierung von Schlußfolgerungswissen. Im konkreten Fall bedeutet das, daß Mainframes oder größere Superrechner, die lange Zeit ein Schattendasein in der anwendungsorientierten Wissensverarbeitung geführt haben, eine Renaissance erfahren. Auf ihnen wird Inferenzwissen verfügbar sein, das die Wissensquellen zahlreicher vernetzter und verteilter Systeme zu nutzen in der Lage ist.

3.2. Wachsende wirtschaftliche Bedeutung

Für die die Wissenverarbeitung unterstützende Hard- und Software hat sich in den letzten Jahren ein reger Markt entwickelt, dem Marktforscher für die neunziger Jahre Umsätze in Milliardenhöhe vorhersagen. Bild 3 gibt dazu eine gute Übersicht über die Markt-Verfügbarkeit von Produkten auf den verschiedenen Technologieebenen der Wissensverarbeitung, wobei die Produkte der oberen Ebenen (value-added-products) auf denen der unteren Ebenen aubauen. Gleichzeitig findet zur Spitze der Pyramide hin eine zunehmende Spezialisierung und Anwendungsnähe statt. Zwischen Anwendungsnähe und -breite besteht der bekannte trade-off, bei dem Anwendungsnähe auf Kosten der Anwendungsbreite erkauft wird. Gegenwärtig operieren die Anbieter generischer Tools auf einem horizontalen Markt, während sich die Anbieter von Wissensprodukten einen vertikalen Markt erschliessen müssen [Harris, 1988].

Für zukünftige Entwicklungen auf dem Markt werden zwei Trends beherrschend sein, wovon der eine die Durchdringung des horizontalen EDV-Marktes mit Basis-Technologien für die Wissensverarbeitung betrifft, der andere hingegen die Erschließung immer neuer vertikaler Märkte mit anwendungsnahen Wissensprodukten.

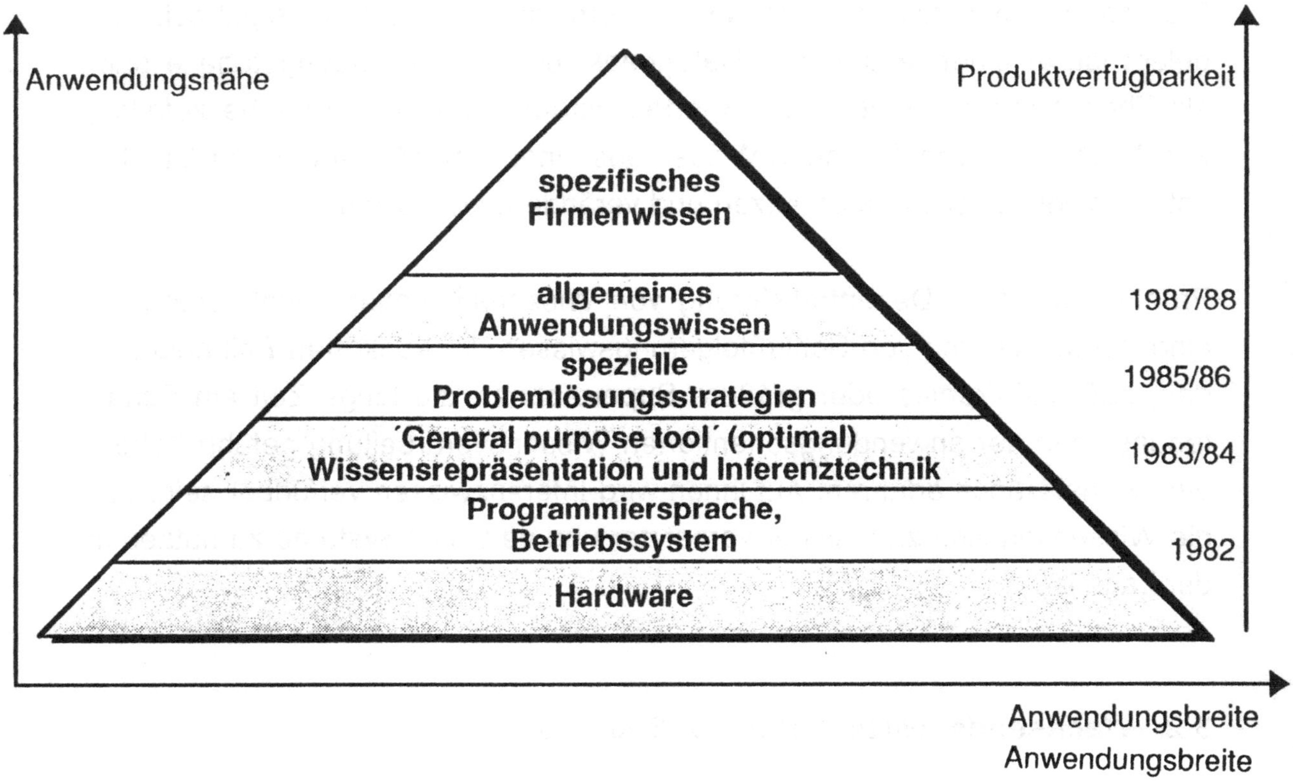

Bild 3: Technologieebenen in der Wissensverarbeitung und Produktverfügbarkeit

Die Anbieter von KI-Systemen müssen, wollen sie auch in den neunziger Jahren ihre Position ausbauen, ihre Technologien in die beim Kunden vorhandene DV-Welt integrieren. Hersteller und Distributoren von speziellen Lisp-Workstations, wie beispielsweise Symbolics oder Texas Instruments, die primär in allen Systemfunktionen nur auf ihre Sprachumgebung gesetzt haben, integrieren zunehmend Standard-Betriebssystem-Umgebungen wie UNIX oder MS-DOS in ihre Systeme und unterstützen die Kommunikation mit den konventionellen Fremdsystemen. Darüber hinaus werden immer mehr mächtige Software-Umgebungen für Expertensystementwicklungen vor allem auf Workstations und zunehmend auf PC´s den Markt beherrschen. Selbst der behäbige Riese IBM bietet neuerdings eine Lisp-Arbeitsumgebung und ein Entwicklungswerkzeug als verteiltes System auf PC und Mainframes an (KEE/370).

Der generelle Trend bei Expertensystemen weist in Richtung einer Wissensindustrie. In den Vereinigten Staaten entstand schon vor zwei Jahren ein regelrechtes "business", Wissen aus interessanten Anwendungsgebieten im

Sinne einer Wissensbasis zu modellieren und in dieser Form zu vermarkten[4]. Ein solches Produkt enthält zum Beispiel allgemein zugängliches Lehrbuchwissen über Generator-Turbinen und stellt dem Entwickler eine spezialisierte höhere Diagnose-Strategie zur Verfügung (Bsp. Westinghaus). Derartige Wissensprodukte bilden die Voraussetzung für die in-house-Entwicklung von Expertensystemen auch in mittelständischen und kleinen Unternehmen, die sich keine teueren KI-Entwickler leisten können. Die Informationen sind dem Fachexperten unmittelbar zugänglich, so daß er durch Auffüllen mit firmen- und produktspezifischem Problemlösungswissen in kurzer Zeit ein lauffähiges Anwendungssystem weiterentwickeln kann.

Der Markt für Hardware- und Softwareprodukte zur Wissensverarbeitung entwickelt sich stürmisch. Die Integration dieser Produkte mit den bereits vorhandenen Datenverarbeitungsstrukturen sowie die zunehmende Verfügbarkeit extrem anwendungsnaher und anwendungsfreundlicher Softwareprodukte markieren den aktuellen Trend.

4. Zusammenfassung

Die Entwicklung auf dem Bereich der Expertensysteme geht in einem rasanten Tempo weiter. Manches, was gestern noch in KI-Labors von Universitäten und Forschungsinstituten als Experimentalsystem existierte, ist heute in Form eines Software-Produktes für die Anwender in der Praxis nutzbar. Die Anwendungsmöglichkeiten der Wissensverarbeitung sind vielfältig. In nahezu allen Bereichen gibt es Einsatzfelder, wo mit Expertensystemen beachtliche Nutzeffekte erzielt werden können, die sich auch in Zahlen spürbar niederschlagen.

Die betriebliche, nutzbringende Einführung der Wissensverarbeitung hat nicht nur eine technische, sondern vor allem eine strategische Dimension. Sie erfordert Augenmaß und Weitsicht, für die es keine Patentrezepte gibt. Die innovativen Entwicklungen auf diesem Bereich dürfen wir nicht aus den Augen

---

[4] Vor Auswüchsen dieses Marktes ist man dabei natürlich nie sicher. Das böse Gerücht allerdings, daß man in den USA Expertensysteme für 49 $ im Supermarkt an der Ecke kaufen kann, dürfte noch für längere Zeit ins Märchenbuch der KI verdammt werden.

verlieren, wenn wir uns heute, nach ersten Anwendungserfahrungen mit Expertensystemen, der betrieblichen Integration von morgen zuwenden.

5. Literatur

[Bullinger, in diesem Band] Bullinger, H.J.: Integrationspotentiale von Expertensystemen in der Produktion. IAO-IPA-Berichte Expertensysteme in Produktion und Engineering. Heidelberg Berlin New York, 1990

[Harris, 1988] Harris, S.: Von der Datenverarbeitung zur Wissensverarbeitung. Technische Mitteilungen Krupp 2, 1988

[Groditzki, 1988] Groditzki, G.: Expertensysteme in der Fertigungsindustrie unter IBM Expert System Environment. IBM-Studie zur Hannover Messe, 1988

[Mertens, 1990] Mertens, P; Borkowski, V.; Geis, W.: Betriebliche Expertensystemanwendungen. Heidelberg Berlin New York, 1990

[Sandner, 1990] Sandner, R.: Innovative Entwicklungen auf dem Sektor Kommunikationstechnologie. Vortrag auf der Hannover Messe CeBIT, 1990

[Sandner & Kurz, in diesem Band] Sandner, R.; Kurz, E.: Expertensysteme in Produktion und Engineering - eine anwendungsorientierte Einführung. IAO-IPA-Berichte Expertensysteme in Produktion und Engineering. Heidelberg Berlin New York, 1990

Glossarium
Expertensysteme und Künstliche Intelligenz

Algorithmus
Ein Algorithmus ist eine eindeutige Vorschrift zum Lösen eines Problems. Er kann in einer Formel oder einer Folge von Anweisungen (z.B. einem Computerprogramm) dargestellt werden.

Artificial Intelligence (AI)
Anglo-amerikanischer Ursprungsbegriff für Künstliche Intelligenz. Die AI beschäftigt sich mit Methoden und Formalismen, mit deren Hilfe ein Computer in die Lage versetzt werden soll, Aufgaben zu lösen, für die - würde sie ein Mensch bearbeiten - Intelligenz notwendig ist.

Attribut
Ein Attribut ist eine (mögliche) Eigenschaft bzw. Ausprägung eines ->*Objekts*. Es wird in speziellen Fällen mit Werten verknüpft. Dadurch wird das Attribut zu einer Kategorie von Informationen, die durch das Objekt abgebildet werden können.

Backtracking
Eine Suchstrategie, bei der man zu einem vorhergehenden Entscheidungsknoten zurückkehrt, wenn sich ein Lösungsweg als falsch erwiesen hat, um von dort aus einen alternativen Weg zu beschreiten. Diese Methode kann auch benutzt werden, um von einem Fakt auf eine Vielzahl möglicher Lösungen zu kommen. Ein typisches Anwendungsgebiet für Backtracking sind Planungsprobleme, da es dadurch möglich wird, verschiedene Lösungswege auszutesten, bis sich ein Ergebnis als optimal herausstellt. Backtracking wird häufig in Verbindung mit der ->*Rückwärtsverkettung* verwendet.

Blackboard-Architektur
Ein Expertensystem-Design, bei dem mehrere unabhängige ->*Wissensbasen* einen gemeinsamen Arbeitsspeicher abfragen, der als "schwarzes Brett" (blackboard) bezeichnet wird. Ein Steuersystem, das auf einer Aktionsliste basiert, überprüft dabei ständig alle möglichen noch nicht erledigten Aktionen und wählt die als nächste auszuführende Aktion aus.

Certainty Factor
Wird auch als Konfidenz- oder Sicherheitsfaktor bezeichnet. Er gibt die in Zahlen ausgedrückte Einschätzung der Sicherheit eines Faktums oder einer Beziehung wieder. Dabei handelt es sich nicht um Wahrscheinlichkeitsfaktoren im streng mathematischen Sinn, sondern um die subjektive Schätzung von Sicherheiten.

Deduktion
Unter Deduktion versteht man die Herleitung von Schlußfolgerungen durch Anwendung logischer Gesetzmäßigkeiten. Im Sinne der Logik ist eine Deduktion wie folgt beschrieben: Gegeben sei eine Menge von Aussagen E und eine Aussage a. Eine Deduktion von a aus E in einem logischen Kalkül K ist eine Folge a1,a2,...,an mit den Eigenschaften:
(i) Jedes ai ($1 \leq i \leq n$) ist entweder Element von E oder durch Anwendung einer Regel von K auf links von a1 stehende Aussagen entstanden.
(ii) an = a
Der Übersicht halber wird die Ableitungsfolge a1,... häufig als Baum (Inferenzbaum) angeordnet. Gegensätzliche Begriffe zur Deduktion sind ->*Induktion* und ->*Heuristik*.

Deduktives System
In einem Deduktionssystem wird das Wissen über Fakten durch eine Menge von ->*Regeln* dargestellt, mit deren Hilfe logisch korrekte Schlüsse gezogen werden können.Eine endliche Menge von Axiomen und eine endliche Menge von Ableitungsregeln dient zur formalen, mechanischen Erzeugung von Mengen (z.B. Zeichenreihen oder Formeln).Deduktive Systeme eignen sich für klar abgrenzbare Wissensbegiete).

Deklarative Wissensrepräsentation

Bei dieser Art der ->*Wissensrepräsentation* wird das Wissen durch Fakten abgelegt, die die zu beschreibende Welt repräsentieren. Der deklarativen Wissensrepräsentation liegt die Annahme zugrunde, daß man das Problem der Abbildung von Wissen weitgehend losgelöst von den Methoden und Prozeduren zur Anwendung dieses Wissens betrachten kann. Wissen wird als eine Menge von Fakten angesehen und diese Fakten werden wiederum als Datenstruktur repräsentiert. Die Fakten beschreiben Elemente der Welt (->*Objekte* oder Ereignisse), Beziehungen zwischen den Elementen sowie die Zustände dieser Elemente. Auf dieser statischen ->*Wissensbasis* operiert ein aktiver Verarbeitungsteil, der selbst kein Wissen enthält und daher auch unabhängig vom speziellen Inhalt dieser Wissensbasis ist.

Dialog

In der Informatik wird unter einem Dialog der interaktive Informationsaustausch zwischen Mensch und Maschine verstanden.

Dialogkomponente

Der Teil eines ->*Expertensystems*, der die möglichst anwenderfreundliche Interaktion mit dem Benutzer des Systems oder auch mit angeschlossenen Apparaturen (Videorecorder, Bildplattenspieler, Sprachein-/ausgabe) steuert.

Effektives Verfahren

Darunter ist eine Reihe von Vorschriften oder Rechenschritten zu verstehen, bei denen man einen mathematischen Beweis dafür hat, daß sie ein vorgegebenes Problem tatsächlich lösen. Jedes effektive Verfahren kann als ->*Algorithmus* dargestellt werden, umgekehrt ist aber nicht jeder Algorithmus ein effektives Verfahren.

Entscheidungsbaum

Graphische Darstellung eines Entscheidungsprozesses. Durch Entscheidungsbäume lassen sich Entscheidungsprozesse klar strukturieren und in Hierarchien gliedern.

Erklärungskomponente

Derjenige Teil eines ->*Expertensystems*, der dem Benutzer auf Anfrage erklärt, wie es aufgrund bestimmter Fakten und Regeln zu einer Schlußfolgerung gekommen ist. Die Erklärungskomponente soll die Vorgehensweise des Systems in verständlicher Weise nachvollziehbar machen. Allgemein unterscheidet man bei Erklärungskomponenten Fragen nach Tatsachen (WAS), nach Prozessen (WIE) und nach Zusammenhängen (WARUM). Derartige Fragen können in hochentwickelten Systemen dadurch beantwortet werden, daß die vom System zur Lösung eines Problems generierte Folge von Teil-Zielen in natürliche Sprache transformiert wird. Die meisten bestehenden Systeme erfüllen diesen Anspruch nicht.

Experte

Ein Experte ist eine Person, die weitgehend als fähig anerkannt ist, eine bestimmte Art von Problemen zu lösen, welche die meisten anderen Menschen nicht annähernd so effizient oder effektiv lösen können. Experten arbeiten in den speziellen Bereichen, für die ein ->*Expertensystem* implementiert wird, und bilden daher die wichtigste I nformationsquelle, von der beim ->*Knowledge Engineering* das Wissen über ->*Regeln* und Definitionen akquiriert wird. Mit Denkstrukturen und Problemlösungsverhalten menschlicher Experten beschäftigt sich die ->*Kognitionspsychologie*.

Expertensystem

Softwaresystem, das hohe Leistungen auf einem speziellen Fachgebiet erbringen soll, dessen Beherrschung eine Spezialausbildung und viel Erfahrung erfordert. Expertensysteme bilden eine spezielle Klasse von ->*wissensbasierten Systemen*, bei denen das Wissen oder die Regeln auf den Fähigkeiten und Erfahrungen eines ->*Experten* beruhen. Die Komplexität heutiger technischer und administrativer Prozesse macht ihren Einsatz zur Unterstützung kompetenter Fachanwender immer aktueller.

Expertenwissen

Darunter versteht man die Ansammlung von Kenntnissen, Fakten, Daten, Problemlösungsmethoden, Regeln und Prozeduren, die mit einer bestimmten Erfolgswahrscheinlichkeit aus durchgeführten interaktiven Problemlösungen stammen.

Frame

Ein Frame (Rahmen) ist eine auf ->*Objekte* bezogene Form der ->*Wissensrepräsentation*. Ein Frame stellt ein beliebiges Objekt der realen Welt mit seinen zugehörigen Ausprägungen (Eigenschaften bzw ->*Attributen*) dar. Zur Aufnahme dieser Attribute sind sogenannte Leerstellen (Slots) vorhanden, die dadurch sämtliche relevante Informationen über das Objekt enthalten. Frames eignen sich vorzugsweise zur Darstellung statischen Wissens.

Fuzzy logic

In der sog. fuzzy logic (unscharfe Logik) können, im Gegensatz zur herkömmlichen, monotonen Logik, die nur die Werte WAHR oder FALSCH erlaubt, auch dazwischenliegende Aussagen interpretiert werden. Dies dient dazu, um den Grad der Unsicherheit eines Faktums auszudrücken, wobei meist numerische Werte (1 für GANZ WAHR, 0 für GANZ FALSCH, alle dazwischenliegenden diskreten Werte für die unscharfen Aussagen) dafür verwendet werden.

Heuristik

Eine Heuristik ist eine Methode zur Lösung von Problemen unter Einbeziehung zusätzlichen aufgabenspezifischen Wissens, das in der Problemstellung explizit nicht enthalten ist. Das Ziel einer heuristischen Vorgehensweise besteht darin, den Wirkungsgrad eines Programmsystems zu verbessern, das zur Lösung komplexer Probleme verwendet werden soll. Eine Heuristik wird bei der Bearbeitung komplexer Probleme mit Hoffnung auf Erfolg eingesetzt, aber ohne explizite Garantie. Sie kann eine Faustregel, Strategie oder ein Trick sein. Heuristiken zieht man oft in solchen Fällen zur Problemlösung heran, wo zuverlässige ->*Algorithmen* zu zeitaufwendig, nicht bekannt sind oder nicht existieren können (z.B. bei unentscheidbaren Problemen).

Horn-Klausel

In der logischen Programmierung (z.B. mit ->*Prolog*) werden damit Aussagen bezeichnet, die durch "oder" verknüpft sind, wobei höchstens eine Aussage positiv ist. Die allgemeine Form einer Horn-Klausel stellt sich demnach wie folgt dar: "Nicht A oder Nicht B oder ... oder Nicht C oder D". Logisches Programmieren wird durch die alleinige Verwendung von Horn-Klauseln effizienter.

Hybride Shell

Ein System zur Entwicklung von ->*Expertensystemen*, bei dem mehrere Formen der ->*Wissensrepräsentation* parallel eingesetzt werden können. Dadurch können verschiedene Wissensbereiche in der jeweils geeignetsten Form dargestellt werden.

Induktion

Darunter versteht man die Herleitung einer Schlußfolgerung durch Beispiele. Induktives Schließen kann verschiedene Formen haben, als allgemeine Form wird jedoch akzeptiert:
Von: (P a), (P b), ...
Schließe: (Für alle (x) gilt (P x)
D.h. zum Beispiel: Aus der mehrfachen Beobachtung, daß bei einem Regenguß die Straße naß wird ergibt sich die Schlußfolgerung "Immer wenn es regnet wird die Straße naß". Induktion ist ein Prozeß, der auch in unserem Alltagsleben Bedeutung hat, insbesondere beim ->*Lernen* neuer Zusammenhänge.

Induktives System

Ein System, das aufgrund bestimmter Induktionsalgorithmen (z.B. ID-3) in der Lage ist, aus Beispielen zu lernen und dadurch selbständig seine Regeln abzuleiten. Die ->*Wissensbasis* eines induktiven Systems besteht aus Fallbeispielen, aus denen ein Entscheidungs- oder Regelbaum erstellt wird, um daraus Ratschläge zu generieren. Induktive Systeme werden häufig in Gebieten eingesetzt, wo noch keine Regeln bekannt sind.

Inferenzkomponente

Damit wird derjenige Teil eines ->*Expertensystems* bezeichnet, der die an das System gestellten Fragen durch Ableitung von neuem Wissen aus vorhandenem Wissen löst. Die Inferenzkomponente ist damit der prozedurale Teil des Systems, der die Daten und das Wissen (Fakten und Regeln) der ->*Wissensbasis* ausnutzt, um selbständig gezielte Schlußfolgerungen zu treffen.

Inferenzmaschine

Die Inferenzmaschine ist der entscheidenste Teil eines ->*Expertensystems*. Der in ihr enthaltene Schlußfolgerungsmechanismus bzw. Regelinterpreter steuert die Problemlösung nach verschiedenen Strategien (z.B ->*Rückwärtsverkettung*, ->*Vorwärtsverkettung*). Dadurch können aus einer Menge bereits verifizierter Tatsachen neue Fakten geschlossen werden.

Knowledge Engineering

Der ingenieurmäßige Aufbau der ->*Wissensbasis* eines ->*Expertensystems* mit dem Ziel, Inferenzen auf einer Wissensbasis zu realisieren. Im weiteren Sinne versteht man darunter einen Bereich der ->*Künstlichen Intelligenz*, der den Erwerb, die Darstellung und die Anwendung von Wissen betrifft, und zwar neben Faktenwissen auch inexaktes, heuristisches und subjektives Wissen. Ziel des Knowledge Engineering ist es, Wissensmengen sowie Inferenz-Prozeduren, die erforderlich sind, um das Wissen zu interpretieren, in computergeeigneter Form darzustellen.

Kognitionspsychologie

Ein Forschungsgebiet der Psychologie, das sich mit allen Bereichen der menschlichen Informationsverarbeitung beschäftigt. Wichtige Themen sind: Visuelle und auditive Wahrnehmung, Gedächtnis und Repräsentation von Wissen, Verarbeitung von Sprache, Lernen, Problemlösung, Entscheidungshandeln und Denken.

Konfliktlösung

Sollten bei der Problemlösung in einer bestimmten Situation mehrere Regeln angewendet werden können, so benötigt man Kriterien, um eine bestimmte Regel auszuwählen. Diesen Vorgang bezeichnet man als Konfliktlösung.

Kontrollwissen

Steuerung des Einsatzes deklarativ und prozedural repräsentierten Wissens zur Problemlösung (Meta-Wissen).

Künstliche Intelligenz

Der Ausdruck "Künstliche Intelligenz" ist eine Übersetzung des englischen Begriffs ->"*Artificial Intelligence (AI)*" unter Vernachlässigung seiner semantischen Aspekte. Die KI ist ein Forschungsgebiet im Schnittstellenbereich zwischen Informatik, Psychologie und Linguistik und beschäftigt sich mit den Themen Mensch-Maschine-Interaktion, Verarbeitung natürlicher Sprache, Spracherkennung, ->*Expertensysteme*, ->*wissensbasierte Systeme*, intelligente Roboter, computerunterstütztes Training, Bildverarbeitung, ->*Mustererkennung*, automatisches Beweisen, logisches Programmieren und ->*Deduktionssysteme*. Im Gegensatz zur numerischen Datenverarbeitung beschäftigt sie sich mit der Verarbeitung von Symbolen.

Lernen

Erwerb von Wissen über neue Fakten und Zusammenhänge sowie die gedächtnismäßige Speicherung der neuen Informationen.

LISP

Lisp (List Processing) ist eine problemorientierte, höhere Programmiersprache, die sich besonders zum Be- und Verarbeiten von Listen und Zeichenketten eignet. Sie wurde Anfang der 50er Jahre von John McCarthy am M.I.T. entwickelt und ist neben ->*Prolog* die Hauptsprache der ->*Künstlichen Intelligenz*. Für das effiziente Verarbeiten von Lisp-Programmen wurden eigene Datenverarbeitungssysteme (Lisp-Maschinen) entwickelt. Von Lisp existiert ein Vielzahl unterschiedlicher Dialekte, die zu dem noch nicht abgeschlossenen Versuch einer Normung (CommonLisp) führten.

Monotones Schließen

Ein Schlußfolgerungssystem, das auf der Annahme beruht, daß eine Tatsache, die als wahr erwiesen ist, stabil bleibt und sich im Verlauf des Schlußfolgerungsprozesses nicht mehr ändern kann. Ein monotones System nimmt an, daß eine vom Benutzer beantwortete Frage während eines gesamten Problemlösungsprozesses unverändert gültig bleibt. Der Wert derartiger Annahmen wird heute von vielen Expertensystem-Entwicklern in Frage gestellt.

Mustererkennung

Mustererkennung (pattern recognition oder pattern matching) ist nach DIN 44300 ein Verfahren, das dazu dient, ein Muster aufgrund von Merkmalen, die mit denen vorgegebener Musterklassen verglichen werden, einer dieser Musterklassen zuzuordnen.

Natürlichsprachliche Schnittstelle

Unter einer natürlichsprachlichen Schnittstelle versteht man eine Benutzerschnittstelle, die Eingaben des Benutzers in natürlicher Sprache sowohl syntaktisch als auch semantisch korrekt verarbeitet und entsprechend dazu natürlichsprachliche Antworten generiert.

Nicht-monotones Schließen

Schlußfolgerungen, die revidiert werden können, wenn sich ein Wert im Verlauf einer Beratung ändert. Nicht-monotones Schließen läßt einen schnellen Wechsel von Werten eines Problems innerhalb kurzer Zeit zu. Eine ständige Revision von Entscheidungen wird dadurch möglich. Haupteinsatzgebiete von ->*Expertensystemen* mit nicht-monotonem Schlußfolgern liegen im Bereich der Echtzeit-Überwachung und bei Entscheidungsunterstützungssystemen mit On-Line-Verarbeitung von Daten.

Objekt

Ein Objekt ist eine logische Gruppe von Tatsachen, die als Ganzes manipuliert werden können. Ein Objekt verhält sich zur ->*Wissensbasis* wie ein strukturierter Datensatz zu einer Datenbank. Als zusätzliche Möglichkeit lassen sich Objekten ->*Regeln* zuordnen, die automatisch zusammen mit dem Objekt verarbeitet werden. Die Attribute eines Objekts können in einer hierarchischen Struktur von den Attributen eines übergeordneten Objekt übernommen ("ererbt") werden.

Objekt-Attribut-Wert-Tripel

Eine Darstellung für Faktenwissen, mit deren Hilfe in einer allgemeinen Form Relationen dargestellt werden können. Ein ->*Objekt* ist eine tatsächliche oder begriffliche Einheit in der Wissensdomäne des Benutzers (z.B. eine Ölquelle). ->*Attribute* sind Eigenschaften, die mit den Objekten assoziiert sind (z.B. Lage, Tiefe, Produktivität). Jedes Attribut kann verschiedene Werte annehmen (z.B. Bohrtiefe zwische 0 und 20000 Metern).

Objektorientierte Programmierung

Diese Programmiermethodik stellt eine Erweiterung der Datenbankkonzepte dar. Bei ihr wird das Wissen segmentiert und aus den konkreten Anwendungen herausgezogen. Dieses Wissen wird mit den Daten in Form von "Objekten" abgelegt. An diese Objekte werden neben Attributen und Werten auch Regeln bzw. der prozedurale Programm-Code angebunden, die immer dann zur Anwendung kommen, wenn der Wert eines Objektattributs geändert, eingefügt oder gelöscht wird.

Phasenkonzept

Ein Konzept, bei dem der Softwareentwicklungsprozeß in zeitlich und inhaltlich abgegrenzte Teilaktivitäten zerlegt wird.

Prädikatenlogik

Deklarative Wissensrepräsentation auf der Basis einer logischen Symbolsprache. Die Prädikatenlogik 1.Ordnung erfährt eine Erweiterung ihrer Darstellungsmöglichkeiten im Hinblick auf reale Umweltrelationen durch die Prädikatenlogik 2.Ordnung.

Problemlösen

Das Problemlösen ist ein Prozeß, bei dem, ausgehend von einem definierten Anfangszustand, ein Problemraum durchsucht wird, um die Reihenfolge von

Operationen oder Aktionen zu identifizieren, die zu dem gewünschten Ziel führen. Erfolgreiches Problemlösen verlangt, daß man den Anfangszustand kennt, daß man weiß, wie ein akzeptables Ergebnis aussehen würde, und daß man über die Operatoren verfügt, die den Suchraum definieren. Sind diese Operatoren sehr zahlreich oder schlecht definiert, dann ist man mit einen zu großen oder unbegrenzten Problemraum konfrontiert, der eine erschöpfende Suche unmöglich machen kann.

Produktionsregeln

Dabei handelt es sich um Ausdrücke der Form a1 ... an => b, wobei ai Bedingungen und b eine Aktion beschreiben. Produktionsregel-Systeme interpretieren solche Regeln in der naheliegenden Weise, also von links nach rechts: Wenn a1 und ... an gelten, so führe b aus. ->*Prolog* verarbeitet Ausdrücke ähnlicher Form mit dem Unterschied, daß b ebenfalls eine Bedingung beschreibt und daß die Regeln von rechts nach links interpretiert werden. Produktionsregeln sind eine häufig verwendete Form der Wissensrepräsentation.

PROLOG

Prolog (programming in logic) ist eine logische Programmiersprache, die auf den ->*Horn-Klauseln* aufbaut. Interpreter für Prolog sind spezielle Deduktionsverfahren für solche Horn-Klauseln. Bestimmte Prädikate können bei der Interpretation Nebenwirkungen (side effects) hervorrufen, wie Ein- und Ausgabe, Veränderung des Interpreterzustands usw., so daß Prolog in gewissem Ausmaß auch für klassische Programmieraufgaben verwendet werden kann.

Prototyp

Eine schnell verfügbare, lauffähige Version eines ->*Expertensystems*, die als Vorlage zur Konstruktion des Zielsystems dient. Er enthält eine vorläufige, nich vollständige ->*Wissensbasis*, um die Möglichkeiten eines solchen Systems für ein bestimmtes Wissensgebiet oder für die bestimmte Anwendung zu testen.

Prozedurale Wissensrepräsentation

Bei der prozeduralen Wissenrepräsentation geht es um Wissen über die Anwendung von deklarativem Wissen, um den Zugriff auf Fakten, das Ziehen von Schlüssen etc. Dies beruht auf der Annahme, daß spezielles Verfahrenswissen notwendig ist, um Faktenwissen aus einem bestimmten Bereich sinnvoll anwenden zu können. Beim prozedrualen Schema besteht die Wissensbasis aus einer Menge von Prozeduren und Regeln. Wissen manifestiert sich in diesem Fall prozedural, d.h. das System "weiß" etwas, wenn es über eine Prozedur verfügt, die die entsprechenden Aktionen durchführt.

Pruning

Im Zusammenhang mit ->*Expertensystemen* bezieht sich dieser Begriff auf den Vorgang, einen oder mehrere Zweige eines Entscheidungsbaums "abzuschneiden" oder zu übergehen. Dadurch läßt sich im Verlauf einer Konsultation der Baum reduzieren, indem bestimmte Zweige oder Regelgruppen ausgeschlossen werden.

Robotics

Früherer Schwerpunkt dieses Bereichs war die Konstruktion von "Teleoperatoren", d.h. beweglicher Roboter, die mit visuellen Rezeptoren, Effektoren (z.B. Greifarmen) und einer beschränkten Problemlösungsfähigkeit ausgestattet waren. In den letzten Jahren kam noch das Gebiet der "Industrieroboter" (programmierbare Werkzeugmaschinen mit visuellen und taktilen Rezeptoren) hinzu.

Regel

Eine Regel ist ein isolierter Teil einer Information, der angibt, wie ein bestimmtes Problem behandelt werden soll. Einfache Regeln lassen sich oft nach dem "wenn ... dann"-Prinzip formulieren. Zusammensetzungen sind bei komplexeren Problemen häufig.

Rückwärtsverkettung

Die Rückwärtsverkettung ist ein Inferenzmechanismus, der ausgehend von einem Ziel rückwärts wirkend eine Ableitungskette mit einer minimal notwendigen Fragemenge erzeugt. Zu dem vorgegebenen Ziel müssen dabei die zu erfüllenden Voraussetzungen oder Bedingungen gefunden werden. Diese Methode, die auch als zielorientiertes Schlußfolgern bezeichnet wird, eignet sich besonders für Anwendungen, bei denen mögliche Lösungen wohldefiniert und zahlenmäßig beschränkt sind (z.B. medizinische Diagnosen).

Selbsterklärungsfähigkeit

Ein Dialog ist nach DIN 66234 selbsterklärungsfähig, wenn er unmittelbar verständlich ist oder wenn während des Dialogs dem Benutzer auf Verlangen Einsatzzweck sowie Einsatzweise des Dialogs erläutert werden können. Soweit der Dialog nicht unmittelbar verständlich ist, sollen dem Benutzer auf Verlangen auch der Leistungsumfang der Arbeitsmittel und die Voraussetzungen für die Anwendung erklärt werden können.

Semantisches Netz

Darunter ist eine Methode der ->*Wissensrepräsentation* zu verstehen, bei der Beziehungen zwischen ->Objekten als Netzwerk dargestellt werden. Sie dient der ->*deklarativen Wissenrepräsentation* durch ein grafisches Netzwerk von Knoten und gerichteten knotenverbindenden Kanten, wobei die Knoten im allgemeinen Fakten, die Kanten binäre Relationen zwischen den Fakten darstellen. Bedeutungsgemäß zusammengehöriges Wissen soll im semantischen Netz auch verarbeitungsgemäß benachbart gespeichert sein, weshalb semantische Netze oft auch als assoziative Netze bezeichnet werden. Notwendigerweise bringt dieses Konzept eine Einschränkung der nötigen Schlüsse mit sich.

Shell

Eine Shell enthält die generalisierbaren Komponenten eines ->*Expertensystems* ohne spezifische ->*Wissensbasis*. Sie besteht, bis auf die Wissensbasis, aus allen sonst notwendigen Teilen eines Expertensystems, bei dem die verschiedenen Wissensbasen wie "Schubladen" in das System eingebracht werden können.

Schlußfolgern

Bezeichnung für einen Prozeß, bei dem neue Informationen auf der Grundlage früherer Informationen oder Annahmen erzeugt, d.h. gefolgert werden.

Suchstrategie

Probleme lassen sich durch systematisches Suchen lösen. Hierzu gibt es unterschiedliche Verfahren wie Breiten- oder Tiefensuche, die eine Lösung, wenn überhaupt möglich, auf jeden Fall finden helfen. Der zeitliche Aufwand dabei kann allerdings untragbar hoch werden. Die Tiefensuche z.B. ist ein Verfahren, bei dem der Regelbaum zuerst für eine Lösungsmöglichkeit bis zur tiefsten Ebene durchsucht wird, bevor Alternativen betrachtet werden.

Symbolverarbeitung

Automatisierte Verarbeitung beliebiger Zeichenketten und kontinuierlicher Funktionen. Ziel ist die Nutzung des semantischen und pragmatischen Gehalts einer Information.

Taxonomie

Hierarchische, meist baumartig dargestellte Struktur der Begriffe einer Wissensdomäne.

Unifizierung

Ein vor allem in ->*Prolog* verwendetes Verfahren, um während der Laufzeit einer Prozedur Variablen durch Pattern-Matching zu füllen.

Vorwärtsverkettung

Ein Inferenzmechanismus, der eine Schlußfolgerung durchführt, sobald die in einer ->*Produktionsregel* enthaltenen Bedingungen (WENN-Teil) erfüllt sind. Aufgrund vorhandener Fakten, welche die Ausgangssituation kennzeichnen, wird dabei mit Hilfe der Regeln auf eine (vorher noch nicht bekannte) Endsituation geschlossen. Diese Strategie, auch als datengesteuertes Schlußfolgern gekennzeichnet, wird meist dann benutzt, wenn kein bestimmtes Ziel definiert worden ist, sondern - je nach den sich ändernden Rahmenbedingungen - eine Lösung aus einer Reihe von akzeptablen Lösungen in Frage kommt.(Bsp: Abschlüsse von Versicherungsverträgen, Kreditvergabe, Produktkonfiguration).

Werkzeug

Hier zu verstehen im Sinne von Expertensystemwerkzeug (Tool). Dabei handelt es sich um ein Softwarepaket, durch dessen Einsatz der Arbeitsaufwand bei der Entwicklung von ->*Expertensystemen* reduziert werden soll. Expertensystemwerkzeuge bestehen i.d.R. aus einer Inferenz-, Erklärungs-, Dialog- und Wissenserwerbskomponente. Die ->*Wissensbasis* fehlt. Im Gegensatz zur ->*Shell* wird bei Tools vom Entwickler mehr Programmierkenntnis vorausgesetzt.

Windowtechnik

Unterteilung eines Bildschirms in verschiedene Abschnitte (Windows, Fenster). Diese Technik ermöglicht es, unter einem geeigneten Betriebssystem (Unix, OS/2) mehrere Programme parallel laufen zu lassen und deren Ergebnisse gleichzeitig aufzuzeigen, da jedem Programm ein eigenes Fenster zur Verfügung steht.

Wissen

Wissen wird definiert als eine Menge von Daten und deren Interpretation.

Wissensakquisition/ -erwerb

Aufbau und Erweiterung einer Wissensbasis, insbesondere durch Auswertung von Fachliteratur, Expertenbefragung und (in Zukunft verstärkt) durch maschinelles ->*Lernen*. Wissenserwerb besteht aus dem Lernen von symbolischer Information zusammen mit der Fähigkeit, diese Information auf effektive Weise anzuwenden. Das bloße Einüben von Fertigkeiten ist zwar auch Lernen, aber kein Wissenserwerb.

Wissenakquisitions/ -erwerbskomponente

Derjenige Teil eines ->*Expertensystems*, mit dessen Hilfe die Aufnahme von Wissen in die ->*Wissensbasis* realisiert wird.

Wissensbasiertes System

Ein Computer-System, das ->*Wissen* beinhaltet, und zwar neben Faktenwissen auch mit Unsicherheit behaftetes, heuristisches und subjektives Wissen. Die Formulierung dieses Wissens ist Resultat des ->*Knowledge Engineering*. Das System verwendet KI-Strategien, um menschliche Problemlösungsstrategien nachzuahmen.

Wissensbasis

Die Wissensbasis ist neben der Inferenzmaschine der Hauptbestandteil eines ->*Expertensystems*. Sie enthält die Gesamtheit des Wissens aus einem speziellen Fachgebiet in prozeduraler und deklarativer Form. Die Wissensbasis kann auch eine Funktion zur Speicherung von Tatsachen und Objekten enthalten.

Wissensingenieur

Der Wisseningenieur ist der "Baumeister" von ->*wissensbasierten Systemen*. Gewöhnlich gehören zu seinen Aufgabenbereichen das Interviewen erfahrener Anwender oder sachkundiger Spezialisten sowie die Programmierung der Regeln, die exakt die Problemlösungsstrategien des Fachmanns widerspiegeln sollen. Der Wissensingenieur beurteilt das gegebene Problem bzw. die Situation und empfiehlt eine Strategie, um das Problem mit Hilfe der wissensbasierten Technologie zu lösen. Seine Rolle entspricht der des Systemanalytikers bei der prozeduralen Software-Entwicklung.

Wissenrepräsentation

Ein Teilgebiet der ->*Künstlichen Intelligenz*, das sich mit der Darstellung von ->*Wissen* in Computersystemen befaßt. Damit unterschiedliche Wissensgebiete abgebildet werden können, wurden mehrere Repräsentationsformen wie ->*Produktionsregeln*, ->*Frames* oder ->*semantische Netze* entwickelt.

Wissensverarbeitung

Wissensverarbeitung ist ein Prozeß der Anwendung von semantischen Transformationen auf Wissensstrukturen. Wissensverarbeitung gliedert sich auf in drei Aspekte:
- Wissenserwerb
- Wissensnutzung
- Wissensrepräsentation

Literaturempfehlungen Künstliche Intelligenz und Expertensysteme

1. Einführende Literatur in Künstliche Intelligenz und Expertensysteme

Charniak, Eugene; McDermott, Andrew: Introduction to Artificial Intelligence. Addison Wesley, 1985
Coy, Wolfgang; Bonsiepen, Lena: Erfahrung und Berechnung - Kritik der Expertensystemtechnik. Springer, 1989
Harmon, Paul; King, David: Expertensysteme in der Praxis. Oldenbourg, 1989
Kurbel, Karl: Entwicklung und Einsatz von Expertensystemen. Springer, 1989
Puppe, Frank: Einführung in Expertensysteme. Springer, 1988
Winston, Patrick Henry: Artificial Intelligence. Addison Wesley, 1984

2. Literatur zu Expertensystemen in Produktion und Engineering

Bullinger, H.J.; Warschat, J.; Lay, K.: Künstliche Intelligenz in Konstruktion und Arbeitsplanung. Verlag Moderne Industrie, 1989
Jüttner, G; Feller, H.: Entscheidungstabellen und wissensbasierte Systeme. Oldenbourg, 1989
Mertens, Peter; Borkowski, Volker; Geis, Wolfgang: Betriebliche Expertensystemanwendungen - eine Materialsammlung. Springer, 1990
Pritschow, G.; Spur, G.; Weck, M.: Künstliche Intelligenz in der Fertigungstechnik. Hanser, 1989
Scheer, August-Wilhelm: Betriebliche Expertensysteme I. Gabler, 1989
Scheer, August-Wilhelm: Betriebliche Expertensysteme II. Gabler, 1989
Soltysiak, Roland: Wissensbasierte Prozeßregelung. Oldenbourg, 1989
Specht, Dieter: Wissensbasierte Systeme im Produktionsbetrieb. Hanser, 1989

3. Expertensysteme und Knowledge Engineering

Bullinger, H.J.; Wasserloos, G.: Die Entwicklung praxisgerechter Expertensysteme. Verlag Moderne Industrie, 1989

Walters, John A.; Nielsson, Norman R.: Crafting knowledge-based systems - Expert systems made realistic. John Wiley & Sons, 1988

4. Fachzeitschriften, die sich mit Expertensystemen beschäftigen

KI, Oldenbourg Verlag
CIM Management, Oldenbourg Verlag
Technische Rundschau
VDI-Z
MEGA
io - Management Zeitschrift
Arbeitsvorbereitung AV
Computerwoche

GPSR Compliance

The European Union's (EU) General Product Safety Regulation (GPSR) is a set of rules that requires consumer products to be safe and our obligations to ensure this.

If you have any concerns about our products, you can contact us on ProductSafety@springernature.com

In case Publisher is established outside the EU, the EU authorized representative is:

Springer Nature Customer Service Center GmbH
Europaplatz 3
69115 Heidelberg, Germany

Batch number: 10874900

Printed by Printforce, the Netherlands